물, 형상 명리학

토우 물상명리학회

소무승의

物, 形象 命理學

—— 土遇 物象命理學會

책나무

자신의 노하우를 아낌없이
내어놓는 멋스러움

"한 송이 국화꽃을 피우기 위해 봄부터 소쩍새는 그렇게 울었나 보다."

土遇선생으로부터 추천사를 부탁받고 열심과 성의를 다하는 느낌을 한 문장으로 요약해 보았다. 특히 선생은 본인의 사주에 火氣(寅午戌 三合을 全備하고 天干에 丙火 투출)가 旺하고 强함을 보이기 때문에 주저 없이 꽃에 대한 생각으로 집약되지 않았을까?

사회의 출발은 공직으로 시작하였지만 선생의 운명은 세상에 빛을 비추는 命, 즉 火의 氣로서 세상을 밝게 비추는 高度의 文明之象으로 갈 수밖에 없으리라.

물질이 먼저냐, 뜻이 먼저냐. 인간은 물질만을 먹고 살 수는 없고, 항상 새로운 뜻이 있어야 산다. 그러나 뜻만 가지고 살 수 없는 것이 인간이다.

어쨌든 이 우주는 뜻이 있어 형성되었다고 보는 것이 타당하고 물질로서 전개되는 현상 속에 끝없이 지고지순한 뜻이 움직인다. 그와 똑같이 소우주인 인간도 나날을 물질을 바탕으로 사는 것 같아도 맹목적인 물질을 찾는 것이 아니라 끝없이 뜻을 앞세워 가면서 산다.

선생은 이러한 논리를 연구하고 개발하여 行과 氣에 치중되어있는 이론 중심의 명리에서 현실세계를 나타내는 물상을 접목하여 물질과 뜻이 다 통할 수 있도록 하였음을 보고 감탄하지 않을 수가 없음이다.

마의상법의 근간인 관상학에서도 달마상법, 즉 물형법의 상학이 최고로 인정받고 있는 것이 동일한 이치가 아닌가 생각해 본다. 후학을 오랫동안 지도하면서 선생의 논리는 검증되고 확립되었을 것이다.

많은 도반의 성화에 못 이겨 집필한 그 노고에 감사하며, 여타 공부의 부족함을 메워 주는 훌륭한 지침서가 되리라고 생각한다. 비인부전을 앞세워 자신의 노하우를 감추는 어리석음이 없이 선생의 밑바닥을 아낌없이 내어놓는 멋스러움을 추천의 말로 갈음하고 싶다.

후학도, 도반도, 명리를 아끼는 제현도, 이 모든 이들이 선생과 선생의 책을 아끼고 사랑해 주기를 희망해 본다.

戊戌年 북한산 자락에서

能忍 池槇道.

두루 섭렵한 학문과
경험을 토대로 한 力著

옛 페르샤 제미르 왕은 학자들로 하여금 인류 역사에 대한 연구를 지시하였다. 결론은 이러했다.

"사람은 태어나서 사람은 괴로워하고 사람은 죽는다."

동서양을 막론하고 운명론은 영원한 화두이다. 富, 名譽, 名聲, 그리고 無病長壽라는 요원한 바람이 전제돼 있기 때문이다.

『주역』에 이르기를 "乾道變化 各定性命"이라, 하늘의 뜻이 오묘하여 각각의 性과 命을 定한다 하였다. 타고난 기운이 맑고 탁하고 빼어나고 척박한 것은 돌이킬 수 없는 物象이다. 인도에는 불가촉천민이 있다. 이것을 정당화하는 수단이 윤회적 세계관이다. 지금 이 상황은 과거의 업보에 따른 것이므로 하여간에 운명으로 받아들여야 한다는 것이다.

태극이 陰과 陽으로 나뉘고 우주 만물의 변화 양상을 木火土金水 五行의 상관관계인 상생과 상극이 서로를 위함으로써 비로소 理와 氣를 논할 수 있게 되었다.

성리학에서 실사구시를 주창한 고증학으로 발전하기까지 그 요체는 어떻게 하면 인간이 영원한 복을 누리며 인간답게 사느냐 하는 것이다. 그러나 길흉화복, 흥망성쇠, 희로애락 등은 자기 몸 밖으로부터 오는 것이 아니라 이미 정해져 있다는 것이다.

易은 단순히 占卜을 위한 것이 아니다. 오히려 우주론적 철학으로 접근하는 것이 옳다. 伏羲氏가 八卦를 그음으로써 干支를 근거로 인간의 운세를 판단할 수 있게 됐지만, 여기에 음양오행설이 보태져 명리학이 태동하였다.

태어난 年, 月, 日, 時의 干支, 즉 四柱를 가지고 상생과 상극의 관계를 풀어 가는 것이다. 영혼불멸이 종교적 관점이라면 명리학은 현실에서 윤리적 삶을 구현하기 위한 철학이므로 가히 학문의 깊이가 없고서는 엄두를 낼 수 없는 가당찮은 일이다.

土遇(토우) 선생은 배움에 대한 向心이 남달라서 易書에 관한 한 절차탁마하였다. 나는 그렇게 노력한 사람을 본 적이 없다. 두루 섭렵한 학문과 경험을 토대로 비로소 선생의 力著가 세상에 나왔다. 인간은 세상이 다원화되고 복잡해질수록 生老病死와 吉凶禍福에 대한 끊임없는 고뇌가 쌓이게 마련이다.

"예상할 수 없는 것을 예상하라."고 헤라클레테스는 말했다. 명리학은 미루어 헤아리는 학문이다. 토우 선생의 『物, 形象 命理學』이야말로 행복한 삶을 영위코자 하는 諸位에게 이견대인에 다름 아닐 것이다.

戊戌年 八月에 삼가,
李在原.

도반 제현의 역학 공부에
커다란 지침서가 되기를 바라며

:
:

일찍이 성현이 이르기를 지혜 있는 者는 命을 알고 安分守己한다 하였고, 어리석고 우매한 者는 利와 요행만을 바란다 하였다. 우리 인생은 길흉화복의 연속선상인데, 과학 문명이 발달할수록 그에 대한 불확실성이 가중된 만큼 언제나 미래에 대한 궁금증이 더할 수밖에 없다.

중국 唐代의 『李虛中命書』에서 五行의 生剋制化, 納音五行, 神殺 등을 중심으로 사주를 해석한 이래 宋, 元, 明 나라를 거치면서 命理學은 꾸준히 발전되어 왔다.

그러나 日干을 자신으로 하고 月支를 중심으로 하는 格局論과 生剋制化 이론이 주류를 이루는 지금까지의 이론으로는 어떤 사주에서는 맞고, 또 어떤 사주에서는 전혀 맞지 않는 경우가 있어 命理學을 이해하지 못하는 사람에게 명리학이 학문이 아닌 術, 심지어는 迷信으로 치부되는 경우도 있어 왔음을 부인할 수 없는 실정이다.

命理學에 입문하게 되면 대부분의 사람들은 자평진전이나 적천수를 접하게 되고, 이 書를 다 剟하게 되면 나름 大家가 된 것처럼 자가당착에 빠지는 것을 종종 본다. 필자 또한 그 범주를 벗어나지 못했다는 사실을 현장에서 절실히 경험하고 느꼈다.

물론 사주를 완벽하게 풀어야 한다는 강박관념도 작용했던 터라 상담 손님이 가고 난 뒤에는 의기소침하고 초라한 자화상을 볼 수밖에 없었음이다.

뜻이 있는 곳에 길이 있다 했던가! 命理學의 大家이신 能忍 池柾道 선생을 만나 物象에 대한 심도 있는 수업을 하게 되었다. 물상을 익히게 되니 우주만물의 변화 형상을 이해하게 되었으며 사주도 실타래처럼 풀어낼 수 있었다.

物象이란 궁통보감, 난강망 등에서 유래하였는바, 여기에 현실적 상황을 添했다고 이해하면 좋을 것이다.

흔히 물상을 기상학, 기후학, 간지학, 자연론, 조후론 등으로 부르기도 하는데, 그 많은 물상에 관한 書를 모두 섭렵하였던바, 그 내용이 너무 복잡하고 진부하여 이해나 암기가 어려웠다. 그리하여 명리학을 좋하는 도반들을 위하여 좀 더 이해의 능력을 높이고, 쉽게 암기하여 실전에서 응용하기 좋게 여러 가지 論에 대한 공통분모를 찾아내서 실전에서 검증을 거친 이론만 별도로 축약하여 본 書를 집필하게 되었다.

자신컨대, 본 내용만 충실하게 이해하고 숙지한다면 사주간명에 대한 자신감은 배가될 것이라 믿는다. 모쪼록 뜻을 같이하는 도반 제현의 역학 공부에 커다란 지침서가 되기를 머리 숙여 바라마지 않는다.

戊戌年 初夏 볕이 좋은 날.

土遇 蘇楸睦

▪ 目次

▪ 一. 甲木 _015

▪ 二. 乙木 _043

甲木

生命体(곡식, 과수), 生氣(생기), 거목(巨木), 바람(財가 6개), 우두머리(頭, 首, 長), 長男, 고층건물, 석탑, 동상, 안테나, 시작, 개척, 상승, 갑옷 鉀(보호본능), 상자 匣, 法令(법령), 껍질(피부), 추진력, 리더십, 논리적, 교육, 기획.

○ 甲木은 용기다. 根이 없으면 내면에만 존재하고, 드러내지 못한다. 死, 絕地에 있으면 리더십이 약하여 실질적인 리더는 못 된다.

○ 女命 甲일간은 생활력이 강하다.

○ 갑옷 : 방어본능이 강하고 없어도 있는 척하며, 허풍이 세다.

○ 껍질 : 건강이 악화되면 피부병으로 고생한다.

○ 法令 : 억제, 통제, 보스기질, 어디를 가든 통반장을 하려 한다.

○ 生木 : 金을 싫어한다. 火를 좋아한다. 木克土를 잘한다.

　　사업, 재정, 금융으로 가는 경우가 많다.

　　火가 있으면 사업, 교육으로 간다.

- 寅月엔 庚辛金을 쓰지 않는다(단, 木旺할 경우에는 金을 쓴다(가지치기한다).

○ 死木 : 金으로 다듬는다. 화목(불쏘시개)로 쓴다. 木克土가 안 된다. 官(조직)으로 가는 경우가 많다. 水運이 大凶이다.

○ 원국에 甲, 丁이 일간(己, 壬)과 合하면 영감이 발달한다.

○ 甲木이 壬水旺하면 水多木浮(뜰 부)요, 癸水旺하면 水多木腐(썩을 부)다.

○ 원국에 寅이 2개 있으면 자신감 때문에 겁 없이 일을 잘 저지르고 잘 속는다. 3개가 있으면 이미 너무 고통을 많이 당해 본 것처럼 오히려 조심성이 너무 많아 추진력이 떨어진다.

○ 좋아하는 天干 : 丙, 庚, 壬.

　싫어하는 天干 : 乙, 己, 辛.

○ 甲木에게 있어서

　火(食傷) : 丙(태양), 丁(달, 인공 불)

　土(財星) : 뿌리내리는 터전, 언덕(辰土나 子未土로 있는 게 좋다).

　甲일간이 土가 없으면 의지처가 없다(노숙자).

　金(官星) : 열매, 대들보를 만든다.

　水(印星) : 자양분(辰, 子未土, 丑)

○ 봄 : 生長木(생장목), 여름 : 闊葉木(활엽목), 가을 : 成長木(성장목), 겨울 : 休眠木(휴면목).

○ 甲木은 庚金을 만나 재목으로 다듬어지고, 丙火와 戊土를 만나면 높은 산이나 들녘의 과수목으로 열매를 맺고, 丁火를 만나면 땔감이 되는 게 召命이다.

○ 甲 戌 : 女命은 偏財를 깔고 있고, 戌속에 辛남편이 있어 남편을 돈으로 본다.

○ 甲 申 : 寅申冲이라 멀리서 만나 연애, 車中연애, 車 타고 여행 많이 다닌다. 絶處逢生(절처봉생). 甲申日에 교통사고 나면 대형차에 치인다.

○ 甲 寅 : 집안에 호랑이 무리라 찾아오는 사람이 없다. 湯火(탕화), 신경성. 己土와 합되면 속 좁고 고집 세고 융통성 없다. 부러졌으면 부러졌지, 굽히지 않는다. 火가 없으면 무뚝뚝하고 폼생폼사.

○ 甲 子 : 子는 浴地, 吉神이면 주변으로부터 인정받고, 凶神이면 이성풍

파 많다. 夜中印星(야중인성)(밤공부, 야간학교, 조용히 공부). 민물이라 왔다
갔다 하면서 공부하며, 쥐처럼 이리저리 돌아다니면서 공부한다.

○ 甲午 : 午는 己土 처의 祿地이므로 처가 경제활동으로 돈을 번다. 死
地, 홍염살, 女命은 준고란살.

○ 甲辰 : 男命은 부모 중에 한 명은 비명횡사한다. 값진 인생. 처가 辰인
데, 辰은 처의 財庫라 처가 재물을 들여온다.

❋ 天干論

I 甲 + 甲

○ 호랑이 두 마리가 패권다툼, 경쟁, 투쟁, 값이 안 나간다.

○ 丙火의 빛을 가리니 갑갑(답답)하다.

○ 원국에 甲이 있고 運에서 甲이 와도 갑갑(답답) 하다.

○ 甲甲이 있는데 土가 약하면 처가 아플 수도.

○ 甲이 比劫이면 형제, 동료, 친구 때문에 갑갑하다. 損財(손재), 처 문제가 발생한다.

○ 食傷이면 의식주, 자식 때문에 갑갑하다. 하는일, 진로 때문에 갑갑하다

○ 財星이면 財, 父 때문에, 여자는 시모(媤母) 때문에 문제가 생기고 갑갑하다.

○ 官星이면 직장, 자식, 남편 때문에 문제가 생기고 갑갑하다.

○ 印星이면 문서, 윗사람, 공부에 문제가 생기고 갑갑하다.

I 甲 + 乙

○ 예민, 히스테리, 선천적 신경성 질환.

○ 巨木에 잔가지. 雜木(잡목)이 될 수 있다. 대들보 감이 못 된다.

○ 乙木의 根이 있으면 등라계갑 안된다.

○ 乙木이 감아 도니 乙木처럼 보인다.

○ 가지 많은 나무에 바람 잘 날 없다(←木旺한데 木運이 오면).

○ 甲木 : 천둥, 번개, 우뢰, 乙木 : 바람 → 천둥 치고 바람 분다.

○ 귀찮은 형제, 친구 → 克, 沖하면 떨어진다(辛金으로 乙木을 치거나, 庚金으로 合去하면 작은 貴는 얻을 수 있다).

○ 乙은 陰이요, 꽃이므로 여자 때문에 되는 일이 없다.

○ 官殺이 旺할 때 乙木이 七殺 庚金을 合殺하면 좋은 작용을 한다(매씨합살).

❚ 甲 + 丙

○ 木火通明(문화, 예술, 교육), 화끈하고 화통한 사람.

○ 베풀 줄 알고 밝은 사람. 인기 있다. 자식 낳고 좋아지고 자식을 좋아한다. 火生木(곧게 자란 대들보). 인물 좋다(양권에서).

○ 辛金이 오면 丙辛合으로 丙火를 묶어 버리고, 癸水가 오면 黑雲遮日(흑운차일)로 丙火를 가려 버리니 凶.

○ 地支에 火多하거나, 火局이면 조열하여 산만하거나, 덜렁대서 실수할 소지.

○ 여름생이면 丙火가 열로 변하여 말라 죽는다(肝에 이상).

→ 癸水 엄마가 필요하다. 아주 조열하면 壬水를 쓴다.

○ 陽干은 食神을 잘 활용하고(특히 甲일간) 陰干은 傷官을 잘 활용한다(특히 辛일간).

○ 財生殺 : 고생고생하여 돈 벌고 나니 큰 병, 큰 사고 난다.

❚ 甲 + 丁

○ 人工熱. 甲木에 불붙은 구조. 山불에 火傷(화상 환자 많다).

○ 丁火 갈코리→성질이 더럽다(나무가 상처를 받아서)

○ 운에서 丁火를 만나면 왜곡되게 자라니 다른길로 간다.

○ 불구자, 조후 외에는 좋은 것 없다(겨울생).

○ 여름생은 봉사자로 위장한 위선자→불을 살려서 모든 것을 태워 버린다.

○ 水印星이 없다면 단명하거나, 고용인 등 賤人(천인).

○ 傷官이라 편법적이고 불법적인 기질(여름생이면 기질이 더 强).

○ 木火通明이지만 인공불이라 질이 더 떨어진다.

○ 겨울생은 吉작용→천지를 따뜻하게(봉사자).

○ 地支에 根이 없으면 丁火는 없는 것 같다(헛그림자).

▌甲 + 戊

○ 높은 산의 거목. 명상가. 고독.

○ 戊(큰 벽, 큰 담장, 성벽)에 갇힌 甲木 → 바깥을 못 보니 안목이 좁고, 세상물정을 모른다.

○ 丙火를 가리니 凶(晦光(회광) ~ 봄철엔 황사현상).

○ 偏財星이라 돈, 여자 문제 발생 소지.

○ 戊土도 地支에 土根이 있어야 크고 높은 산이 되어 산맥을 형성. 土根이 없으면 孤山(고산)이다. 큰 산이 허물어져 야산처럼 보인다. 甲木 하나 덜렁 나와 있으면 孤山之木(고산지목).

○ 0 甲 戊 辛 : 산 너머 남편 있다. 산 너머 지는 별.

▌甲 + 己

○ 등 굽은 나무(왜소나무) → 솟구치는 기상이 약하다. 공처가.

○ 논밭에 쓰러진 곡식, 과수목.

○ 甲木이 과일, 곡식, 정원수로 돈은 조금 만질 수 있으나 명예는 없다(甲木이 변질).

○ 己土는 도로의 속성이므로 여행을 좋아한다.

○ 濕(습)이 많으면 甲木이 썩어 土가 되므로 병이 날 수도.

○ 甲 己 : 여자 치마폭에 빠져 墓地로 가니 공처가다.

　　　　　　0 未　妻, 父, 돈 때문에 나 죽네 한다.

○ 甲己 : 옹졸한 맹꽁이. 수전노. 쪼다.

　寅 0

○ 女命 甲己合은 財를 묶어 財生官을 못하니 과부, 독신. 남편과 떨어져 산다. 돈만 밝힌다. 돈하고 연애.

○ 甲(근육)+己(살) 濕土 → 합하여 살이 되니 비만이다.

┃ 甲 + 庚

○ 절제력이 생기고 뭔가 하고자 하는 의욕(분발, 개척, 자극) → 甲木이 旺하면 가지치기.

○ 庚, 申金이 없다면 하늘 높은 줄 모르고 솟구치는 천방지축.

○ 甲木이 無根이면 庚金은 뿌리째 뽑아 버리는 殺(살)이 된다.

○ 甲木이 根이 있으면 庚金은 甲木에 달려있는 열매다.

　甲 〉庚 → 軍(군), 檢(검), 警(경).

　甲 〈 庚 → 깡패, 범법자(내가 약하니 무기를 든다).

　丁火가 藥神(약신).

▮ 甲 + 辛

○ 칼에 긁힌 나무. 서리 맞은 나무. 예민.

○ 辛金이 甲木을 자르지 못하고 껍질만 벗기니 양에 안 찬다.

○ 女命이라면 남편이 양에 안 찬다. 官의 역할을 못한다.

○ 木多金缺(결)이 되면 反克현상 → 불만이 많고 만족이 안 된다.

○ 치아가 안 좋다. 丙火를 合去하여 凶.

○ 더운 여름철엔 辛金(구름)이 壬水를 生하여 官印相生 되어 좋다.

○ 좋은 역할 → 乙木(등라계갑)을 잘라 주는 전지가위 역할로 奪財(탈재)를 막아 주는 해결사 역할을 할 때.

○ 辛 = 酉 →열매, 압축, 엑기스, 陰氣가 가장 強(냉장고). 藥病因字(菌)(약병인자(균)), 스피커.

○ 立 + 十 → 십자가, 영매(靈媒 : 눈매가 날카롭다). 사거리에서 십자가 들고 서 있다.

▮ 甲 + 壬

○ 生氣. 솟구치는 기운. 호수 옆에 수양버들.

○ 호수 옆에 소나무. 경치가 멋있으니 인물이 좋다.

○ 水旺하면 浮木, 偏印이지만 甲木의 기질을 최대한 살려 준다.

▮ 甲 + 癸

○ 비 맞은 나무, 水多하면 나무 썩는다. → 아는 것이 병이고, 만물박사인데

실천은 못한다. 게으르다.

○ 甲木이 썩으니 간경화, 부모로부터 부채상속 받는다.

○ 丙, 丁火를 꺼 버리니 열매를 못 맺어 落花(낙화) 현상

→ 될 듯 될 듯 안 된다. 여름에 조후로 쓸 때만 부모덕 있다.

○ 甲 癸 癸 : 결실 맺지 못한다. 일찍이 가출한다.

❊ 地支論

(가) 寅卯辰月

○ 눈목(嫩木), 어린 싹.

○ 年月에 庚辛金이 뜨면 生命을 자른다. 官이라 자식이 불량하다.

○ 逆天 : 丁火가 떠서 庚辛金을 제거해야 한다. 조상의 음덕이 없다(고난).
　망한 집안 출신이다(성장하면서도 망한다).

○ 木이 旺하여 庚辛金을 쓰더라도 봄철에 서리 맞은 격이라 비정상적이므
　로 妻子, 배우자가 안 좋다.

○ 月, 時에 乙木이 있으면 잡목된다(冬節은 아니다). 나는 대들보감인데 남이
　나를 잡목으로 보니 답답하다. → 가지 많은 나무 바람 잘 날 없다.

○ 火局되면 불구자가 되거나 큰 상처를 입는다. 丙火를 보면 木火通明.

○ 辰土에 뿌리 내리면 좋은 환경이라 건강하다. 여기에 丙火를 보면 大局.

○ 봄에 水多하면 잔병 많다 : 木이 잘 자빠진다(땅에 뿌리를 못 내리니까). 丙火
　가 있어도 수확이 없다.

○ 辰月에 申子辰 水局되면 寒氣(한기)로 수확이 없다. 돈 없다. 해동이 늦
　어 일이 늦게 이루어진다. 甲木이 뿌리 못내리고 자빠진다.

○ 卯月은 陽氣덩어리 → 송곳보다 강한 힘.

○ 一點(일점) 火가 없으면 꽃 피울 생각을 안 하므로 연애만 하러 다닌다. 火
　를 찾아 밖으로 돌아 다닌다.

○ 봄 甲木은 巳酉丑, 寅午戌이 있으면 나쁘다.

○ 戊土가 많이 뜨면 어리석다. 앞서갈 수 없다. 土多는 흙이 두터워 발아
　(發芽)가 늦다. 우둔하다. 식복은 있다.

○ 寅月 甲木 甲己合 제일 싫어한다. → 철들기 전에 나쁜 짓을 한다. 자기 할 일을 안 한다. 어린 것이 여자만 밝힌다.

○ 甲戌戌 : 첩첩산중에 외롭게 서 있는 나무.

○ 癸甲癸 : 印綬가 忌神이라 집에 있기 싫다. 떠돌이. 가출. 甲木이 썩는다. 부모로부터 망신당한다(부채상속). 印綬가 忌神인 者는 집에서 못 죽고 객사한다. 잠자리가 편치 못하다. 학창 시절엔 선생을 짝사랑한다. 멋을 내기 좋아한다. 커서는 춤 선생을 사랑하기도.

○ 甲　　　: 나무를 옮겨 심어야 하므로 男女 모두 결혼
　辰　戌　　2번 이상 한다.

○ 甲木은 丙火를 正用神으로 쓰는데 甲丙辛이면 正用神인 丙火가 기반(羈絆)되면 작용을 못하는데, 合된 글자가 凶神이면 거짓말을 밥 먹듯이 한다. 사기꾼이 되기 쉽다. 合된 글자가 官이냐 財냐 문서냐에 따라 통변한다.

○ 天干에 食傷이 있고 地支에 官이 있으면 남편을 종 부리듯 한다.
　例) 戊 辛

　　　　卯

○ 逆用神者는 물질운이 약하고 가족관계가 원만치 않아 고독하다.

○ 墓地가 있어도 身强하면 入墓(입묘)가 되지 않으나, 身弱하고 調候(조후)가 안되면 入墓되어 몸이 아프거나 죽는다.

○ 甲大運은 새로운 일을 할 수 있는 동기 유발. 무거운 직책을 못 맡으면 사표를 쓰고 자영업을 한다. 남자는 리더가 되고 싶어 하고, 여자는 괜히 남편을 무시하고 사회활동을 하려 한다.

○ 身弱四柱는 七殺運에, 身强四柱는 墓地運에 凶, 死한다.
　큰 인물은 偏財 入庫운에 죽는다.

(나) 巳午未月

○ 여름 甲木 水太旺 : 여름장마라 게으르다. 장마 지면 일하러 안 나간다. 비오는 날이면 공치는 날이다. 水厄(수액) 조심.

○ 조후 안 되면 천격이다.

○ 火多하면 조갈증이라 술을 좋아한다. 신체 불구. 만일 건강하다면 수도자 이다.

○ 逆用神이면 人德(인덕)이 없고, 사람이 잘 안 모인다. 이름이 나더라도 잠시이고, 나중엔 지탄의 대상이 된다.

○ 水多木浮되면 조상의 유산을 탕진하고, 집안을 망치고, 客死(객사)할 수도 있다. 죽어도 棺(관)이 없다(木은 棺).

○ 印星이 凶이 되면 부모 속 썩인다(청개구리 근성).

○ 여름 甲木에 庚辛 뜨면 여름우박, 벼락 맞은 사주, 신체 결함 ← 丁火로 庚辛金을 녹여야.

○ 木을 태우면 재산 태우는 格. 항상 돈이 없다. 가정도 힘드니 修道者(수도자).

○ 甲木이 木火가 吉이면 사회봉사, 활인업 : 어디서나 책임 있는 사람. 要職(요직)에 중용된다.

○ 여름에 丁火가 나타나면 위선자다. 뿌리가 말라 몸에 흉터, 상처가 생긴다. 대들보 못 된다. 곡식이 다 탄다. 丁火가 傷官으로 말과 행동이 정상이 아니고 위선적이다. 지열(地熱)이 하늘까지 올라와 나무를 마르게 한다.

○ 水는 地支에 있어야 한다. 戊土가 水를 克하면 財慾(재욕)만 부리다 망신당한다.

○ 巳月에 甲木이 庚金이 있으면 몸에 흉터가 있거나, 질병이 있다. 巳는 庚金의 長生地라 庚金이 강하다. 또한 巳는 甲木의 病地다.

```
庚  甲  0   0
0   0   巳  0
```

(다) 申酉戌月

○ 甲丁庚 : 材木(동량지재)

○ 甲 + 丙 : 열매가 더 크고 있다. 여름이 길다(長夏). 시야가 넓다. 火는 多多益善(다다익선)(크고 있다는 의미). 火가 약하면 다 큰 나무.

○ 甲 + 丁 : 시야가 좁다. 태양이 아니라 성장이 멈춘다. 傷官은 부정의 神(凶작용일 때). 秋冬節엔 活人業과 匠人(장인)인 경우가 많다. 甲木 내 몸을 불태워 丁火를 살린다.

○ 가을 寒氣(한기)로 인해 火를 봐야 하고, 水가 있으면 戊土로 制(제)해야 한다.

○ 戌月 甲木 寅卯辰 있으면 이듬해 나무 키울 준비가 끝난 것이다(농사지을 준비를 미리 했다). 봄 오면 금방 싹 트고 부자 된다.

○ 比劫이 많으면 나쁜 친구가 따르고, 친구로 인한 손해, 나쁜 일이 발생한다.

○ 사주에 無火果(무화과)면 막노동꾼이다. 남의 신세를 지고 산다. 어떤 일주든 火가 많으면 인심이 厚(후)하고, 냉하면 인간미 없다.

(라) 亥子丑月

○ 戊土는 바람막이 벽이고(防風), 丁火는 난로.

○ 水旺하면서 金이 있으면 夭折(요절), 賤格(천격).

※ 金水冷寒(금수냉한) : 발육부진, 불감증, 水木凝結(수목응결) : 간경화. 저능아. 말더듬.

○ 根이 있고 丙火 보면 키우는 나무, 즉 교육자, 연구가. 여름 甲木 키우는 命이 군수급이라면, 겨울엔 장관급이다.

o 火無이면 조상 재산을 못 지킨다.

o 겨울 甲木 地支에 火氣가 있으면 有德. 너그럽다. 火氣가 없으면 각박.

o 火無水多이면 父母代에 망한 집안(몰락한 집안 자손). 火無水多이면 냉정
하다. 浮木이면 팔도유랑, 혈육이 없다.

o 겨울 壬癸水는 눈보라, 제 갈 길을 못 간다. 내가 클 때 부모가 애 먹는
다. 가출할 수도. 특히 地支에도 火氣가 없으면 거의 가출한다.

o 火多 : 똑똑하다. 식견 있다.

o 戌未土만 있고 天干 火無이면 土 안에 火가 있으니 돈은 있으나, 자식
덕은 없다.

o 濕土(습토)만 있고, 火無는 돈이 모이지 않고 건강도 나쁘다(肺(폐)).

o 木多하여 庚을 用하면 이율배반, 요행을 바란다. 엉뚱한 생각.

o 比劫이 많으면 친구 배신, 돈 안 따른다. 고독(독신). 財(돈), 동반자가 없
다. 겨울엔 아무리 身弱해도 比劫을 안 쓴다. 木이 많으면 욕심이 많다
(木을 키울 수 없는 계절에 많은 木을 키우려고 하니까). 比劫 흉작용이 강하다. 손
재로 간다.

o 根이 있고 地支에 火多이면 봄이 오면 먼저 싹 튼다. 앞서가고 부지런하
다. 성실, 선구자.

o 甲이 丑에 根하면 조상궁에 흠집이 있다. 丑月 火無는 돌아다니는 사람.
노동자. → 밖에 있는 丙火 찾으러 돌아다니니 역마가 강하다. 동토(凍土)
에 뿌리를 내리니 삶이 고달프다.

o 겨울에 丙火는 노동일, 안목은 넓다. 丁火는(안방 난로) 편히 산다. 丁火
도 根이 없으면 虛火(허화)다(丁火는 亥에 胎地, 子에 絕地, 丑에 墓地).

※ 丙 壬   甲 庚 : 傾國之色(경국지색)이나 단명
  申 0,   申 0

✳ 通辯論

▌甲木⑴

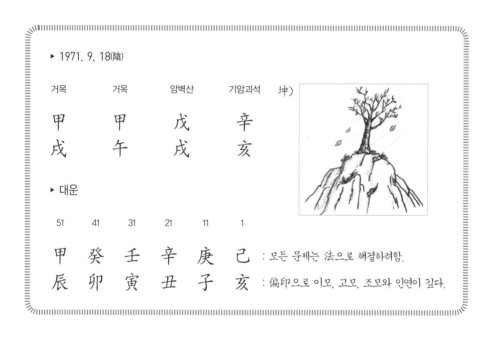

▶ 1971. 9. 18(陰)

거목	거목	암벽산	기암괴석	坤)
甲	甲	戊	辛	
戌	午	戌	亥	

▶ 대운

51	41	31	21	11	1
甲	癸	壬	辛	庚	己
辰	卯	寅	丑	子	亥

: 모든 문제는 法으로 해결하려함.

: 偏印으로 이모, 고모, 조모와 인연이 깊다.

○ 현황 : 乙未年에 수강생이 가져온 命式이다. 아들 하나 있는데, 금년에 DNA 검사를 통해 친자가 아님이 확인되었다. 결혼 전 남자 친구와 딱 한 번 동침했는데 그 사람의 자식인 것이다. 20년지기 친구가 있는데 그 친구가 본인 남편과 바람을 피우면서 제보를 하여 검사를 했단다.

○ 가을 암벽산에 기암괴석이 있고 고목만 2그루 외로이 서 있다.(獨山枯木(독산고목)). ← 외로운 형상이다.

○ 年干이 正官이다. ← 어렸을 적 꿈은 평범한 직장인이다.

○ 甲 甲 : 比肩이라 친구, 형제, 동료 때문에 갑갑(답답)하다.

○ 2번 결혼할 사주이다 : 女命일지는 자궁인데 양쪽으로 걸쳐 있기 때문이

다. 첫 번째 남편은 戊戌이요, 2번째는 甲戌이다.

○ 남편은 月柱 戊戌이다. 일지와 午戌合 했기 때문이다. 乙未年에 팔자에
없는(원국 지장간 투출이 없으니) 자식이 오니 남편 戊土의 傷官인 辛金이 乙
木 자식을 친다.

○ 戌未刑 : 신경 많이 쓴다. 조정한다. 지지고 볶는다. 일간의 比劫이라 사
람 때문에 신경, 조정, 지지고 볶는다.

○ 남편은 傷官生財로 가니 자영업, 사업을 한다(戊生辛 辛生亥).

○ 命主인 甲午와 午未合을 하니 본인은 챙긴다.

○ 두 번째 남편은 甲戌이 되는데 戌中 丁火가 있어 자식 딸린 남편이다. 비
견이라 친구 같이 지내기도 하지만 갑갑하기도 하다.

┃ 남편 사주

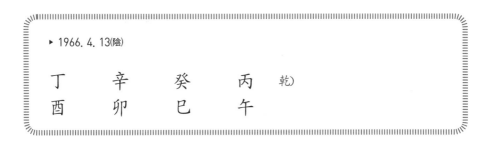

▸ 1966. 4. 13(陰)

丁　辛　癸　丙　乾)
酉　卯　巳　午

○ 중장비(덤프트럭) 자가운전 사업자이다.

○ 辛金이 癸水를 보면 녹슨다. → 특수한 맛, 향, 기술을 쓰는 직업이나,
의약계 종사한다. 임기응변에 강하다.

○ 특수한 기술. ← 중장비 다루는 특수한 기술이 있다고 함.

○ 辛金이 丁火를 보면 갈고리 성격, 예민, 괴팍하다. ← 丁火 자식 때문에

○ 時支(자식궁)과 卯酉冲이라 자식 인연 약하다. 또한 배우자궁 冲이라 이혼 수가 있다.

○ 卯酉冲 : 부부싸움이 심하다. 이동수가 많다. 옆구리 결림이 있다. 현침 살이라 손톱끝이 바늘로 찌르듯이 아프다.

○ 丁酉年에 파탄 난다.

午중 丁火 투출 → 내 따라 내가 원해서

時干 丁火 偏官 발동 →원국에 있는 卯酉冲이 강하게 발동.

偏官年은 관재구설수 → 자식과의 사이가 깨진다.

甲木(2)

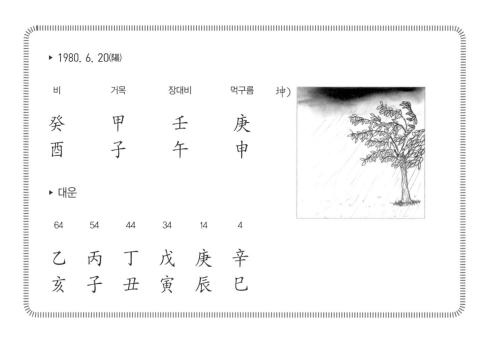

▶ 1980. 6. 20(陽)

비	거목	장대비	먹구름	坤)
癸	甲	壬	庚	
酉	子	午	申	

▶ 대운

64	54	44	34	14	4
乙	丙	丁	戊	庚	辛
亥	子	丑	寅	辰	巳

○ 현황 : 개인회사 사무직으로 근무. 미혼. 이성교제 한번 없고, 관심도 없

다. 독신주의자. 다정다감하지 못하고 언행이 딱딱. 외골수. 간섭을 싫어하고 자유주의자. 화려함에 관심 없고 실리 추구. 자수성가 의지가 強하다.

○ 運始 : 辛~수지침, 낚시. 골프. 역학, 공상과학, 무협지 等에 관심 많다. / 巳(食神)~ 자신의 건강이나, 자식이 話頭((화두)(평생 고민살))이다.

○ 한여름 午月에 해 떨어지는 시간에 온 세상이 폭우가 쏟아지니 어찌 먹구름(庚 : 먹구름, 남자)을 반기겠는가? 壬癸水 옆에 庚金은 먹구름이요, 辛金은 옅은 구름이다. 天地가 홍수가 났으니 廢農(폐농)이요, 빛 좋은 개살구 命이다.

○ 子女(火)를 낳게 되면 水多火熄이라 水厄을 당할 수도.

○ 일간을 중심으로 水 印星이 포위하고 있으니 水(물)울타리를 치고 사는 형상이라 외골수 고집이 強하고 주변 사람들과 교류가 없다.

○ 한여름에 水가 조후용신으로 필요한데 水가 너무 旺하여 오히려 火를 用한다. 逆用神이다. 역용신을 쓰게 되면 주변 사람들이 떨어져 나가고 인덕이 없다. 특히 女子는 부부생활을 할수록 자궁에 병이 생긴다.

○ 印星이 凶神 : 공부는 싫어하고 선생을 짝사랑하고, 어른이 되어서 춤을 배우러 가게 되면 춤 선생과 바람난다. 貴人이 없으니 인덕이 없다. 잠자리가 편치 못하다. 객사의 우려가 있다. 학창 시절엔 멋을 잘 내나, 성인이 되면 치장을 싫어한다. → 일지에서 印星(壬, 癸)이 투출하였으니 본인의 책임 및 잘못이다.

○ 女命의 食傷은 애교요, 性에너지이다. 도화성도 애교이다. 傷官 도화가 冲이요, 水多火熄이라 애교가 없고, 性(성)에너지도 약하다.

○ 女命일지는 子宮이다. 특히 子는 자궁의 개념이 강하다. 일지(子宮)에서 壬,癸水를 투출하게 되면 자궁을 밖으로 드러낸 형상이라 官星이 凶神이

되면 남자를 싫어할지라도 정조관념은 약하다.

○ 女命에서 印星은 남자의 性器(성기)인데 印星이 凶이라 남자를 싫어한다. ← 印星 많은 여자와 부부생활을 하게 되면 남자의 精氣(정기)를 다 흡수하니 남편이 골골하게 된다.

○ 일지 子水가 도화에 浴地인데 吉神이면 공부 잘하고 점잖은데, 凶神이면 敗, 浴, 도화의 나쁜 점이 드러난다(음란).

○ 일간 옆에 凶神(壬, 癸)이 있으면 나를 힘들게 하는 사람이 많다. 반대로 吉神이 있으면 나를 도와주는 사람이 많다.

○ 甲木은 壬水가 旺하면 水多木浮요, 癸水가 旺하면 水多木腐(부)가 된다.

○ 특히 癸水가 旺하여 凶작용이면 敗浴地 자용이 강하여 甲木이 썩거나 곰팡이, 이끼가 끼게 된다. ← 부모님 때문에 망신을 당한다(썩은 문서 : 부채상속 等).

○ 天干에 甲 癸가 있으면 자존심이 강하다(처음과 마지막, 알파와 오메가). 특히 天殺까지 있다면 자존심이 하늘을 찌른다.

○ 女命에 子, 卯, 酉중 2글자가 있으면 産厄(산액)을 당할 우려가 많다(子卯, 子酉, 卯酉, 子未 等).

○ 丑대운 : 水氣(陰氣)가 강해지니 우울증, 건강을 조심하라.

○ 주위에(회사에) 남자는 많아도 印星이 凶이라 살아 줄 남자는 없다.

○ 官印相生은 잘 되고 있으니 월급 생활이 적성이나, 官印이 凶이라 힘들게 한다.

○ 年支가 偏官이면 어릴 적 골목대장이라도 한다.

○ 從旺格, 假從旺格(午火 때문에) 보아 水, 木運이 좋다고 하면 오류를 범한다.

甲木(3)

▸ 1982. 12. 27(陽)

눈보라	거목	폭풍	눈보라	乾)
癸	甲	壬	壬	
酉	申	子	戌	

▸ 대운

43	33	23	13	3
丁	丙	乙	甲	癸
巳	辰	卯	寅	丑

○ 현황 : 父親(부친)이 100億대 부자로 부친 회사에서 상무 직함으로 일한다. 외제 차를 몰고 다니며 기고만장한다.

○ 運始 : 癸~욕심 많다. / 丑~正財라 妻가 話頭(화두), 天厄星이라 살면서 厄을 많이 당한다. 天殺이라 기고만장, 잘난체, 종교를 부정한다.

○ 寅大運 : 比劫대운이라 친구들과 놀기를 좋아하고 공부를 안 한다. 기숙사 있는 학교에 가거나, 학원에서 친구들과 어울려서는 공부한다.

○ 조상이 壬戌로 佛道(불도)집안, 부유했다. ← 年支 戌(화개)로 吉神.

○ 水木凝結(응결)이다 : 간경화, 간암을 조심하라.

○ 한겨울 꽁꽁 얼어 있는 북극바다에 눈보라가 폭풍처럼 휘몰아치고 형상이다.

○ 본 명식의 核은 戌土다. ← 戌土가 손상을 입는 辰運이 大凶이다.

○ 겨울 사주에 午, 未, 戌 중 한 글자만 있어도 의식주는 해결된다. 그중에

서 戌土가 가장 좋다. 戌土 하나가 나머지 7글자를 책임진다. 특히 甲乙木일주는 의외로 알부자가 많다. 地支 丁火로 꽃피우니 안방에서 난로 끼고 편히 산다. 고로 戌土(부친) 때문에 먹고사는 데 지장이 없다.

○ 月干에 印星이면 부친 자리에 모친이 있으니 가정에서 母의 발언권이 세다.

○ 申이 있으면 금전적으로 절대 손해 보는 짓을 하지 않는다(申은 마무리, 절약, 냉정, 꼼꼼함).

○ 대운이 여름(火)으로 가면 조후가 되어서 좋을 것이라고 하면 큰 오류를 범하게 된다. 여름으로 가면 저 북극의 많은 물이 녹아 쓰나미를 일으키게 되니 大凶이다(水多木浮(腐), 水多火熄, 水多土流가 일어난다). → 한 방에 훅 간다. 편고된 명식은 運 나쁘면 한 방에 훅 간다.

○ 甲申일주 : 甲이 寅이다. 고로 寅申冲이다. 역마지살 冲이다. 車 타고 연애하고 차 타고 멀리 여행 가기 좋아한다. 車中 연애이다. 외제 차에 여자 태우고 제멋대로 산다고 함.

○ 절처봉생이다. → 絶地 申에서 壬水 2개 투출하여 일간을 生하니 두 번 죽을 고비를 넘길 것이다.

○ 酉는 스트레스 글자 : 자식 때문에 스트레스 많이 받게 된다.

○ 申酉는 呻吟殺(신음살) : 조금만 아파도 끙끙댄다. 申酉는 金이라 돈이다. 서쪽으로 창문을 내면 돈 나간다. 고로 서쪽으로 창문을 내지 마라.

甲木(4)

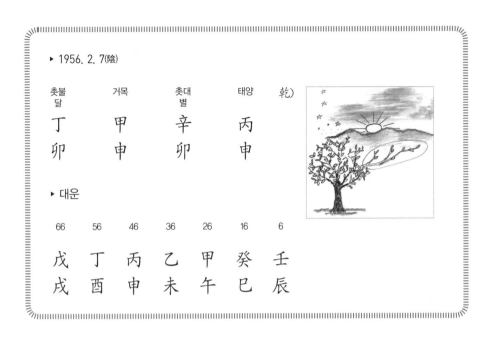

▶ 1956. 2. 7(陰)

촛불 달	거목	촛대 별	태양	乾)
丁	甲	辛	丙	
卯	申	卯	申	

▶ 대운

66	56	46	36	26	16	6
戊	丁	丙	乙	甲	癸	壬
戌	酉	申	未	午	巳	辰

○ 현황 : 유명 코미디언이다. 현재는 목사다.

○ 運始 : 壬 ~ 장거리 여행. / 辰 ~ 뜬구름 잡는 식의 욕심이 많다. 번뜩이
  는 아이디어. 偏財라 연애결혼, 여성편력. / 運始 괴강 ~ 총명하고 성격
  은 화급. 가난한 집 출생이 많다.

○ 명식의 특징 : 쌍귀문 ~ 집중력, 몰입정신이 강. 食傷 혼잡, 官殺 혼잡.
  현침살 多(5개). / 財星 無 ~ 현실감각이 떨어진다. 길치가 많다. / 印星
  無 ~ 무데뽀, 즉흥적, 생각이 짧다. 심사숙고하지 않는다.

○ 나무 키우는 명식이다. 丙火가 核인데 辛金이 묶고 있다(辛金이 가장 나쁜
  글자). → 丙火 用神이 丙辛合되면 용신기반이라 하여 거짓말을 밥 먹듯
  한다. 卯 뿌리가 申金에 귀문관살로 삭감되고 있다. 火運이 吉, 卯月이
  라 水運도 吉.

○ 한 손에 촛대, 또 한 손엔 촛불이라 기도사주다.

○ 男命 卯月生 정력이 强하다.

卯 : 손가락, 집착, 암기력.

命宮이 亥이면 남자는 정력이 강하다. 장수한다.

○ 卯卯 : 病弱(병약). 申申 : 자승자박살, 客刑(객형). 신신당부.

○ 甲申일주 : 車中戀愛(차중연애), 車 타고 여행을 좋아한다(연애할 때). 偏官
을 깔아 욱하는 성격(카리스마). 절처봉생.

○ 원국에 申이 있으면 금전적으로 절대 손해 보는 짓을 하지 않는다.

○ 첫 번째 妻는 月柱 辛卯다. 辛보석이 丙태양을 만나 반짝반짝 빛이 나니
美人이다. 正官과 合이라 명예, 체통, 체면을 중시하고 고지식하며 융통
성이 없다.

○ 두 번째 妻는 時柱 丁卯가 될 것이다. 正, 偏印이 다 있어 이 공부, 저
공부 많이 했다. 생각이 많다. 文曲星을 깔아 예술성(손가락)이 있다. 눈
물의 丁火, 희생봉사 정신이 강하다. 丁火는 산불도 되니 한번 성질나면
누구도 못 말린다. 丁火는 甲木을 좋아하니 命主를 매우 좋아한다. 傷官
이라 신도 중에서 만날 수 있다. 卯도화를 깔아 나이가 어리고 예쁜 여자
다. 丁火는 申에 浴地라 남편 앞에서 色氣(색기) 좀 부리겠다.

○ 雙(쌍)귀문 : 변태성, 또라이 기질.

○ 卯申원진 : 토끼는 땅에서 살고, 원숭이는 나무에서 사니 서로 만날 일이
별로 없어서 이혼수가 많다.

○ 羊刃格에 食傷이 있으면 추진력이 강하다.

羊刃에 傷官 : 욕쟁이. 특수한 기술.

羊刃에 도화 : 음담패설 잘한다.

羊刃 위에 正官(刃頭官) : 官職生活(관직생활) 못한다.

○ 羊刃格 : 부모덕이 없어 자수성가.

○ 時支에 羊刃 : 큰 상처가 생기거나, 자식에게 재난 발생. 자식이 없거나 적다.

○ 丁火(달)로 꽃피우니 은밀한 사랑, 가식적인 사랑. 丁火(地熱)로 꽃피우니 성질 더럽다. 또한 丁火는 甲木을 왜곡되게 하니 성질이 더럽다. 丁火(인공 불)로 꽃피우니 노력과 자본이 많이 들지만, 그에 따른 소득은 적다. ← 陰地木이다.

○ 申時부터 卯時까지 주로 밤에 일하는 모습이다. 丁火 촛불을 켜고, 형광등 밑에서 卯時에 설교하는 모습이다.

○ 원국에 財星이 없으면 月干이 부친이다. 月干을 合去하는 運에 부친의 건강이 안 좋든지, 아니면 사망할 수도 있다.

○ 酉대운 : 卯酉冲으로 이사수 많다. 부부싸움이 심하다. 옆구리 결림이 있을 수도.

酉대운 : 傷官見官의 대운 ~ 구설시비 조심하라. 특히 원국과 卯酉冲하면 구설시비가 많다.

甲木(5)

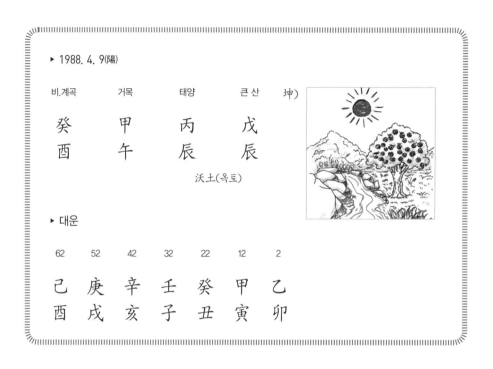

▸ 1988. 4. 9(陽)

비.계곡	거목	태양	큰 산	坤)
癸	甲	丙	戊	
酉	午	辰	辰	

沃土(옥토)

▸ 대운

62	52	42	32	22	12	2
己	庚	辛	壬	癸	甲	乙
酉	戌	亥	子	丑	寅	卯

○ 현황 : 유명 걸그룹 애프터스쿨 멤버이다.

○ 運始 : 乙 ~ 말을 잘한다. 2박3일 단거리 여행을 좋아한다. / 卯 ~ 부지
런하다. 예민하여 살이 안 찐다. 時支와 卯酉冲이라 자식인연이 약하다.

○ 저수지가 있는 큰 산에 거목이 있고 그 옆에 마르지 않는 계곡이 있는데다
태양이 떠 있으니 경치가 좋다. 고로 미인이다.

○ 天干에 丙戊癸가 있으면 男命은 문장력이 좋고, 女命은 미인인데 고독
은 면치 못한다.

○ 天干은 木火通明이라 총명하고 문화, 예술, 교육이 적성이다. 초년이 比
劫대운이라 공부는 안 한다. 木이 돈이라 돈을 번다.

○ 甲木을 키우는 命이다. 辰(沃土)에 뿌리 내리고 丙태양이 있어 잘 자라고

있다. 辰月에 甲木이 있고 丙火 있으면 大局이다.

○ 큰 산에 거목이 있고 태양이 辰시부터 午時까지 떠 있는데, 말년엔 酉時
(초저녁)부터 쓸쓸한 비만 내리고 있는 형상이다.

○ 月柱는 가정궁인데 辰(沃土)에 丙(태양)이 떠 있으니 좋은 가정에서 태어
났다.

○ 年干의 偏財는 선대의 遺産(유산)인데, 여기서는 일간(甲)이 丙火를 生하
고 丙火는 戊土를 生하니 일찍이 내가 번 큰돈이다. 戊偏財가 辰에 帶
地요, 午에 旺地라 중년까지 없어지지 않는 돈인데 時支에 死地라 말년
에 다 없어진다. ← 돈 관리 잘해라.

○ 일지(마음자리)午에서 丙火食神을 투출시켰으니 나의 본심은 베풀기를
잘한다. 厚重(후중)한 마음이다. 또한 食神으로 일간을 洩氣(설기)하니
몸은 잘 빠졌다.

○ 일지에서 투출된 食神은 나의 命줄이라 잔병치레도 많다. 또한 午는 甲
木의 死地라 死神투출도 되니 건강관리 잘해라.

○ 午는 홍염살인데 역시 丙火로 투출시켰으니 밖에 나가면 남자들에겐 매
력적으로 보인다.

○ 地支는 가정궁인데 집에 들어오면 午 傷官도화를 쓰니 집에서는 애교를
부린다.

○ 2개의 辰土에 뿌리 내리고, 辰土속에 乙木이 있어 그룹 활동을 하게 된
다. 내가 甲木이라 리더가 된다.

○ 丙火는 태양이라 낮이요, 광명이고, 영민함이다. 또한 낮의 조명발이라
TV에 출연하게 된다. 만일 丙火가 없고 丁火만 있다면 밤무대에서 활동
하게 된다.

○ 辰辰 : 당뇨, 피부병, 습진.

○ 저수지가 2개라 어려서 수영을 배웠는데 수영선수가 꿈이기도 했다 한다.

○ 모친은 丙辰인데 나를 꽃피우게 만들어 주었고, 또한 辰중 戊土를 年干에 투출시켜 일찍이 나의 활동무대를 만들어 주었다(偏財 = 큰 무대). 時干에 癸水 印綬를 투출시켜 말년에 나에게 문서를 남겨 주기도 한다. 時干印綬는 말년에 임대료를 받는다. 그러나 癸 印綬가 病地에 앉아 임대료는 많지 않다. 말년에 모친을 모시고 사는 모습이기도 하다. 말년에 모친의 모습은 時柱 癸酉인데 癸水라 잔머리꾼이요, 偏印을 깔아 외골수 고집이 세다.

○ 부친은 年柱 戊辰인데 財庫(辰)를 2개나 차고 있으니 돈이 많다. 財庫에 比肩이 있어 돈도 많이 떼었을 것이다. 丙火 偏印을 쓰니 전문직업인이다(프로야구 감독이라 함). 食神을 깔아 일을 열심히 하는 사람이다. 여자 창고도 되니 주변에 여자도 많다. 辰중 癸水와 합을 하니 숨겨 놓은 어린 여자도 있다. 戊일간이 土가 많으면 능구렁이다. 바람피운 사실 없다고 딱 잡아뗀다.

○ 그러나 부모 사이는 辰辰刑이라 지지고 볶고 하는 사이다. 모친궁 辰중에서 時干에 癸水를 투출시켜 부모는 떨어져 사는 세월도 많다. 그래도 戊癸合, 辰酉合이라 이혼은 안 한다.

乙木

화초, 풀, 넝쿨(無,根일 때),, 새(소식), 바람, 項(목), 美(예술)의 神.

枝葉(지엽)으로 生命力을 상징. 이별(새가 날아가고 꽃이 떨어지니까), 솔직, 화끈, 기획, 문화, 유행 창조, 예체능, 보석 디자이너.

花無十日紅((화무십일홍)(사랑이 잘 변한다)). 섬유, 의류, 종이, 수공예품, 목가공제품. 乙 = 卯(손가락, 집착, 암기, 수학), 확장, 발전, 분리.

色이 强 ← 卯 싹이 올라오는 힘이 강하니까(陽氣 덩어리) 無根이면 枝葉(지엽)이라서 통통한 사람이 많으며, 기회주의자가 많다.

乙木은 丙火를 만나 꽃을 피우는 것이 소명. 甲木은 부러졌으면 부러졌지 휘지는 않으나, 乙木은 휘어지니 굽힐 줄 알고 屈伸(굴신)의 특성이 있어 뻐딱하며, 말이 많고, 변덕이 있다.

○ 乙大運 : 吉이면 확장, 발전이요(가지치기하듯 지점을 내거나 社勢를 확장). 凶이면 가지가 갈라지니 이별이다(직계존속 중 나이가 많은 사람).

○ 여름에 丁火를 보면 乙木이 시들게 되니 命이 짧고, 겨울에는 조후(난로)가 되어 좋다.

○ 乙木이 가을생은 국화꽃 → 男命은 못된 친구, 女命은 못된 사내들만 꼬여 몸과 마음이 傷한다(향기가 없어 벌 나비는 오지 않고 진드기만 붙는다). 丙, 丁火가 있으면 구제된다.

○ 乙木은 甲木과 달라 土旺하면 혼자 많은 땅을 차지할 수 없으므로 되는

일이 없다.

○ 乙酉나 乙丑처럼 地支에 金氣가 강하면 남편 인연이 약하고, 天干에 辛金이 투간하면 남편이 女色에 빠진다.

○ 乙木은 辰土만 있어도 잘 산다. 辰土가 있으면 위가 튼튼하여 소화력 좋다. 고로 창자가 길다.

○ 겨울에 태어나거나, 丑土에 根하면 고단한 삶이다. 根이있고 火가 없으면 인동초다.

○ 丑土(오물)는 비린내 나는 것을 좋아하는데, 특히 겨울생은 심하다.

○ 乙木이 巳火를 보면 꽃봉오리라 몸속 피부가 곱다. 남편복이 없다(고란살).

○ 乙木이 火가 없으면 陰毛(음모)가 없다.

○ 乙木에 戊癸合火되면 이때는 火가 아니고 반딧불이라 희망사항에 불과하다. → 희망 때문에 부지런하다. 막혔던 소망이 이루어지기도.

○ 乙木은 꽃, 꽃이 지면 이별, 이별하고 나면 쓸쓸. 癸水가 오면 無情(비 맞으면 꽃잎 떨어진다). 乙木이 많으면 이별수가 많다. 花無十日紅. 바람은 스쳐 지나간다. 사랑이 오래가지 않는다.

○ 乙木은 根이 있으면 藥草(약초).

辰, 戌月에 태어나면 根이 없어도 약초.

卯月에 태어나면 잔디 ← 잘라도 또 나온다.

未月에 태어나면 꽃밭(감성, 색감 발달) / 未 → 확산, 모든 여름벌레가 다 튀어나오고 모든 과일이 맛이 든다.

亥月에 태어나면 갈초(마른 풀)이며, 역마성이 강하다. 亥月엔 철새가 날아가니까.

봄 : 개나리, 진달래 ~ 신선.

여름 : 장미, 목단 ~ 향기.

가을 : 단풍, 국화, 목화 ~ 청초.

겨울 : 有根하거나, 丙火가 있어 살아 있으면 약초. 無根이면 갈초.

○ 乙 卯 : 干支가 도화라 배우자도 도화가 있는 사람을 만나야 한다. 여자
는 갑상선, 남자는 식도 관련 질환 조심. 乙卯日에 조심하라. 干支로 父
를 克하니 父先亡. 乙卯일주가 딸을 낳으면 붕어빵이다. 들토끼라 활동
적이다.

○ 乙 巳 : 乙은 새, 巳는 번식, 번영의 의미. 그 자리에 안주하지 못하고 돌
아다닌다. 밖에서 벗어나려 한다(巳火가 六陽). → 하늘 높은 줄 모르고, 女
子는 피부가 곱고, 머릿결이 좋다. 남자는 키가 작다. 月이 乙巳면 父母
가 작다. 꽃뱀, 초록뱀, 불(巳)에다 풀숲(乙)을 태운다(불이 확 타는 형상이라
女子는 Sex할 때 소리를 있는 대로 지른다). 배신을 잘한다. 巳중 丙火로 꽃을 피
웠는데, 酉. 丑運이 오면 합하여 金克木 하므로 꽃이 떨어진다.

○ 乙 未 : 사막의 풀, 적응력, 생활력이 강하다. 水가 없으면 흰머리가 나
거나 인후병(咽喉病)으로 고생한다. 未土는 당뇨, 중풍. 未月未日 당뇨가
많다.

○ 乙 酉 : 화병에 꽂혀 있는 꽃, 철쇄개금(鐵鎖開金). 乙도 卯라 철쇄개금 →
活人業. 暗金殺(암금살)을 깔아 아래쪽 수술. 칼바위 위에 핀 꽃.

○ 乙 亥 : 봄 · 여름에는 연꽃, 겨울에는 화병 속의 꽃이라 단명수. 辰이 오
면 원진이 되어 신경과민. 물이 혼탁해지는데 天干으로 오는 글자가 원
인. 부부간에 의처증, 의부증. 여자는 무속인이 될 수도.

○ 乙 丑 : 남편의 墓地에서 피어난 꽃이라 애정운이 너무 나쁘다. 90% 이
상 이혼. 暗金殺이라 심리적으로 불안. 凍土(동토), 자갈밭. 과부꽃 지장
간의 辛金 때문에 남자는 공처가가 많고, 여자는 남자에게 불만이 많다.

○ 乙 巳, 乙 酉, 乙 丑, 일주가 地支에 巳酉丑 金局을 놓으면 질병이 많

고 몸이 아프다. 남편 때문에 병들고, 포악한 남편을 만난다. 酉月生에
天干에 辛金 투출이면 단명수. 旺한 金氣를 洩(설)하고 官印相生해 주는
水運이 吉하다. 陰木福德格(음목복덕격) : 殺局이라 인수운을 좋아한다.
火運은 旺金을 克하니 흉하다.

※ 天干論

▮ 乙＋甲

○ 등라계갑(藤蘿繫甲). 배경 좋은 형제, 친구가 있다.

○ 흔들리지 않는다. 月干 甲木일 때는 2인자로 머물 수 있다.

○ 秋, 冬節엔 큰 나무가 햇볕을 가리니 처와 財運이 不吉.

○ 時上의 甲木은 말년에 등라계갑이 되어 좋은 배경(他人의 은덕을 입는다).

○ 호가호위(狐假虎威) : 여우가 호랑이를 앞세우고 호랑이 행세

○ 地支에 寅卯의 根이 있으면 등라계갑이 아닌 劫財작용을 한다. → 群劫爭財(군겁쟁재) 작용을 한다(결혼에 있어서는 헌 남자, 헌 여자를 만날 소지).

▮ 乙＋乙

○ 伏吟雜草(복음잡초). 그냥그냥 끈질기게 살아간다. 시기, 질투가 많다. 잘난 척하며 뽐내기 좋아한다.

○ 우는 소리, 배우자 無別. 슬픔이 떠나지를 않는다. 청승맞다.

○ 잡풀이 엉켜서 밑에는 썩는다. 고로 비밀이 많다. 태양을 못보니 어둡다.

○ 요령꾼이다. 꽃과 꽃이 엉키고, 풀과 풀이 엉켜서 태양을 가리는 형상이다.

○ 남편이 바람피우는 것을 면하기 어렵다.

○ 몸이 유연해서 연기인, 운동선수, 서비스업에 종사하는 경우가 많다.

○ 辛金이 오면 앞에 있는 乙木이 막아 주니 좋다.

○ 丙火를 못 보면 태양을 찾아 헤맨다(역마).

| 乙 + 丙

○ 겹꽃, 태양같이 열렬한 사랑(웃음) 진실한 사랑, 자기자랑, 재치. 꽃이 활짝 피어 인물이 좋고 인기 있다.

○ 木火通明이라 예술성. 다재다능(가을생 이후부터는 달빛 속의 꽃이라 예술성이 더 발달한다).

○ 乙木은 손가락이니 손재주. 火는 확산이니 말을 쏟아내 구설수라 입조심. 乙木이 巳火를 보면 꽃봉오리라 몸속 피부가 깨끗하다.

○ 枯草引燈(고초인등) : 습한 초목을 태양(丙)에 말리면 땔감이 된다(乙+丙 = 甲). 丙火가 凶神이면(火가 많으면) 어지럽게 산만하게 핀 꽃이라 허황되고 분수를 모른다. 겨울생은 태양을 쬐러 문밖으로 나가니 추운 데서 고생한다. → 역마도 아닌 것이 역마성이 강하다.

○ 乙木에 丙辛이 붙어 있으면 重病에 약이 없는 것과 같다. 남편이 女色에 빠져 속상하다. 남편이 진로방해. 亥子月生이면 水로 変(변)하여 찬물을 쏟아붓는다.

○ 丙火가 年에 있으면 어렸을 때 미인인데, 커 갈수록 아니다. 月에 있으면 미인. 時에 있으면 말년에 미인이라 곱게 늙어 간다.

○ 丙 乙 丁 : 丙을 좋아하고 丁을 싫어하니 이중성격.

| 乙 + 丁

○ 홑꽃, 가식적 사랑(웃음). 달밤에 소곤소곤 사랑.

○ 마음속에 비밀 간직. 地熱(물기 없는 메마른 꽃나무) → 상처를 주거나 받는 관계. 밤에 피는 꽃(감성, 예술성). 예민, 직감력, 무당이 많다. 곱슬머리(머리를 붉은색으로 염색하기도). 눈썰미가 강하다(특히 亥月生).

○ 秋節에 金(서리)이 많으면 서리를 녹여 乙木을 보호. 庚辛金으로부터 공격받을 때 食神制殺(식신제살) 역할.

○ 冬節에는 온실의 난로가 되어 편안하게 乙木을 키운다.

○ 乙木이 丁火가 용신이면 활인업.

○ 乙木 午月生 丁火가 투출하면 男命은 子女가 傷하고, 女命은 男便이 傷하니 과부가 되기 쉽다(金이 녹으므로).

○ 습목(봄生)인 乙木으로 모닥불(丁火)을 피우면 연기만 나는 격이니 눈물만 난다. 女命 乙木이 旺하면 丁火불이 꺼지니 자식 때문에 통곡할 일 있다.

○ 濕乙傷丁(습을상정) : 습한 초목(乙)이 丁火를 상하게 한다.

┃ 乙 + 戊

○ 高山花(에델바이스), 청초 고고하나 고독한 명. 수도자. 철학, 양지에서 자라는 화초. 고산화라 자기 자신을 화끈하게 드러내지 않는다(고독).

○ 암벽산의 꽃이라 아무도 꺾어 주지 않으니 남편 인연이 약.

○ 命은 길다(조후가 되어 있을 때).

○ 높은 산에 꽃구경을 오지 않으므로 외롭고, 성관계 횟수가 적다.

○ 丁火가 食神이라 식복은 있어도 외롭다.

○ 丙火가 있으면 향기가 있어 (美人) 돈은 있으나 외롭다.

| 乙 + 己

○ 논밭, 小路(소로)에 핀 꽃. 길거리 예술.

○ 야생화(임자 없는 꽃, 화류계), 陰地花(음지화)라 火
가 없으면 천하다.

○ 丙火가 있으면 야생화도 음지화도 아니다. 조명
발을 받고 잘 나간다.

○ 丁火가 있으면 밤에 핀 꽃, 밤무대 연예인.

○ 생명력이 질기다. 들꽃이라 이놈도 꺾고 저놈도 꺾으니 꺾인 세월이 많고
성관계 횟수가 많다. 풍파를 겪어 눈치, 요령은 좋다.

○ 만약, 水가 없어 조열하면 메마른 땅의 들꽃이니 貧賤(빈천)하다.

○ 丑土에 根하면 妾室(첩실). 丑중 辛金(偏官)과 己土(偏財)가 있어 돈은 주
되 나타나지 않는 情夫(정부)가 있을 수도. 男命 乙木이 己土에 뿌리내리
면 공처가.

○ 己土가 甲木을 묶어 놓을 때 매우 싫어한다. → 己土는 甲木兄의 처(형
수)가 등라계갑을 막는다. → 형수가 형이 도와주는 걸 막는다.

| 乙 + 庚

○ 봄·여름은 좋으나 가을·겨울은 좋지 않다.
→ 남에게 피해 줌.

○ 우박 맞은 꽃나무(정신적 고통이 많다), 풍류기질,
곱슬머리.

○ 꽃과 서리 → 엄격한 아버지 밑에서 일찌기 성숙.

○ 合이라 마음은 끌리는데 자기 뜻을 펴기 어렵다(金化). 合해서 金으로 가니 순종, 숙명으로 돌리고 자기 마음껏 못한다. 몸이 아플 수도(回頭克(회두극)).

○ 남편이 꼼짝 못하게 하고 이혼도 안 해 준다. 여자가 시달린다(새장에 갇힌 새).

○ 男命은 正官合(직장과 有情)이지만 소신껏 일을 못하고 쪼그라드는 경향이 있다.

○ 봄·여름에 乙庚合은 연애 즐겁게 하나, 가을·겨울엔 남자 때문에 신세 망친다. 추운 계절이라 庚은 차고 냉정하기 때문이다. 대운에서 또 庚이 오면 爭合이 되어 죽거나 병이 온다.

○ 완성된 기물(농기구 : 도끼, 곡괭이, 호미, 삽 等).

○ 乙木이 根이 있어 강하면 乙木이 주도권을 잡는다. 乙木의 의지처인 甲木(등라계갑)을 冲하고 壬水를 生하여 寒濕(한습)하게 하므로 多病(다병)한다.

○ 乙木이 庚,辛金을 만나면 秋冬節에는 서리가 되고, 春夏節에는 우박이 되어 꽃나무에 상처를 주므로 金難(금난)의 災禍(재화)가 있다. 남자로 인한 피해.

○ 乙木이 根이 없으면 花草에 맺은 열매라 풍성하지 못하고, 花草는 수명이 짧아 말년이 외롭고 고달프다.

○ 乙木이 根이 있으면 庚金은 乙木에 달려 있는 열매.

▎乙 + 辛

○ 정통파끼리의 충돌, 거의 상처투성이(흉터, 수술).

○ 예민하다. 머리가 비상하다.

○ 乙木이 辛金 만나면 남편, 직장으로부터 반드시 禍(화)를 당한다. 年에 辛金이 있으면 일찍이 남편과 生死別(생사별)수 있다. 어린 소녀가 호랑이를 만난격.

○ 大運에서 辛運이 와도 죽을 고비, 상처받을 수.

○ 이별의 시간이 왔다(가을에 서리 맞아 꽃잎 떨어진다). 그렇지 않으면 어느 한쪽이 죽는다. ← 丁火가 藥神(약신).

○ 戌대운이 오면 墓地에 드니 모든 인연이 끝난다. 일생 도움 안 된다. → 用神 丙火를 合去하고 비수로 찌르니 건강문제. → 亥, 子月엔 合水로 차가운 물세례를 퍼붓는 꼴.

○ 寅, 卯 根이 있어 旺할 때는 辛金이 조각칼 역할을 하여 섬세하게 쓸 수 있다(공예가, 판화가 등).

▌乙 + 壬

○ 水多木浮(잔병이 많다), 부평초 → 유랑자, 정착이 안 된다. 자식운 약하다(水克火, 水多火熄(식)). 신장, 방광, 자궁의 病.

○ 연못 위에 연꽃 일때는 집 마련.

○ 돈이 모이지 않는다(土財가 물에 휩쓸려 간다). 음성적 직업(壬 어둡다).

○ 旺한 水를 戊土가 制(제)해 주지 않으면 몸이 아플 수도. 丙, 丁火를 克, 合하니 凶.

○ 乙木은 天干에 壬癸水 뜨면 병치레 많다. 母와 갈등이 심하다.

○ 水多火滯(丙) : 답답한 일이 많다.

　水多火熄(丁) : 심장병, 심혈관 질환.

○ 乙 亥 : 여름은 연꽃

　겨울은 화병 속의 꽃이라 질병 많고 단명수.

　丁火, 戊土가 있으면 溫室花(온실화)로 貴命.

▮ 乙 + 癸

○ 비에 젖은 처량한 꽃(단, 여름은 괜찮다). 丙火를 가리니 凶.

○ 비 맞고 자라는 화초 → 비 오면 바람 불고, 씨앗, 꽃이 떨어지니 수확이 없다. 地支에 癸水의 根이 있으면 비 맞은 꽃으로 落花(낙화)가 된다(끝없는 비, 장맛비).

○ 燥熱(조열)할 때는 단비가 되어 좋지만, 겨울생은 냉혹, 死神(사신). → 눈물로 인생을 보낸다. 게으르다. 캄캄한 밤중이므로 무계획, 무질서하게 산다.

○ 겨울생은 눈보라에 꽃잎이 얼고 떨어진다.

※ 地支論

(가) 寅卯辰月

○ 乙 + 丙 : 吉, 꽃피고 있다. 희망 있다. 의기충천. 木火通明 즐겁게 일한다. 노래나 춤 가운데 한 가지 소질은 있다.

○ 土月이면 甲木이 반드시 있어야 한다 : 吉.

○ 乙木이 자랄 때

   (1) 辰戌冲의 경우

    - 뿌리내리지 못하고 자주 옮겨 심는 格.

    - 땅을 망쳐 놓은 형상(辰 : 沃土, 戌 : 山土, 연탄재).

    - 열매 없다. 食福 없다. 말년에 돈도 없다.

    - 평생 '돈, 돈, 돈' 하다 죽는다(辰土가 凶神일 때).

    - 辰이 있는데 戌이 오면 흉이 더 크고,

    - 戌이 있는데 辰이 오면 흉이 덜하다.

    - 辰戌冲 ~ 戊土 태산이라 붕괴, 廢土(폐토).

    - 丑未冲 ~ 己土라 밭갈이, 그러나 冲의 凶意(흉의)는 있다.

   (2) 土는 만물(五行)의 중심이므로 土가 깨어질 때 흉하다.

    - 乙木이 火局을 보면 불타고, 상처 입은 나무. 값이 안 나간다. 한때 좋아도 運이 끝나면 망한다.

    - 戊土 旺하면 土多木折로 陰毛(음모) 엉성, 털이 안 좋다(土 : 피부, 木 : 털).

    - 乙庚 : 일주 구속, 乙이 부자유스럽다. 답답한 生을 산다. 일이 잘 풀리지 않는다. 겨울, 초봄에는 우박, 눈이다. 정신적, 물질적 고통이 많다.

    - 乙木이 丑戌未刑 있으면(뿌리 내리는 터전을 파헤쳐서) 배우자와 맞지 않아 항상 둥둥 떠서 산다.

- 乙 癸 辛 : 乙木은 官印相生이 좋지 않다(끝없이 내리는 비로 꽃잎 떨어진다). 따뜻한 丙을 찾아 돌아다니므로 역마살 강.

- 봄의 乙木에게 壬水는 뿌리를 썩게 하고, 癸水는 태양을 보지 못하게 비 내리니 싫어한다.

- 봄의 乙木은 아름답고 인기 있으나, 시든 후엔 추해지니 노후 대비를 잘해야 한다. 초년에 일찍 핀 꽃.

- 봄의 乙木이 辛金이 있으면 풋과일인데, 辛金이 가을의 완숙한 과일인 것처럼 착각을 하여 교만, 방자하고, 貴하다고 착각한다. 망상과 자존심이 강하다.

- 봄의 庚辛金은 絶地라 단단한 쇠가 아니고 우박, 서리다.

- 乙일주 丙火 없는 경우 집에 있으면 병나니 돌아다니고 싶어 한다.

- 乙일주 卯月生 巳酉丑 있고, 天干에 庚辛金 있으면 조상이 빈천하고 官이 凶작용한다. 직장은 없다.

- 乙일주 조열하면(불타고 상처 받으니) 천격. 壬癸水多하면 水多木浮 되어 천격.

- 乙木이 丑, 戌土를 깔고 있으면 자갈밭이라 자기 몸 건사하기도 바쁘다. 삶이 고달프다.

- 乙 癸 戌 : 水多丙火에 戌土 있으면 土克水(비를 그치게 한다). 햇빛이 난다.

- 卯 : 陽氣 덩어리, 불을 보면 지칠 줄 모르는 정력.

- 辰중 癸水를 用神으로 쓰면 男女 모두 色꼴.

○ 午火는 卯木이 붙어 있거나 卯운이 오면 午火의 불이 꺼진다. 일지에 午, 월지에 卯 → 배우자에게 문제 있다.

(나) 巳午未月

○ 乙木은 丙火와 辰土 있으면 美人. 재치, 예술성 있고, 현실 적응력이 강하다.

○ 乙庚 : 乙木有根이면 庚은 乙木에 달려 있는 열매. 乙木無根이면 庚은 우박이라 상처투성이 나무.

○ 乙辛 : 乙木 身旺은 괜찮으나 身弱이면 불구자, 상처투성이.

○ 坤命 乙일간 無根일 때 庚辛金 만나면 나쁜 남자 만난다. 매 맞고 산다.

○ 乙 己 : 습지, 소로, 야생화, 천한 꽃, 길거리 예술. 思考(사고)가 천하므로 外桃(외도) 많다. 丙火가 있으면 괜찮다.

○ 乙木이 일지에 亥水가 있을 때 여름생은 연꽃이요, 겨울생은 화병의 꽃이다. 귀하기는 하나 건강 또는 단명의 우려가 있다. 丙丁火있으면 아니다.

○ 庚金을 보면 여름우박을 만나 꽃나무가 상처를 입게 되니 凶이다.

○ 乙木 午月生은 대부분 과부 팔자다. 특히 乙酉일주는 아주 심하다. ← 午火가 酉金을 녹이니 남편이 일찍 죽거나, 특이한 病으로 死別할 수 있다.

○ 乙丑일주 남자는 丑중 辛金(暗金殺) 때문에 공처가. 때론 妻를 구타하기도.

○ 乙일주 丙火 보면 꽃이 피었는데, 조열하면 시든 꽃이다. 물 찾아 돌아다니므로 고달프다. 밤에 물 찾아 술집을 간다.

○ 火가 많으면 어지럽게 산만하게 핀 꽃이다

○ 여름은 水가 正用神 : 水가 마르면 金(서늘한 기운)도 쓴다. 天干에 壬癸 뜨면 運이 없다. 곡식은 쭉정이, 수확 없다. 支에 있어야 한다(辰이 좋다). 戊己土가 와서 水를 막아도 헛일 한다.

○ 乙木이 丑에 根하면 뿌리에 상처받는다. 巳酉丑運에 병난다.

○ 乙일간 丙이 辛과 合하면 正道로 가지 않는다 : 장사꾼, 사기꾼, 도박꾼, 밀수꾼, 요령꾼. 傷官과 偏官의 합이라 머리를 잘못 굴려서 사기수로 경찰서에 갈 수도.

○ 乙일주 여름 水旺은 부평초 : 떠돌아다니거나 화류계.

○ 여름 乙木 戊己 뜨면 水가 말라 생기를 잃는다 : 험한 직업, 탁한 인생.

○ 여름의 乙木에겐 丙火는 키우는 글자요, 丁火는 태우는 글자다.

○ 坤命 乙일주 水旺이면 부부관계 적다. 자식 보기 힘들다. 水多火熄이라 성생활이 고독하다. 産厄(산액) 많다.

○ 乙木 未月生 用神多者는 결혼을 여러 번 할 수 있다.

○ 逆用神이면 재혼, 이복자식, 애인을 두고 산다. 가정이 복잡. 여름 乙木 번식 시기, 생동하는 시기. 여름 乙木이 水가 부족 : 고독, 외롭다. 허전하다. 항상 목마르다. 생기가 없고 시들시들하다.

○ 乙일주는 봄·여름에 태어나야 사랑(인기)받고 산다.

○ 乙일주의 丁壬合, 丙辛合은 근심, 걱정을 달고 다닌다(꽃을 못 피우므로). 乙木에 丙辛이 붙어 있으면 큰병에 약이 없는 것과 같다. 남편이 女色(합)에 빠져 속상하다. 亥子月엔 水로 변하여 凶(자식과 남편이 진로 방해, 차가운 물세례를 퍼붓는 꼴).

○ 曲直格(곡직격)으로 가면 의사 많다 : 신경정신과, 외과.

○ 食傷없이 財旺하면 생각할 시간 없이 행동한다. 성질 급하다.

○ 乾土 처가 조후가 안 되어 있으면 처가 망해 먹는다.

○ 女命은 印綬가 많으면 잠자리를 싫어한다(女命에서 印星은 남자의 성기).

(다) 申酉戌月

○ 가을 乙木이면 꽃은 피었는데 벌, 나비가 없다 : 꿀을 생산할 수 없다. 단풍, 청초, 맑다. 외롭고 고독하다. 丙, 丁火가 없으면 남자는 못된 친구만 꼬이고, 여자는 못된 사내만 붙는다. 진드기가 붙는다.

○ 가을 乙木 : 국화, 옷, 실, 목화, 사치. 우아하고 예쁘지만 나쁜 친구가

모여든다. 남 때문에 망한다.

○ 가을 乙木 支에 火가 없으면 남자는 처와 자식, 여자는 남편과 자식이 불량해진다. 丙火가 있어야 한다. 색감. 美的感覺(미적감각) 발달.

○ 乙木은 丙火가 있어야 자태를 뽐낸다. 영광, 행복이 있다. 丙火 없으면 능력이 없고, 영화가 없고, 수확이 없다.

○ 酉月의 乙卯일주는 女命은 과부요, 男命은 홀아비다.

○ 가을철의 乙木은 바위(殺) 틈의 외로운 화초라 눈치가 빠르고 영리하다.

○ 乙 甲 : 배경이 든든하다. 남의 덕. 남을 이용하면 좋다(동업). → 직물, 옷감, 실을 만지는 업종에서 성공. 己土 뜨면 안 된다(吉変凶). 의지처가 없어진다.

○ 乙 癸 : 항상 슬픈 일만 있다. 수확하려 해도 비가 내려 농사를 망친다. 노력해도 돈이 쌓이지 않는다.

○ 乙 庚 : 化格 안되면 질병 많다. 남편복 가장 없다(乙木이 根이 없을 때)

○ 乙 戊 : 사람이 너무 무겁다. 일복이 많고 고뇌가 많다. 庚辛金을 덮어 주어 좋으나, 高山之花(고산지화)라 외롭다.

○ 乙 丙 : 값이 나간다. 세운에 辛이 오면 삼천포로 빠진다. 망할 짓을 한다.

○ 戌月에 乙 丙 : 늦가을에 꽃 피었다.

　(藥草) ~ 乙木 有根. 예술적 소질 있다(그림, 소설)

　　　~ 奇格(기격), 妙格(묘격). 약초라 재물 많다(신약해도 값이 나간다).

○ 土가 많으면 金을 生하므로 財運 없다.

○ 戌月 이후 乙木이 살아 있으면 약초다 ~ 貴局.

　가을·겨울에 根이 있어 살아 있어도 약초다.

○ 乙木이 酉月에 태어나면 구제불능. 卯酉冲하면 부부인연 끝

(라) 亥子丑月

○ 겨울 乙木

– 休囚(휴수)의 계절, 난방 필요, 無根은 갈초 ~ 확 타므로 눈썰미.

– 火多無根은 단명(활인업은 하지만 단명, 건강관리 잘 해라).

– 살아 있으면 약초 : 貴하게 쓰인다. 존경, 인정받는다.

– 火가 넉넉하면 사람 모인다. 厚德(후덕)한 기운, 活人之家.

– 사고방식이 건전. 火無는 인덕 없다(嚴冬雪寒 : 엄동설한).

○ 火無인데 庚辛金 뜨면 눈보라, 바쁘기만 하고 성사되는 것이 없다(金 남편
이 水를 生하여 눈보라 맞는 형상). 처자식이 불리하고 허망하다.

○ 丙 있으면 힘없는 태양을 보고 路地(노지)에서 크니 춥고 고달픈 인생이다
(丙이 亥子丑에 絶, 胎, 養이라 힘이 없다). 밖에 나가 꽃을 피우므로 떠돌이 인
생이다. 민초의 삶.

○ 乙木은 결실이 없으니 자식복이 약하다(乙木이 無根일 때).

○ 丁火는 온돌방에서 사는 것이니 편히 산다. → 丁火는 食神이라 영특하다.
(온실화). 女命 가을, 겨울의 乙木이 丁火를 보면 자신은 안방에서 꽃을
피우니 편하지만 두 번 결혼한다.

○ 天干에 丙, 地支에 丁(午, 未, 戌)있으면 이상적인 사주. 별 볼일 없어 보
이지만 집안이 따뜻 : 알부자, 妻子宮도 좋다.

○ 丁 乙 丙 : 이중성격, 기회주의자(乙木의 根이 튼튼하면 아니다).

○ 傷官 많은 坤命 : 남자가 주기적으로 바람을 핀다.

○ 食傷이 凶神이면 유산이 잘 된다. 食傷이 刑이면 자궁, 유방 수술수.

○ 乙 甲 : 地支가 조후 되어야 등라계갑. 배경 든든한 형제.

~ 天干에 丙火 있으면 겨우살이라 값이 나간다.

조후가 안 되면 群劫爭財, 나쁜 친구(친구 때문에 망한다. ← 甲木이 戊土(防

풍, 방습)를 克하기 때문).

○ 겨울에 乙일주든 甲일주든 比劫이 있으면 제습하는 土를 克하므로 돈복이 없다. 건강도 안 좋다.

○ 戊己土가 吉用神인 경우 戊土가 제습 작용 해주므로 妻德(처덕) 있다. 애처가.

○ 겨울 乙木이 根이 없으면 건초, 억새풀인데 丁火 뜨면 자기를 태워 따뜻하게 하니 활인업(봉사는 하나 실속 없다).

○ 겨울 乙木이 太旺하면 木多火熄 : 질병이 따른다. 腸(장)이 나쁘다. 욕심 많다. 이기적이다. 내 몸 돌보기에 바쁘다. 자식운 없다.

○ 亥月은 戊을 가장 싫어한다(土克水) : 씨앗이 박살난다(종교, 역술인이 되라).

○ 丁火가 亥水를 보면 火力이 좋다. 조금만 도와주면 된다(亥중 甲木이 살아 있어야 된다. ← 天干에 丙이 있거나, 地支에 卯나 未가 있으면 亥중 甲木을 쓸 수 있다). 子水를 보면 아무리 도와줘도 안 된다.

○ 地支 木局이 土를 克하면 쓸데없이 바쁘기만 하다 : 소득이 없다. 금방 돈이 나간다. 群劫爭財(군겁쟁재).

○ 壬癸水 보면 주위 환경이 나쁘다 : 戊己土로 제습해야 된다. 만약 地支에 火無이면 천한 命이다(천직, 일용직). 냉골집안이다. 丙, 丁 있어도 壬癸가 있으면 밥상을 엎는 것과 같다(가난, 재난).

○ 亥月 乙木의 用神 : 丙, 戊.
子月 乙木의 用神 : 먼저 戊土를 쓰고 나중에 丙火를 쓴다.

○ 火旺하여 水를 逆用神하면 결혼 후 부부관계를 하면서 産婦人科病(산부인과병) 생긴다. 丙, 丁火는 자식(성생활 절제해야 한다). 자식 때문에 열받을 일 많고, 힘들어진다.

○ 겨울 乙木의 火無는 水生木 안 된다. 子卯刑이 확실하게 발생한다. ←

子水가 卯木을 얼려 죽인다.

○ 辰戌丑未月生은 생명을 기르는 것이 목적. 항상 甲木이 正用神이 되어야 한다. 土旺節生은 旺한 土氣를 甲木이 눌러 주면 좋다.

－辰未月 木用은 貴格으로 벼슬(養生之土(양생지토))

－丑戌月 木用은 상인(肅殺之土(숙살지토))

○ 火 보고 살아 있으면

－火多 : 부자, 사회봉사를 한다. 인정이 많으나 실속은 없다.

－火弱 : 富가 적다. 여자는 고상하지만 번식력이 없다(가정불화, 독신).

○ 겨울에는 어떤 일주라도 습토가 많으면 노력해도 돈이 없다. 火氣를 흡수해 버리므로.

○ 乙 + 亥 : 종자나무, 수초, 해초 ~ 火만 보면 죽는다.

○ 겨울의 乙亥일주는 화병속의 꽃이라 질병이 많고 단명한다. 丁火와 戊土가 있으면 온실화.

通辯論

┃ 乙木(1)

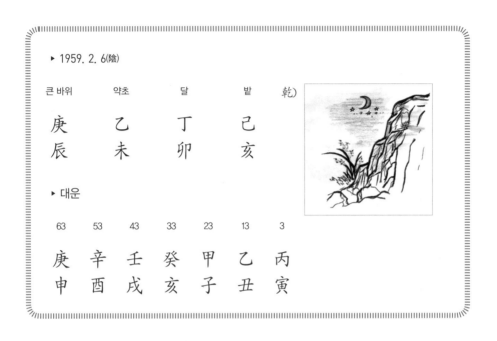

▸ 1959. 2. 6(陰)

큰 바위	약초	달	밭	乾)
庚	乙	丁	己	
辰	未	卯	亥	

▸ 대운

63	53	43	33	23	13	3
庚	辛	壬	癸	甲	乙	丙
申	酉	戌	亥	子	丑	寅

○ 현황: 모 그룹(건설, 화물 等) 회장이다. 대지 평수가 12,000坪인 저택에서 생활한다. 극심한 당뇨로 회사를 형제들에게 맡겼는데, 형제들이 이때다 하고 회사를 말아먹음(酉대운에).

○ 運始 : 丙 ~ 크고 넓은 곳을 좋아한다. 성격이 화끈하다.

  寅 ~ 일처리가 깔끔하다. 劫財라 형제간의 일로 신경을 많이 쓴다.

○ 天干은 木火通明이라 총명하다. 丁火로 꽃피운다. 고로 인물이 좋다.

○ 나무(약초)를 키우는 사주다. 生木이라 사업한다. 丁火로 키우니 자본과 노력이 많이 투자된다. 乙木이 卯 根이 튼튼한데다, 辰(沃土)에 뿌리 내리고 丁火로 꽃피우니 大富命이다.

○ 亥卯未는 꽃밭이라 꽃밭에서 산다.

○ 亥卯未 三合에 乙木으로 獨發(독발) → 형제 중에 제일 잘나간다.

○ 亥   卯   未

  물   짚   황토

  물   철근   시멘트

○ 활동무대 辰은 多変(다변)이다. → 활동무대가 매우 넓다.

  辰 : 욕심 많다. 번뜩이는 아이디어. 외국과 인연. 식탐. 당뇨, 피부병.

  다재다능.

○ 辰未 : 미식가, 식도락가.

○ 水大運에도 나무는 물을 먹고 잘 크니 잘나간다.

○ 時干에 庚(正官)과 합이라 조직의 長을 맡는다.→ 괴강이라 큰 조직이다.

○ 食神 : 지식을 활용. 제조.

  傷官 : 기술을 활용, 제조(부가가치가 높은 것)

○ 酉대운에 旺者冲拔(왕자충발)로 大凶 ← 亥卯未 三合의 旺地가 月支라

  왕자충발의 害가 크다.

▌乙木(2)

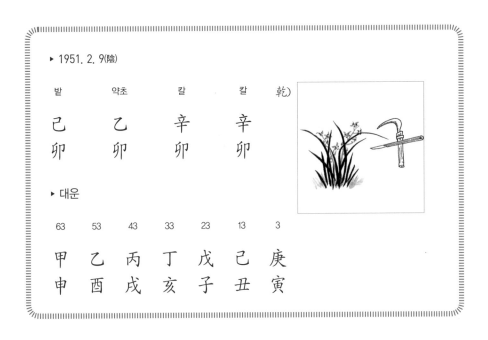

▸ 1951. 2. 9(陰)

밭	약초	칼	칼	乾)
己	乙	辛	辛	
卯	卯	卯	卯	

▸ 대운

63	53	43	33	23	13	3
甲	乙	丙	丁	戊	己	庚
申	酉	戌	亥	子	丑	寅

○ 현황 : 월급쟁이 내과의사다. 乙酉대운에 펜션 사업에 뛰어들어 크게 망했다.

○ 木이 旺한데 年干에서 辛金이 가지치기해 주니 좋은 가문 출신이다.

○ 群劫爭財 아니다. 乙木(약초) 키우는 命이다. 火가 없어 크게 발복 못한다. 빛 좋은 개살구다. 폐농이다. 고로 火運에 발복한다. 丙火가 오면 辛金이 合去하니 쓸 수 없다. 丁火運에는 꽃 피울 수 있으나 辛金(메스)을 녹여 버리니 의사를 그만둘 수도 있다. 地支로 오는 巳運은 격각이라 쓰기 어렵고, 午運은 午卯破라 쓰기 어렵다. → 고로 꽃피울 수 없으니 자기 병원 갖기 어렵다.

○ 乙卯일주 : 3대 자존심이다. 天干 地支로 月柱를 克하는 기운이라 父先亡이다.

○ 年干은 나의 어릴 적 꿈, 포부, 목표. 偏官이라 꿈이 컸다.

○ 원국에 木旺하니 선천성 신경질환, 노이로제 있다. 모든 病은 신경성으로 먼저 온다.

○ 좁은 땅(己)에 많은 나무를 심으려 하니 욕심이 많다.

○ 火가 없고, 運에서 오더라도 쓸 수 없으니 우울한 모습이다.

○ 食傷이 없으니 성질나면 자기 성질을 조절하지 못해서 말을 더듬는다.

○ 현침살 重重 : 6개 ~ 수술은 세밀하게 잘한다. 메스 2개 들고 수술하여 乙木 실로 꿰매는 형상이다.

○ 祿이 있을 때 天干에 正官이 있으면 官으로 잘나간다. 여기서는 偏官이라 아니다. 또한 無力하다.

○ 月干에 偏官

  - 형제 중에 잘못된 형제가 있다(불구자이거나 죽거나).

  - 약속시간을 잘 지킨다. 철두철미.

  - 꿈이 잘 맞는다. 소화불량이다.

○ 卯 : 손가락, 암기, 예민. 4개 地支에서 모두 투출하여 獨發(독발)이다.
  → 자존심 강하다. 형제 중에 가장 잘되어야 한다는 강박관념이 있다.

○ 乙木이 辛金을 보면 예민하다.

○ 辛辛 : 苦草殺(고초살) ~ 辛運이 오면 고초살 발동되어 관재구설수 있다. 또는 자식 때문에 고초를 받는다.

○ 乙木은 根도 좋지만, 辰土가 더 좋다. 辰土는 帶地다. 陰干은 帶地가 羊刃이라 가장 강하다.

○ 年支 卯木은 年干 辛金 때문에 잘리지만, 月支 卯木은 月干 辛金이 잘라도 卯月이라 금방 싹이 트고 올라온다. 하여 아무리 망해도 먹고사는 데 문제가 없다.

○ 妻는 時干 己土다. 木多土虛다. 고로 살기 위해서 악처가 되든가, 아니면 있는 듯 없는 듯 조용히 내조하며 산다. 여기서는 후자라고 한다. 금슬이 아주 좋다고 함.

○ 乙대운은 가지가 뻗어 나가니
 – 대기업은 문어발식으로 사업을 확장하고,
 – 일반 기업도 대리점을 많이 낸다.
 – 일반인도 일을 벌인다.

○ 乙대운이라 乙이 動하여 설치다가 酉에 힘을 받은 辛金에 당하고 卯 뿌리가 일부 잘린다. → 고로 망했다. 旺者冲拔은 아니지만 凶意(흉의)는 있다. 旺者冲拔(왕자충발)은 대체로 건강문제와 죽음이 따른다.

○ 地支가 모두 祿이니 월급쟁이 사주인데, 사업을 하니 망한다. 또한 時干에 偏財가 있으니 말년에 사업을 하려 한다.

▌ 乙木(3)

▸ 1987. 3. 27(陽)

큰 산	꽃	비	달	坤)
戊	乙	癸	丁	
子	亥	卯	卯	
天乙			손가락, 집착	

▸ 대운

53	43	33	23	13	3
己	戊	丁	丙	乙	甲
酉	申	未	午	巳	辰

○ 현황: 도반이 이유를 알고 싶다고 가져온 사주다. 미혼으로 Sex 파트너가
2명 있다. 매일 Sex를 하지 않으면 자위행위라도 한다.

○ 運始 : 甲 ~ 長女 아니면 長女역할. 그도 아니면 맏며느리.

　　　　辰 ~ 뜬구름 잡는 식의 욕심. 번뜩이는 아이디어. 반안살이라 불
　　　　　　임일 확률이 높다. 폐경이 빨리 온다. 運始 반안살은 폐경
　　　　　　의 의미가 있다.

○ 建祿格이다. 고로 자존심은 강하다.

○ 乙木(약초, 꽃) 키우는 명식이다.

○ 春月 高山의 꽃나무가 캄캄한 밤에 장맛비가 내리는데 초승달을 가리고
있다. → 고독하고 외로운 命이다. 地支도 모두 밤글자라 어둡고, 습이

많아 음습하다. → 地支는 가정궁이라 가정이 어둡고 음습하니 집에 들어 가기 싫어한다.

○ 水多(봄장마)하여 丙, 丁火가 올 수 없으니 꽃을 피울 수 없어 농사를 망쳤다. 폐농이다. 빛 좋은 개살구다.

○ 卯月은 고로쇠물이 나오는 계절이라 물이 많은데, 장맛비까지 쏟아지니 저 많은 물을 어찌 감당할꼬? → 속칭 물 빼는 사주다(바람둥이 사주다).

○ 身旺에 官弱이면 남자 그리워 눈물짓는다. 청춘성욕에 굶주린다.

○ 女命에 印星은 남자의 性器(성기)다(도처에 성기가 깔려 있다).

○ 乙木이 戊土를 보면 高山花(고산화)라 외로운데, 火가 없으면 말년이 빈한하고 고독하다. → 丙(태양)을 찾아 밖으로 돌아다니니 역마성이 강하다.

○ 水旺하여 病이 되니 모친, 공부, 문서, 윗사람 등이 병이다. 게으르다. 학창 시절엔 멋을 잘 낸다. 선생님을 짝사랑.

○ 본 명식의 核은 丁火요, 가장 凶神은 月干 癸水다. 고로 戊土가 와서 비를 그치게 잡아 줘야 한다.

○ 年干 丁火할머니는 癸水에 꺼져 가고, 습목(卯)위에 앉아 눈물 많은 인생을 살았다.

○ 年月支가 比劫이면 부친과 인연이 없든지, 아니면 형제와 인연이 없다.

○ 卯卯 : 病弱(병약)(年月이라 어린 시절에).

○ 無官星 : 간섭받기 싫어한다. 규칙적인 생활을 싫어한다.

○ 결혼하면 남편은 남편궁에서 투출한 戊子이다. 戊土라 나이차가 난다. 戊 남편 입장에선 水가 많으니 여자가 많은데, 財多身弱이라 사업은 안 되고 월급쟁이다. 나는 남편이 앉은자리 子에 病地라 남편 때문에 병들고, 남편은 내가 앉은자리에 絶地라 힘을 잃는다. 亥子 方局이라 가까운 곳에서 만나게 된다. 亥에서 子로 방향을 틀었으니 내가 먼저 대시하게 된다.

▌ 乙木(4)

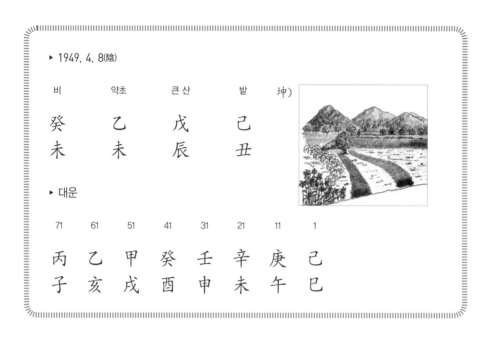

▶ 1949. 4. 8(陰)

비	약초	큰산	밭	坤)
癸	乙	戊	己	
未	未	辰	丑	

▶ 대운

71	61	51	41	31	21	11	1
丙	乙	甲	癸	壬	辛	庚	己
子	亥	戌	酉	申	未	午	巳

○ 현황 : 사채업자다. 부친도 사채업자다.

○ 運始 : 己 ~ 모든 일을 법적으로 해결하려 한다.

　　　　巳 ~ 성실하고 착하다. 傷官이라 자식이 화두(만혼의 아들이 결혼을

　　　　　　못해서 근심걱정 거리).

○ 乙木 키우는 사주이다. ← 財多身弱으로 보아 富屋貧人(부옥빈인) 아니다.

○ 辰月에 乙木은 약초. 값이 나간다.

○ 아파트(未중 乙木), 시골에 땅(辰중 乙木)도 많다.

○ 신약에 財旺하면 일확천금을 꿈꾼다. 로또를 잘 산다. 손 안 대고 코 푼
다. 돈 냄새 잘 맡고 돈에 관한 한 행동이 빠르다. 食傷없이 財를 추구하
면 사채업자, 노름꾼, 밀수업자가 많다.

○ 未未 : 중단 수. 중풍.

○ 일지 화개, 화개 多逢(다봉) : 고독하다.

○ 地支에 土多 : 고집이 세다. 土旺하면 위장이 안 좋다. → 水를 克하니 기억력이 떨어진다.

○ 丑 : 고집, 일복, 끌어 모으기(땅부자), 오물, 집착. 대장병.

　辰 : 다재다능, 욕심 多, 외국 인연. 당뇨, 습진, 피부병.

　未 : 음식 솜씨. 간염.

○ 부친은 戊辰이다. 부친도 食傷이 없으니 사채업. 辰 財庫를 깔아 부자다. 辰 財庫속에 戊土 比肩이 있어 돈 많이 떼인다. 辰을 깔아 욕심 많다. 그러나 比劫이 많아 돈 나갈 데도 많다.

▌乙木(5)

> ▸ 1979. 7. 27(陽)

구름. 이슬	풀	보석	사막土	乾)
癸	乙	辛	己	
未	未	未	未	

▸ 대운

56	56	36	26	16	6
乙	丙	丁	戊	己	庚
丑	寅	卯	辰	巳	午

○ 현황 : 수강생이 가져온 사주다. 서울대 토목건축과를 졸업하고 유명 건설회사에서 잘나가고 있다.

○ 運始 : 午 ~ 六害殺(예민하여 살이 안 찐다). 食神이라 의식주에만 신경 쓰니 모범적인 남편이다.

○ 일지에서 투출된 年干 己土를 日干代行으로 쓴다. 氣勢論(기세론)으로 보면 土가 대세라 土体格으로. 일간 土가 旺하니 설기하는 辛金이 核이다. → 辛金이 잡히는 運이 大凶이다. 하여 저는 처음에 금속공학과, 정밀기계공업을 다루는 학과를 전공으로 보았다.

○ 地支一氣格 → 全 地支에서 己土투출하여 己土는 獨發(독발)이라 자존심이 매우 강하다. 형제나 동기 중에서 제일 잘나가야 한다는 강박관념도 있다.

○ 全 地支에서 乙木 투출 → 官이 매우 강하다. 官이 사막의 풀이기 때문이다. 사막의 官이라 중동에 건설공사를 많이 한다.

○ 亥　　　　卯　　　　未
　물　　　　짚, 목재　　황토　　→ 옛날
　물　　　　철근, 목재　시멘트　→ 현대

원국에 卯未나, 亥卯未 있으면 토목건설 종사자 많이 본다.

○ 사막에서 보석(금, 다이아몬드)캐는 명식이다. 身旺한 己土에 辛金을 중히 쓰면 길 가다가 금반지를 줍고, 밭 갈다가 금덩이를 줍는 형상이다. 고로 횡재수도 많다.

○ 사막에서 乙木 키우는 사주 → 생활력과 적응력이 강하다. 乙未일주가 水가 없으면 여자는 咽喉(인후)의 병, 남자는 갑상선에 문제가 있다. 흰머리가 많다.

○ 土金食神格이라 총명하다. 水를 중히 쓰는 사주가 서울대에 많이 간다 (水는 지혜다. 우리나라에서 서울대가 지혜 제일이다).

○ 편고된 사주다. 편고된 사주는 성격도 편고되어 있다. 또한 전문가 사주

다(Pro). 외골수, 대인관계가 안 좋다. 잘나갈 때는 아주 잘나가지만, 運 나쁘면 한 방에 훅 간다.

○ 未 4개이면 꽃밭도 된다. 未중 乙木은 꽃밭에 숨겨 놓은 여자.

○ 본 명식에서 돈은 未중 乙木이다. 未는 垈地(대지)이니 부동산이 많다. 未는 南西方이라 그쪽에 부동산이 많다. 未土는 養生之土요, 菜根食品 (채근식품)이다.

○ 未土가 초연하면 마른 체격에 얼굴은 거무스름하며, 당뇨에 잘 걸린다.

○ 乙木을 体로 보면 己未 偏財는 활동무대이다. 활동무대가 사막이라 중동 건설현장으로 갈 수 있다.

○ 未 : 溫土(온토), 육식을 좋아한다. 음식 솜씨, 男命은 조작 솜씨.

▌乙木(6)

○ 현황 : 모 사주카페에 올라온 사주인데 댓글을 달았는데, 완전히 다 맞다고 한다. 本人은 고졸, 부인은 대졸, 아들 2명, 딸 1명. 건설업으로 큰돈을 벌어 지금은 빌딩 몇 개 가지고 있으며 많은 貰(세)를 받고 있다.

○ 運始 : 癸 ~ 욕심 많다.

　　　　　酉 ~ 도화라 멋을 잘 낸다. 임기응변에 能(능). 가끔 편법으로 법적문제 발생. 이유 없이 官에 대한 불만.

○ 가을에 나무를 키우는 사주다. 天干에 火가 없는 것이 흠이나, 일지에 巳火가 있어 그나마 다행이다. 고로 妻德(처덕) 있다.

○ 申申 : 자승자박殺 ~ 내 꾀에 내가 넘어간다. 신신당부.

○ 巳申 刑合 : 官 때문에 신경 많이 쓰고 官과 조정할 일.

○ 寅巳刑 : 나무뿌리가 손상을 입었다.

○ 寅巳申 : 자기가 하고자 하는 일은 욕을 먹든, 法을 어기든 자기 고집대로 꼭 한다. 持勢之刑(지세지형)이다.

○ 地支를 보니 하루도 편할 날이 없다. 地支는 Pro글자(Pro : 羊刃, 桃花, 天乙貴人이 오는 流年. 寅申巳戌).

○ 역마성이 매우 강하다(天干에 2개, 地支에 4개).

○ 운동성이 강하다. 申子辰운동(水, 北方), 巳酉丑운동(金, 西方), 寅午戌운동(火, 南方). → 동서남북 바쁘게 산다. 돈이 되는 곳이면 동서남북 어디든 간다(외국까지 간다고 함).

○ 癸甲대운 : 정신적으로 힘들다. 대운이 끝나는 30세부터 정신연령이 높아진다. 성숙해진다.

○ 男命 일지 巳는 정력이 강하다.

○ 乙巳일주

– 밖에서 벗어나려고 한다. 巳火가 六陽이라 하늘 높은 줄 모르고.

- 乙은 새, 巳는 번식, 번영의 의미 → 그 자리에 안주하지 못하고 돌아다닌다.
- 男命 乙巳일주는 키가 작다. 본인이 아니면 부모가 작다.
- 巳는 浴地 : 과거청산을 잘하고, 어설프게 일을 잘 저지른다.

○ 가을에 태어난 乙木은 반대 계절에 태어나(敵軍陣地 : 적군진지) 살기 위해서 매우 강하다. 눈치가 빠르다. 강하게 보이려고(身弱사주도 마찬가지) 근력운동을 하거나, 믿는 구석도 없으면서 큰소리친다.

○ 金木이 강하니 물질문제만 신경 쓴다(돈 벌 생각뿐이 없다). 반대로 水火는 정신적이다.

○ 가을 호랑이 나오는 큰 산에서 폭우를 맞으며 甲乙木 키운다. 고로 難工事(난공사) 한다. → 부가가치 높은 공사로 큰돈을 번다.

○ 乙木이 戊土를 보면 열심히 일한다.

○ 時支에 寅이 있으면 말년에 호랑이 짓(큰일)한다. 나이 들어서 호랑이를 만났으니 깜짝 놀라 심장병 걸릴 수.

○ 4개 地支 모두에서 戊土 偏財 투출 → 돈에 대하여 Pro. 時干 한곳에 투출시켰으니 말년에 돈이 한곳으로 모이고(부동산(건물) 한곳으로 모았다), 내 등 뒤(時柱)에 숨겨 놨으니 남한테 뺏기지 않는 돈이요, 헛되이 쓰지 않는 돈이다(고층빌딩 여러 개 샀다고 함). ← 戊寅이라 고층건물.

○ 丁丑대운에 丁壬合去가 되니 甲木에게 등라계갑 한다. → 甲木의 도움을 받는다. 甲木은 강한 偏官(제복)을 깔고 있으면서 殺印相生의 구조라 권력기관에 근무. 水는 밤글자요, 물은 침투력이 강하니 정보기관이다. 壬水 印星이 강하니 결재권도 크다(실제로 정보기관 고위직이라 함).

○ 乙木은 巳火로 꽃을 피웠는데, 酉나 丑이 오면 巳가 金局(殺)으로 변하여 乙木을 치니 배신을 하거나 당한다(실제로 이 대운에 甲木(친척)의 도움으

로 큰돈을 벌었는데 乙이 배신하여 원수지간이 되었다고 함).

○ 자식은 申중의 庚金인데 앞에(年月) 있으면 아들이요, 뒤에(日時) 있으면 딸(또는 陽이면 아들, 陰이면 딸로 봄). → 2개의 申金이 아들, 巳중 庚金이 딸. 巳는 처(엄마)宮이라 딸은 엄마 닮았다. 두 아들은 申申刑을 이루니 사이가 좋지 않고 사고를 친다. → 두 아들은 직업이 없고, 월세를 받는 게 일이라고 함.

○ 乙木은 丙火를 봐야 榮華(영화)가 있다. 고로 妻와 딸을 좋아한다.

○ 申金 아들은 매우 싫어한다. ← 申生壬(가을에 폭우, 우박을 만들어 나에게 쏟아붓고 있는 형상이다)

○ 己卯대운에 가족 간에 재산싸움이 심하게 일어날 것이다. 己 偏財와 壬 문서가 濁水되기 때문. 木이 돈인데 甲木돈이 己土와 合去. 卯申 双怨嗔(쌍원진)이 일어나니 정신병원에 갈 수도.

┃ 乙木(7)

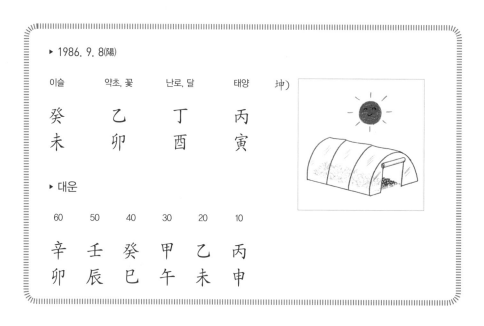

▶ 1986. 9. 8(陽)

이슬	약초, 꽃	난로, 달	태양	坤)
癸	乙	丁	丙	
未	卯	酉	寅	

▶ 대운

60	50	40	30	20	10
辛	壬	癸	甲	乙	丙
卯	辰	巳	午	未	申

○ 현황 : 굉장한 미인이다. 사귀는 남자마다 죽는다(3명을 사귀었는데, 1명은 동맥 절단, 1명은 음독, 또 1명은 행불이다).

○ 運始 : 丙 ~ 크고 넓은 곳을 좋아한다. 성격이 화끈하다.

　　　申 ~ 마무리를 잘한다. 대장에 문제. 正官이라 남편이 화두다.

○ 運始가 年支와 冲이라 부모문제(이혼 등)가 있다.

○ 天干의 木火通明이라 총명하다. 문화, 예술, 교육이 적성이다.

○ 서리 내리는 가을철 향기꽃(약초)이 오후에 이슬을 머금고 활짝 피어났다. → 미인이다.

○ 丁火 보고 밤에도 꽃이 피고, 丙火 보고 낮에도 꽃이 핀다. → 食傷이라 다재다능하고 몸이 잘 빠졌다.

○ 가을의 乙木은 반드시 丙, 丁火를 봐야 향기 있는 꽃이 되어 벌, 나비가 모여든다. 火가 없으면 향기 없는 꽃이 되어 진드기만 붙으니 못된 사내들만 꼬인다.

○ 乙木 키우는 命이다. 根이 있어 가을철 산삼이라 부르는 게 값이다. 부자명이다.

○ 乙木이 丙火가 있으면 춤이나 노래 중에 하나는 잘한다. 인생을 즐겁게 산다. 낙천적이다. 榮華(영화)가 있다.

○ 가을의 癸水는 궂은비라 乙木(꽃)은 매우 싫어하나 여기서 癸水는 根이 없어 이슬이다.

○ 酉月의 乙卯일주는 女命은 과부요, 男命은 홀아비다.

○ 酉남자가 고립되어 있다. 木多金缺(결)이다. 특히 火대운에 天干에 丁火가 있어 녹아서 물이 된다.

○ 酉金은 예리한 칼이라 동맥절단이다. 또한 酉金은 藥病因字(약병인자)로 菌(균)이요, 飮毒(음독)이다.

○ 金은 후천수로 4이니 4명까지 죽을 수 있다. 결혼을 하여 남편이 運이 좋
  으면 이혼하게 된다.

○ 年支가 寅 호랑이라 초년에 호랑이 노릇을 했으니 또래 중에 대장 노릇을
  했다. ← 껌 좀 씹었다 함.

○ 旺地(劫財 地支)를 깔고 있으면 겁이 없다. 年支라 어린 시절에 겁 없이 놀
  았다.

○ 乙卯일주는 干支로 父를 克하니 父先亡이다. 딸을 낳으면 붕어빵 딸이다.

▌乙木(8)

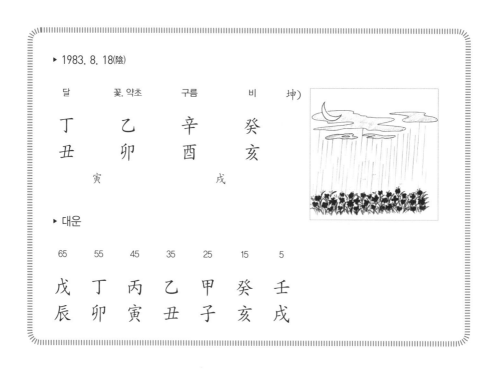

○ 현황 : 모 TV 방송국 작가팀장이다. 굉장히 미인이다.

078 　　　　　　　　　　　　　　　　　　　　　　　　＿＿＿ 물. 형상 명리학 ② 乙木

○ 運始 : 壬 ~ 장거리 여행. 외국 유학.

　　　　戌 ~ 正財(태어날 시 부친 문제 : 가난한 집 태생).

　　　　天殺 : 기고만장, 종교부정. 평생 돈이 안 떨어진다.

　　　　괴강 : 총명, 암기력, 성격 급. 가난한 집 태생.

○ 가을에 乙木(약초) 키우는 사주다. 가을에 乙木은 丙, 丁火가 없으면 진드기가 붙는다. 陰地花(음지화)로 화류계. 火가 있으면 향기꽃으로 벌 나비가 온다. 丁火로 꽃을 피웠으니 난향천리(蘭香千里)다.

○ 女命 가을, 겨울생이 丁火로 꽃피우면 자신은 안방에서 편하지만, 두 번 결혼할 수 있다

○ 乙木이 한밤중에 달 보고 피었으니 달맞이꽃이다. 미인이다. 예술의 꽃을 피우고 있다. 丁火 난로로 안방에서 편안하게 키운다. 乙木에게 天干의 관인상생은 안 좋다. ← 가을비에 꽃잎이 떨어진다. 다행히 辛金(남편)이 막아 주고 있다. 그러나 辛金이 잡히면 凶인데 乙木이 根이 있어 크게 나쁘지 않다.

○ 乙卯 일주 : 3대 고집이다. 간여지동은 自冲殺 : 부부궁 不美, 만나면 싸운다. 떨어져 있으면 괜찮다. 月柱를 天克支冲하니 父先亡이다. 딸을 낳으면 붕어빵 자식이다.

○ 乙木이 丁火를 보면 곱슬머리다.

○ 辛 : 촛대, 거울(화장발). 丁 : 촛불, 조명발. 故로 화장발, 조명발을 잘 받는다.

○ 가을은 火 多多益善(다다익선)이다. 故로 자식 낳고 좋아지는 命이다. 丙火는 겹꽃, 丁火는 홑꽃. 그러나 남편과는 멀어진다. 丙火 자식은 남편 辛金을 合去하고, 丁火 자식은 辛金을 녹인다.

○ 年, 月, 日柱가 간여지동이라 강한 기운이 몰려 있어 氣가 세고 반듯한 사람이다.

○ 陰八通 : 고독, 실속파, 끈기가 있다.

○ 女命에서 일주와 월주가 天克支冲이면 남편 먼저 보낸다.

○ 年月支 사이에 戌 墓地가 供挾(공협)되어 인연 없는 형제 있을 수도.

○ 日柱와 時柱는 2급선전이다 : 노이로제 등 정신적인 문제, 마약, 약물중독, 알코올중독 등.

○ 年柱, 月柱, 日柱는 공망이 같다(同旬 공망) : 인연이 깊다. 時柱만 다르다. → 왕따 사주다. 왕따를 시키기도 하고 당하기도 한다.

○ 남편은 月柱 辛酉다(같은 방송국의 PD다)

– 간여지동이라 사람은 반듯하다.

– 月柱에 있어 아버지처럼 어른 노릇을 한다.

– 양날의 칼이라 사람이 차갑다. 火가 없어 더욱 그러하다.

– 하이파이 스피커다. 음악도 된다.

– 陰氣가 매우 강하다. 가을이라 더욱 그러하다.

– 가을에 폭우를 맞고 있다. 辛金 보석이 녹슨다. 그러나 辛金이 癸水를 보면 임기응변에 능하고, 특수한 기술이 있다.

○ 卯酉冲 : 부부싸움이 가장 심하다(실제로 부부싸움 심하다고 함). 이동수 많다. 옆구리 결림. 女命은 産厄(산액).

○ 丑時에 형광등(丁) 밑에서 글 쓴다(낮에는 글이 안 써져 꼭 丑時에 쓴다고 함). 글솜씨는 卯酉(춘추문장)冲으로 깨졌으니 잘 안 써질 수도 있으나, 冲이라 평범한 글보다는 역동성이 있는 글을 쓴다.

○ 文章力 : 丙戌癸(남자는 문장력, 여자는 美人).

卯戌合(春秋文章, 女命은 고독).

命宮이 巳 天文星.

乙庚合은 風月之合.

- 母는 癸亥라 가정의 주도권은 母가 잡고 있다. 癸亥라 머리 좋다. 父는 亥중 戊土라 존재감이 약하다.
- 財印不均衡(재인불균형)에 月柱가 忌神이라 부모덕은 없다.

▌乙木(9)

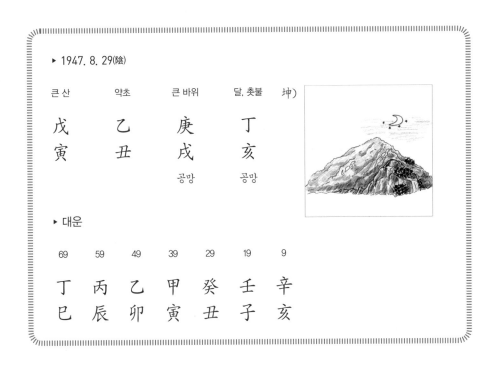

▶ 1947. 8. 29(陰)

큰산	약초	큰 바위	달, 촛불	坤)
戊	乙	庚	丁	
寅	丑	戌	亥	
		공망	공망	

▶ 대운

69	59	49	39	29	19	9
丁	丙	乙	甲	癸	壬	辛
巳	辰	卯	寅	丑	子	亥

- 현황 : 내가 다니는 절의 주지스님으로, 비구니 스님이다. 원주에서 부유한 가문에서 태어나 스님이 되기 전 까지는 손에 물을 묻히지 않았다 함. 약사여래 도량이다. 고아원도 같이 운영하며 양자도 몇 명 있다.
- 運始 : 辛 ~ 신비한 것을 좋아한다. 수지침, 골프, 낚시, 역학, 공상과학, 무협지 등.

  亥 ~ 印綬(자식이 늦거나 病弱(병약)한 자식을 둔다))

○ 늦가을에 年干 조상자리에서 따뜻한 난로(丁)를 쬐어 준다. → 좋은 가문
  이다.

○ 乙木 키우는 사주이다. 戌月의 乙木이 살아 있으면 藥草(약초)다(약사여래
  도량). 약초라 값이 나간다.

○ 띠 공망 : 여자는 삶의 파란이 많고, 영감이 있다.

  年月 공망 : 부모와 떨어져 살아야.

○ 가을의 乙木 : 火가 없으면 벌 나비가 없다. 청초, 맑다. 丁火가 있어 향
  기꽃이요, 약초다. 난향천리다. → 떨어져 있는 게 흠이다.

○ 호랑이가 노니는 큰 바위가 있는 높은 산의 외로운 꽃. 달은 쓸쓸하게 떠
  있는데 약초를 키우고 있다. 丁火 촛불 켜 놓고 ← 실제로 月出山에서
  180일 장좌불와 기도를 했다.

○ 丑土에 뿌리내리니 고달픈 삶(丑戌 자갈밭). 土가 刑, 冲이면 암벽산이다.
  → 해발 500미터 두승산(암벽산, 자갈산이다)에서 다 쓰러져 가는 천년고찰
    을 불사했다.

○ 丑寅 : 교육의 별이다. 선생, 교수가 많다. 산에서 새벽에 남을 위해 기
  도하는 사람(물리치료사, 방사선사, 치과기공사, 헬스클럽, 무속인 等).

○ 丑戌 : 肅殺之土(숙살지토). 다툼이 많다. 人德 없다.

○ 丑 : 고집, 일복, 끌어 모으기, 땅 부자가 많다.

○ 戌 : 肺가 안 좋다. 전생의 業이 많으니 적선을 많이 하라. 그렇지 않으면
  몸에 상처가 난다. 火庫라 溫情(온정) 있다. 높은 산의 기도터, 기억창고.
  老眼(노안). 12地支中 가장 강한 글자. 도사 술, 개 술, 지킬 술.

○ 乙 庚 ~ 곤랑도화, 墓地를 서로 주고받으니 죽을 수도.

  丑 戌   庚戌 괴강이라 똑똑한 사람이다(合해서 墓地로 끌고 간다). 庚金은 스
          님 되기 전 애인으로 보아 혹 죽었을 수도 있겠다고 추론해 본다.

○ 火가 필요하니 결혼을 했다면 자식 낳고 좋아지는 命. 양자가 몇 명 있다.

○ 土가 병이다(절 소유 땅이 많다). ← 병을 많이 가지고 있다. 잔병치레가 많고 병원을 자주 다닌다. 땅을 파는 게 좋다. 약신(藥神)은 木과 金이다.

○ 命줄을 2개(丁火 食神, 戊土 正財)나 투출시켰으니 잔병치레가 많다.

○ 土가 많으면 金을 生하므로 財運 없다.

○ 乙木이 辛運이 오면 이별의 시간이 온다. 여기에 戌대운이면 모든 인연이 끝난다. ← 丁火가 藥神.

○ 乙木은 癸水를 싫어한다. ← 비 맞으면 꽃잎 떨어진다. 꽃잎 떨어지면 이별, 이별하고 나면 쓸쓸.

○ 주지스님은 財, 官이 있다. 스님은 財가 없거나, 財 공망이 많다. 스님은 財와 인연이 없어야 하기 때문이다. 만일 있다면 종무스님이다.

○ 時支 寅木이라 말년에 호랑이 노릇을 한다. 심장병을 조심하라. 말년에 根이 생기니 나이 들수록 옹고집이다. 寅은 劫財라 비구스님도 된다. 天殺이라 나보다 더 잘난 스님이다. ← 根도 되고 寅중 丙火로 꽃피우고자 항상 비구스님을 기도스님으로 원하는데 맘에 안 든다고 한다.

○ 乙丑일주 : 暗金殺(암금살), 冷房殺(냉방살)(月에도 子, 丑 있으면 평생 냉방에서 산다). 남편의 무덤 위에서 꽃을 피웠으니 애정운이 나쁘다. 90%이상 이혼. 일지 화개.

○ 日月支 刑으로 형제인연이 약하다.

○ 戌亥공망 : 정신적인 일을 추구한다.

○ 乙 丁 : 가식적인 사랑, 마음속에 비밀 간직, 밤에 피는 꽃(감성, 예술성, 예민, 직감력). 年柱에 있으니 어렸을 적 그랬고, 예뻤다. 乙木은 丙火 없으면 능력, 영화, 수확이 없다.

○ 乙 庚 : 가을의 乙木이 化格 안 되면 질병이 많다(회두극). 가을의 乙庚합

은 남자 때문에 망친다. 남편복이 가장 없다. 根이 있으면 아니다. 우박 맞은 꽃나무, 우박 맞은 약초.

○ 乙 戊 : 일복이 많다. 높은 산에 사람이 안 찾아오므로 성관계 횟수가 적다. 高山之花, 외롭다. 수도자, 철학, 고뇌, 고고하다.

▌乙木(10)

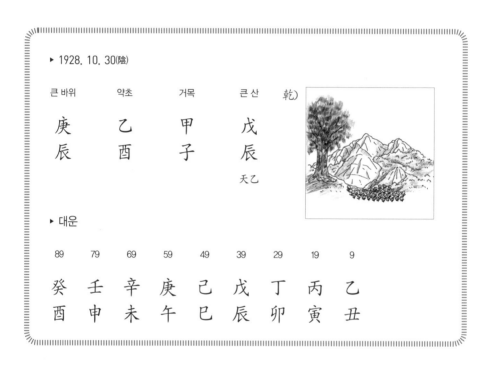

▶ 1928. 10. 30(陰)

큰 바위	약초	거목	큰 산	乾)
庚	乙	甲	戊	
辰	酉	子	辰	
			天乙	

▶ 대운

89	79	69	59	49	39	29	19	9
癸	壬	辛	庚	己	戊	丁	丙	乙
酉	申	未	午	巳	辰	卯	寅	丑

○ 현황 : 청강생이 가져온 명식으로, 지금까지 이 사주를 제대로 풀이해 준 역학인이 없었다고 한다. 초년 木대운이 가장 힘들었다고 한다. 火대운부터 아주 잘나갔다고 한다(사주상담으로 한 달에 2천만 원을 벌었다고 한다). 현재 50억 재산가로 외제 차를 타고 다니며 로타리클럽 회장을 맡고 있다. 결

혼은 3번 했으며, 현재 19살 年下와 잘 살고 있다.

○ 運始 : 乙 ~ 말을 잘한다. 동네방네 돌아다니기 좋아한다.

　　　　丑 ~ 天厄星으로 살면서 厄을 많이 당한다. 반안살로 책임감이 강하고 효심이 깊다. 평생을 소처럼 열심히 일한다.

○ 子月에 年干 戊土라 선대는 좋은 집안이다(戊土는 방습, 방풍).

○ 슴이 많아 사람은 순하다.

○ 正官과 슴 : 법, 명예, 체통, 체면 중시. 사람은 착한데 고지식하고 융통성이 없다.

○ 한겨울에 나무를 키우는 사주다(火가 없는 것이 흠). 火가 필요하니 적선을 많이 하라.

○ 木은 辰土에 뿌리내리면 기본적으로 잘산다(동네 부자).

○ 겨울생이라 甲木에게 등라계갑 안 된다. → 火대운(여름)에 등라계갑하니 貴人의 도움이 있다. ← 원국에 火가 있다면 등라계갑 된다(겨우살이 等). 등라계갑이 안 될 경우에는 甲木은 劫財다.

○ 일간의 根이 오니 食傷을 강하게 쓴다. 키울 나무의 뿌리가 있으니 돈 벌 줄 알고 열심히 일한다. 그러나 火가 없어 결실을 맺지 못하니 빛 좋은 개살구다. 또한 比劫過多로 아무리 열심히 일해도 돈이 모이지 않는다.

○ 겨울철 칼바위 틈에 핀 꽃(약초)이라 근성이 매우 강하다.

○ 乙酉일주 자체가 活人業이다. 乙은 卯라 일주가 藥病因字다(卯酉戌 =藥病因字, 철쇄개금). 일지에 酉칼(暗金殺)을 차고 있으니 아래쪽 수술 있을 수도. → 冬節에 乙酉일주는 화병속의 꽃이라 단명할 수 있는데 여기서는 辰土에 뿌리내려 그렇지 않다(花無十日紅).

○ 火대운(여름)에 꽃피고 열매 맺으니 잘나간다.

○ 子水 偏印으로 역학공부를 한다. 子는 밤이라 夜中印星이다. 밤늦게까

지 공부한다. 子辰 印綬局을 이루니 폭넓게 공부했다.

○ 첫 번째 妻는 戊辰이다. ← 辰酉合으로 결혼. 그러나 妻 戊土는 乙木이 양에 안 차니 月干 甲木을 심고자 이혼한다(甲木과 子辰合을 하니 妻가 바람피웠을 수도).

○ 3번째 처는 庚辰 괴강이라 똑똑하다. 일지에서 庚金이 자식궁으로 투출했으니 처를 자식처럼 챙긴다. 자식 같은 처다. 庚 처가 일지에 羊刃이라 성격이 매우 강하다. 때론 악처도 된다.

○ 時干은 말년의 꿈이다. 正官이라 명예를 원한다. 庚辰괴강이라 제법 큰 명예다. → 로타리클럽 회장이다.

丙火

우주의 주인공, **陽**중 **陽**, 자존심 **强**, 지혜(학문의 神, 학구열), 명랑, 광명, 광선, 초능력, 공명정대(차별대우 받는 걸 매우 싫어한다). 확산, 팽창, 발전, 화려, 허세, 솔직담백, 조급, 눈(시력), 생명을 키우는 에너지.

고도의 정신세계, 여자에게 인기. 불의와 타협 않는다. 거짓말과 아부를 싫어함. 비밀 유지를 못하고 낭비가 많다. 급한 성격 때문에 싫증을 빨리 느끼고 뒤끝은 없다. 환경 변화 자주 한다. **丙**이 **凶**이면 허세, 과장, 허풍, 산만, 주변 정리를 못한다. **甲乙木**을 성육하고, 추위를 녹이고, 어둠을 밝히는 것이 소명.

○ 丙火가 吉神이면 눈이 크고 잘생겼다. 겁이 많다(丁火는 소심하고 정확하다. 실속 있다).

○ 丙火가 酉時生이면 인물이 좋다(저녁노을) 戌時生이면 얼굴에 기미, 주근깨, 잡티가 많다(서산에 완전히 진 태양).

○ 女命은 활동력이 강(태양을 집안에 가둘 수 없어서). 대인관계 원만, 집안 살림 엉망, 남편을 우습게 아는 경향.

○ 女命 丙대운에 이혼을 하게 되면 쿨하게 한다. 차일 기미가 보이면 먼저 찬다.

○ 丙火 用神者는 밝은 장소를 좋아하기 때문에 햇빛을 보기 위해서 밖으로 돌아다니기를 좋아한다.

○ 丙火는 東南(봄·여름생)에서 生하면 과단성이 있고 조급하고, 西北(가을·겨울생)에서 生하면 소심하고 지나치게 禮法(예법)만 지키는 성격이다.

○ 甲乙 : 富, 壬 : 貴, 戊己 : 賤(천), 辛 : 外桃(외도).

※ 입이 크면 끈질기고 욕망이 크며, 입이 작으면 남녀 모두 인내심이 부족하여 매사에 도중하차 하는 경우가 많다.

※ 正印 : 정확, 偏印 : 전문직, 예술직, 감상적, 멋쟁이.

○ 春 : 木(生命)을 키운다. 할 일이 많다. 바쁘다. 活人之德.

夏 : 木을 활발하게 키운다. 木이 없으면 자기 계절이라 확장, 발전이 목적. 조후만 되면 무조건 잘 산다.

秋 : 이상주의자, 文昌星, 가을은 사색의 계절.

冬 : 때를 기다린다. 인기가 좋다. 자숙의 계절, 고지식하나 사람은 착하다. 남 좋은 일만 한다(희생, 봉사). 丁火에 의지하면 좀 간사한 데가 있다.

○ 丙火의 할 일

‒ 木(印星) : 나무 키운다. 가장 활발. 열이면 태운다(富).

‒ 土(食傷) : 태양을 비춰 준다. 토양을 활성화시킨다(賤).

‒ 金(財星) : 제련하여 器物(기물)을 만든다(辛을 보면 외도).

‒ 水(官星) : 물을 데워준다. 水火旣濟(수화기제). 壬水를 보면 강휘상영(貴).

○ 丙 子 : 自化正官. 물위의 태양. 한밤중의 태양.

○ 丙 寅 : 生地를 깔아 총명하고 인물이 수려하다. 동쪽 하늘에 떠오르는 태양.

○ 丙 辰 : 불 뿜는 용, 이미 뜬 태양, 용(辰)은 여의주를 물어야 날아간다. 미식가도 많다. 子丑月에 태어나면 평생 못 날아 본다.

○ 丙 午 : 정오의 태양, 남한테 지기 싫어한다. 3대 자존심. 日刃格. 陽중의 陽 → 나 외에는 없다. 적토마라 앞으로 나아갈 줄만 알고 물러서지 않는다.

○ 丙 申 : 신약하면 병신 짓한다. 문창성, 석양에 지는 태양. 年, 月에 있
　　　으면 조상 중에 병신이 있고, 日, 時에 있으면 가족 중에 병신이 있다.

○ 丙 戌 : 운동을 좋아하고 책임감이 강하다. 自墓(庫). 편협적인 성격이
　　　다. 희로애락이 얼굴에 그대로 나타난다.

☀ 天干論

I 丙 + 甲

○ 最上(최상). 희망차고 포부가 크다. 甲은 丙火의 에너지(火生木).

○ 정이 많다. 인물이 반듯하다. 활동력이 강하다.

I 丙 + 乙

○ 花草 → 꽃피고 인기 있을 때 관리 잘해라. 청춘 사업(연애).

○ 色感(색감)이 발달, 乙이 어디에 있든 춤, 노래를 좋아한다.

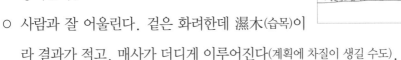

○ 사람과 잘 어울린다. 겉은 화려한데 濕木(습목)이라 결과가 적고, 매사가 더디게 이루어진다(계획에 차질이 생길 수도).

○ 丙 乙 庚 : 돈 버는데 수단, 방법을 가리지 않는다. 仁(인)과 義理(의리)를 버렸다. 貪財壞仁(탐재괴인).

I 丙 + 丙

○ 영웅심. 질투, 시기, 갈등, 투쟁(丙火는 지는 걸 싫어한다). 너무 밝아서 판단력 상실. 불면증, 신경성 질환.

○ 癸水가 하나의 丙火를 제하면 수화기제의 功으로 부귀가 나타난다.

○ 丙丙이 年月에 있으면 조부가 바람을 피우고, 日時에 있으면 자식이 바람을 피운다.

○ 겨울 丙火가 丙火가 또 있는데, 辛金이 하나의 丙火를 合去하면 쓰러진 자를 또 밟는 치사한 사람이다.

○ 巳巳 : 눈뜬 장님살(눈 뜨고 당한다). 불면증.

○ 丙火가 巳午未 낮 글자를 갖고 있으면 밤에 잠을 잘 안 잔다. 그래서 마약, 노름을 좋아한다.

○ 丙 0 丙 : 두 가지 마음, 이것도 하고 싶고, 저것도 하고 싶다.

○ 丙 丙 丙 : 白夜(백야), 대낮, 白夜無實(백야무실)(처, 돈이 없다). 일해도 수확 없다. 부친, 형제와는 경제적 거래를 하면 안 된다. 부친과 동일한 직업을 가지면 좋다.

┃ 丙 + 丁

○ 丙火는 丁火를 부려 먹는다(2인자를 부리는 형상). 요령꾼.

○ 陰(밤)陽(낮)이 공존 → 어디 가도 인기 있고 사리 판단이 정확. 낮에는 태양, 밤에는 달로 세상을 밝힌다.

○ 조금 간사한 데가 있다(나무를 키우는 丙火, 쇠를 녹이는 丁火 둘 다 하고 싶기 때문에). 겨울에는 丁火난로를 이용하니 간사하고 아부, 치사하다. → 태양이 달, 별에게 아쉬운 소리를 하니까. 태양이 모닥불을 이용한다.

┃ 丙 + 戊

○ 높은 산에 걸려 있는 태양 → 해가 늦게 뜨고 일찍 지기 때문에 활동력이 줄어든다(晦光). 회광이 되어 빛이 흐려지니 게으르다. 甲木이라도 있어야….

○ 겨울엔 戊土가 제습을 해 주어 좋다. 水多할 때는 戊土가 필요. 丙火를

가리는 癸水를 合去하여 좋다.

- 조열할 때 戌土, 未土의 食傷은 자식이 안될 확
  률이 높다. 특히 寅午戌, 巳午未의 火局이 된
  명식의 戌, 未土 자식은 볼 것도 없다.

- 丙戌戌: 산속에 숨은 태양. 지나온 과거가 첩첩
  산중.

┃ 丙 + 己

- 주기만 하는 관계, 坌地補照(대지보조). 땅에 떨어
  진 태양. 조후로만 쓴다. 구설, 시비가 많다.

- 태양의 흑점이라 어둡다(기미, 주근깨, 잡티). 戌時
  에 태어나도 기미, 주근깨, 잡티.

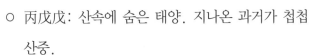

- 火土傷官은 막힘이 많다(매사에 장애). 傷官으로 잔
  머리 굴리다 망신. 편법.

- 甲木을 合去하고(자빠뜨리고), 丙火의 할 일을 묶어 버린다. 壬水를 濁
  水. 丙火의 氣를 盜氣(도기)하니 丙火가 허약해진다.

- 己土가 年, 月에 있으면 부모 조상 때문에, 어린 시절에, 時에 있으면 자
  식 때문에, 말년에 고생한다.

- 丙火가 火氣가 강할 때는 己土가 좋은 역할을 한다.

┃ 丙 + 庚

- 偏財로서 좋음(사업가, 재력가), 과실, 열매(木이 있을 때). 겨울에는 별이나 달(분
  주다사, 부지런). 에밀레종.

- 丙은 禮(예), 庚은 義(의) → 매사가 분명하고 예의 바르고 화끈하다.

○ 丙火가 木키우는 것을 망각하고, 庚辛金이 木을 자르니 주색에 빠지고, 여자는 돈놀이에 빠진다(곗돈으로 큰돈 떼이기도) 주식투자로 큰돈 손실 보기도 한다. (財多)신약일 경우에는 주색잡기에 빠질 소지.

○ 丙火가 庚金을 큰돈으로 착각한다. 못 녹이니 돈이 안된다.

○ 丙火가 사주에 庚辛金이 많으면 구름이 태양을 가렸다 말았다(돈이 보였다 말았다 하는 형상)하므로 남자는 주색잡기, 여자는 투기를 좋아한다(여자는 돈을 너무 좋아한다). 丁火가 있으면 그렇지 않다.

▌丙 + 辛

○ 酉金은 丙火의 死地 → 하찮은 재물과 여자의 유혹에 빠져 死地로 들어간다. 부부간에 "너 때문에" 하고 싸운다.

○ 자기 할 일 못한다. 삼천포로 빠진다. 본분 망각. 도박과 주색에 빠질 수도.

○ 신왕하면 줏대가 있고, 신약하면 줏대가 없다. → 亥, 子月生은 合水로 七殺 작용할 수도(관재구설). 차가운 물세례를 받는다.

○ 辛金은 구름이라 구름에 가린 태양. 陽干은 합이 되면 陽干의 기질을 잊어버린다. 특히 丙火는 陽중의 陽이라 辛金을 만나면 떨어진 해처럼 되어 버린다. → 쪼잔한 사람이 된다.

○ 合水로 虛官(허관)을 만들어 낸다(양자를 입양, 직장 같지 않은 직장). 丙辛합은 태양이 구름 속에 들어가 어두워진 형국이니 드러나지 않는 곳에서 일을 한다.

▮ 丙 + 壬

○ 江輝相映(강휘상영). 정동진 앞바다에서 힘차게 떠오르는 태양 → 희망차다. 정신 건전. 활동력 강. 인물이 훤하다(貴相). 己土가 옆에 있으면 아니다(己壬濁水 : 官망신). 석양이 멋있으니 물가에서 팬션사업 하면 좋다.

○ 丙火도 빛으로 볼 때는 水가 있어야 한다. 水가 없는 丙火는 熱(열)로 본다.

○ 日干끼리의 궁합은 나쁘다. → 거의 헤어진다.

○ 丙火에게 壬水는 偏官이고, 癸水는 正官이지만, 급수로 따지면 壬水는 대기업 임원 이상이고, 癸水는 면사무소 직원 급이다.

▮ 丙 + 癸

○ 黑雲遮日(흑운차일) → 결실을 못 본다. 알아주는 사람 없다.

○ 비 내리면(시냇물에) 태양이 빛나지 못한다(강물에 빛난다). 앞이 안 보이므로 조심조심 ← 癸水가 旺하면 남편 때문에 힘들다. 거의 시력이 안 좋다.

○ 탐구력, 의심, 예민, 소심, 꼼꼼, 의부증, 신경성 노이로제, 의심병. 상대를 원망함. 항상 불만에 쌓여 壬水를 그리워한다.

○ 男 : 직장과 자식 때문에 힘들어 진다. 여름생이면 癸水가 좋다(임시방편)
　　女 : 남편이 나를 힘들게 한다. → 壬水 찾아 나선다.

○ 丙 + 辛, 丙 + 癸 → 正財와 正官이지만 "너 때문에"라고 상대를 원망한다.

○ 官星이

① 初年(年, 月干)에 있고 吉神이면 좋은 가문.

　　凶神이면 안 좋은 가문.

② 소년기 : 희망, 포부, 꿈, 목표.

③ 청년기 : 직장, 남편.

④ 장년기 : 직장, 남편, 자식.

⑤ 노년기 : 명예.

※ 地支論

(가) 寅卯辰月

○ 正用神 : 甲木, 辰土, 壬水. 방해 없이 크면 大局.

○ 寅月

　– 寅午戌 火局이 되면 地熱(지열)이 되어 타 버린다 : 할 일이 없다.

　– 무위도식. 망할 짓만 한다.

○ 申酉 있으면 뿌리가 傷하므로 곡절이 많다 : 재산을 물려받아도 지키기
어렵다.

○ 月令이 寅卯(印星, 도덕의 성분) : 나무(生命)를 키운다.
木火通明 → 학자가 좋다. 다른 길로 가면 힘들다.

○ 봄 丙火 : 희망과 용기. 힘차다. 바쁘다. 活人之德. 土가 두텁게 많으면
천하다. 싹 트기 어렵다.

○ 丙戊己 : 게으르고 나태. 잠자기 좋아한다. 자기 편할 대로 말한다. 地支
에 나무가 자라야 하는데 土가 막고 있다.

○ 丙甲己 : 다 지은농사 망치는 형국. 잘 나가다가 삼천포로 빠진다. 헛농
사. 신세타령.

○ 卯月 丙火 : 浴地로 좋아하지 않는다. 卯木이 凶이면 바람기. 雜技(잡기)
에 빠진다. 丙이 卯木 보고 신약이면 사람이 흔들린다. 간사하다. 변화가
많다.

○ 丙 辛　 : 본분을 망각하고 色을 탐하는 모습.
　　卯　 바람둥이.

○ 甲이 너무 旺하여 凶이면 그늘이 진다 : 눈가림이 많다. 오만방자. 木多
火滯.

○ 庚辛金(우박, 서리)이 旺하면 멸문집안.

○ 乙木을 年月에서 보면 꽃이 일찍 피므로 바람둥이.

  – 남자의 유혹이 많고 일찍 꺾인다.

  – 格이 나쁘면 부부궁에 곡절이 많다.

(나) 巳午未月

○ 木(生命)을 키우는 계절에 태어났다.

  – 자기 임무의 계절이다.

  – 일 년 중 가장 활동 많이 하는 계절.

  – 무거운 짐을 지고 태어났으며 가장 바쁘게 사는 계절에 태어났다.

  – 인물이 좋다.

  – 丙은 여름에 태어나는 것이 가장 좋다 : 가만히 있어도 생명이 왕성하게 자란다.

  – 조후만 되면 무조건 잘 산다. 조후가 안 되면 할 일이 없고 수확이 없다.

○ 壬水를 보지 못하면 천지 날뛰기만 한다. 壬水는 수화기제. 壬水는 보좌관.

  – 좌충우돌, 사리분별력 없다. 丙이 凶이면 성질 괴팍. 조그만 일에도 열받는다.

  – 조후가 부족한 사주는 제 갈 길 못 가니 불평, 불만, 편견, 恨을 품고 산다.

○ 用神 壬水로 조후

  – 조후만 되면 木이 없더라도 생명을 키우고 있으므로 貴格.

  – 甲 : 부귀의 조건을 갖춤(木의 상태에 따라 값 정해진다).

  – 乙 : 예술성(年月 : 어릴 때부터 예술 감각 발달, 時 : 자식들이 예술 감각 발달)

○ 壬水로 조후되어 있는데 土가 克하면 밥상 받아 놓고 엎는 格 : 중도 좌절. 용두사미.

○ 庚辛金이 旺하고 水가 없으면 돈은 벌지만 貴가 없다.

　－ 官이 없으면 官(명예)에 대한 집착이 강하다. ← 명예를 좇으면 망한다. 없는 五行에 대한 집착이 강하다.

○ 巳月 丙火 : 祿地(戊土의 祿地이며 庚金의 生地다). 木이 없어도 조후만 되면 木이 있는 것과 같다. 酉나 丑이 오면 金局으로 돈 있는 사람이다.

　－ 甲을 봐서 戊土를 制해야 丙이 제 할 일 한다(晦光을 막아 준다).

　－ 水가 와서 甲木을 生해 주면 貴格이다(官印相生).

○ 午月 丙火 : 木이 없더라도 조후만 되면 貴格.

　－ 活人業, 壬水 보면 蔭德之家(음덕지가), 선두주자.

○ 丙 + 癸 : 地支가 불바다일 때 응급처치용.

　－ 태양을 가리므로 싫어한다(구설, 실패).

　－ 비가 와서 태양을 보지 못하므로 곡식이 클 수 없다(열매, 수확이 없다).

○ 壬水가 旺하고 甲木이 없으면 장마에 戊己土를 쓸 수 있다(調候 逆用神: 조후 역용신). → 衣食걱정은 없는데 쓸데없는 일을 하다 인생 망친다.

○ 巳午未, 寅午戌 火局이면 돈 없다.

　－ 돈으로 하는 사업 안 된다. 火는 정신이니 머리로 하는 사업을 해야 한다.

　－ 火多하면 머리는 항상 앞서가나 실속은 없다.

○ 未月 丙火 : 조후 안 되면 융통성 없고 미련하다.

○ 丙火는 炎上으로 가면 生命을 태워 없애므로 싫어한다.

○ 여름 丙火가 습土가 많으면 정신이 깜박깜박 한다.

　－ 기억력이 없다. 어리석다. 우둔한 짓 한다.

- 木이 있어야 한다. 木이 없으면 게으르다(할 일 없다).

○ 여름 丙火가 戌(화로 속의 불) 보고 寅이 있으면 불꽃이 살아난다. 戌午는 活火. 未土는 熱沙土(열사토).

○ 여름 丙火의 丙辛合
  - 辛金이 녹아 버린다. 녹아서 水가 된다.
  - 金은 妻(처)(처의 고통, 눈물) : 처를 달달 볶는다.
  - 처가 정신장애인 경우가 많다. 자신도 그러하다.

○ 여름에 辰(100점), 丑(30점)土가 있으면 衣食걱정 안 한다.

○ 月干 乙木이 도화살이면 부모 때 바람을 피운다.

○ 여름의 丙火가 癸水의 根(亥, 子)이 있으면 활동을 못하니 병자, 불구자이다.

○ 여름에 丙火가 旺하여 金이 약한데 丁火가 투출하면 자신을 못살게 하고 자신의 배우자나 재물과 명예를 빼앗는 者이다(丁火의 劫財작용이 크다).

  ※ 사주에 水火가 하나도 없으면 계획 없이 사니 믿지 마라(水火는 정신세계, 金木은 물질세계).

  ※ 年月에 食傷이 凶神이면 부모 말을 안 듣고, 年月에 財가 凶神이면 '돈, 돈, 돈' 하며 공부를 안 한다.

(다) 申酉戌月

○ 힘없는 계절(病死墓)에 태어났다 : 농사지은 것 수확하고 할 일 모두 끝냈다.

○ 곡식을 익히고 : 어느 계절이든 丙火는 甲乙木을 봐야 한다.
  - 丁(劫財)를 이용해서 鎔金成器(용금성기) 해야 한다.
  - 丁(劫財)를 이용해서 난방을 해야 한다.

○ 가을 丙火가 丑戌未三刑이 흉신이면 감옥에 갇히고, 용신일때는 刑의

집행자다.

○ 丙 甲 : 甲이 살아 있으면 열매가 주렁주렁 열린다(富者).

○ 丙 甲 壬 : 富에 貴가 따른다.

○ 丙 乙 : 예술, 향기꽃.

○ 木이 없는데 運에서 木이 오면 한때 돈 벌어도 運이 지나면 빈털터리.

○ 木이 있는데 地支冲 되면 있는 것이 傷하므로 고통받고 넘어간다. 寅申, 卯酉冲 → 차라리 없는 것이 좋다. 돈을 떼이거나 부도난다.

○ 庚 丙 庚 辛 : 財多身弱.

　– 돈 벌려고 노력하지만 빈털터리.

　– 身弱四柱의 丙辛合이면 매우 나쁘다(우환, 걱정).

　　(구름속에 들어간 태양이라 빛을 잃어 버린다. 陰地에서 일할수도)

　– 가정이 편하지 않다. 천격, 잡격.

○ 丙 戊(己)

　– 기운을 뺀다. 쓸데없는 일만 한다. 어리석은 짓을 한다. 빚만 진다.

　– 土生金 부지런히 하니 먹고는 산다.

　– 戊土 큰산이 丙火의 빛을 가로막고 있는 형상이다. 게으르다.

　– 己土를 보면 순간순간의 실리에 밝아 장사꾼이 많다. 가을, 겨울의 己土는 노력은 하나 功이 적다.

○ 丙 甲

　寅 申 : 寅申冲이 動하지 않을 때는 문제가 적지만 봄이 와서 寅이 힘을 받으면 冲이 심해 病난다.

○ 丙 甲 0 : 빛 좋은 개살구. 빈털터리.

　子 申 辰　木이 물에 떠내려간다. 물이 많아 甲木이 뿌리를 못내리고 자빠진다.

○ 酉月의 丙火 : 死地. 丁火의 生地.

    - 劫財 丁火가 있으면 걱정 없다(고초가 없다).

    - 年月에 丁火 뜨면 일찍이 좋고, 時에 뜨면 말년이 좋다.

○ 戌月의 丙火 : 戌月부터 丑月까지는 丙火가 쉬는 기간. 힘없는 불, 할 일 없는 불.(亥子丑에 絶, 胎, 養)

    - 희망이 없으나 甲이 있으면 木을 키우는 일(支에 水氣가 있어야 한다)

    - 戌月에 木(生命)이 있으면 조후가 필요하다.

    - 戌옆에 寅卯辰은 떨어져 있어야 한다.

    - 傷한다. → 火局으로 태운다. 戌옆에 申, 子 하나는 있어야 木을 태우지 않는다.

○ 戌月에 丙火는 부모 형제와 떨어져 사는게 좋다. 月支는 부모, 형제 자리인데 입묘시키기 때문이다.

○ 戌月生이 조후가 안 되면 가정이 不吉(男女).

○ 戌月이면서 寅午戌 火局으로 염상격이면 단명하거나 불구자(무덤 위에 핀 꽃). 종교인, 수도자 하라. 더 나쁘면 노숙자.

    - 運이 조금만 나쁘면 죽는다.

    - 戌上 火氣旺이면 부부생활을 하면 할수록 단명(탈진)한다.

     水 精氣(정기)를 말린다

○ 戌土가 말라서 조열하면 종양, 암이 많이 생긴다.

○ 戌土는 사기를 잘 당하는 글자이다.

○ 戌月 丙火가 丙辛合이면 본질이 변했다 : 가식적인 사람.

○ 가을 丙火가 乙卯 보면 단풍, 국화, 약초다 : 운치 좋고 예술성, 바람기 많다.

○ 丙 壬 丁 : 水가 지혜, 합이 되어 배운 것을 활용 못한다.

○ 丙火는

 - 丙辛合이면 구름 속의 태양이라 제 갈 길 못 간다.

 - 甲己合이면 다 지은 농사를 썩힌다. 무능하다. 습이 많으면 甲木이 썩으니 간경화다.

 - 丁壬合이면 능력은 있는데 못 쓰는 사람, 곡절이 많다.

(라) 亥子丑月

○ 戌月 入墓이후이니 형체 없고 인덕이 없다.

 - 生命을 키우는 임무, 생명을 키우지 못할 때는 따뜻한 태양을 비춰 주기만 하므로 남 좋은 일만 한다. 물을 데운다.

○ 天干에 甲乙木이 있고 根이 있으면 식복 있다. 창고에 곡식이 있다.

○ 丙 甲 壬 : 貴格.

 - 부지런하고 할 일 있고, 명예가 따른다.

 - 甲木은 하나만 있어야 대들보로 큰다. 木多는 잡목이다.

○ 地支에 亥卯未 木局이고 天干에 甲乙木이 있을 때는 丙이 木을 키울 힘이 없다.

 - 욕심이 많다. 虛慾(허욕, 겨울에 키울 수 없는 木이 많기 때문) → 木多인데 庚金이 있어 곁가지를 잘라 주면 욕심은 줄일 수 있으나 木을 자르면서 자기 할 일을 하므로 큰 그릇이 아니다.

 - 木多火滯 : 심장마비, 뇌졸중, 노이로제, 고질병 가진 사람이 많다.

○ 키울 수 없는 겨울나무 木多는 除濕(제습)하는 土를 克하므로 가난하다.

 - 빛 좋은 개살구.

 - 쓸데없는 일만 한다.

○ 印綬 太旺

- 생각의 정리가 안 된다.

- 아는 것이 病이다.

- 일의 두서가 없다.

- 마마보이.

- 결단력이 부족하고 민첩하지 못하다.

- 말로는 만물박사인데, 행동은 아무것도 못한다.

- 食傷을 克하니 게으르다.

○ 甲이 있어도 土가 없으면 무능한 사람 → 한때 벌어도 다 까먹는다.

○ 木이 어디에 있더라도 劫財(丁火)를 봐야 한다. 사람을 잘 다루는 요령꾼이다. 약간 간사한 데가 있다. 丙火(태양)가 달, 난로를 이용하니까 체통이 안 선다.

- 丁火의 덕으로 편하게 산다. 타인의 덕. 선후배의 덕

- 丁火 덕에 편하게 살기는 하지만 자기 일에 만족하지 못한다.

- 丁壬合되면 곡절이 많다.

○ 辰, 未(乙木 씨앗 보존)를 보면 運에서 봄·여름으로 가야 한다. 가을·겨울로 가면 씨앗을 키울 수 없으니 運이 없다.

○ 地支의 申子辰, 亥子丑 水局은 戊土가 제방이 될 수 있다.

- 戊土가 없으면 물위에 떠있는 태양으로 직업 많이 바꾸고 정처 없이 떠도는 사람이다. → 東家食西家宿(동가식서가숙). 노숙자.

○ 壬癸水 뜨면 凶, 水多火滯. 눈보라 맞는다. 從殺로 가면 吉.

○ 丙 甲 癸 : 인물은 좋으나 支(집)가 냉해서 돈이 없다.

　0 子 亥　甲이 뿌리를 내리지 못한다.

○ 己土(습토)를 보면 아무리 노력해도 소용이 없다.

- 己丑時 : 평생 運 없다. 혼자 먹고 살기도 힘들다(丙火가 신약일 때).

○ 土多이면 상인이나 기술직이다.

○ 地支에 寅卯辰이 있으면 향기를 품고 있는 것이니 봄·여름이 오면 꽃을 피우므로 좋다. 이듬해 농사지을 준비를 끝냈다.

○ 겨울 丙火
  - 조후, 除濕(제습)되면 식복 있다.
  - 木火가 휴수상태다. 겨울의 戊土는 방풍, 방습.
  - 신약하고 丁火 없으면 박복하고 가난한 집 출생.

○ 亥月 丙火
  - 甲이라도 있어서 봄·여름으로 가면 키울 수 있다.

○ 子月 丙火
  - 未土 보면 子+未 = 辰 (丑未沖 되면 안 된다)
  - 無木, 無財이면서 土多인 사람은 過慾(과욕)으로 자신을 망친다. → 쓸모없는 땅만 가지고 욕심을 부린다.
  - 子月은 키울 수 있는 계절이 아니다. 子水는 생명을 죽이는 물이다. 조후가 안 되어 있으면 卯木을 얼려 죽인다. 확실한 子卯刑이다.

○ 丑月의 丙火
  - 木用이 되어야 좋은 局이 많이 나온다. ← 겨울의 마지막.
  - 木이 깨지면 물질이 안 좋고, 木이 깨지지 않으면 물질이 좋다.
  - 木은 丑土에 根하면 凍土(동토), 자갈土라 크게 못 큰다. 삶이 고단하다.

○ 丑月의 辛金은 老金(늙은 金)이다 : 고철.
  - 丙辛合 : 고철과의 合, 못쓰는 것과 合. 화장 할 때는 보석같은 여자인 줄 알았는데, 아침에 화장 지우니 고철, 老金이더라.

○ 겨울의 壬癸는 도둑인데, 己土가 오면 도둑한테 도둑맞은 셈 → 비정상적으로 살고 노후가 되면 빈털터리(丙己壬癸).

○ 가을·겨울의 甲戌일주는 男女 모두 꼭 애인을 두고 산다(戌중 따뜻한 丁火가 그리워서).

○ 겨울 丙火가 戊土로 제습을 하는데, 天干에 甲木이 나타나 木克土하여 제습을 방해하면 돈이 없다. 건강이 안 좋다.

○ 겨울 丙火가 地支에 火氣를 전혀 보지 못하면 소외당한다. 고독하다.

※ 通辯論

▌ 丙火(1)

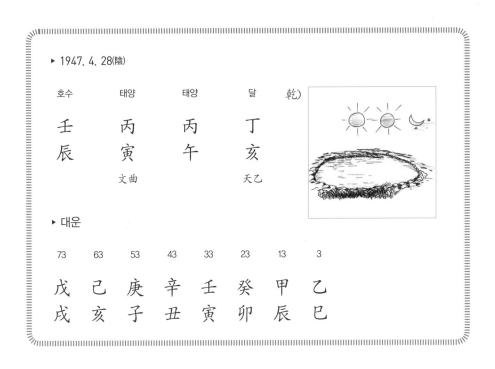

▸ 1947. 4. 28(陰)

호수	태양	태양	달	乾)
壬	丙	丙	丁	
辰	寅	午	亥	
	文曲		天乙	

▸ 대운

73	63	53	43	33	23	13	3
戊	己	庚	辛	壬	癸	甲	乙
戌	亥	子	丑	寅	卯	辰	巳

○ 현황 : 유명 의약품 회사 회장이다.

○ 運始 : 乙 ~ 말을 잘한다. 단거리 여행을 좋아한다.

　　　　巳 ~ 성실하고 착하다. 運始가 年支와 沖 ~ 부모에 문제가 있다.

○ 生地를 깔아 총명하고 인물이 좋다. 寅은 홍염살인데 丙火로 투출하여 여자에게 인기도 좋다.

○ 丙火는 주작이라 食傷이 없어도 말을 잘한다.

○ 火가 매우 강하다. 火旺사주는 성질이 급하다. 또한 역마성이 강하다.

○ 水火로만 구성되어 정신력이 매우 강하다.

○ 水로써 불을 끄는 命이다. 水火旣濟(수화기제). 本命은 火가 상대적으로 강하여 金運과 水가 강해지는 運에 돈을 번다.

○ 妻宮 寅중에서 丙火투출 : 처는 丙午이다. 친구 같은 처다. 처가 火 財局을 이루니 처의 도움으로 돈을 벌었다. 처도 羊刃이라 매우 강하고 Pro다. 午현침살이 羊刃이다(실제로 妻가 미싱사로 돈을 벌어서 사업자금을 대줬다 함).

○ 일지에서 丙火 比肩 투출 : 경쟁에서 이기기 위한 근성이 매우 강하다. 악착같은 성격이다.

○ 比劫過多로 돈을 벌어도 나가는 데도 많다.

○ 일간 옆에 吉神(좋은 글자)이 있어 도와주는 사람이 많다.

○ 辰土가 旺한 火氣를 잡아 주고, 壬水의 庫地라 核이다.

○ 辰 : 다재다능, 욕심, 먹는 것 좋아하는 쟁투의 神. 그러나 辰이 吉神이면 화해, 조정의 神이다.

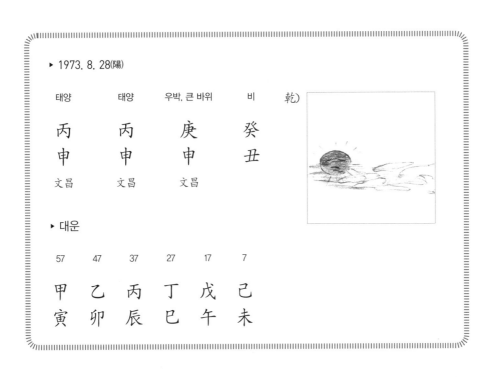

▸ 1973. 8. 28(陽)

태양	태양	우박, 큰 바위	비	乾)
丙	丙	庚	癸	
申	申	申	丑	
文昌	文昌	文昌		

▸ 대운

57	47	37	27	17	7
甲	乙	丙	丁	戊	己
寅	卯	辰	巳	午	未

○ 현황: 공군 상사로 근무한다.

○ 運始 : 己 ~ 모든 일을 법적으로 처리하려 한다.

　　　　未 ~ 傷官이라 말을 잘한다. 구설 조심. 평생 주머니에 쓸 돈은

　　　　있다. 사업수완이 좋다. 음식 솜씨가 있다.

○ 申月에 年干에 癸水라 어려운 집안 출생이다(中秋에 필요 없는 비를 조상자리

에서 내려 주고 있으니까).

○ 文昌星을 깔아 총명하다. 庚金으로 文昌星이 투출하여 선생(가르치는 직

업)이 적성.

○ 丙火일간이 극신약하여 일지 투출神인 月柱 庚申을 일간 대행으로 본다.

肅殺之氣(숙살지기)라 매우 강하다(庚 : 革(혁)이라 정치에 관심 多, 흑백논리, 결

과 중시).

○ 庚金이 癸水를 보면 철근이 비에 맞아 녹스는 형상이라 언행을 조심하라. 나의 언행이 丑 墓地로 들어가니 내가 죽는 언행을 하고 있다. 군인에게 食傷은 부하인데, 부하 때문에 내가 죽는 고통을 당할 수도 있다.

○ 旺한 庚金을 洩하는 癸水가 核인데, 녹이 쓰니 申(比肩)중 壬水를 쓰고 싶어 한다. 申은 역마 지살이라 바쁘게 산다.

○ 庚金이 丙火 偏官(제복)을 쓰니 공군이다. 地支에 食傷 부하가 없으니 장교는 아니고 하사관이다.

○ 丙火(官)이 申(祿=녹봉)을 時支 말년까지 깔았으니 군인으로 정년퇴임한다.

○ 庫地(丑)가 있으면 본부 근무한다(사령부에 근무한다고 함).

○ 丑이 庚金의 墓地라 인연 없는 형제가 있을 수도 있고, 庫地도 되니 이복형제가 있을 수도 있다. 또한 수집하는 것을 좋아한다. 고물상도 있다.

○ 金이 凶이라 大腸(대장)이 안 좋다.

○ 申申은 신신당부도 된다. 비견이라 주변 사람을 조심하라고 신신당부하라. 申은 대장이라 대장병을 조심하라

▌丙火(3)

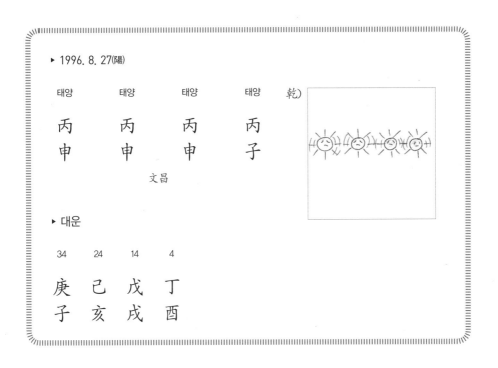

○ 현황 : 壬辰年(2012)에 도반이 물어본 사주다. 丙火가 힘이 없어 地支 金
水로 從한다고 보아 壬辰年을 좋은 해로 보았다고 한다. 그런데 이 학생
이 壬辰年 癸丑月에 9명의 동네 친구들에게 집단폭행을 당하여, 그 부친
이 경찰서에 고소하고 도반을 찾아와 이 아이의 사주가 궁금하여 왔다고
하더란다. 왜 집단폭행을 당했을까?

○ 평소에는 이 학생이 다른 학생을 왕따 시켰다. 丙申(3명)은 공망이 辰巳로
同旬(동순)공망이다. 같은 그룹으로 인연이 깊다. 또한 偏財를 깔아 다 돈
있는 학생들이고, 돈도 팍팍 쓴다. 文昌星을 깔아 머리도 좋다.

○ 그러나 다른 학생 丙子는 공망이 申酉로 다르다. 같은 그룹이 아니다.
또한 正官을 깔아 모범생이다.

○ 이렇게 사주가 3개가 공망이 같고 다른 하나가 다르면 왕따 사주라고 하여 대체로 다른 사람을 왕따 시키기도 하고, 때론 본인이 왕따를 당하기도 한다.

○ 壬辰年이 오자 4개 地支 모두에서 壬水를 투출시켰으니 壬水가 매우 강하다. 특히 辰이 申子辰 水局을 만들고, 그 대표주자로 壬水 偏官을 투출시켰기 때문에 偏官은 매우 강하며 偏官運은 관재 구설을 당하게 된다. 4개 地支 모두에서 투출이라 全 地支가 動하였으니 피할 길이 없게 된다.

○ 그동안 왕따를 당하던 丙子가 申子辰 水局의 旺地가 되니, 이 학생이 주동이 되어 사건을 일으키게 된다. 子는 선천수가 9이니 9명이 된다고 볼 수도 있다. 그래도 戊戌대운이라 旺한 壬水를 戊土가 제극을 하니 생명에는 지장이 없게 된다.

○ 원국에 準合(준합)이 있는데 세운에서 三合을 이루면 꼭 凶한 일을 겪게 된다. 三合이 吉神이라도 禍가 경미할 뿐이다. 특히 老年에 三合運을 만나게 되면 사망할 수도 있다.

丙火(4)

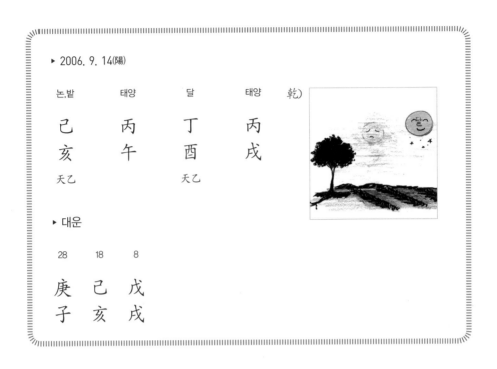

▸ 2006. 9. 14(陽)

논,밭	태양	달	태양	乾
己	丙	丁	丙	
亥	午	酉	戌	
天乙		天乙		

▸ 대운

28	18	8
庚	己	戊
子	亥	戌

○ 현황 : 壬辰年에 이 아이의 엄마가 보러 온 사주다. 초등학교 1학년인데, 한글을 못 깨우치고, 축농증이 심하다.

○ 가을엔 어떤 일주라도 火는 多多益善(다다익선)인데, 다만 火局을 놓으면 아니다. 본 명식은 天干의 丁火는 좋은데 丙火는 아니다. 그런데 戌대운 이라 午戌 火局을 이루니 火가 凶이 된다. 火局을 놓아 凶작용을 하게 되면 산만하고 덜렁대어 실수를 하게 되고, 주변정리를 못하게 된다.

○ 戌대운에 火가 旺하다. → 己土가 조열하여 旺한 火己를 설기 못하니 표현에 문제가 발생한다. 또한 己土는 입이다. 입이 굳어 있는 형상이다. 己土가 조열하면 마른 체격이다.

○ 조열하면 酉金도 녹는다. 酉金은 폐라 폐에도 문제 있을 수 있다. 얼굴에

서 金은 코다. 金이 火局에 놓이면 비염이 많다.

○ 年月은 가정이요, 時는 대문 밖이라 바깥세상이다. 年月干에 比劫이 있으니 집 안에서는 고집을 피우고, 時에 傷官이 있으니 집 밖에 나가서는 제멋대로다. 일지 午 羊刃에서 투출했으니 그 정도가 더 심하다.

○ 그러나 戌대운 지나면 己土가 核이라 말도 잘하고 아주 똑똑해진다.

○ 모친은 癸未일주인데 현직 간호사이다.

女命 癸未일주는

– 자식 키우기 어렵다.

– 주막집 주모 많다.

– 色이 강하여 남자한테 인기 있다.

▎ 丙火(5)

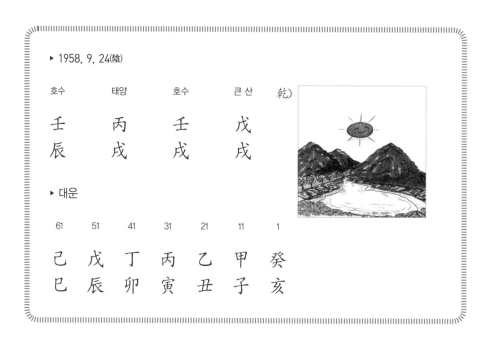

▸ 1958. 9. 24(陰)

호수	태양	호수	큰산	乾)
壬	丙	壬	戊	
辰	戌	戌	戌	

▸ 대운

61	51	41	31	21	11	1
己	戊	丁	丙	乙	甲	癸
巳	辰	卯	寅	丑	子	亥

○ 현황 : 우리나라에서 사주를 잘 보는 한 역학인이 이 사주를 보고 스님이
  라고 했다. 당시 자리를 같이했던 朴道士(제산 박제현)님은 불교판각화가라
  했다. 실존 인물로 우리나라 최고의 불교판각화가이다(절에 현판을 조각하는
  사람이다).

○ 그 이유는 辰중 乙木(卯)은 木板. 戌중 辛金(酉)은 예리한 칼. → 조각칼
  로 불교와 관련된 목판에 글씨를 새긴다.

○ 스님이 안 된 이유는 辰戌沖으로 화개성이 깨졌기 때문이다.

※ 添言(첨언)

  − 丙火가 壬水를 보아 江輝相映이라 인물이 훤하고 貴가 있다.

  − 辰은 丹門(단문)으로 홍살문이다. 多才多能. 욕심. 외국 인연. 養生之土.

  −戌은 부처, 즉 불교다. → 불교와 인연이 깊다(4개 地支가 華蓋星이다). 기
    억창고. 높은 산의 기도터. 천문성. 도사.

  −3개의 戌중 지장간 辛金과 明暗合하고 있다. → 암암리에 돈과 여자를
    숨겨 놓고 있다.

○ 卯는 목판. 손가락. 辛金은 예리한 조각칼. → 높은 산의 절에서 조각칼
  3개로 왼손에 목판을 들고 조용히 글씨를 새기고 있는 형상이다.

○ 일간이 양쪽에 똑같은 글자(壬)가 있으면 두 번 결혼이다.

○ 일간의 墓地가 3개나 있고 開庫(개고) 되어 인연 없는 형제도 있다.

○ 月干에 偏官이 있어도 인연 없는 형제가 있다.

○ 辰 官庫(墓)가 개고되어 자식인연은 약하다.

○ 戊戌을 일간대행으로 보면

  − 戌중 辛金을 食傷으로 쓴다.

  − 水가 돈이다. 여자도 된다. 壬水가 2개이니 두 번 결혼도 된다.

  − 두 번째 여자에게 辰 財庫가 있어 돈이 많다. 辰戌沖으로 개고되어 있다.

▌丙火(6)

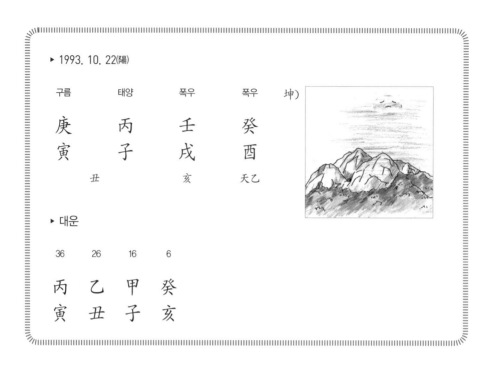

▸ 1993. 10. 22(陽)

구름	태양	폭우	폭우	坤)
庚	丙	壬	癸	
寅	子	戌	酉	
	丑	亥	天乙	

▸ 대운

36	26	16	6
丙	乙	甲	癸
寅	丑	子	亥

○ 현황 : 모 카페에 올라온 사주 명식이다. 그 글을 그대로 옮기자면 다음과 같다.

"戌月에 丙火, 寅중 丙火, 戌중 丁火에 根을 하고 있으나 時支 寅木 빼고는 丙火의 세력이 전무합니다. 戌月이고, 더구나 天干에 壬水를 업고 있어서 木火 用神으로 보입니다.

木火 용신이라면 癸亥대운이 忌神인데도 불구하고 일리노이주 명문고에서 1, 2등을 다투며 자타가 공인하는 영재 수준이라고 합니다. 木火 용신이라면 아무리 官運이라 해도 癸亥대운에 그렇게 잘나가지 못했을 텐데 명문고 전교 1, 2등이라니….

忌神運이라 할지라도 官運에 학교문제가 좋았다고 해야 하는지, 용신을 잘못 잡은 건지…. 어떻게 보시는지요?

甲子대운은 누가 보아도 문제가 많아 보입니다. 수차례 자살기도를 했으나 살았습니다. 원국에 子酉귀문, 甲子대운에 子水가 더해져 귀문의 힘을 더해 주며 子酉破, 辛卯세운에 일이 터졌습니다.

壬辰세운 역시 정신적인 문제가 심해서 정신과 치료를 받았으나 차도가 없자 정신치료와 한의치료를 받고자 한국에 왔고 癸巳대운 여름에 나를 찾아온 환자입니다."

辛卯년에 일이 일어났는데, 壬辰년까지 계속되었고, 모임에서 갑자기 몸이 떨리는 증상이 있어 사람들이 귀신 들렸다고 함. 도벽문제도 있었다고 함.

○ 食神制殺格 : 내 몸을 깎아서 殺을 제압하기 때문에 악착같이 산다. 殺 (깡패)을 잡기 때문에 해결사가 많다. 고로 食神運에 발복한다.

○ 水가 病(병)이다. 약은 木(寅)과 土(戌)이다.

○ 본 명식의 특징은 官殺混雜(관살혼잡)에 쌍귀문이다. → 天干에 모두 발동하여 언제든지 또라이 짓을 할 소지가 크다.

○ 克을 많이 받으면 머리는 천재이다. 水가 많아 기억력이 좋다. 그러나 火(정신)을 克하니 정신적인 문제가 올 수도 있다.

○ 胎地를 깔고 있어 변덕은 심하다.

○ 地支로 보면 酉時부터 寅時까지 공부하는 형상이다.

○ 年支에서 時支까지 金水木으로 흘러간다.

○ 水旺하여 음탕하고(忌神이라서), 비밀이 많고, 우울증에 걸릴 소지가 크다.

○ 일지 子水는 子宮인데 天干에 壬癸水로 투출 → 정조관념 약.

○ 辛卯年에 일주와 干合支刑으로 곤랑도화 발생. 水가 남자라 남자를 만나서 또라이 짓을 했을 수도. 子는 밤이라 애정사, 비밀사요, 검은색이니 흑인을 만나서 마약계통에 빠지지 않았을까 추론해 본다(卯酉冲, 子卯刑 → 流産).

○ 壬辰年에 일지 子중 壬水 투출 → 偏官이라 관재구설인데 내 마음자리에서 투출했으니 모두가 내 잘못이다. 또한 나의 子宮이 발동 걸리고 쌍귀문 발동. 하늘에서 호랑이와 용이 크게 싸우니 지상에 있는 사람들은 귀가 먹먹하다. 辰戌冲으로 환경궁이 動하니 이동수가 있는데 冲이라 他意(타의)에 의한다.

○ 子대운은 비밀사, 애정사가 생긴다.

▮ 丙火(7)

▸ 1968. 10. 23(陰)

암벽산	태양	거목	큰바위산	乾)
戊	丙	甲	戊	
戌	辰	子	申	
			文昌星	

▸ 대운

68	58	48	38	28	18	8
辛	庚	己	戊	丁	丙	乙
未	午	巳	辰	卯	寅	丑

○ 현황 : 제가 아는 도반에게 여자 손님이 이 사주를 보러 찾아왔다. 그런데 財가 없는데 왜 굉장한 부자냐고 제게 물어온 사주 명식이다. 대략 이렇

단다. 외아들로 미혼이다. 서울에 있는 부모의 부동산이 굉장히 많다. 프랑스에 유학, 그곳에서 정착하여 사업을 한다. 사주를 보러 온 여자와 사업상 거래처로 10년 넘게 사귀었는데, 아주 잘해 준단다. 그러나 여자는 애정으로 얽히는 것을 싫어한다.

○ 運始 : 乙 ~ 언변이 좋다. 단거리 여행을 좋아한다.

　　　　丑 ~ 天厄星으로 살면서 厄을 많이 당한다. 傷官이라 사업수완이 좋고 말을 잘한다. 수중에 항상 쓸 돈은 있다. 구설을 조심하라. 반안살이라 효심 있고 책임감이 강하다.

○ 戊戌(암벽산)을 이용하여 물을 막는 사주다(제방 사주)

○ 子月에 年干 戊土(방풍, 방습)라 좋은 가문 출신이다.

○ 申(조상), 子(부모), 辰(나의 능력)이 合하여 水局(財局)을 이루고 있다. → 부모, 조상의 도움이 있으니 유산을 많이 받는다.

○ 月干에 印星 : 父의 자리에 母가 있으니 집안에서 母의 발언권이 세다. 甲母는 겨울에 丙火로 꽃을 피우니 미인이다. 丙火 보고 꽃피우고, 辰沃土에 뿌리내리니 母는 나를 매우 좋아한다.

○ 丙火가 신약하면 유난히 조루다. 고로 돈은 많으나 애정 면에서 여자들이 다 떨어져 나갈 것이라고 추론해 본다. 일찍이 사귄 申여자도 水局으로 변질되었다.

○ 처궁 辰중에서 時干 戊土 투출하여 나이 많은 여자와 결혼할 수 있으나 辰戌沖으로 깨진다.

○ 辰은 水局을 이루고, 또한 戊土를 투출시켜 암벽산을 이루니 결혼하면 처덕은 있다.

○ 辰은 용인데 꽁꽁 언 겨울에 태어났다. 子丑月에 태어난 용은 평생 못 날아 본다.

丁火

壯丁(장정)(만물이 성숙하여 힘이 넘치는 늠름한 변환의 모습을 상징), 달, 人工불(촛불, 전열기구, 난로, 화롯불, 모닥불, 성냥, 라이터, 전자제품 등). 화학, 화공, 地熱(지열), 혁신의 因字, 예감, 호소력, 情의 산물, 자비, 희생, 봉사, 감성, 눈물, 상처, 질투, 나만의 비밀, 군중속의 고독, 번화가, 정신, 문명, 판단력, 상상력, 눈, 혀, 가슴.

겉으로는 조용하고 약하게 보이나 내면적으로는 자존심, 집념, 정신력이 강하다. 평소에는 조용하나 갑자기 폭발하는 성격(산불이라 못 끈다, 폭탄이라 폭발하는 성격). 딱한 사람을 보면 도와준다.

庚金을 녹여 成器(성기)를 하고, 어둠을 밝히고, 寒氣(한기)를 녹이고, 木을 키우는 것이 소명이다.

熱(용광로)이면 庚金을 녹인다

甲木이 있으면 인공불(촛불, 모닥불, 호롱불 等)

빛일 때는 전등, 네온싸인, 등대.

○ 丁火는 신약하면 아무것도 못한다. 신왕해도 부모형제를 의지한다. → 촛불에 심지가 없으면 꺼진다. 나무가 없으면 스스로 熱을 내지 못하고 꺼지기 때문이다.

○ 丁火가 戌土나 未土에 根하면 감성이 풍부하다.

○ 甲木은 심지, 庚金은 일거리 → 1字만 있어도 小富格.

○ 丁火는 촛불이라 내 몸을 불태워 세상을 밝힌다(희생, 봉사).

○ 縮小(축소)의 神 → 무엇이든 줄이거나 축소시키는 파트에서 일하는 것이 좋다.

○ 男命 丁일주가 신약하면 유난히 조루다.

○ 女命은 생활력이 강하고 부지런하고 친절하고 다부진 면이 있다.

○ 丁火가 用神 → 선생(전등 켜고 가르친다), 역학자(앞날을 밝힌다), 보살(촛불을 켜고 기도한다), 침술. 뜸.

○ 丁火가 凶神 → 눈병, 심장병, 소장, 혈압에 문제.

○ 신왕하고 丁火가 用神이면 一片丹心(일편단심)이다.

○ 辰은 男命의 성기, 女命의 자궁, 특히 丁火 女命은 자궁의 개념이 강하다.

○ 丁火

　– 寅卯辰月生 : 눈물의 丁火, 내가 父母 속을 태우고, 부모 때문에 힘들다.

　– 巳午未月生 : 맹열한 열로 태워 죽인다. 水 精氣(정기)를 죽인다. → 단명할 수도.

　– 申酉戌月生 : 자기 계절로 金을 녹인다.

　– 亥子丑月生 : 暖房(난방).

○ 水가 없으면 열로 보고, 水가 있으면 빛으로 본다.

○ 丁 卯 : 현침, 文曲, 철쇄개금, 나체도화를 깔고 있다.

　裸體桃花(나체도화) : 옷 벗는 것 좋아한다. 玉女, 美女.

　鐵鎖開金(철쇄개금) : 활인업이나 봉사활동 하라. 그렇지 않으면 수족에 이상이 생기고, 관절이나 뼈가 늘 아프다.

○ 丁 巳 : 巳중 庚金이 녹는 모습으로 관절염이 올 수도 있다. 巳가 曲角殺(곡각살)이라 키가 크면 문제인데 모면하려면 활인업 하라. 驛馬地속

에 財가 있다. 花蛇((화사)(불뱀)), 성격이 불같다(분신자살), 예지력, 丁巳 일주에 未가 있거나, 丁未일주에 巳가 있으면 好酒色, 詩書(시서), 美貌 (미모).

○ 丁未 : 화개살 위에 촛불 → 신앙심이 있다. 詩女(시녀). 전봇대 위에 솟은 달 → 앞길을 밝히는 형상으로 베푼다.

○ 丁酉 : 천을귀인, 문창성, 月出門, 酉金은 철쇄개금으로 남의 고민을 해결해 주는 활인업. 그중에서도 절단의 의미가 있어 의료업계가 많다. 달의 인력을 받은 글자로 沖을 당하면 下血(하혈)을 하든지 하고, 男子는 토혈을 한다. 酉金 옆에 申金이나 戌土가 있으면 雜金(잡금)으로 주변의 친구가 害가 된다. 달 밝은 밤의 닭(예리하고 민첩). 달밤에 빛나는 보석. 불상 모시고 촛불을 켠다. 寺女(사녀), 孤女(고녀). 酉는 兌宮(태궁)이라 음식, 기쁨, 소녀, 입→酉偏財가 입이라 입(말)과 관련된 일이 돈이 된다.

○ 丁亥 : 밤중에 暗合을 하고 있는 모습이라서 비밀이 많고, 이중적 성격으로 男女 모두 애인이 있다. 明月에 호수가 빛나는 格. 어둠을 밝히는 달빛이라 사람의 마음을 읽어 낸다. 등대.

○ 丁丑 : 시비를 분명히 하거나 따지기를 잘한다. 성냥팔이 소녀. 보석함 (辛金의 庫地), 財庫(庚金의 墓,庫地). 저혈압.

☀ 天干論

┃ 丁 + 甲

○ 最吉(최길). 촛불의 심지(물에 불어 버린 木은 안 됨). 형광등의 전류. 모닥불의 나무. 꺼지지 않는 불.

○ 끈기. 지혜. 인덕이 좋다. 두뇌명석.

○ 午未戌(地支의 丁火)의 뿌리가 있어야 甲을 쓸 수 있다.

○ 木多하면 火熄 → 심장, 혈압, 눈, 혀에 이상 있다.

○ 庚　甲　丁　丙　　내 몸(午)에서 食傷이 투출했다. → 쌍나팔.
　　0　午　0　0　　다재다능. 몸이 잘 빠졌다.

－ 男 : 午가 己土 처의 祿이니 처가 똑똑하고 財활동성이 강하다.

－ 女 : 食傷(子宮)이 年, 月에 투출되었으니 일찍부터 정조관념이 약하다.

┃ 丁 + 乙

○ 濕木(습목)이라 눈물만 난다. 서러운 일. 실패, 좌절, 매사에 장애. 부모 환경이 나쁘다(위치에 따라 구분).

○ 습목이라 오래 타니 오래된 계획 ← 금방 일이 될 것 같지만 안 되니 너무 크게 벌이지 말고 여유 있게 처리하라. 일이 더디게 이루어진다. 성격이 조급해진다.

○ 오래전부터 계획한 일을 하라. 偏印이라 순간적이고 빠른 것이라 갑자기 생기는 일이기에 안 된다. 乙木이 마른풀일 때는 확 타니 돌발적인 일이 발생.

○ 卯月의 丁火는 신경, 호흡기, 감기 달고 산다.

▮ 丁 + 丙

- 2人者. 丁火는 밤에 태어나야 좋다. 봄·여름생은 별 볼 일 없고, 가을·겨울생은 좋다.
- 자기 능력은 묻혀 버리고 일은 죽도록 하고 功은 丙火가 채 가고 욕만 먹는다.
- 엉뚱한 짓을 할 수도. ← 대낮에 손전등 켜고 다니는 꼴. 빛을 잃고 판단력이 흐려진다.
- 辛運이 오면 丙辛合水 되어 水克火하면 패가망신이다(남자로 인하여, 친구 때문에 관재구설. 財損((재손)). 劫財가 合하여 水男便으로 변하니 유부남을 알게 된다. 남자도 유부녀와 연애, 丙劫財를 이용해서 官을 봤으므로 남편이 밖에서 애 낳아 데려오는 수도 있다.
- 겨울생이 丙火투간에 辛金 合去면 치사한 위인이다. 밤의 태양을 그냥 둬도 되는데 없앴기 때문이다.

▮ 丁 + 丁

- 투쟁, 분노, 질투, 오직 나만 사랑해 주오(災厄(재액), 사고).
- 사랑도 숨어서 한다(소곤소곤, 은밀한 곳)
- 丁 = 심장 = 情 → 감성을 유발함. 징(丁) 박고 징(丁) 박으니 확인하고 또 확인한다. 丁은 못정(釘)이라 남의 가슴에 못 박는 소리를 잘한다.
- 촛불 2개라 기도하는 모습. 특히 地支에 酉金이 있으면 부처님 모신 사람. 정신적인 업무에 吉하다(종교, 역술, 작가, 교육 등). 정신력이 더 살아난다.
- 庚 丁 甲 : 甲木으로 丁火의 火氣를 강하게 하여 庚金을 녹인다.

_____ 물. 형상 명리학 ④ 丁火

○ 丁 庚 甲 : 丁火로 庚金을 제련하여 甲木을 동량지재로 만든다.

┃ 丁 + 戊

○ 큰 산(높은 산)의 촛불 → 산바람에 丁火가 꺼질 지
경이니 변화가 많다. 답답한 일이 많다.

○ 山에 불을 놓은 형국이라(地支에 巳, 午가 있을 때)
家産(가산)이 破하고 妻子가 불손(火土重濁) → 불
난 山에 木을 못 심는다.

○ 밤에 山중에서 기도. 山에 걸린 달.

┃ 丁 + 己

○ 갈라진 논바닥. 눈물 날 일이 많다. 심장이 약해
진다.

○ 설기가 심하다. → 丁火가 꺼질 지경이다. 坐不
安席(좌불안석), 주체의식이 없다. 눈치를 보고 산
다. 사기꾼도 많고 사기도 잘 당한다.

○ 食神치고 제일 안 좋은 게 丁火에 己土다. 습토라 빛이 흐려진다. → 능
력 발휘가 제대로 안 된다. 다른 사람을 원망한다.

○ 甲木을 빼앗아 가기 때문에 每事不成(매사불성). 甲木 印星(심지) 보급로를
合하여 막아 버린다. 壬水를 탁하게 한다. 丁火가 가물가물 꺼져간다. 기
억력 감퇴

○ 己 丁 戊 : 항상 눈치 보고 산다(이 눈치 저 눈치).

○ 土多하여 설기가 심하면 단명우려, 또는 貧苦(빈고).

○ 어느 계절이나 己土를 싫어한다.

○ 火旺할 때는 불길(火)를 잡아주어 좋다.

❙ 丁 + 庚

○ 밤에 뜬 달과 별 ~ 멋진 풍경, 貴局이 많다. 똑똑하다.

○ 月星之合. 할 일이 생겼다. 책임감. 성실. 노력파다.

○ 자수성가형(甲木 부모를 쪼개니 부모덕이 없어서).

○ 丁火는 庚金을 잘 다스린다. 금전 관리(현금)를 잘한다. 丁火가 根이 없으면 金多火熄 되어 감당하지 못할 일을 벌여 문제를 일으킬 소지. 몸이 아플 수도.

○ 酉金이 있으면 生地라 정신력이 뛰어나고 기도도 열심히 한다. 황금촛대 위에 촛불.

○ 女命 : 경제력이 강하고 똑똑함(또순이, 계산에 밝음).

❙ 丁 + 辛

○ 보석을 훼손 ← 쓸데없이 라이터를 들고 불에 타는지 안 타는지 라이터를 켜 본다. 예민하고 못된 성질. 갈고리 성격. 망할 짓만 하고 다닌다. 부친 속 썩인다.

○ 돈 번다고 하면서 돈 까먹는다. 偏財적인 일은 하지 말고 안정적인 일을 하라.

○ 庚辛金이 있거나, 辛金이 旺하면 헌 용기를 불에 달구어 새 용기로 만드는 것이니 노력 끝에 얻어지는 功이다.

○ 辛金이 年에 있으면 부모대에 망하고,

月에 있으면 자기대에 망하고, 時에 있으면 자식대에 망한다.

▌丁 + 壬

○ 한강에 네온싸인. 석촌호수에 가로등.

○ 음란지합 ~ 男 : 직장과 合. 일에 묶여 산다.

女 : 남자만 보면 좋아한다.

○ 丁壬合木으로 木은 탄생이니 임신이 잘된다.

○ 合木으로 다시 丁火를 生하니 회두생(月支 得令).

빛나는 반사작용. 겨울엔 은하수.

○ 丁火가 根이 있으면 등대불. 根이 없어 신약하면 도깨비불. 虛火(허화)

(호수 위에서 반짝이는 불빛)). 주색잡기에 빠진다. 身弱한 丁火가 丁壬合 되

면 호수 위에 떠 있는 촛불이라 항상 건강이 나쁘다. 갑자기 심장마비로

죽는 수도 있다.

○ 丁火가 双透(쌍투)하면 하나의 壬水를 戊土로 制하면 貴함이 나타나는

데, 만약 戊土의 制함이 없다면 사치스럽고 음란하여 가정이 안정되지 못

하다.

○ 壬水가 길신이면 희망이요, 흉신이면 망상이다.

▌丁 + 癸

○ 비바람 앞에 촛불. 앞길이 캄캄하여 運이 열리지 않는다.

○ 부부운 不吉. 역마살 같이 잘 돌아다닌다.

○ 地支에 또 水가 있으면 淺薄(천박). 疾病(심장병). 불구다. 무기력증, 시력

약. 변덕. 변화. ← 반대로 살아남기 위해서 성격이 예민, 괴팍할 수도.

ο 戊土가 있으면 보호받는다.

ο 丁火가 壬癸水 만나면 굉장히 예민해지고 민감해진다. 비바람 앞의 등불이라 壽(수)가 온전치 못하다. 성격이 이상스럽다. 부정적인 사고방식을 갖는다. 克속에 살면 두뇌는 좋다.

ο 丁火가 추동절에 태어나 根이 없으면 냉골에 사는 사람이다. 가정에 문제가 많다(독신, 별거, 재혼 등). 추워서 집에 늦게 들어간다.

ο 겨울에 丁火가 신약하면 심장이 약하니 겁을 주어 키우면 안 된다. 감성이 약해서 예민하고 민감하다.

ο 밤에 태어난 丁火는 하늘의 별, 癸水가 나타나면 黑雲遮星(흑운차성)이다.

※ 地支論

(가) 寅卯辰月

○ 木이 잘 자라는 시기 : 丁이 태어날 계절이 아니다. 丁火는 陰圈(음권)에
　서 태어나야 쓸모 있다.

○ 서러운 계절에 태어났다.

　－ 부모를 애태운다.

　－ 丁은 봄을 제일 싫어한다.

　－ 습목이면 내가 죽는다(木多火熄). ← 습목의 위치에 따라 초, 중, 말년을
　　구분.

　－ 내가 旺하면 木을 태운다. 生命을 태운다. → 逆天(역천), 부도, 감옥에
　　간다.

○ 地支 火局이면 木(生命)을 태우므로 향기, 美的 감각이 없다.

　－ 사회에 유익한 일을 하지 못한다.

　－ 어느 계절이든 생명을 키울 수 있는 구조이면 대우받는다.

　－ 봄은 木의 생육에 따라 貴賤(귀천)을 가린다.

○ 조후가 잘되면 법조계, 혁명가.

○ 木이 凶이면 많이 배워도 천하고 값이 안 나간다.

○ 丙이 있으면 丁은 丙의 하수인이다(봄·여름은 丙火의 계절).

　－ 일을 죽도록 하고도 욕먹는다.

　－ 자기 능력이 묻혀 버린다. 천덕꾸러기.

○ 寅 ～ 未에서는 貴格이 잘 나오지 않는다.

○ 丁火는

　－ 木을 수용하여 기를 수 있는가를 보라.

- 습토가 많으면 丁이 뿌리를 못 내린다 : 망상 덩어리.

○ 乙木을 본 丁火는 환경이 나쁘다. → 乙木 偏印 : 집안이 편안하지 않다. 부모 때문에 힘들거나 불효한다. 힘들게 공부한다.

○ 木은 신경성, 木이 잘못되면 신경, 분비계통, 스트레스, 불안, 예민, 날카롭다.

○ 卯月 丁火
- 습목이라 매우 나쁘다.
- 환경이 서럽고 눈물 흘릴 일이 많다.
- 신경계질환, 호흡기질환, 감기를 달고 산다.
- 丁이 乙木을 보면 신경쇠약, 신체 왜소, 소화불량, 입이 짧다.

○ 봄 丁火
- 木旺하여 金이 무성한 木을 가지치기하면 좋은 일이 많이 생긴다.
- 水旺하여 土를 쓰면 貴가 없다.
- 戊土는 水를 막아 주어 좋다.
- 己土는 火氣만 흡수하므로 모사꾼, 요령꾼(己壬濁水).
- 丁이 己土 보면 기억력 없다 : 건망증.
- 영리하고 재주는 있으나 천하다.

○ 丁壬合을 제일 싫어한다.
- 큰 運이 없고 단명, 질병으로 고생, 여성적(음성적) 성격.
- 중년에는 제 갈 길 못 간다.
- 여자일 경우 사랑밖에 모른다(사생아 낳고, 자식궁 안 좋다).

○ 丁일주 壬癸가 투출하면 戊土를 봐야 한다.
- 戊土가 막아 주지 못하면 사기꾼, 요령꾼, 재주꾼, 예민, 괴팍한 성격.

○ 辰月 丁火

- 무조건 甲을 봐야 한다.
- 甲이 있고 庚이 있으면 貴格(대, 세운의 경우 運 지나면 끝난다). → 봄의 丁
  甲庚(小年 登科) (丁은 寅卯辰에 死病衰)

○ 丁일간이 地支에 火가 없으면 집에 들어가기 싫어한다.

○ 辰戌沖을 제일 싫어한다.
- 어느 일주든지 봄의 辰戌沖은 木이 뿌리내리지 못하므로 좋지 않다.
- 말년에는 빈털터리.
- 일지 沖이면 살아가는 데 파란이 많다.

○ 丁火에 丙이 있으면 己土가 좋다(습토가 丙을 흡수).
- 丙火의 그늘에서 벗어난다
- 丁火가 신약해도 발복한다.
- 丁火보다 丙火의 설기가 심하다.

○ 봄 · 여름생 : 밝을 때, 낮에 태어나면 丁이 필요 없을 때이므로 일을 해도
  좋은 소리 못 듣는다.
- 대낮에 촛불 들고 다니는 格. 엉뚱한 짓. 생뚱맞다.
- 알아주지 않으므로 노력해도 보람 없다.

○ 申酉가 나타나면
- 寅卯木(나무뿌리)을 자르므로 나무를 키울 수 없다.
- 일이 잘 안 풀린다.

○ 運에서 寅卯는 寅戌, 卯戌合火가 되면 돈이 들어와도 돌아서면 없다.

○ 봄 · 여름 丙火는 火生木(나무를 키운다)
  가을 · 겨울 丁火는 木生火(木은 丁火를 살리는 불쏘시개).

(나) 巳午未月

○ 버림받은 丁火, 불난 산, 地熱, 태운다. 丙火는 만물이 자랄 때 만물을 키운다.

○ 뒷전에서 일한다. 소외된 삶. 답답하고 장애가 많다.

○ 노력해도 빛이 나지 않는다.

○ 여름 丁火는 가는 곳마다 욕먹는 사주다. 치사하게 여자를 힘들게 하거나, 여자를 울린다.

○ 돈이나 벌고 연애나 하는 사람이 많다. 돈은 잘 번다(돈 놀이, 밀수, 군수물자 등). 돈을 벌어도 치사한 돈을 번다.

○ 양심을 바로 쓰려면 조후가 필수(天干보다는 地支의 조후)

　－ 여름 丁火는 조후가 절대적이다.

○ 조열할 때 戊土가 나타나면 사회에서 말썽을 일으킨다.

　→ 戊土가 壬癸水를 克.

○ 巳午未, 寅午戌은 생명을 살릴 수 없는 사주.

　－ 불임, 장애아 자식, 수도자 사주.

　－ 여름 丁火가 旺하면 단명한다.

○ 地支에 辰土가 100점이라면 丑土는 辛金(자갈) 때문에 30점이다.

　－ 辰중 乙木이 있고 조후되어, 먹고사는 데 지장이 없다.

　－ 辰중 乙木은 고구마, 감자 같은 뿌리식품이다. 菜根食品(채근식품)이다(잎도 먹고 뿌리도 먹는다).

　－ 辰, 丑중 癸水로 조후.

○ 조후가 안 되었을 때 戌未가 있으면 확실한 刑이다.

○ 甲, 庚이 있어야 일하고 바쁘게 산다.

　－ 甲 : 심지, 에너지. 庚 : 재물, 일거리.

　－ 甲, 庚이 없으면 土를 쓴다.

○ 壬癸가 있으면 좋지 않다 : 안개, 運이 안 좋다. 조후로 응급조치다. 丙火를 黑雲遮日(흑운차일) 하기 때문에 수확이 없다. 燥熱(조열)할 때 어쩔 수 없이 쓴다.

○ 甲(寅卯)이 없으면 게으른 사람.

　－ 키울 생명이 없으니 게으르다. 소득 없는 일만 하고 다닌다.

○ 丁甲己 : 먹을 곡식이 땅에 떨어져 못 먹는 곡식.

　丁乙庚 : 運이 없는 사람. 생활능력이 없다. 남의 일은 잘해 주면서 자기 일은 아무것도 못한다(庚金은 雜石(잡석), 乙木도 못 키우고, 庚金도 못 녹인다).

○ 巳중 庚金은 열매다.

　－ 巳月 丁火에 庚金이 있으면 좋다 : 身旺財旺 부자사주. 과일이 많이 매달려 있다.

○ 支에 火多하면 요절하거나, 불효자가 나온다.

○ 午月 丁火 : 조후가 절대적이다.

　－ 조후되고 甲이 있으면 大局이다.

　－ 亥나 寅이 있어 씨앗이 있으면 더욱 좋다.

○ 午月의 丁丑일주는 아무리 좋은 배우자를 만나도 德을 바라기 어렵다. 꼭 病死하거나, 아님 중간에 잘못된다.

○ 여름 丁火가 丙火를 보면 할 일이 없다. 庚金이 있을 때는 庚金을 녹이므로 돈은 있다.

○ 여름에 火가 旺하면 火生土, 土生金해도 大局이 아니다. 겨우 노동의 대가를 받고 산다.

○ 丁丙辛 : 丙辛合水, 丙劫財를 이용해서 官을 봤으므로 남편이 밖에서 애를 낳아 데려오는 수가 있다.

○ 여름에 火局은 생명을 태워 죽이고 → 子水나 亥水가 있는데 子午沖, 巳
亥沖 되면 못쓴다. 습토가 좋다. 겨울에 水局은 생명을 얼려 죽인다.

(다) 申酉戌月

○ 생명을 키우는 丙火 : 봄 · 여름.

- 丙火는 酉에서 死이고, 丁火는 酉에서 生이니 丁火는 酉月 이후 태어
나야 한다.

○ 丁은 甲(심지)를 달고 나와야 한다(甲木 있으면 든든한 후견인). 丁+甲은 학
자. 己土가 나오면 凶 → 있는 재산 다 날리고 구설수.

○ 가을 丁火는 할 일이 많다. 쓰임새가 많은 계절. 긴요한 인물. 어디를 가
든 인기 있다. 이 사람이 가면 일이 잘 풀린다.

○ 酉月 丁火는 완성된 불(화롯불)이라 안 꺼진다. 항상 財는 있다.

○ 暗중 丁火(燈火(등화) : 감성에 민감. 호소력 강하다. 기도, 눈물(未, 戌).

○ 뿌리 있고 旺하면 우두머리가 된다.

○ 가을 丁火 : 火 다다익선. 추울 때 따뜻하므로 사람이 모여든다.

○ 戌未土가 있어 丁火 자기 몸을 데워야 좋다(감성 풍부).

○ 丁이 乙木을 쓰면 임시방편이다(습木이라 꺼지지는 않으나 오래 탄다 : 오래된 계
획, 일이 더디 이루어진다).

○ 丁이 庚과 申이 있으면 申(땅속 金)은 희망사항이고, 땅속 金을 캐기 위해
부지런하기는 하므로 밥은 먹고 산다.

○ 地支의 申金은 반드시 午火가 있어야 녹인다.

○ 丁 + 庚 = 일거리. 庚이 없으면 일거리가 없다. 영리하다. 일거리를 찾
아 떠돌아다닌다.

○ 丁庚乙 또는 丁乙庚 : 破格(雜金), 녹여도 金이 안 된다.

→ 財가 연애습하면 내 돈이 안 된다. 財는 현실, 유행, 돈, 여자.

○ 丁壬도 雜格이라 임을 불러들인다.

- 습은 사랑을 스스로 불러들인다(돈 버는 일을 제대로 안 한다).

- 丁壬습으로 發芽(발아)를 하는 격이니 色을 밝힌다. 본분망각. 雜芽(잡
  아, 잡싹)가 되니 불량아를 낳을 수도.

○ 甲乙木 旺하면 불로소득(유산)이 많다.

- 甲乙木이 없고 身旺하면 자수성가.

○ 用神은 나의 정신과 의식 : 습이 되면 없는 것보다 못하다(의식과 정신이 묶
  인다).

○ 壬癸를 제일 싫어한다.

- 가을 · 겨울 壬癸는 변덕(정신불안, 못된 성격, 예민, 저항)

- 성격이 이상스럽다. 부정적인 사고방식을 갖는다.

- 克속에 살면 두뇌가 비상하다.

- 癸水를 보면 단명, 요절. 가을비에 모닥불 꺼진다.

○ 丁이 가을 · 겨울生이면 土를 싫어한다(특히 습토가 火氣를 흡수).

- 일해도 빛이 안 나고, 土多하면 천하다.

○ 丁이 신약한데 金多하면 金多火熄, 金(철)에 의해 죽을 수.

- 財旺하면 도둑맞고 돈으로 인해 죽는다.

- 甲일주는 財多도 좋다. 甲일주는 財多身弱이 없다.

○ 가을 丁火인데 甲이 己土를 만나면 힘들게 벌어도 한입에 털어 넣는다.

○ 丁火에 己土가 있으면 눈치를 보고 산다.

丁己戊 : 항상 눈치를 보고 사는 사람이다. 이 눈치 저 눈치.

○ 가을 丁火인데 地支에 火가 없으면 안절부절.

- 乙木 싫어한다.

- 身旺하면 정력이 좋다.

○ 丁火가 가을·겨울에 태어나 根(午, 未, 戌)이 없으면 냉골에 사는 사람이다. 가정에 문제가 많다(독신, 별거, 재혼 등). 추워서 집에 늦게 들어온다.

(라) 亥子丑月

○ 겨울의 丁火는 매력적이다. 소중한 대접을 받는다.

○ 水旺節이라 시기적으로 失時(실시)이므로 약하여 뿌리를 내려야 한다(午 未 戌). → 못 내리면 줏대 없다.

○ 습하면 戊土, 냉하면 丙火 : 이때는 丁壬合이 좋다(보온, 내 몸을 불태워 물을 따뜻하게 데운다). 음란지합 아니다.

○ 불이 가장 필요한 시기, 뿌리가 있으면 貴格이 많다.

○ 丁의 등불(화롯불)이 꼭 필요하므로 신왕하면 貴格이고, 귀여움받고, 人德 있다.

○ 丁이 根이 있고 甲(심지)이 있으면 정신이 건강하다.
    - 乙도 겨울에는 갈초이므로 태울 수 있다. 火力은 약하다. 단, 뿌리가 있으면 濕木이다(까다로운 업종의 직업, 신경을 많이 쓰는 직종, 수사기관, 연구직).

○ 戊土는 방풍, 방습.

○ 甲庚이 있으면 甲木으로 丁火를 살려서 庚金을 녹인다.
    → 大貴大成. 庚金을 제련하여 甲木을 동량지재로 만든다.

○ 地支 木局(寅卯辰, 亥卯未)이면 木을 키울 수 없는 시기에 많은 木을 키우려고 하니 힘들다.
    - 내가 부모를, 부모가 나를 힘들게 한다.
    - 木多하면 항상 몸이 아프다(신경성).

○ 丁 + 庚 : 부지런하다. 丁의 根이 있으면 밥걱정 안 한다.

  – 전체가 해동(解凍)되면 부자다. 丙은 싫어한다.

  – 地支에 火가 있으면 처덕, 자식덕 있다.

○ 丁 + 辛(보석, 돈) : 내 몸 지키기도 힘든데 보석을 가공하려 한다.

  – 조상 재산 다 날린다. 처덕 없다.

○ 겨울 丁火가 土多(戌, 未土)이면 돈 많다.

  – 辰戌, 丑未沖은 運의 기복이 많다(丁을 깬다).

○ 子月 子午沖은 평생 運이 없다.

○ 신왕한 丁의 丑月 丑未沖은 좋다(내년 농사 준비). 丑月의 丑未沖은 논을 쟁기질한 것 같아 좋다.

○ 丑月은 木(甲)용신이 제일 좋다.

  – 木 : 1) 나무 키우는 것 2) 농사, 개간, 일구는 것.

  – 丁火의 일지 丑未沖, 巳亥沖은 정신질환, 심장허약, 예민, 소심, 겁이 많다.

○ 겨울생이 水用이면 게으르고 현실이 어둡다(逆用神).

  – 겨울에 에어컨 켜는 형상

  – 구성이 나쁘면 깡패, 나쁜 직업, 생각이 천박.

○ 丁 己 : 역량 부족, 그릇이 작다. 己土는 시궁창. 신약하면 잡초인생이라 술집, 밤 장사 같은 천한 직업이다.

  – 추우면 다른 干은 모두 丙을 쓰는데, 丁만은 쓰지 않는다. 만일 쓴다면 아부하고 간사하다.

○ 겨울 丁火도 庚乙, 乙庚 모두 못쓴다. 雜石(잡석), 雜芽(잡아).

  – 나무도 못 키우고, 金도 못 녹인다. 소리만 요란하고 거짓말투성이다.

  – 財印 매사 결과가 나쁘다.

○ 일주에 관계없이 土多埋金, 土多木折의 경우 辰戌沖, 丑未沖은 吉하다. ← 沖이 되면 埋金(매금), 木折(목절)이 안 된다.

○ 겨울에 丁火가 신약하면 심장이 약하니 겁을 주어 키우면 안 된다. 감성이 약해서 예민하고 민감하다.

○ 己土가 壬水를 克하면 응급처치라 요령꾼이다.

○ 壬癸水가 투간하고 庚辛金이 또 있으면 金水가 旺하여 從殺格이 된다. 天地가 눈에 덮여 있는 형국이니 奇格(기격)을 이룬다.

※ 食傷이 用神인 사람은 맞벌이 부부가 많고 食傷生財 하므로 부부 사이가 좋다.

丁火(1)

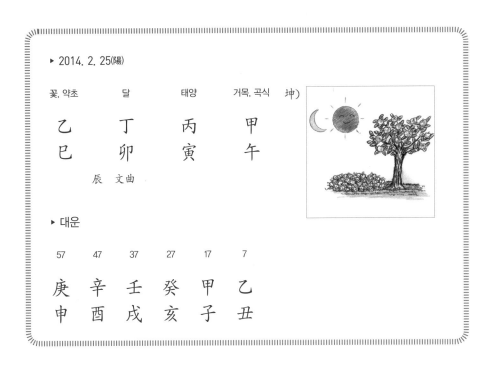

▶ 2014. 2. 25(陽)

꽃, 약초	달	태양	거목, 곡식　坤)
乙	丁	丙	甲
巳	卯	寅	午

辰　文曲

▶ 대운

57	47	37	27	17	7
庚	辛	壬	癸	甲	乙
申	酉	戌	亥	子	丑

○ 運始 : 乙 ~ 말을 잘한다. 단거리 여행을 좋아한다.

　　　　　丑 ~ 天厄星(살면서 厄을 많이 당한다. 天殺이라 기고만장, 종교 부정.)

○ 나무(乙, 甲)를 키우는 사주다. 나무 키우는 사주에선 金運에 大凶인데 酉
運이 와서 卯酉 冲해도 寅木이 있고, 申運이 와서 寅申冲 해도 卯가 살
아 있어 괜찮다. 水運도 吉하다.

○ 丁卯일주

　– 달나라 옥토끼라 미인이다.

　– 문곡성(偏印)을 깔아 예술에 소질이 있다. 年干 甲木으로, 時干 乙木

으로 투출하여 이름을 날린다.

– 일지 偏印이면 男女를 불문하고 부부운이 불리하다.

– 女命은 영적인 감각이 있다.

○ 초년에 癸甲대운이라 정신적으로 힘들다. 그러나 그 대운이 끝나는 37세부터는 정신적으로 훨씬 성숙해진다. → 癸나 甲이 官殺이면 그 官殺運末에 재난을 당한다.

○ 丑대운 : 신강사주에 食傷이 用神이라 공부를 잘한다. 丑대운은 꽁꽁 묶여 있는 運이라 외국에 가는 것이 좋다(丑은 맬 뉴(紐)에서 유래).

○ 子대운 : 偏官대운이라 주변(부모)의 강압에 의해 공부를 열심히 한다.

○ 壬대운에 일간이 壬水와 丁壬合한다. 음란지합. 일간이 財와 합하는 運에 자금유통이 안 된다.

○ 일지에서 偏印이 투출하여 일간에 첩신하면 偏印星이 매우 강하다(외골수. 다큐멘터리, 미스터리물을 좋아한다. 야행성. 유머감각이 있다).

○ 乙木이 丙火 있으면 인생을 즐겁게 산다. 춤이나 노래 중 한 가지에는 끼가 있다. ← 乙木에 丙火 없으면 榮華(영화)가 없다.

○ 日時는 2급 선전 : 정신적 문제, 마약, 약물이나 알코올중독, 도박 等.

○ 丁火가 낮에 태어나면 투쟁성이 매우 강하다.

○ 丁火가 낮에 태어나 옆에 丙火가 있으면 대낮에 손전등을 켜고 다니는 격이라 엉뚱한 일을 할 수도 있다. 봄·여름은 丙火의 계절이다.

○ 성장하여 결혼하게 되면 時柱 乙巳가 남편이다.

– 丁火로 꽃피우니 미남이다.

– 傷官을 깔아 똑똑하다.

– 일지에서 자식궁으로 투출했으니 내가 남편을 자식처럼 챙긴다.

- 나는(丁) 時支 巳에 根하고, 남편 乙木은 나에게 根하니 서로 상부상
  조한다.

○ 女命 時干 偏印은 偏印倒食(편인도식)하니 자식과 인연이 약하다.

○ 12運星의 작용

  - 旺地를 깔고 있는 육친은 목소리가 강하다.

  - 祿地를 깔고 있는 육친은 몸이 건강하고 부지런하며 점잖다.

  - 生地를 깔고 있는 육친은 총명하고 용모가 수려하다.

  - 浴地를 깔고 있는 육친은 인물이 좋고 바람기가 강하다.

  - 帶地를 깔고 있는 육친은 학문과 인연이 깊다.

  - 財庫를 깔고 있는 육친은 돈이 많다.

○ 상대성 통변으로 母(甲午)를 중심으로 통변해 보자. 母는 年柱 甲午다
  (고소영).

  - 홍염살, 도화, 死地를 깔고 있다→丙, 丁으로 투출하여 매력 있고, 낮
    무대(丙), 밤무대(丁)를 다 활용한다.

  - 食傷 투출이라 多才多能하다.

  - 食傷 투출로 내 몸을 설기하니 몸이 날씬하다.

○ 甲木이 丙火를 보면 진실한 사랑, 진실한 웃음이다. 겹꽃으로 꽃이 무더
  기로 핀다. 태양이라 돈이 안 들어간다.

○ 甲木이 丁火를 보면 가식적인 사랑, 가식적인 웃음이다. 홑꽃을 피우면
  서도 자본과 노력이 많이 투자된다. 또한 丁火 熱이 甲木을 마르게 하니
  싫어한다.

○ 고로 모친은 나(丁)보다 오빠(丙)를 더 좋아한다.

○ 父는 丙寅(母와 寅午합하기 때문). 生地를 깔아 총명하고, 인물이 수려하다
  (장동건). 오빠도 丙寅이라 父와 오빠는 닮았다.

○ 丁火는 丙火를 보면 2인자다. 오빠의 그늘에 가린다. 사회에 나가도 경쟁자에게 밀리는 구조다.

▎丁火⑵

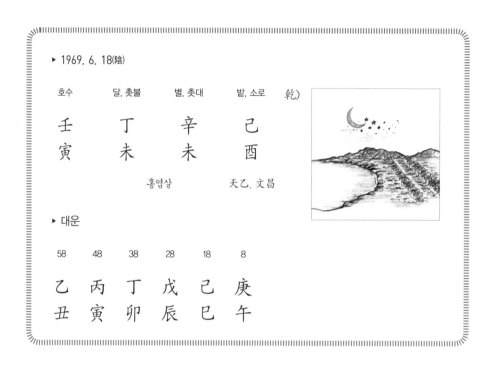

▸ 1969. 6. 18(陰)

호수	달. 촛불	별. 촛대	밭. 소로	乾)
壬	丁	辛	己	
寅	未	未	酉	
	홍염살		天乙. 文昌	

▸ 대운

58	48	38	28	18	8
乙	丙	丁	戊	己	庚
丑	寅	卯	辰	巳	午

○ 현황 : 친딸을 성폭행했다. 결혼 전 여자 꽁무니를 따라다니다(스토커) 그 여자가 견디지 못하고 할 수 없이 동거 후 결혼해 줬다.

○ 運始 : 午~ 도화살이라 멋 내기를 좋아한다.

○ 地支는 3개의 귀문관살로 되어 있다 ~ 또라이 기질. 3차원의 정신세계 → 일간 丁火와 처 己土는 귀문 발동神이다.

○ 甲木(寅) 正印이 未에 入墓 : 자비심, 도덕심, 인내심, 조절력이 入墓 되었으니 인면수심. 甲木 모친의 묘지라 모친의 恨(한)이 많다. 印綬庫라

古家(고가)를 선호, 서고 비치, 골동품을 좋아한다.

○ 己 대운 : 己土는 未(홍염살)중 己土 투출로 홍염살 발동 → 여자를 스토킹
한다.

○ 妻는 일지 배우자궁에서 투출된 己酉다. 年에 있으니 일찍 결혼 했다. 己
土는 홍염살 발동이라 여자가 예쁘게 보인다. 酉 文昌星, 生地를 깔아
머리가 좋고 인물이 수려하다.

○ 戊辰 대운 甲申년(2004) 36살 때부터 성폭행. 甲은 寅(자식궁, 귀문발동)에
서 투출 → 甲己合으로 문서, 하는 일이 묶이고, 正印이 묶이니 도덕심,
자비심, 인내력, 조절력이 묶인다.

  - 甲己合은 作用停止(작용정지)의 의미도 있다.

  - 辰酉合 : 하는 일이 도화와 合.

  - 寅辰 相怒(상노) : 호랑이와 용이 하늘에서 싸우니 인간세상은 귀가 먹
    먹하다. → 기억력 감퇴로 나타난다.

○ 丁卯 대운 : 丁壬 妬合 → 壬에 대한 애착이 더 강하게 나타나기도 하고,
丁火일간이 發號(발호)하기도 한다. 또한 丁壬합이 풀리기도 하니 풀린
丁火는 辛金을 녹인다. → 財損이 일어나고 갈고리짓, 망할 짓을 한다.

○ 丙戌년에 법정이혼 함(2006년 38세). 丙辛合去. 戌未刑이라 신경 많이 쓰
고, 조건부 이혼이다.

○ 未未 : 중단수가 많다. 乙木이 숨겨져 있는 넓은 꽃밭이라 女難(여난)이
따르며, 인기 있고, 공처가의 형상이다. 중풍, 당뇨.

○ 丁 辛 : 父 속 썩인다. 큰돈 한번 까먹는다.

※ 女命에서 丁未일주가 未가 2개이면 이혼수가 많다. 年月日로 未가 3개
이면 남녀 모두 독수공방의 모습이다. 특히 女命은 未(아닐 미)가 3개이면
불구자 자식이 있다.

▮ 丁火(3)

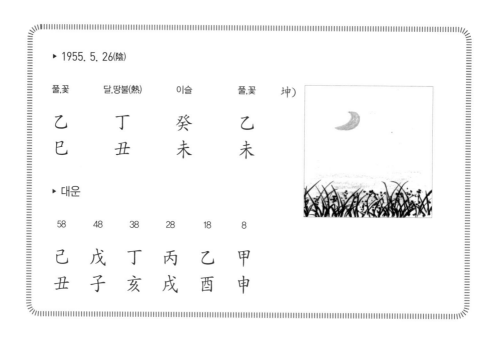

▶ 1955. 5. 26(陰)

풀.꽃	달.땅불(熱)	이슬	풀.꽃	坤)
乙	丁	癸	乙	
巳	丑	未	未	

▶ 대운

58	48	38	28	18	8
己	戊	丁	丙	乙	甲
丑	子	亥	戌	酉	申

○ 運始 : 甲 ~ 長女 아니면 長女역할. 그도 아니면 맏며느리.

　　　　　申 ~ 태어날 때 부친의 유고로 가난한 집 태생. 마무리를 잘한다.

○ 未月 사막토에서 乙木 키우는 命이다. 사막의 풀이라 水가 없어도 살아

　　간다. 생활력, 적응력이 매우 강하다.

○ 2개의 未중 乙木이 있으니 未土는 대지라 주택도 있고, 땅 문서도 있다.

○ 丁火에 未土가 있으면 감성은 풍부하다.

○ 남편은 月上 癸水인데, 滴水熬乾(적수오건) 상태이며, 3개 地支 土(官)으

　　로부터 克을 당하고 있으니 직장 생활을 하게 되면 일에 치여 동네북이

　　며, 왕따의 형국이다. 하여 남편은 직장 생활을 조금 하다 그만두었다.

○ 癸水 남편은 조금만 설치면 土(官)들이 가만두지 않기 때문에 있는 듯 없

　　는 듯 조용히 살아간다. 癸水 남편 입장에서는 숨도 제대로 못 쉬는 형국

이다. 또한 墓地(未土)가 2개나 있어 까불면 墓地로 入墓시키니 죽은 듯
이 조용히 살아간다.

○ 癸水 남편은 자기 몸 건사하기도 힘들기 때문에 丁火 命主를 克하지 못
한다.

○ 언뜻 일주와 월주(남편)가 天克支冲이라 부부싸움 심하고, 남편이 제 命
에 못살 것 같아도 癸水가 전혀 힘이 없으니 命대로 살려면 쥐 죽은 듯이
조용히 살아갈 수밖에 없다.

○ 남편이 직장 생활을 조금만 하고 그만두어 백수로 지내게 되었는데, 그 꼴
을 못 본 命主가 강남에다 프랑스산 유명 지물포(乙木) 가게를 차려 남편
과 같이 장사를 하게 되었는데 그때가 38丁亥 대운이다. 남편 癸水에게
根이 오니 비로소 힘이 생겨 食傷활동을 강하게 한다.

○ 乙木(지물포, 도화), 丁火(天干의 도화)로 꽃피우니 화려한 계통의 지물포를
하게 된다. 天干에 官星이 있으면 유명 브랜드를 취급하게 된다.

○ 특히 戊子대운에 대박이 났는데, 돈을 셀 시간이 없었다고 한다.

○ 수십억을 벌어서 지금은 놀러만 다닌다고 한다(時支는 말년인데 時支가 역마라
서). 지금은 남편 혼자서 가게를 하는데 예전보다 못하다 한다.

○ 화개를 깔고 있고, 화개지가 3개라 외로운 命이다.

○ 未未 : 중단수(무슨 일을 하더라도 중단수가 많다). 중풍. 당뇨.

○ 地支에 土가 많으면 고집이 세다.

▌ 丁火(4)

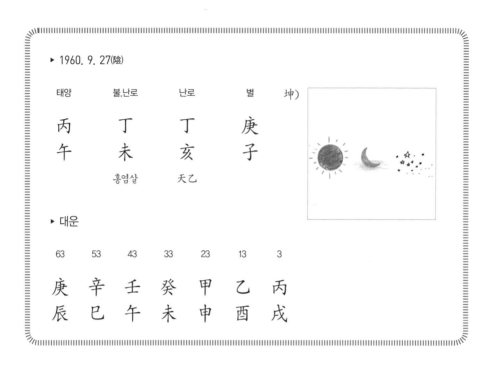

▸ 1960. 9. 27(陰)

태양	불,난로	난로	별	坤)
丙	丁	丁	庚	
午	未	亥	子	
	홍염살	天乙		

▸ 대운

63	53	43	33	23	13	3
庚	辛	壬	癸	甲	乙	丙
辰	巳	午	未	申	酉	戌

○ 현황 : 미혼이다. 청와대 앞에서 한우갈비 식당을 크게 하며, 큰돈을 벌었다.

○ 運始 : 丙 ~ 크고 넓은 곳을 좋아한다. 성격이 화끈하다.

　　　　戌 ~ 女命은 평생 돈 안 떨어진다. 자식이 화두. 丙戌 백호라 똑똑하다. 그러나 일생 한 번은 피 볼 일이 있다. ← 수술수, 사고 등

○ 겨울철(亥月)에 年干 庚金(구름)이라 좋은 가문은 아니다.

○ 水火 兩氣로만 되어 있어 사주가 淸(청)하다. 물(水)로써 불(火)을 끄는 사주다. 木火土金水 어느 運이 와도 좋다. 일명 소방관 사주다. 매우 바쁘게 산다. 水火旣濟(수화기제)를 이루어야 한다. 균형이 깨져 火水未濟(화

수미제)로 가면 불 끄는 사주가 아니다.

○ 火旺하니 성격은 急(급)하다. 火旺水弱하여 균형이 깨질 경우엔 우울증, 화병, 심혈관질환에 조심하라.

○ 火旺하니 돈을 잘 쓴다.

○ 일간 옆에 좋은 글자가 있으면 주변 사람들이 도와준다. 불 끄는 사주라 比劫은 좋다. 고로 주변 사람들의 도움이 많다. 그러나 비겁도 되니 돈 지출도 많다.

○ 丁火가 낮에 태어나면 매우 투쟁적이다.

○ 丁火가 丙火를 보면 낮에 손전등을 켜고 다니는 형상이라 엉뚱한 일을 할 수도 있다(특히 여름생).

○ 時柱에 자매강강(女命 比劫過多)이라 말년은 외롭다.

　→ 자매강강 진방진부 : 女命이 時柱에 比劫이 많으면 말년에 빈방을 홀로 지킨다.

○ 홍염살이 투출(月干 丁火)하여 매력적이다. 또한 겨울의 丁火는 추운 겨울에 따뜻한 난로가 되어 주변 사람들에게 인기가 좋고 매력적이다.

○ 일지에서 比肩 투출하여 악착같은 성격이다.

○ 体用法으로 보자면

　– 火를 体로 보면 水가 用이다. 水가 亥子로 得類(득류)하니 남자 손님이 많고, 주변에 남자도 많다. 官(직장)도 큰 규모다. 官星은 氣라 氣도 세다.

　– 水를 体로 보면 火가 用이다. 火(財星 : 활동무대)가 매우 크다(마당발이다).

○ 水火 : 정신적, 金木 : 물질적.

▌ 丁火(5)

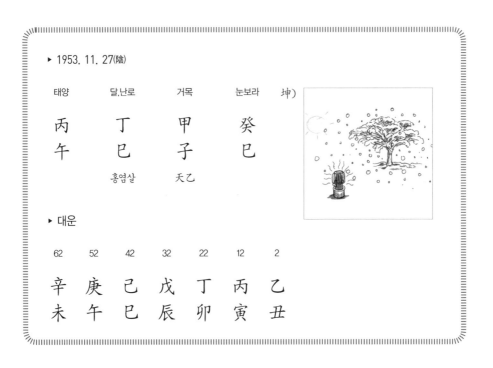

▶ 1953. 11. 27(陰)

태양	달,난로	거목	눈보라	坤)
丙	丁	甲	癸	
午	巳	子	巳	
	홍염살	天乙		

▶ 대운

62	52	42	32	22	12	2
辛	庚	己	戊	丁	丙	乙
未	午	巳	辰	卯	寅	丑

○ 현황 : 유명한 무기중개상이다. 2000년 정부 고위직과 스캔들로 감옥행.
　　 2012년(壬辰) 강남 재개발 시행사에 70억을 투자했는데, 일이 추진되지
　　 않고 있어 크게 고민 중이다. 지금은 건강이 매우 안 좋아 병원에 입원 중
　　 이다.

○ 運始 : 乙 ~ 말 잘한다. 단거리 여행 좋아한다.
　　　　 丑~ 天厄星이라 살면서 厄을 많이 당한다. 食神이라 자신의 건
　　　　　 강이나, 자식이 화두다.

○ 한겨울에 조상자리에서 癸水 눈보라를 뿌려 주니 좋은 가문은 아니다.

○ 겨울에 丁火는 따뜻한 난로라 주변 사람들이 많이 모여드니, 가는 곳마다
　 인기가 있고 매력적이다.

○ 도화 4개, 역마 4개로 구성되어 있다.

○ 食傷이 없어도 火(주작)가 많아 말을 잘한다.

○ 물(水)로 불(火)을 끄는 사주다. 수화기제. 불 끄는 사주는 굉장히 바쁘게 산다. 火가 돈이다. 比劫過多라 지출도 많다. 일간 옆에 좋은 글자가 있으면 도와주는 사람이 많다. → 天干에 좋은 글자만 있으니 주변 사람들이 도와준다.

○ 天干에 戊 己土, 壬水, 辛金運, 地支에 丑運이 凶이다. ← 본 명식의 核인 癸水와 子水를 못쓰게 만들고, 壬水는 丁火를 合去하고, 辛金은 丙火를 合去하기 때문이다. → 나머지 運은 다 좋다.

○ 일주와 시주는 交祿(교록)이다.

○ 年干에서 日干으로 순환 상생하니 윗사람의 도움을 받는다(癸 生 甲 生 丁).

○ 辛金이 와서 丙火를 合去하면 財損(재손)도 일어나지만, 사람이 치사한 짓을 한다. 밖의 태양은 가만히 놔두어도 되는데 合去해 버리기 때문이다.

○ 丁火가 낮에 태어나 사업을 하게 되면 매우 투쟁적이다.

○ 時柱 比劫(자매강강)이라 말년은 고독하다.

○ 丙午, 丁巳일주 女命은 天克支冲 되면 冷症(냉증)에 걸린다.

○ 丁巳일주는 色이 강하다. 영감이 있다. 불뱀이요, 꽃뱀이다.

○ 子는 六害殺이다. 六害殺은 만성을 의미한다.

  子午卯酉가 六害殺일 때

  - 子 : 만성 자궁, 신장, 방광질환

  - 午 : 만성 심장질환

  - 卯 : 만성 간질환

  - 酉 : 만성 천식, 기관지질환.

○ 午대운에 巳중 庚金이 녹으니 관절염, 대장염이다. 또한 庚金이 녹으면 혈액암(백혈병)도 걸린다.

○ 모친은 甲子다.

　– 甲木이 丙丁火로 꽃을 피우니 인물이 잘생겼다. 자식(火) 낳고 運이 좋아진다.

　– 食傷을 다 쓰니 똑똑하다.

　– 正印을 깔고, 天干에도 癸水 正印이 있으나, 겨울의 癸(子)水는 생명을 얼려 죽이는 死神이라 敗浴地로 간다. 고로 끼가 있다.

　– 子(子宮)이 양쪽(巳)에 똑같이 걸려 있으므로 2번 결혼한다.

　– 겨울에 눈보라를 맞으니 추운 데서 고생 많이 했다.

○ 부친은 癸巳다. 正財(재손)를 깔아 월급쟁이이고, 돈 관리에 철저하다.

○ 壬辰年(2012)

　– 丁火를 合去하여 財損(재손), 돈이 묶인다. 사기수 있다.

　– 火대운에 辰이 와서 水가 旺해지니 좋을 줄 알았는데, 辰巳지망이 겹치니 환경이 답답하고, 午가 격각이라 돈이 묶여 풀리지 않는다.

▶ **体用法으로 보자면**

(1) 水体로 보면 用은 火이다.

　– 甲木 傷官을 쓰니 다재다능하다. 傷官은 돈을 벌려는 욕망이다. 印綬가 있으니 절제력은 있다. 甲木 傷官이 子를 깔아 때론 말이 차갑기도 하고, 때론 도화라 애교 있게도 한다.

　– 丁火 偏財를 추구하니 사업을 한다.

　– 財星은 활동무대인데 財星이 旺하니 활동무대가 매우 넓다. 마당발이다.

⑵ 火体로 보면 用은 水이다.

　－ 偏官을 쓰니 사업을 한다.

　－ 子(癸)水는 밤이요, 陰이다. 비밀사요, 애정사이다. 고로 은밀하고 음
　　습하고 어두운 곳에서 비밀스럽게 일한다.

戊土

中(중), 丘(구), 山(산), 高(고), 信(신).

① 收用之神(수용지신) : 土는 모든 것을 수용한다.

② 蓄積之神(축적지신) : 비밀이 많다(땅은 파헤쳐 봐야 안다). 엉큼하다.

③ 停止之神(정지지신) : 건드려 주어야 한다(金, 木). 그냥 두면 死土.

④ 生滅之神(생멸지신) : 四行(木火金水)을 끌고 가는 주인이다.

　　- 土無는 陰과 陽 한쪽으로 양극화 현상이 일어난다.

　　- 土 없는 사주는 돈이 없다. 한때 벌어도 다 까먹는다.

　　- 土는 공기와 같다.

　　- 調候(조후)가 필요하다.

　　- 生命을 키울 수 있는 여건을 조성하느냐 못하느냐가 중요

　　- 土는 태양(丙)과 生死를 같이한다. → 丙火가 있으면 할 일이
　　　있고, 없으면 할 일이 없다.

○ 戊土(큰 산, 大路(대로), 큰 공간, 큰 무대, 적재) : 乾土라 壬癸水를 좋아한다.

○ 己土(논, 밭, 小路(소로), 적은 공간, 적은 무대, 저장) : 甲乙木을 좋아한다.

○ 女命 己土는 甲乙木을 좋아하니 남편에게 잘해 준다.

○ 女命 土일간이 食傷이 지장간에도 없다면 木을 자식으로 본다. 土가 木
(생명)을 키우니까 木이 자식이다.

○ 土 → 金(庚辛) : 지하자원을 캔다. 광산을 캔다.

→ 木(甲乙) : 나무를 키운다. 土일간이 金, 木이 다 있다면 金을 캘까?(食傷 ~ 사업, 기술) 나무를 키울까?(官 ~ 월급쟁이) 갈등하는 구조다.

○ 土의 하는 일

- 木(官星) : 나무를 키운다.

- 火(印星) : 불을 보관, 저장, 담는다(도자기를 굽는다).

불의 기운을 洩한다(火氣를 뺀다).

불의 기운을 빼어나게 한다.

水로부터 火를 보호한다.

- 土(比劫) : 天干은 比劫, 地支는 根(祿, 旺).

- 金(食傷) : 지하자원을 캔다. 광산을 캔다.

- 水(財星) : 戊土는 제방을 쌓고, 己土는 水를 흡수.

▮ 戊土

> 무성할 茂, 큰 산, **大路**, 큰 무대, 큰 공간, 제방, 겨드랑이. 생명을 키우는 土. 信, 중화, 조절, 통일, 중개, 교만.
> 포부가 커서 내면 투쟁이 크다.

○ 旺한 戊일간이 木, 金이 없으면 막가파다. → 주먹에 殺이 붙는다. 木이 없으면 死土(황무지). 민둥산.

○ 戊일간이 旺하면 속을 알기 어렵다(음흉과는 다르다). 끊임없이 자기투쟁

하며 산다(내면투쟁).

○ 水를 막아 제방을 만들고, 木을 키우고(甲木을 키우고 丙火로 결실), 庚辛 金을 캐내어 제련하니 연구가나 학자의 소명.

○ 地支 刑, 沖을 제일 꺼린다. → 刑, 沖되면 지진이 난 형상으로 매사에 되는 일이 없고, 항상 불안하다.

○ 戊일간 辰戌沖은 큰 산에 지진이 난 형상이라 위험하니 육친(주변 사람들)이 다 떠난다.

○ 地支에 寅, 申이 있을 경우 沖을 大忌한다. → 沖이 되면 파란이 많다.

○ 土金傷官格은 생명을 치므로 가장 나빠서 부부궁이 좋은 사람이 없다.

○ 戊土에 巳酉丑이 있으면 다이아몬드 가공, 의료기 취급, 광산업이다.

○ 戊土에 申酉戌이 있으면 보험대리점, 재경계, 금융계, 광산, 보석 계통이다.

○ 戊土가 用神이면 치료하는 사람, 해결사. 忌神이면 주먹에 殺이 붙는다.

○ 山에 나무가 울창하면 식솔이 많은 것과 같으니 부자다. 甲木이 투간하면 富. 乙木이 투간하면 야산이 되고 꽃동산이니 사치, 바람, 낭비를 주의하라. 노력에 비해 이루는 것이 적다.

○ 地支의 寅卯辰도 재산으로 보긴 하지만 天干의 甲乙木만큼은 아니다.

○ 木이 많고 土가 없으면 좁은 땅에 많이 심으니 욕심만 많다.

○ 무슨 일주든 木을 用神으로 할 때는 天干에 己, 庚, 辛, 壬, 癸가 뜨면 안 된다.

○ 戊 己土 투간에 木이 많으면 戊土와 己土가 나무를 나누어 심는다. 比劫을 用하니 형제애가 좋다.

○ 木이 많으면 욕심내다 망하고, 女子는 이 남자, 저 남자 보다가 망한다(甲木도 심어 보고, 乙木도 심어 보고).

○ 戊土에 甲, 庚이 있으면 相反用神(상반용신)인데, 金木相戰(상전)이다. 단명의 우려가 있다.

○ 戊 子 : 女命은 子 도화 財와 合. 賣姦得財(매간득재). 자궁이 돈이다. 子중 癸水와 明暗合 → 癸 正財에 대한 애착이 강하다.

○ 戊 寅 : 큰 산의 호랑이. 활동성, 역동성이 강하다. 큰 스님.

○ 戊 辰 : 황룡, 쌍룡. 辰에 壬水가 죽고, 그 자리에 癸水가 있으니 兩妻 (양처)四柱다. 배우자가 잔병치레 한다(떨어져 살아야). 財庫에 比肩이 있 어 돈을 잘 떼인다.

○ 戊 午 : 활화산. 양인. 도화. 음양살(女命은 남편이 미남). 온통 뜨거우니 항상 水(色)을 구한다. 너무 더워서 水의 기운을 당겨와 남자는 택시기사. 여자는 술집포주, 물장사가 많다(丁未일주도 강하다).

○ 戊 申 : 의리와 신용의 사나이. 모든 일에 완벽하게 결실을 보려 한다(金 은 결실).

○ 戊 戌 : 암벽산. 전생에 무수리로 살아서 男女간에 色이 강. 女命은 土 多하여 水를 고갈시키면 성관계 시 통증을 느낀다. 戊土를 깔아 전생의 業이 많다. 적선을 많이 하라. 사기 잘 당한다. 높은 산의 기도터. 죽을 땐 폐로 죽는 경우가 많다.

※ 天干論

I 戊 + 甲

- 큰 산에 거목 → 山의 모양이 빼어나다.
- 목표와 희망이 크다. 직업, 자식, 남편이 훌륭해 보인다. 官星은 목표, 희망 → 官星에 從하면 목표가 뚜렷하다.
- 戊土가 根이 없는데, 甲木이 旺하다면 山이 무너지는 형상으로 殺氣가 뻗친다(木多土虛). → 女命의 경우 평생 남편에게 시달린다.
- 丙火없이 甲木이 2개 투간하면 자칫 財生殺로 갈 수도.
- 원국에 甲이나 寅이 없는데, 甲大運이 오면 황무지가 要地(요지)로 변한다(水, 火가 있어서 甲木이나 寅木을 키울 수 있어야).
- 戊土여자가 고집이 세도 甲木남자 만나면 순해진다. 戊土는 甲木을 키우려는 성질 때문이다.
- 戊 丙 甲 : 성실한 사람, 큰 부자.
- 戊 甲 庚 : 庚 바위산이라 甲木 키우기 어렵다. 甲나무를 베고 개간(채광)해야 한다. 일생이 바쁘고 고생하고 소득은 없다. 남편이 갑작스런 사고를 당할 수도.

I 戊 + 乙

- 큰 산에 화초(꽃동산, 野山之草(야산지초)) : 청춘사업. 乙은 바람이라 남녀 모두 바람둥이, 사치와 낭비, 예술 잡기를 좋아하고 엉큼하다. 봄·여름이면 꽃이요, 가을·겨울에 根이 없으면 억새풀(갈초)이다. 노년이 허망.

그러나 乙卯時이면 허망하지 않다.

○ 高山의 꽃(戊土의 根이 없으면 野山之花, 담벼락에 담쟁이넝쿨). 乙木의 根이 있으면 약초, 향기나무. 큰 산에 조그만 나무(이상과 현실이 맞지 않을 소지) → 양에 안 찬다.

○ 戊土여자가 乙木남편 만나면 자식 낳고 남편이 무능해지고, 甲대운이 오면 바람을 피운다. 그렇지 않으면 큰 고통을 받고 넘어간다.

○ 큰 뜻을 펼치기 어려우니 서두르지 마라. 때를 기다려라.

○ 戊 乙 丙 : 젊을 때 인기 많다. 바람기. 사치. 女難(여난). 큰 부자는 아니지만 乙(美의 神)이라 즐겁게 산다.

▌戊 + 丙

○ 높은 산의 태양, 인물이 훤하다. 생동감 있다. 총명하다. 視野(시야)가 넓다. 강약을 막론하고 일거리 많다.

○ 戊土는 丙火를 보아야 할 일이 있다(사계절 필요). 丙火가 없으면 변화 많고 애로가 많다. 생기가 없다. 水가 없이 燥熱(조열)하다면 사막처럼 버려진 땅 → 되는 일이 없다.

○ 丙火가 忌神이면 머리를 나쁜 방향으로 쓴다. 木이 있고 水가 있다면 산에 나무와 호수, 계곡이 있는 형상(壬水는 호수, 저수지. 癸水는 계곡).

○ 丙火가 없으면 陰地土라 음지에서 산다

▌戊 + 丁

○ 큰 산의 달 → 고요, 적막, 고독, 비활동적.

○ 큰 산의 고고한 달빛 → 正印이라 고고한 선비 기질.

○ 큰 산의 촛불 → 마음고생, 질병, 가난, 집안의 우환 등.

○ 큰 산의 밤이라 밤이면 엄마가 밖에 잘 안 나간다.

○ 산불 난 山, 熱받은 山 ← 地支에 火가 강하면 사막화.

○ 戊土는 조열하면 아무것도 되는 일이 없다. 조열한데 丁火가 있으면 불난 山이다(火土重濁). → 자식 가질 생각 말아라(女). 부부관계도 안 좋다.

○ 冬節엔 좋은데 木이 없으면 매사가 오래 걸린다.

┃ 戊 + 戊

○ 첩첩산중이라 산적을 만날 우려(산적 = 느닷없는 손재수).

○ 일복이 많다. 일이 힘들다. 과묵, 고독, 투사 ← 큰 산은 말이 없다. 고집. 자기주장이 너무 강해 큰 뜻을 펼치기 어렵다.

○ 戊 戊 癸 : 爭合이 되어 헌 남자, 헌 여자를 만날 확률이 90%다.

○ 辰 + 辰 같은 현상.

○ 일시에 戊戊이면 末年이 첩첩산중.

○ 戊戊 : 男命은 외도를 많이 한다. 떠돌이 생활.
女命은 평생 작은 사람으로 산다.

┃ 戊 + 己

○ 戊土는 損害, 己土는 利益(산을 개간해서 밭을 만드니까). 산허리의 전답.

○ 첩신(貼身) 시 못된 친구, 형제가 항상 붙어 있다.

○ 甲木을 合으로 자빠뜨리고(뭔가 이루어지려고 하면 근土가 가져간다), 壬水를 흐리게 한다.

○ 丙火가 오면 己土가 흡수해 버린다.

○ 戊 己 己 : 논길, 들길이라 진흙구덩이를 밟고 가니 상처투성이. 수술수.

○ 戊 甲 己(己 甲) : 남편을 己土에게 빼앗기니 正妻(정처)되기 어렵다.

┃ 戊 + 庚

○ 지하자원(철광석)山, 석산 → 丁火로 녹여야 더 좋다.

○ 庚辛金에게는 木이 있으면 안 된다. → 돌산에 나무를 키우는 格이라 제 갈 길 못 간다(나의 언행이 생명을 친다).

○ 돌산이라 丁火가 없으면 되는 일이 없다. 미완성의 金이나 과일이라서 손질이 필요하니 丁火가 좋다.

○ 庚辛金이 있다면 바위산인데, 여기에 火가 있다면 설악산과 같은 풍경이 뛰어난 嶽山(악산)으로 풍모가 준수하나, 나무가 살 수 없으므로 官祿보다는 연구직, 또는 학문으로 이름을 떨친다. 기술자도 있더라.

○ 丙 戊 庚 辛 : 낮의 설악산.
  丁 戊 庚 辛 : 밤의 설악산.

○ 신약한 戊土에 庚辛金이 많으면(돌산) 몸이 아플 수 있다.

○ 戊 庚 辛 : 甲乙木을 심을 수 없으므로 직업, 자식, 남편과 인연이 없다.

○ 乙이 나와 乙庚合을 하면 食神과 正官의 合으로 육영, 교육, 봉사로 간다. 男女交合으로 Sex 잘 맞는다. 男女 공동사업 하면 좋다. 女子가 혼자 사업하면 종업원이 사장 노릇을 한다.

○ 좋은 직장 甲木을 꺾어 버리고 다른 일(사업, 예술, 투자, 역학 등)을 한다고 나온다.

▌ 戊 + 辛

○ 金鑛(금광) → 금광을 찾아 노다지 캐러 다니는 형상이라 투기성이나 편법을 쓸 확률이 많다(위험요소가 높다).

○ 의사에겐 辛金이 수술용 메스. 주방장에겐 요리용 식칼.

○ 자존심 강. 지기 싫어한다(자존심을 건드리면 큰일 난다).

○ 잘나갈 때 관리 잘해라.

○ 乙木을 克하고 丙火를 合去시키므로 안 좋다. 甲木을 흠집 낸다. 제련된 보석이나 완숙한 과일이라 곧 떨어지니 이별의 순간이 왔다.

▌ 戊 + 壬

○ 산정호수. 인물이 좋다. 山明水秀(산명수수)

○ 戊土가 根이 있으면 관광명소. 根이 없고 신약하면 산사태.

○ 戊 壬 癸 : 큰 산에 구름, 안개, 비

→ 얼굴이 어둡다. 수심(愁心)이 많다. 나무는 잘 자라나(사람은 착하나) 태양이 없어 소득이 없다. 고독, 가난, 집안에 우환.

겨울생이면 雪山(설산)으로 아무것도 할 수 없으므로 눈 뜬 장님의 모습이다. 겨울生에 신약이면 평생 '돈, 돈, 돈' 하고 산다. 처도 악처.

○ 戊 壬 : 겨울엔 설산으로 겉보기엔 아름다운데, 찾는 사람이 없어 외롭다.

戊 + 癸

○ 無情之合. 비 내리는 山.

○ 여름에 吉神이면 황홀한 무지개. 戊土가 癸水를 만나면 무지개로 변해서 환상을 좇는다. → 엉뚱한 곳으로 갈 수도. 겨울엔 雪山으로 외롭다.

○ 戊癸合火로 火氣를 만들어서 좋다. 回頭生(회두생).

○ 財変 印星해서 일간을 生助하니 신약한 命은 좋다.

○ 戊일간은 財를 좋아함. ← 水가 슬며시 스며드니 여자를 밝힌다.

○ 戊土 노인에게 癸水 무지개 같은 소녀가 걸터앉은 모양. 女命은 나이차 많은 老郎(노랑)이요(癸水가 戊土를 봐도 마찬가지), 男命은 월급쟁이다.

○ 겨울 戊癸合은 좋으나, 여름의 戊癸合은 본분상실, 가끔 삼천포로 빠진다. 여름의 戊癸合은 地支에 水가 없어 조열하면 물을 혼자 다 마신 격이니 남도 망치고 자신도 망한다. 나만 시원하면 된다. 고로 이기적이다.

○ 土多하고 甲乙木이 없으면 민둥산이다(여름철에). → 貧寒(빈한)하고 답답한 사람이다.

○ 해후상봉(邂逅相逢) : 일주가 火가 필요한데, 火는 없고 癸水가 忌神인데, 戊癸合火 되면 忌神이 吉神으로 변하는 형상이니 凶化爲吉(흉화위길) 되어 이를 해후상봉이라 하여 吉하다.

※ 地支論

(가) 寅卯辰月

○ 木을 키우는 것이 으뜸(丙火 필수) : 곡식, 사회에서 유익한 일(活人業)을 한다. 土를 비옥하게 해야 한다.

○ 木旺節에는 土가 필요하다 : 戊土는 항상 丙火가 있어야 한다(火土同理).

○ 戊土가 木이 없으면 할 일 없고 징검다리(절름발이) 인생이다. 허망한 경우가 많다.

○ 春山에 甲木, 丙火가 있으면 태어날 때부터 부자라고 본다. 甲은 있으나 丙이 없으면 노력에 비해 결실이 적고, 丙은 있으나 甲이 없으면 폼만 잡았지, 실속은 없다.

○ 戊 甲 丙 : 성실한 사람. 낭비 없다. 큰 富者.

  戊 乙 丙 : 젊을 때 인기 많다. 바람기. 사치. 女難. 큰 부자는 아니지만 乙木(美의 神)이라 즐겁게 산다.

○ 甲乙木이 있으면 운치가 있다. 아름답다. 인물이 좋다. 木多하여 태약하면 겁이 많고, 위가 나쁘다.

○ 寅이 午戌을 만나서 타 버리면 甲은 죽은 나무. 볼품없는 나무. 어린나무가 불탔다.

○ 戊일간이 地支에 沖이 있으면 凶하다.
  – 山이 갈라져 뿌리내릴 수 없다. 外華內貧(외화내빈).
  – 辰戌沖, 丑未沖 : 역마살, 나무를 옮겨 심으러 다닌다.

○ 戊가 庚을 만나면 採鑛(채광)이다.
  – 甲이 있으면 채광을 방해하니 나무(木)를 베고 채광해야 한다. → 일생이 바쁘고 고생하나, 소득은 없다.

○ 戊 庚 庚은 눈덩이(우박)이니 丁火로 녹여 줘야 한다.

 – 봄에는 丁火가 필요 없으나 庚을 制하기 위해 필요하다.

 – 制하지 못하면 깡패, 나쁜 일을 하며 산다.

○ 戊 壬 癸 : 큰 산에 비(水의 根이 있으면 폭우, 根이 없으면 안개, 구름). 얼굴에 수심, 근심이 가득하여 얼굴색이 검다. 火를 못 보니 화색(온기)이 없다. 몸이 아프고 돈 때문에 근심이 많다. 산의 흙이 물에 씻겨 내려간다.

 – 생산력 저하 : 運이 없다. 장마에 뿌리 썩는다. 처, 재물에 풍파.

○ 戊土는 辰(沃土)에 뿌리를 내려야 한다.

○ 戊 丙 : 강약을 막론하고 일거리가 많다. 丙이 없으면 변화가 많고 애로 도 많다. 土는 태양과 더불어 生死를 같이한다.

○ 봄의 戊土가 乙이 있고 地支 亥卯未이면 꽃밭을 이룬다.

 – 일 안 하고 연애만 하면서 놀고먹는다. 기둥서방.

(나) 巳午未月

○ 나무를 키우면 貴格.

○ 조후가 우선이다. 조후가 안 된 사람은 남의 신세를 지고 산다. 음덕이 없 어 사람들이 곁을 떠난다. 막노동꾼. 천한 일.

○ 여름 戊土 조후용신이 刑이 되면 관재, 시비 걸린다.

○ 여름 戊土 조열하면 水(여자, 돈)를 너무 탐한다.

○ 生命을 키울 수 있는 조건만 갖추어도 밥은 먹고 산다.

○ 편고 되면 運없다 : 運이 와도 스쳐 지나간다.

○ 甲 丙 : 일등급, 地支 조후되면 大局이다.

 乙 丙 : 예능 특기로 명예는 가지고 산다.

 → 壬癸가 와서 丙을 방해하면 格이 떨어진다(실속 없다).

○ 地支에 寅午를 동반하면 木을 태우므로 집의 돈을 갖다 버리는 형국이다.

○ 丙이 아닌 丁은 산을 태우는 형국으로 구걸하는 사주(불난 山).

○ 戊 癸 : 배양을 방해해서 역효과.

  − 본분 상실, 運이 없다. 가끔 삼천포로 빠진다.

  − 한때 좋아도 女難 등으로 말년이 불우하다.

  − 무더운 여름 癸水 처를 놓아주지 않는다.

  − 남자 : 처가 도망갈 궁리한다. 처 걱정하고 산다.

  − 地支에 水가 없으면 혼자 물을 다 마신 격이니 남도 망치고 자신도 망친다. 자신만 좋고 남을 모두 말려 죽인다. 남을 생각하지 않으므로 이기적이다. 戊癸合 되더라도 地支에 水가 충분하다면 하늘의 무지개와 같아 예술의 神이다.

  − 겨울 戊癸合은 좋다.

○ 여름생의 丁은 무조건 凶하다 : 실패한 농사, 값 안 나가는 농토 ← 庚辛金이 많을 때 藥神(약신)으로만 쓴다.

○ 여름생 戊일간이 寅午戌, 巳午未가 있으면 거지 사주, 승려 사주. 火土重濁.

  − 정상적인 가정이 어렵고 필요에 따라 가정을 꾸린다. 일시적으로 가정을 꾸리지만 오래가지 못한다.

  − 산불, 자라는 生命 태우는 형상(조상 재물 다 날린다).

○ 戊土에 甲乙木은 돈이다.

  − 戊土에 無木은 민둥산 : 바람 부는 대로 산다. 날품팔이.

  − 戊土 丙無는 생기가 없다. 값이 안 나간다.

○ 신강한 戊土가 食神生財로 가게 되면 사회봉사, 큰일 하는 사람일 수 있다.

○ 戊 甲 : 富의 조건을 갖추고 있다(生木이어야 한다).

　─ 丙은 貴이지만 甲없는 丙은 貴가 아니다.

　─ 地支에서라도 寅卯를 봐야 한다(현실감각이 있다. 고귀한 가치를 안다).

○ 戊 庚 인데 丁火가 없어 金을 제거하지 못하면

　─ 庚金이 旺하여 신약하면 깡패, 해결사, 도박업, 공갈협박꾼, 하수구
　　청소, 자동차수리공 등 어려운 일을 하고 산다.

　─ 신왕하면 깡패 잡는 사람(경찰 등), 혁명가.

○ 戊 庚 庚 : 木을 키우지 못하게 자른다. → 깡패 기질, 고집, 성격 괴팍.

　─ 局이 크면 권력기관에 근무하며 어려운 사람을 도와준다.

　─ 평범한 직장은 안 맞는다. 難勢(난세)에는 영웅, 혁명적 기질이다.

○ 戊 辛 : 辛은 완성품, 보석광산 → 금광을 캐니 투기성.

　─ 자존심 강하다. 지기 싫어한다. 자존심 건드리면 큰일 난다.

○ 坤命 戊土가 辛酉 用神 쓰면 틀림없이 이혼하고 남편은 사고 치며 산다.

　─ 月, 時 어디에 있어도 眞傷官格.

○ 戊 庚, 庚 戊 이면 官(木을 克)을 거부하므로 고집이 세다.

　─ 庚金이 吉이면 깡패 잡는 사람, 혁명가가 많다(신강사주).

　─ 庚金이 凶이면 깡패, 감옥에 간다(신약사주).

○ 戊일간이 水多한 여름이거나, 火多한 겨울生이면 활인업, 사회봉사.

○ 여름 戊土가 土多일 때

　─ 無木이면 민둥산 : 남에게 미운 소리를 듣는다. 대머리. 게으르다. 잠
　　이 많다. 남에게 의지한다. 무위도식. 빈한하고 답답한 사람이다.

○ 土가 건조한 경우 水를 찾는다 : 水가 저절로 土에 스며든다. 소리 소문
　없이 여자를 찾는다.

　─ 燥土라서 土生金이 안 되어 치아가 약하다. 우둔하다.

○ 戊土는 생명을 거부한다. 午戌, 卯戌火로 나무를 태운다. 申, 酉金도 寅, 卯木을 자르니 생명을 거부한다.

○ 寅午戌은 정신세계가 발달하고, 申子辰은 물질세계가 발달. 戌亥도 정신세계 발달. 수도인. 천문성. 고독.

○ 辰, 未(養生之土) : 생명을 살린다.
   丑, 戌(肅殺之土) : 생명을 죽인다. 겨울의 丑土는 얼려 죽이고, 戌土는 태워 죽인다(午戌, 卯戌火).

(다) 申酉戌月

○ 戊는 丙 + 甲이 있으면 貴局.

○ 戊乙丙 : 가을산의 홍단풍

○ 丙 : 광명, 지식, 영특, 공정.

○ 丙이 있고 건전하면 안 배워도 많이 안다.

○ 戊 丁 甲 : 地支에 寅午戌 火局이면 甲木이 탄다. 유산 탕진. 곡식(과수)를 심었는데 불났다.

○ 가을 戊土 : 火가 있고 신왕하면 식복이 있다. 木이 있으면 부자다.

○ 辛 戊 庚 0 : 가을生이 從兒(종아)로 가도 火가 일점 있어야
       申酉戌   좋다. 局이 크다. 없으면 小局.

○ 甲乙木은 없고 庚辛과 丁이 있으면 병을 제거하니 활인업.
   – 학자, 선비, 武官(무관)이 많다.

○ 戊 壬 癸 : 가을장마.
   – 가을에 궂은 비만 내린다.
   – 태양이 오는 것을 방해하니 곡식이 익지 못한다.
   – 比劫이 나타나 克制해야 한다.

- 妻子가 다 떠나거나 있어도 눈치 보고 산다.

○ 가을 戊土는 甲乙木이 있고 火가 있어야 한다.

○ 가을 戊土가 설기가 심하면 꼭 丙丁火를 봐야 한다.
- 신약하면 할 일 없는 사람. 닥치는 대로 살고 게으르다.

○ 여름 戊土는 허약해도 미움을 안 받고 살지만, 가을생은 눈칫밥을 먹는다. 좋은 소리를 못 듣는다.

○ 가을 木은 곡식을 거둘 시기.
- 寅이 沖되면 안 된다 : 수확을 못한다. 다 지은 농사 망치는 꼴이다. 돈거래 하면 떼이고, 사업하면 부도난다.

○ 戌月 戊土
- 木이 있으면 분주하지만 없으면 무위도식(乙木이 있으면 약초다).
- 丙이 있으면 그래도 부지런한 사람이다(태양이 떠 있어서 일한다. 날이 저물지 않았다).
- 戌月에 甲木이 丙火가 있으면 生木이다.
- 寅卯가 있으면 내년에 쓸 씨앗을 보관한 형상 → 부지런하다.

※ 官이 旺하면 財를 끌어당긴다.
  食傷이 旺하면 比劫을 끌어당긴다.

(라) 亥子丑月

○ 쉬는 運이다. 보존 상태.

○ 土는 태양과 生死를 같이한다. 丙火를 봐야 할 일 있다.
- 戊土 겨울生은 또 하나의 戊土가 와도 좋다(比肩이 방풍, 방습으로 나를 보호한다).
- 丙이 유력하면 衣食(의식) 걱정 없다(戌, 未, 午도 동일하다).

○ 겨울 戊土가 地支에 일점 火가 없으면 水(財, 妻)를 다스릴 수 없다. 가정 불화. 냉골집안이다.

○ 겨울 戊土가 火가 없으면 신뢰와 믿음이 없는 사람이다. 온정이 없다.

○ 겨울생이 申子辰, 亥子丑 水局이면 丙丁(꿈속, 허상)이 있어도 별 볼 일 없다. ← 戊土가 있으면 구제된다(活人之命).

○ 병이 깊고 약신이 있으면 活人. 인기가 좋다. 젊게 산다. 화장발 잘 받는다.

○ 丙 없이 甲乙이 나타나면 女命은 남편 덕이 없다. 벌거벗은 甲乙木이 추위에 떤다.

○ 甲乙木이 있고 火가 없으면 시대착오적, 망상, 허황되고 남을 함정에 빠뜨린다. ← 木을 키울 수 없는 계절에 키우려 하니까.

○ 土弱 木旺이면 키우지 못할 나무를 키우려는 것으로 욕심 때문에 남도 망친다.

○ 戊 己 甲 : 뭔가 이루어지려고 하면 주위 사람이 가져간다.

○ 亥月 : 1) 丙, 2) 戊.

  子月 : 1) 戊, 2) 丙.

  丑月 : 甲乙丙 ~ 木을 先用. 木火가 같이 있으면 좋다. 木이 없으면 노후 허망. 그럭저럭 먹고 산다

○ 甲이 있으면 丙이 따라다녀야 한다. 열매가 크다.

○ 戊土가 旺해도 木이 많이 오는 것을 싫어한다.

○ 戊土 겨울 乙木은 젊을 때 관리 철저히 해야 한다. 노후 관리를 잘해야 한다. 겨울 산의 꽃은 火가 없으면 얼어 죽는다.

○ 地支 寅卯木을 申酉가 잘라 버리면 부모 유산을 탕진한다. 수확이 적고 돈이 없다.

○ 겨울에 戊 壬 癸에 신약이면 평생 '돈, 돈, 돈' 하며 산다. 여자도 악처.

○ 戊土가 甲子月에 태어나면 甲木이 戊土의 제습을 방해하므로 건강이 나
쁘다.

○ 겨울에는 戊土 하나만 있어도 7글자를 책임지고,
여름에는 辰土 하나만 있어도 7글자를 책임진다.

○ 겨울에는 濕土(습토)가 많으면 건강이 나쁘다. 火氣를 흡수해 버리기 때문
이다. 일지 습토는 배우자 궁이 나쁘다.

○ 土는 丑戌未 三刑을 제일 싫어한다. 戊土의 뿌리가 싸움을 하여 시끄럽
기 때문이다.

✳ 通辯論

▌ 戊土(1)

《격국에 집착하지 말고 象을 보라.》

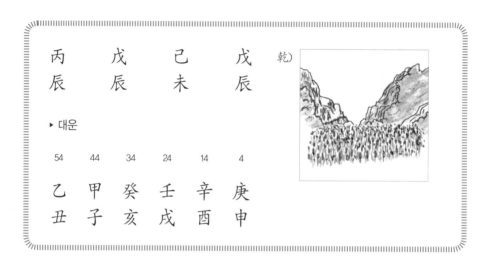

丙　　戊　　己　　戊　　乾)
辰　　辰　　未　　辰

▶ 대운

54　　44　　34　　24　　14　　4

乙　　甲　　癸　　壬　　辛　　庚
丑　　子　　亥　　戌　　酉　　申

○ 현황 : 제산 박제현 선생님이 대구 금호호텔에 머물게 되었는데, 그때 대
구에서 유명한 雲山선생이 그 소식을 듣고 제자들과 함께 박 도사님을 찾
아갔다. 제자 일행 중 한 사람의 사주를 보게 되었는데, 바로 위의 사주
명식이다.

한참을 뚫어지게 바라보더니 사주에서 똥냄새가 난다고 하니, 그중 누군
가가 "선생님은 사주를 영으로 보십니까?" 하고 물어보자, 나는 靈(영)으
로 보는 게 아니라 象(상)과 氣勢(기세)로 본다고 답하였다고 한다. 다시 말
해서 격국용신에 집착하지 말라는 얘기다.

삼복지절인 未月에 넓고 넓은 대지에 햇빛이 내리쬐고 있다. 초목은 없고
단지, 辰중 乙木, 未중 乙木만 있을 뿐이다. 辰속에는 癸水도 있는데,

이는 땅속에 고여 있는 물이고, 또한 계절이 한여름인지라 흐르지 못해 썩어 가는 물로 본 것이다. 썩어 가는 물이 돈이라 똥냄새가 난다고 하였던 것이다.

실제로 본 命主는 분뇨수거업자라고 한다. 하여 좌중에 모든 사람들이 혀를 찰 수밖에 없었던 것이리라. 혹자는 辰중 癸水를 돈으로 본다. 그러나 나는 의견이 좀 다르다. 辰중 癸水는 돈이 아니라 여자로 본다. 添言(첨언)하면 다음과 같다.

○ 辰중 乙木이 돈이다. 辰土와 未土는 乙木을 품고 있어 養生之土다. 다시 말해서 菜根食品(채근식품)이다. 고로 땅속에 돈이 있으니 부동산이 많다. 표시 안 나는 큰 부자이다. 어떤 일간이든 財대운에는 돈은 번다.

○ 華蓋(화개)가 많고 火土重濁으로 보아 얼핏 스님命으로 볼 수 있다. 辰(저수지)가 3개나 있어 화토중탁은 아니다. 스님이 될 수 없는 것은 辰중 癸水여자가 많기 때문이다. 암암리에 合을 하고 있으니 바람둥이다. 戊癸合(無情之合)이라 바람은 피워도 情은 주지 않는다. 설사 스님이 된다 해도 돈과 여자 때문에 破戒僧(파계승)이 될 수 있다.

○ 辰 : 저수지, 수렁, 진흙탕, 똥통, 욕심, 다재다능, 외국인연

未 : 사막土, 음식 솜씨, 남자는 조작 솜씨, 육식을 좋아함.

辰未 : 미식가, 식도락가.

辰辰辰 : 경쟁자가 많다. 자기만의 침울함이 있다.

▌ 戊土(2)

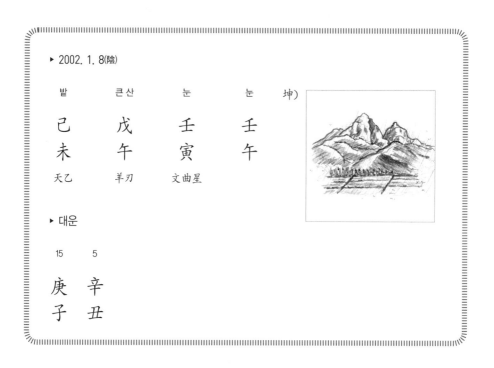

▶ 2002. 1. 8(陰)

밭	큰산	눈	눈	坤)
己	戊	壬	壬	
未	午	寅	午	
天乙	羊刃	文曲星		

▶ 대운

15	5
庚	辛
子	丑

○ 현황 : 2009년(己丑)에 이 아이의 엄마가 보러 온 사주다. 도벽이 심하고,
性적인 문제도 드러낸다고 한다.

○ 運始 : 辛 ~ 역학, 침, 신비한 것, 공상과학, 무협지, 골프.

　　　　丑 ~ 天厄星이라 살면서 厄을 많이 당한다. 天殺이라 기고만장,
　　　　종교 부정.

○ 寅月은 아직도 寒氣(한기)가 강한데 조상자리에서 壬水(눈, 차가운 비)를 내
려 주고 있으니 좋은 가문은 아니다.

○ 寅月에 태어난 戊土는 나무를 키워야 한다. 그런데 寅午戌 火局으로 키
워야 할 나무가 불에 타 버렸다. 할 일이 없어져 버린 형상이다.

○ 寅木(官星)이 불에 탔다

- 어릴 적 官星은 꿈과 목표, 희망인데 불에 타 버렸으니 꿈이 사라져 버린 형국이다.
- 官星은 일간을 제극하는데, 불에 탔으니 참을성이 없다.
- 官星은 규칙적인 생활인데 불에 탔으니 규칙적인 생활을 못한다(官星과 印星은 참을성이다).

○ 天干은 나의 바깥생활(사회생활)이다. 할 일이 없어져 버렸으니 바깥에서 壬水 偏財를 잡으려 한다. 壬水는 玄武(현무)로 도적이다. 고로 偏財가 도적이니 바깥에서 돈을 훔친다. 그것도 추운 寅月인데, 대운도 한겨울인 丑月에 말이다. 壬水는 큰물이라 하지만, 生을 못 받고 있으면서, 火局에 놓이면 금방 증발해 버린다. 하여 돈을 훔쳐도 내 손에 남아 있지 않고 금방 없어져 버린다.

○ 戊土에게 己土는 확실한 劫財다. → 고로 돈을 훔쳐도 다른 아이에게 뺏기듯이 준다. 만일에 어느 정도 나이가 들었다면 도적질보다는 알바를 하러 갈 것이다.

○ 性적인 문제를 드러내는 것은 壬壬은 음욕살 작용을 하기 때문도 되지만, 대운에서도 丑午쌍귀문이 작용한 탓도 있다. 대운 天干 辛은 傷官이요(傷官見官 爲禍百端), 대운 地支 丑은 쌍귀문이라 또라이짓을 한다.

○ 밖에 나가면 춥고, 집에 들어오면 火局이라 너무 더워 열받아 죽을 맛이다.

▌戊土(3)

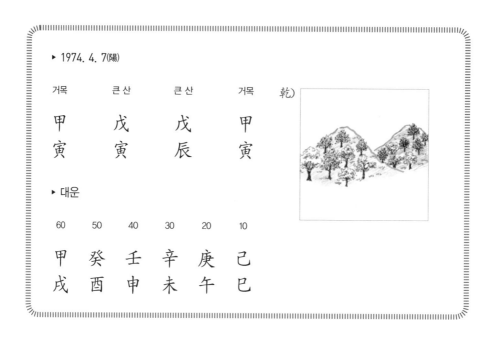

▶ 1974. 4. 7(陽)

거목	큰 산	큰 산	거목	乾)
甲	戊	戊	甲	
寅	寅	辰	寅	

▶ 대운

60	50	40	30	20	10
甲	癸	壬	辛	庚	己
戌	酉	申	未	午	巳

○ 현황 : 대구에 있는 도반이 올린 사주다. 엄청난 부자 외동딸을 만나 신분
　　이 수직상승하였다 함.

○ 運始 : 己 ~ 모든 일을 법적으로 해결하려 함.

　　　　 巳 ~ 사람이 착하고 성실하다. 偏印이라 할머니, 이모, 고모 인
　　　　　　 연이다. 효도.

○ 나무 키우는 命이다. 나무가 돈이다. → 火運에 發福(발복). 金運도 旺한
　　木을 가지치기하니 吉하나, 생명을 죽이니 이율배반적이요, 원망을 듣게
　　된다.

○ 호랑이가 있는 큰 산과 저수지가 있는 큰 산에 金剛松(금강송)이다. → 인
　　물이 잘생겼다.

○ 일지 偏官을 깔아 카리스마가 있다. 욱하는 성격도 있다.

○ 生地를 깔아 총명하고 인물이 수려하다.

○ 寅辰相怒(인진상노)가 있어 총명하다. 그러나 나이 들면 귀가 잘 안 들릴 수도 있다(하늘에서 호랑이와 용이 크게 싸우니 땅에 있는 인간들은 귀가 먹먹하다).

○ 寅이 2개면 호랑이가 두 마리라 겁 없이 추진력이 강. 寅이 3개면 두 마리 때 안 좋은 일을 많이 당해서 오히려 조심성이 강하고 신중하다.

○ 寅 : 용서, 양보 잘한다. 3개라 더 잘한다.

○ 辰 : 다재다능. 욕심 많다. 먹는 것 좋아함. 爭鬪(쟁투)의 神이나 吉이면 화해의 神.

○ 처는 月柱 戊辰이다.

　　- 부모궁에 있으니 때론 엄마 같은 행동을 한다.

　　- 比肩이라 친구 같은 처다.

　　- 辰 財庫를 깔았으니 부자다.

○ 體用法(체용법)으로 보면

　　- 土体이면 木을 用으로 쓴다. ← 偏官이라 事業.

　　- 木体이면 土를 用으로 쓴다. ← 偏財라 事業.

▌戊土(4)

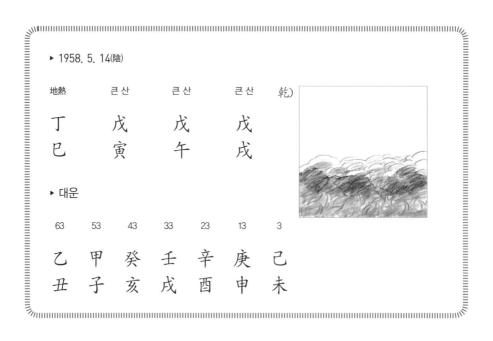

▸ 1958. 5. 14(陰)

地熱	큰 산	큰 산	큰 산	乾)
丁	戊	戊	戊	
巳	寅	午	戌	

▸ 대운

63	53	43	33	23	13	3
乙	甲	癸	壬	辛	庚	己
丑	子	亥	戌	酉	申	未

○ 현황 : 산부인과 의사다. 부인은 간호사다.

○ 運始 : 己 ~ 모든 일을 법적으로 해결하려 한다.

　　　　　　未 ~ 음식 솜씨. 반안살이라 책임감이 강하고 효심이 있다.

○ 羊刃格이다.

　－ 부친의 덕이 없다.

　－ 자수성가한다.

　－ Pro의 근성이 있다.

　－ 자존심이 강하다.

○ 火土重濁에 土에 從하는 명식으로도 볼 수 있다.

○ 국가공인 자격증을 쓰는 명식이다. 印星이 根이 있으면 국가자격증이다

　(丁火 印綬가 巳에 根).

○ 時干 丁火는 午 양인의 투출신이다. → Pro라고 소문이 난다. 또한 羊刃은 칼이라 칼을 쓰는 강한 자격증이다.

○ 地支에 三合이 있으면 사람은 순하다. 그릇이 크다.

○ 寅午戌 火局이면 우선 寅木이 불에 탄다.
  - 寅은 肝이다. 고로 급성간염에 걸릴 수 있다.
  - 寅은 자식이다. 자식이 화상 입을 수도 있다.
  - 戌土가 불에 타니 위염이다.

○ 午月의 큰 산이 불이 나서 너무 조열하니 水(여자, 술)를 매우 탐한다.

○ 火旺하여 성격이 급한데, 처궁에서 偏官이 제어를 해주니 처 때문에 성격 조절을 하고 참는다. ← 官星은 참을성인데 타인의 권유에 의해 참는다. 印星은 본인 스스로 참는다.

○ 財 대운이라 돈을 잘 번다.

○ 天干에 壬水운에는 사기수에 걸려들기 쉽다(丁壬合으로 용신기반이 된다). 癸水운에는 天干의 군겁쟁재가 되어 財損(재손)이 발생한다.

○ 妻는 戊午다.
  - 모친궁에 있어 때론 엄마처럼 대한다.
  - 比肩이라 친구 같은 처다.
  - 羊刃이라 성격 강하고 자존심이 강하다.
  - 午는 羊刃에 현침살이라 간호사인데 丁火로 투출하여 알아주는 실력파다.

○ 처궁이 좋은 글자라 이혼은 안 한다.

○ 時干에 인수가 根이 있어 값나가는 건물이 있고, 말년에 임대료를 받으며 편히 산다. 巳는 번화가, 사거리라 위치 좋은 곳에 있다.

▌戊土(5)

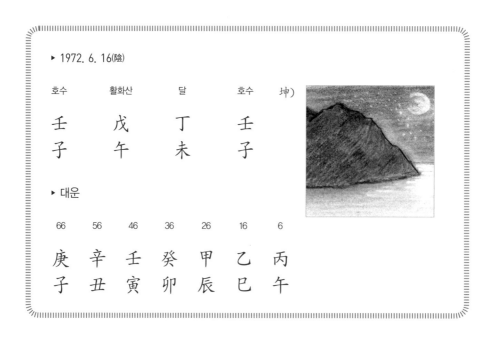

▸ 1972. 6. 16(陰)

호수	활화산	달	호수	坤)
壬	戊	丁	壬	
子	午	未	子	

▸ 대운

66	56	46	36	26	16	6
庚	辛	壬	癸	甲	乙	丙
子	丑	寅	卯	辰	巳	午

○ 현황 : 60평 아파트에 혼자 거주하며 벤츠를 탄다. 남편과는 이혼. 돈 많은 남자 외에는 쳐다보지도 않는다.

○ 運始 : 丙 ~ 크고 넓은 곳을 좋아한다. 성격이 화끈하다.

　　　　　午 ~ 여자는 미인이다.

　　　　　丙午 ~ 직감력이 강하다.

○ 밤에 태어난 丁壬은 은하수다. 戊土 옆에 壬水가 있으면 산정호수다. →
무더운 여름 밤하늘 산정호수에 은하수가 흐르고 있다. 고로 미인이다.

○ 戊午일주는 日刃格이다.

　- 자존심이 강하다.

　- 克父, 克夫, 克子한다.

　- 陰陽殺로 바람기가 강하다.

– 여자는 대체로 미남 남편을 만난다.

○ 戊土가 午, 未에 根하여 물을 막는 사주다.

　　木運이 좋다 : 水路(수로).

○ 子는 비밀사, 애정사다. 年支에 있으니 일찍이 비밀스런 애정사가 있었고, 말년에도 애정사가 있게 된다.

○ 띠가 공망이라 삶에 파란이 많고, 영감(靈感)이 있다.

○ 食傷없이 財旺이다.

　　– 일확천금을 바란다. 손 안 대고 코 푼다.

　　– 돈에 관한 한 생각할 겨를도 없이 행동한다.

　　– 사채업자가 많다. 복권 사는 것을 좋아한다.

　　– 無形(무형)의 財貨(재화)는 잘 판다(보험 등).

　　– 제조업은 안 된다. → 프랜차이즈, 대리점 하라 : 天干에 官星이 있으면 名品을 하라.

○ 첫째 남편은 年柱 壬子다 : 子중 癸水와 合. 일찍이 애정사가 있어 결혼을 빨리 했다. 그러나 月柱가 가로막고 子午沖이라 이혼수다. 時柱가 똑같은 壬子라 재결합할 수도 있다.

○ 運始와 年支 沖 : 부모에게 문제가 있다.

　　運始와 時支 沖 : 자식인연이 약하다. ← 無子라고 함.

　　土일간의 자식은 金인데, 金이 없으면 木을 자식으로 본다. ← 土(논, 밭)에 木(생명)을 심고 키우기 때문이다.

　　그런데 본 命은 木이 없으면서 木의 墓庫地인 未土만 있으니 역시 자식인연이 약하다.

戊土(6)

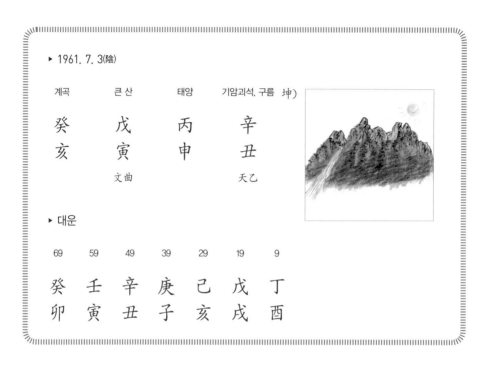

▶ 1961. 7. 3(陰)

계곡	큰 산	태양	기암괴석, 구름 坤)
癸	戊	丙	辛
亥	寅	申	丑
	文曲		天乙

▶ 대운

69	59	49	39	29	19	9
癸	壬	辛	庚	己	戊	丁
卯	寅	丑	子	亥	戌	酉

○ 현황 : 부부 교사였는데 남편이 바람을 피워 이혼했다. 남편은 재혼을 하였고, 본인도 재혼을 했다.

○ 運始 : 丁 ~ 예지력, 고소공포증.

　　　　酉 ~ 미인이다. 傷官이라 자식이 화두요, 자식 때문에 스트레스를 받는다. 폐가 안 좋다.

○ 가을 호랑이 나오는 큰 산에 태양이 떠 있고 계곡이 힘차게 흐르고 있으니 경치가 좋다. → 미인이다.

○ 土金食神格이라 총명하다. 생명을 죽이는 傷官格이라 상관격 중에서는 가장 안 좋다.

○ 土일간은 木과 金의 상태를 봐야 한다. 본 명식은 木도 있고 金도 있다.

그러면 나무(木 : 官)를 심을까? 金(食傷 : 사업)을 캘까? 갈등하는 구조다. 그러나 戊일간은 癸水 正財와 합을 하여 그냥 월급쟁이에 만족하겠다는 구조이다.

○ 월급의 구조가 매우 크다(癸의 根 亥가 있기 때문에). → 큰 조직의 월급쟁이다(교육공무원이다).

○ 첫 남편은 일지에서 투출된 丙申이다. 丙火가 文昌星을 깔아 총명하다. 교사이다. 辛金 보석 같은 여자와 합을 하니 바람을 피운다. 辛金 여자는 丙火를 보니 역시 美人이다. 丑土 偏印을 깔아 외골수 고집이 매우 세다. 正官과 합을 하니 월급쟁이다. 사람은 바른 사람이다. 辛金 여자는 丙火도 用神이요, 申中 壬水도 用神이라 상반용신이다. 여자가 상반용신을 쓰게 되면 2번 결혼한다. 고로 이혼한 여자다.

○ 戊일간도 時干 癸水와 합을 하니 癸亥와 재혼하게 된다. 干合支合이다. 癸亥 큰물을 戊土로 막아 주고, 寅木(水路)으로 설기하니 남편과 사이가 좋고, 남편이 잘해 준다(원래 남편이 성질이 고약한 사람이었는데 命主와 재혼한 뒤 아주 잘해 준다고 함).

┃ 戊土(7)

▶ 1960. 9. 28(陰)

호수	바위산	달 큰	바위	乾)
壬	戊	丁	庚	
戌	申	亥	子	

▶ 대운

67	57	47	37	27	17	7
甲	癸	壬	辛	庚	己	戊
午	巳	辰	卯	寅	丑	子

○ 현황 : 부산에 계시는 도반이 올린 사주이다. 창원에서 큰 병원을 운영하고 있는 원장님이다.

○ 運始 : 子 ~ 正財라 처가 화두. 애정사. 비밀사.

○ 겨울에 庚金은 별. 밤에 丁火는 달도 되고 별도 된다. 밤에 壬水에 丁火 있으면 은하수다. → 인물이 잘생겼다.

○ 댐 사주다. 바쁘게 산다.

○ 時支 戌土가 核이다. 고로 戌土 댐을 파괴하는 辰運이 大凶이다. 그러나 본 명식은 申子辰으로 合을 하니 冲의 凶意가 적다. 戌중 丁火 투출하여 난로 역할로 조후를 도와주니 丁火도 좋다. → 모친의 덕이 있고, 윗사람의 덕이 있다.

○ 일지 申중에서 年干 庚金 투출하여 庚子가 처다. 傷官, 도화를 깔아 똑

똑하다. 申子합으로 끌어와 결혼. 年이라 결혼은 빨리 한다. 子는 庚金 처의 능력. 내가 申子합으로 끌어와 내 돈(水財)으로 만든다. 처덕 있다. 月柱가 가로막아 보이지 않는 벽은 있다.

○ 일지에서 時干 壬水 투출하여 결혼을 늦게 했다면 壬戌이 처다. 본 명식 의 核인 戌土를 가지고 있어 처덕 있다.

○ 만일 이혼한다면 時柱는 두 번째 처가 된다.

○ 地支는 가을(申酉戌)과 겨울(亥子)만 있다. → 수렴하고 저장하는 기운이 강하다. 밤글자로만 되어 있다. → 침착하고 조용한 성격이다. 밤늦게까 지 일한다.

○ 壬水 偏財(활동무대)가 매우 강하다. 고로 마당발이다. 외국에도 잘 나 간다.

○ 戊申 : 申은 庚金 食神의 祿地요, 壬水 偏財의 長生地라 돈을 잘 번다. 申은 수렴기운이요, 마무리라 일을 깔끔하게 처리한다. 하는 일에 꼭 끝 을 보려 한다. 큰 산에 철광산이다.

▌戊土(8)

▸ 정인지(1396~1478)의 사주

약초	암벽산	구름	태양	乾)
乙	戊	辛	丙	
卯	戌	丑	子	
		天乙		

○ 조선 초기 대표적인 유학자이다. 세종, 문종때 국왕의 신임을 받으면서 문한(文翰)을 관장하였고, 역사, 천문, 역법, 아악을 정리하였다. 干合支合으로 목표를 세우고 단번에 결과를 만든다. 戊土가 국가기관, 임금이 있는 궁궐이다. 戊土는 기억의 창고다. 배운 지식을 잘 보관하여 언제고 꺼내서 쓸 수 있게 된다. 명리학을 모르면 머리가 좋아서 과거시험에 합격했다고만 할 것이다. 당시로서는 대단하게 83세까지 장수하였다. 정치적으로 대단히 혼란스럽던 癸酉정변에서 동료였던 사육신 성삼문 등이 죽음을 당할 때 오히려 공로를 인정받게 됨도 운명의 작용이 아닐 수 없다.

○ 時柱에 正官이 잘 자리 잡고 있으니 그의 후손이 잘될 수밖에 없다. 아들, 손자까지 성공한 인물들이었다. 사주에 卯,酉,戌 字를 포함하면 구류술사라 하여 역학, 사주, 지리 등에 조예가 깊다. 그러한 요소가 없는 사람은 사주를 아무리 공부를 해도 깊어지지 않고 미신 나부랭이쯤으로 이해를 하게 된다. 요즘 세상도 역학을 이해하고 못하는 사람들의

차이다.

○ 오래전 문화부 장관을 지낸 이어령 박사가 "사주 명리, 음양오행을 아무리 공부해도 모르겠더라."라며 자신이 동양학 공부를 시도했다가 실패한 사실을 토로한 것을 본 적이 있다. 머리가 좋다고 모든 것을 다 이해할 수가 없다.

○ 癸卯대운에 과거에 급제했다. → 癸水 正財와 合이라 요즘으로 치면 월급을 받는다. 卯(官)이 일지와 合해 들어오니 관직에 오른다.

○ 地支에 土는 중앙이라 본부, 중앙부서를 의미한다. 조선시대라 戌土는 궁궐이다.

○ 戌土에 時干이 乙木이면 노후가 처량하다. 그러나 乙木의 根이 있으면 아니다.

○ 乙木이 根이 있으면 약초라 값이 나간다. 특히 丑月이라 더욱 그렇다.

○ 겨울 사주에 午, 未, 戌 중 한자만 있어도 의식주는 해결된다. 그중에서도 戌土가 가장 좋다. 일지 배우자궁에 戌土가 있으니 부인덕이 있다.

○ 戌戌이 干如支同이라 사람은 반듯하다. 丑 戌土가 있어 고집이 세고 일복이 많다.

○ 卯時에 새벽같이 일어나 戌時를 거쳐 子時를 지나 丑時에 집에 들어오는 형상이다.

己土

습土, 전답, 들판, 소로, 정원, 작은 무대(공간), 교육, 고소고발, 해수욕장, 법전, 대서사, 국악, 순박, 신용, 자애로움, 복부, 기록 記, 일어날 起. 메모, 기록, 꼼꼼, 약삭(얍삭) 빠르다.

의심 많고 신경 예민. 한계가 분명. 속마음을 내비치지 않는다(땅은 파 봐야 그 속에 뭐가 있는지 안다). 10干 중에서 욕심이 제일 많다. 게으르다. 밟고 다니는 땅이라 인내력이 가장 강하다. 甲乙木(곡식, 과수, 채소, 화초)을 키우는 전답의 소명 → 丙火로 결실.

○ 비장(己土)은 습하고 위(戊土)는 건조하다.

○ 콩 심은데 콩 나고, 팥 심은데 팥 나는 형상이라 남녀 간에 대개 지조가 없고 상황에 따라 마음을 잘 바꾼다. 호언장담을 잘하며 말이 앞서거나 허영심이 있다.

○ 己土일주는 잘못을 해도 자기 잘못이 아니라고 핑계를 잘 댄다. 밭주인이 뿌린 대로 키웠을 뿐이라고 남 탓을 잘한다.

○ 성질에 따라 일을 했다 말았다 하는 경향이 있다.

○ 戊土는 沖을 싫어하지만, 己土는 沖을 좋아한다.

○ 土일주가 土旺하면 우둔하고 고집불통이다.

   土일주가 너무 약하면 인색하거나 싸우기를 좋아한다.

○ 己土일주는

- 甲乙木이 있으면 丙火가 떠야 하고,
- 庚辛金이 있으면 丁火가 떠야 하고,
- 壬癸水가 있으면 戊土가 있어야 한다.

○ 사주에 습土가 많으면 폐가 안 좋아 기침을 많이 한다.

○ 己土가
  - 신강하면(습이 많으면) 비대, 당뇨. 얼굴은 황갈색.
  - 신약하면(조열하면) 체격이 작고 마르다. 당뇨. 얼굴색은 거무스름하다.

○ 己土가 조화를 이루지 못하면 순진한 것 같으면서도 능글맞고, 어수룩한 것 같으면서도 자기 실속을 다 챙긴다.

○ 己土일주에 木이 있는데, 水가 없으면 木남편이 물을 찾아가니 바람을 피울 확률이 90%다.

○ 戊土는 陽圈(寅 ~ 未), 己土는 陰圈(申 ~ 丑).

○ 己일간 : 奇人(기인), 烈士(열사), 아주 멋쟁이, 외국 이민.

○ 己일간, 辛일간은 貴하면 아주 貴하고, 천하면 아주 천하다.

○ 己土는 偏印(午)이 祿이므로 偏印(고모, 이모, 계모) 인연이 많다.

○ 己土가 地支에 木이 강하면(亥卯, 亥未, 卯未) 이혼 확률이 80%다. 겨울엔 100%다. 헤어질 때 상처를 주고 떠난다. 남자는 자식덕 없다.

○ 己土의 丑未沖은 땅을 엎으므로 좋다. 밭갈이. 쟁기질. 부지런하다.

○ 己土가 너무 습하면 음습해서 엉큼하다.

○ 己土는 火가 없으면 나무뿌리가 썩는다. 빛 좋은 개살구. 木이 싹을 못 틔운다. 木을 못 키우니 남편, 자식궁이 나쁘다.

○ 己土를 丁火가 있어 옥토로 만들면 혁명가나 개혁하는 사람이다.

○ 0 己 丁 : 빈 밭에 불난 격.

○ 0 己 丁 甲 : 밭에 곡식을 심어 놓고 불난 격이니 아주 나쁘다.

○ 0 己 壬 戊 : 戊土가 壬水를 쳐내 주기는 하지만 역시 濁水(탁수).

○ 0 己 戊 壬 : 이 경우는 己土濁壬이 안 된다.

○ 己 卯 : 신약하면 알쏭달쏭, 예측불허, 괴팍하다. 묘하다. ← 印綬가 필요하다.

○ 己 巳 : 어깨너머로 공부하는 형상이다(巳중의 戊土兄 뒤에서). 타인의 공부방에서 도둑공부를 하려는 속이 꽉 찬 사람이다.

○ 己 未 : 메마른 전답. 干如支同이라 부부궁 不美. 기미독립만세를 불렀다(女命은 이혼수 많다).

○ 己 酉 : 온순하지만 속에 칼을 차고 있다. 밭 갈다가 金 캔다. 가을의 들판이라 닭이 먹을 게 많다.

○ 己 亥 : 섬, 몸이 바다그물(天羅)에 묶인 형상으로 형액수가 있다. 戊土가 있으면 무당이다. 신약에 戊月 戊時면 거의 신내림을 받는다.

○ 己 丑 : 논밭을 가는 소. 己土는 善(선)을 주관하는 의미가 있고, 丑土는 惡(악)을 대표한다. 善惡이 교차하여 남의 의도를 떠보고 得(득)을 보려한다.

❋ 天干論

Ｉ 己 + 甲

○ 명예, 희망, 논에 곡식과 과일. 쟁기질한 밭. 곡
식과 과일이 마당 창고에 가득 차 있다.

○ 丙火가 있어야 富貴 ← 丙火를 못 보면 빛 좋은
개살구.

○ 正官과 合 : 올바르다. 고지식하다. 명예, 체통,
체면을 중시. 원리원칙을 따진다. 융통성이 없다.

○ 運에서 甲이 오면 爭合이 되어 몸이 아플 수 있고, 자리변동, 직위변동으
로 안 좋은 데로 갈 소지가 있다.

○ 女子는 男子 문제.

○ 甲乙木이 많아 신약하면 객사가 많다. 정신병자, 신경성.

○ 원국에 甲이 없는데, 大運에서 오면 (재)개발되는 땅으로 횡재수가 있다. 역시
火가 있어 甲木을 키울 수 있어야 한다. 세운에서 오면 사건, 사고일 뿐이다.

○ 爭官 : 괜히 뭘 한다고 일만 벌여 놓고 되지도 않는 복잡한 일만 생긴다.
승진에 밀린다든지, 죽어라 일하고 功은 다른 사람이 채간다.

○ 爭財 : 損財(손재).

○ 己 丙 甲 : 甲木을 잘 키울 수 있어 아주 좋다. 貴局.

Ｉ 己 + 乙

○ 습土 + 습木 : 농로의 잡초, 정신질환, 노이로제, 근심, 우울, 火가 있으
면 화초를 기르므로 사치, 낭비, 연애박사. 火가 없으면 밤에 핀 꽃(홍등
가, 화류계), 가식적 웃음. 야생화, 陰地花(음지화). 길거리 예술.

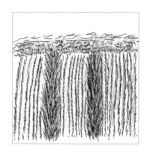

○ 己土에 木旺이면 잡초밭이 되어 버려진 땅이다. 여자는 이 남자, 저 남자 만나 건강을 해친다(이 나무도 심어 보고, 저 나무도 심어 보고).

○ 己(구름) + 乙(바람) : 바람불면 구름이 흩어진다. 己(입)을 乙(갈퀴)가 긁는 형상으로 말을 더듬거나 자폐증이 있을 수 있다.

○ 己 乙 丙 : 예술적 재능.

○ 己 乙 庚 : 傷官과 偏官이 습이면 표현력이 뛰어나고, 머리가 좋은데 자 칫 잔머리 굴려 사기성이 있을 수 있다. 관재구설수.

○ 己卯일주나 己酉일주가 卯酉沖이 있으면 요각이상(腰角異常). 가산파탄 (家産破綻).

▌ 己 + 丙

○ 대지보조(坮地普照). 살아 있는 沃土. 기름진 땅. 문전옥답.

○ 己 + 丙 = 戊. 土는 木을 키우든 金을 캐든 반 드시 火가 필요하다. 여름에 燥熱(조열)하면(印星 過多) 이론적으로 따지기 좋아하고, 잔머리 굴리 며 이기적이며 자기 위주. 火土重濁.

▌ 己 + 丁

○ 熱(人工불). 여름生은 불난 밭. 火土重濁.

○ 丁火가 투간하면 甲木을 태우니 곡식(수확물)을 태우는 격이고, 이때 壬癸 水로 制하지 못하면 과부다.

○ 겨울生은 비닐하우스로 특용작물 재배, 또는 특수직, 전문직이다.

○ 己 丁 丁 : 여름생은 정신병.

　己 庚 甲 : 깡패, 말썽꾼(언행이 甲木(생명, 법)을 친다).

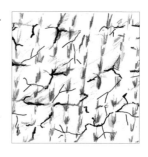

▌己 + 戊

○ 큰 배경(형제, 친구 덕), 2人者다. 그러나 실속은 챙긴다(큰 산을 개간하여 밭을 만든다). 등 뒤에 큰 산 있다. 남의 빽으로 큰소리 친다.

○ 水旺하면 戊土가 貴人이지만, 水가 필요할 때는 壬癸水를 쳐내어 좋지 않다.

○ 土(戊, 己)일주 女命은 甲木이 중요한 역할을 하니 매사를 남편과 상의하는 게 좋다.

▌己 + 己

○ 송사, 다툼(논바닥이 다닥다닥 붙어 있는 형상). 들길 + 들길. 진흙탕 + 진흙탕. 고난의 길(남한테 밟힌 세월). 불행한 사랑 때문에 혼자 살거나 고독.

○ 陰圈에서는 괜찮으나 陽圈에서는 사기꾼. 귀찮은 존재 → 甲木을 妬合(투합)하기 때문에 매우 안 좋다. 官殺이 旺할 때는 己土가 合去해서 좋다.

○ 己 己 己 : 끝없는 고난의 길

○ 年干에 己 : 조상 때 소송.

月干에 己 : 부모 때 소송.

日干에 己 : 당대에 소송.

時干에 己 : 자식 때 소송할 일이 있다. 己大運에도 소송 할 일이 있다.

▌ 己 + 庚

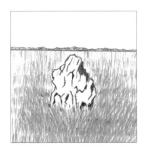

○ 논에 박힌 바위. 논에 세워진 철탑(생산성 저하). ←
丁火로써 캐내야.

○ 신약에 또 다른 곳에 金이 있으면 감당도 못할 일
을 벌(린)인다. 실속 없는 일. 남 좋은 일, 헛수고
를 많이 한다. 신강에 庚金은 논에서 砂金(사금)
을 캐는 것. 길을 가다가 돈을 줍는다.

○ 己 庚 甲(乙) : 할 일이 마땅히 없는 사주다. 女命의 경우 자식 낳고 남편
과 멀어진다. 庚金이 凶神이면 丁火가 필요 → 傷官을 印綬가 훈련시키
는 格이 되어 천재가 많다.

○ 己 庚 辛 : 가을에 구름이 잔뜩 끼어 수심만 가득하다. 자갈밭이다. 우박
과 서리만 내리고 있다.

▌ 己 + 辛

○ 보석광산. 丁火가 있으면 보석에 흠집(까다롭다).
길바닥에 떨어진 보석(천하다). 시궁창에 빠진 보
석. 丙火를 合去하고 乙木을 치므로 凶.

○ 신왕할 땐 辛金은 밭을 갈고 김을 매는 농기구가
된다. 길가다 금반지를 줍는다.

○ 己 庚 辛 : 자갈밭. 가을에 구름이 잔뜩 끼어 수심만 가득하다. 자식이 빵

점. 金은 가라앉는 기운이라 축 처져 있다.

▎ 己 ＋ 壬

○ 己壬濁水. 전생의 원수. 농작물 피해. 매사가 허망.

○ 신장(腎臟)이 나쁜 경우가 많다.

○ 신장이 흙탕물이다.

○ 물에 잠긴 농토(폐농). 소금물(바닷물)을 뒤집어쓴 밭. 홍수 난 밭(섬)이라 몸이 아프다. 겨울生(子丑 月生) 己土는 얼어 있어 濁水 안 된다.

○ 요령꾼. 신강하면 경영에 탁월한 능력. 투잡 갖는다.

○ 별난 시어머니로 호된 시집살이.

○ 壬水가 旺하면 男女모두 이성관계에 문제.

○ 돈이 많아 보이지만 없다. 조후로만 쓴다.

○ 己 〉壬 : 재물 있다.

　己 〈 壬 : 홍수 난 밭. 己건강이 안 좋다.

○ 女命 己일간이 壬水가 투간하면 돈에 몸을 판 경우도 있다(戊子일주도 賣姦 得財: 매간득재).

○ 年干에 壬 : 조부대에 망했다. 어린시절 건강이 안좋다.

　月干에 壬 : 부모대에 망했다. 젊은시절 건강이 안좋다.

　時干에 壬 : 자식이 다친다.

○ 女命 己亥일주는 己土濁壬과 같다. 亥중 壬水는 도둑놈. 깡패. 戊, 戌 土가 있어야 한다.

○ 己 壬 癸 : 가을에 수확을 할 수 없어 먹을 게 없다. 장마에 태양이 없으 니 열매가 익지 않는다.

▎己 + 癸

○ 비 내리는 논(태양이 없다) → 수확이 없다. 火가 있어야 생기가 돋아난다. 봄은 좋으나, 다른 계절은 별로다. → 습기, 안개. 의심.

○ 冬節에 壬癸水는 폭설 ← 戊土가 좋다. 丙火라도 있어야.

○ 土에 木多 : 밀림. 土는 상실되고 木化(土는 없는 것으로 보라). 거의가 從殺格으로 간다. 신경성 위장병. 위산과다. 머리에 윤기. 陰毛(음모) 많다. 산성땅으로 농사 못 짓는다.

- 火多 : 황무지. 사막화. 위염. 死土

- 土多 : 첩첩산중(戊). 가시밭길(己). 인생살이 험악. 위무력증.

- 金多 : 돌산, 자갈밭. 철분 많은 불모지. 위하수.

- 水多 : 물에 잠긴 섬. 물에 빠진 농토. 모래성. → 돈 되는 곳엔 다 쫓아 다닌다. 설치고 다닌다. 위궤양.

○ 戊土는 水를 좋아한다(戊癸合). → 木을 키우기 위해서.
  己土는 木을 좋아한다(甲己合). → 씨앗을 잘 키운다.

※ 地支論

(가) 寅卯辰月

○ 甲乙木이 있고 丙火가 있으면 貴格.

○ 庚辛金이 木을 자르면 노후가 허망. 고통이 따른다. 逆天(역천).

○ 木이 天干에 어설프게 있으면 병이 따른다. → 신경성. 객사. 정신병. 벙어리.

○ 己土는 고집이 세고, 인내력이 강하다.

   – 陰일간의 경우 陽이 와서 合을 하면 의기소침하다.

   – 陰일간은 官과 合, 陽일간은 財와 合.

○ 乙이 많아 從殺로 가면 貴格이 많다. 수목원.

○ 乙이 旺하고 運에서 또 乙을 보면 비상하지만 단명수.

   七殺 → 鬼殺(귀살)(狂氣(광기), 또라이). 乙이 凶이면 간교하다(官).

○ 조후 안 되고 편고 되면 삶이 어렵다.

   – 남의 신세를 지고 남을 망친다.

○ 天干(정신, 神의 세계) : 하늘이 만들어 준 환경 → 좋으면 남이야, 가정이야 어떻든 나만 편하면 된다.

   地支(물질, 인간의 세상) : 내가 살면서 만드는 환경 → 나쁘면 妻子가 나쁘다.

○ 淸(청) : 생명, 향기. 생명이 있어야 향기가 있고 사람이 모여든다. ← 格이 서 있어야. 混雜(혼잡)이 없이 純粹(순수).

   濁(탁) : 죽으면 향기 없다. ← 混雜(혼잡)사주.

(나) 巳午未月

○ 茂盛(무성), 만물을 키우기 위해 태어났다 ~ 임무 막중.

○ 戊土가 해야 할 일을 내가 한다.

  - 임무는 많은데 노력에 비해 功이 없다. 戊에게 功이 돌아간다. 인기 좋고 다정다감. 동서남북 일이다. 바쁘다.

○ 午月 己土가 庚辛金이 出干하면 남 좋은 일만 한다.

○ 午月 己土가 金이 없고, 丁火만 있으면 빈 밭에 불난 꼴이라 빈한하다.

  - 곡식을 심을 수 없다. 정신병자가 많다.

○ 丙 + 甲인데 甲이 살아 있으면 좋은 사주다. 甲己合되면 안 된다.

○ 乙 花草 : 야생화, 농토(밟고 다니는 땅) 옆 화초.

  - 아부, 생명력이 강하다(乙木이 있으면 적응력, 생명력 강하다).

○ 뿌리(卯)가 있으면 줏대가 있다. 없으면 바람둥이, 요령꾼, 사기꾼. 천하다.

○ 丙火는 어느 계절에 있어도 좋으나 木을 키울 수 있어야 한다.

  - 木을 살리지 못하는 사주는 印星이 좋지 않으니 부모 속 썩이는 命이다.

  - 乙 己 癸 丙 : 印星을 못 쓴다.

○ 생명을 태우는 사주는 게으르다. 남에게 피해를 준다.

○ 甲乙木이 있어도 丙火가 없으면 농사를 지어도 수확이 없다. 쭉정이 농사. 헛농사. 빛 좋은 개살구.

○ 天干에 丙, 丁火 있으면 옥토에 불났다. 남 때문에 망신당하고 망한다.

  - 土는 水火가 튼튼해야 생기 있다. → 土가 조열하면 사막. 먹을 것이 없다. 火土重濁.

○ 己土 여름에 조열하면 갈증이 심하다. 水를 매우 원한다. → 여자를 매우 탐한다. 官災(관재) 많다.

○ 庚 : 채석장.

  辛 : 보석광산(논에서 砂金 캔다)

- 丁火가 나타나 庚辛을 制하면 활인업, 의사, 검, 경, 군.

○ 己 庚 甲 : 돌산의 나무를 잘라 낸다(食傷 : 감성. 官 : 희망, 목표, 가문).

- 己일주는 金木으로 나타나면 안 된다(己甲庚이 좋다).

- 食傷이 官을 잘라 낸다 : 자승자박(自繩自縛).

- 부모 재산을 못 지킨다. 집안을 망친다. 잡음을 일으킨다. 폭도. 妻子
  宮 凶.

○ 壬水를 만나면 濁水된다. 子丑月은 얼어서 濁水 안 된다.

- 피가 탁해진다. 정신이 탁하다. 질병이 많다. 혈전.

- 쓸데없는 일을 많이 한다. 사람이 지저분하다.

- 女命은 돈 때문에 몸을 판다. 戊土가 제방을 해야 한다(戊오빠가 구해
  준다).

○ 己 壬 壬 : 파도에 휩쓸려 조상 무덤이 없다. 시신도 없다.

- 地支에 寅卯 있으면 나무를 키우려고 부지런하다.

- 地支에 寅卯가 타 버리면 게으르고 천하다. 무위도식.

○ 己 庚 壬 : 여름 저수지 역할 ~ 식복 있다.

○ 癸 : 습기, 비, 안개 ~ 긴급할 때 조후로 쓸 수 있다. 丙火를 黑雲遮日
  (흑운차일)하기 때문에 응급조치용이다.

- 癸水 있으면 시력이 약하다. 조심성이 많다.

- 내리는 비를 기다리니 게으르다.

- 요행을 바란다. 의타심이 많다.

○ 丙 : 지식이 있고, 영특, 영민하다.

- 丙(마음의 눈)이 있으면 안 배워도 많이 안다(한 번 본 것을 학문화시킨다).

○ 여름 己土는 辰土(저수지)가 있어야 한다.

○ 여름 己土가 亥나 子가 있으면 天干에 壬癸는 없는 것이 좋다. → 장마

에 뿌리가 썩는다.

○ 여름 己土에 戊土가 있으면 바쁘고 고달프게 산다(여름은 戊土의 계절).

- 조후되면 물질은 괜찮다.

○ 己土에 卯나 未가 있으면 男女 모두 인물이 곱다.

(다) 申酉戌月

○ 결실의 시기 : 火가 필요. 火가 많으면 식복이 많다.

- 丙火가 절대적으로 필요하다 : 일 년 내내 햇빛이 있었다는 의미. 날씨
가 맑았다는 의미. 豐作(풍작).

- 미인, 미남이 많다.

- 영민하다. 똑똑하다. 밥걱정 안 한다.

○ 地支가 냉하면 뿌리가 썩고 질병이 많다.

- 丁火는 貴 없다. 영민하지 않다. 반타작.

○ 丙 甲(乙) : 上格. 貴格(과일이 주렁주렁 달려 있다).

○ 가을 己土가 甲 丙이 있으면 태어날 때부터 부자다.

○ 가을 己土는 丙火가 없으면 가을 밭의 허수아비격이다. 의심많다. 쉬는
시기라 게으르다.

○ 壬 癸 : 일 년 내내 비가 왔다. 결실 없다. 홍수난 격.

- 천하고 힘들게 산다. 가난 대물림. 처량하다.

- 사업해도 자금난으로 부도.

- 戊土가 制水해야 한다.

○ 庚 辛 : 우박으로 헛농사. 폐농.

- 丙, 丁으로 녹여 줘야 한다.

- 火가 藥神(약신)이다. 약신이 없어 병을 치료하지 못하면 내 갈 길 못

가고 나쁜 일을 한다.

○ 申月의 寅申沖, 酉月의 卯酉沖은 수확한 곡식을 도적맞는 격. 이때는 寅卯辰이 없느니만 못하다.
  - 돈을 떼이거나 사업 망한다(나무뿌리가 傷한다. ← 沖 : 시비, 방해, 욕, 미움).
  - 合으로 沖을 해소해야 한다.
  - 寅 : 낮을 재촉하는 神. 申 : 밤을 재촉하는 神(寅 : 씨앗, 시작, 창조, 기획. 申 : 수확, 결실, 마무리).
  - 寅申은 木金이라 물질, 물질의 沖이라 중간에 일이 잘 깨짐. 과정의 沖이라 중도 파경.

○ 寅卯辰 있으면 부지런하고 없으면 게으르다. → 다음 해 봄 농사 준비. 丑未沖이 있어도 부지런하다.

○ 無甲 ~ 가난 : 己의 입장에서 甲은 곡식이다. 허허벌판에 허수아비만 서 있다.
  無甲 無丙 : 남에게 의지하며 산다. 천한 일을 한다. 막노동.

○ 火가 없으면 나에게 찾아오는 사람이 없으니 과부, 홀아비. 이혼이 많다.
  → 地支에 巳, 午라도 있어야 가정을 지킨다.

○ 己 己 : 나태, 게으르다, 고난의 길.
  己 乙 : 농로의 잡초. 길거리 예술.
  己 乙 丙 : 예술 감각. 화려.
  己 庚 甲 : 자승자박. 土金傷官格은 생명을 죽이기 때문에 凶. 木(남편, 자식, 직장)이 올 수 없다.
      庚(깡패) : 仁(木)을 저버린 무법자.
      甲(생명, 향기) : 사회를 아름답게, 행복하게.

○ 戌月 己土

- 신왕 조열하면 가정 不吉(조후우선), 妻(水)不吉(火多水渴: 화다수갈).

- 寅卯가 옆에 있으면 다 태워 버린다(내가 조상 재물을 탕진한다. 집안을 몰락하게 한다).

- 水가 약하여 조후가 안 되면 가정풍파, 재물복 없다.

○ 己土濁壬 : 물에 가라앉은 논 ~ 천한 직업. 주정뱅이. 화류계. 일수. 사채. 달러장사.

○ 子가 凶이면 밤에 흘리는 눈물. 마음의 상처 많다.

○ 己土가 조후가 안 되면 천하게 산다. 척박한 땅이다. 남이 알아주지 않는다. 辰土가 있으면 예술 감각이 뛰어나다.

○ 辰중 乙木이 있어 먹고사는데 지장없다.

○ 五行중에서 己土가 가장 욕심이 많다. ← 밭에 여러 가지 농작물을 심고 싶어서.

※ 用神이 원국에서 入墓된 것은 괜찮으나, 運에서 入墓되면 죽는 경우가 많다. 喜神이 入墓되면 후원자가 배반한다.

※ 이혼은 일지가 入墓되거나 合去되거나 冲되는 운에 많이 한다. 女命은 용신이 입묘되면 이혼한다.

(라) 亥子丑月

○ 天寒地凍(천한지동) : 조후되어야 한다. 己土는 생명을 키우는 土라 조후 안 되면 생명이 살 수 없다. 사계절 丙火를 좋아한다.

○ 己丙 : 地支에 火가 넉넉해야 丙이 역할을 한다.

- 地支에 火가 없으면 밖에 나가 고생. 냉골 집안. 냉정. 가난한 집. 火氣가 넉넉하면 가정이 부유.

- 火가 있어도 冲을 하면 변화가 많아 불안한 삶.

○ 己 丁 : 자기 계절. 地支에 온기가 있으면 中上.

  → 방 안에서 등 따습고 편하다.

○ 겨울생이 火가 없으면 부모덕이 없어 부모를 원망하고 산다. 태어나면서 부터 고통 시작.

○ 子月生이거나 습이 旺하면 戊土가 제습해야 한다.

○ 겨울 己甲습은 좋다 : 곡식이 마당 창고에 가득 차 있다.

○ 겨울 寅卯辰 : 씨앗 보관. 부지런. 성실. 地支에 寅卯辰 중 1字가 傷함 이 없으면 어릴적에는 고생해도 중년부터 대발한다.

○ 亥月 己土가 亥卯未합이 되면 겨울에 나무(곡식)를 키울 수 없기 때문에 반드시 풍파(이혼, 자식 가출 等)를 겪는다. 財慾(재욕)도 많다. 호색.

  - 壬癸(눈보라, 폭설)있으면 꽃이 피지 못하니 연애만 하고 돈이 없다.

  - 甲(官, 가문, 혈통), 壬(財, 돈, 처, 가족, 현실)

○ 겨울 己土가 火(조후) 없으면 가족이 뿔뿔이 흩어진다(추우므로).

  - 다복한 가정이 되려면 겨울생은 火가 많아야 한다.

○ 겨울생인데 甲 丙이 살아 있으면 貴格, 大局.

○ 壬癸는 겨울은 눈보라. 死神(좋은 일을 못하고 산다). 면역력, 소화력이 약하다.

○ 戊 : 사계절 상관없이 친구덕 있다. 배경 든든. ← 甲木이 木克土하면 凶.

○ 己 庚 辛 : 자식이 빵점. 전답에 구름이 잔뜩 끼어 있다. 바위와 자갈로 된 전답. 우박과 서리로 덮여 있는 전답. ← 반드시 丁火로 藥神(약신)의 역할을 해야 활인업이다. 丁火 없이 火가 많아도 소용없다.

○ 木多하여 키울 수 없을 경우엔 날품팔이, 일용직이고 균형을 이루면 기술 자다(木多火熄. 木多土虛).

  - 초년에 남편(木)이 외도하거나 일이 안 되기도 하지만, 자식(金)이 성장 할수록 괜찮아진다.

○ 겨울 己土濁壬은 거의가 凶이다. 財凶이다. 子丑月은 얼어서 濁壬은 안
   된다. ← 꽁꽁 얼어 있어서 妻와 대화가 안 되고, 잘 못한다.

○ 子卯刑 : 물이 얼어 나무가 얼었는데, 火가 오면 녹아 진물이 나므로 運
   들자 죽는다.

通辯論

┃ 己土(1)

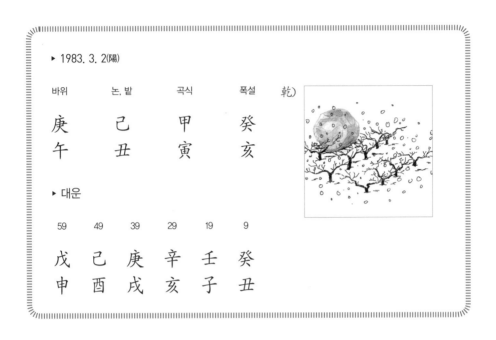

▸ 1983. 3. 2(陽)

바위	논. 밭	곡식	폭설	乾)
庚	己	甲	癸	
午	丑	寅	亥	

▸ 대운

59	49	39	29	19	9
戊	己	庚	辛	壬	癸
申	酉	戌	亥	子	丑

○ 현황 : 알파고와 대국을 한 名人이다.

○ 運始 : 癸 ~ 욕심이 많다.

　　　　丑 ~ 天厄星이라 살면서 厄을 많이 당한다.

○ 寅月에 조상자리에서 폭설을 퍼부으니 좋은 가문은 아니다.

○ 土일간은 木을 키울까? 金 광산을 캘까? 木과 金이 다 있다. 그러면 직업의 갈등요소가 있다. 相反用神이다. 상반용신을 쓰게 되면 이복자식을 두게 된다.

○ 甲木과 合을 하고 있다. → 큰 조직 속에 있다.

　　庚金 광산을 캔다. → 傷官을 쓴다. 고로 큰 조직에 소속되어 내 능력을

발휘한다. 土金傷官이라 머리는 좋다.

○ 庚金이 核이다. 金은 흰색이다. 고로 바둑을 둘 때 흰 돌을 잡으면 유리하다(실제로 흰 돌을 잡았을 경우 승률이 높았다고 한다).

○ 己일간이 甲木과 합하여 이복형제가 있다. 일지 丑중 癸水와 월지 寅중 戊土가 暗合을 해와 이복형제수 있다.

○ 월지가 亡神이라 母가 재취일 수도.

○ 寅 午 丑 : 蕩火殺(탕화살)~ 심리적 안정이 안 된다. 염세적, 화재 조심.

○ 己丑일주 : 논밭을 가는 소. 남의 의도를 떠보고 得을 보려 한다. 自墓에 根을 하면 장애, 중단, 사고다. 남과 다툴 때는 먼저 꼬리 내린다. 40대 이후에 수술수 있다.

○ 己 : 기록, 메모 잘 한다. 꼼꼼하다.

　　卯 : 손가락, 집착, 암기력. 지방간.

　　丑 : 발가락, 고집, 집착, 일복, 끌어모으기(수집). 대장암.

○ 寅亥 : 무릎이 안 좋다.

○ 丑午 : 낮부터 밤까지 술을 마신다.

○ 寅月은 아직도 寒氣(한기)가 가득한데, 원국에 火가 없으니 얼굴에 온기가 없다.

○ 年柱 기준 일지가 공망이면 배우자 덕이 없고, 형제가 흩어져 살며, 50대 이후에 우울증에 걸리기 쉽다.

○ 月支에 寅 : 젊어서 호랑이 짓을 한다. 크게 잘나간다.

○ 妻는 癸亥다. 年柱에 있으니 일찍 결혼했다. 甲木 傷官을 강하게 쓰니 남편과 떨어져 살아야(傷官見官). 月柱가 가로막으니 자식을 낳고 부부가 서로 떨어져 산다.

○ 광산 캐는 사주에서는 水가 돈이다. 年柱에 있으니 일찍이 큰돈을 번다.

자식이 寅亥合으로 갖다 쓴다.

○ 자식과의 사이는 표면적으로는 己甲合이니 좋아 보이나, 내면적(가정궁)으로는 寅亥合으로 처와 合이라 처와 가깝고 처와 같이 산다.

▌ 己土(2)

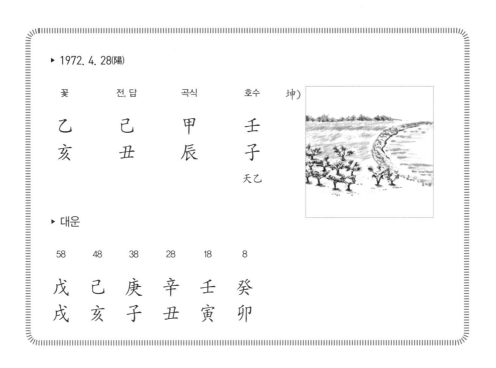

▸ 1972. 4. 28(陽)

꽃	전, 답	곡식	호수	坤)
乙	己	甲	壬	
亥	丑	辰	子	
			天乙	

▸ 대운

58	48	38	28	18	8
戊	己	庚	辛	壬	癸
戌	亥	子	丑	寅	卯

○ 현황: 한때 고위직과 스캔들로 세상을 뜨겁게 달구었던 여인이다. 미혼이다.

○ 運始 : 癸 ~ 욕심 많다.

　　　卯 ~ 예민하여 살이 안 찐다. 六害殺이라 역시 예민하여 살이 안 찐다. 偏官이라 임기응변에 능하다. 남편이 화두.

○ 己土에 甲木이 습하여 오면 小富는 한다.

○ 이복형제가 있다(이복오빠가 있다고 함).

　– 일간이 습을 하여 일간오행으로 바뀔 경우(己甲습 土).

　– 月支에서 比劫이 일지에 습하여 오는 경우.

　– 比劫의 庫地가 있는 경우.

　– 比劫局이 있는 경우.

○ 食傷이 없이 財가 旺하면 일확천금을 하려는 욕심이 강하다. 화가 나면 자기 성질을 조절 못하여 말을 더듬는다. 자기 손으로 만들어서 하는 사업은 안 된다. 프랜차이즈를 하라. 天干에 官이 있으면 브랜드 제품을 하라.

○ 己일간은 양쪽에 입(쌍나팔)이라 말은 잘한다.

○ 地支는 1陽3陰이라 가정궁의 균형이 안 맞다. 그러면 건강사, 애정사, 가정사에 반드시 문제 있다.

○ 봄철의 己土는 나무를 키우는 게 임무다. 그런데 地支에 水局을 이루어 키울 나무들이 水多木浮로 쓰러져 버렸다. 고로 남자가 오기 힘들다.

○ 水가 일주의 병이다. 병을 치료할 약이 土와 木이다. 특히 天干의 戊土와 地支의 寅木이다. 그런데 원국에 藥神(약신)이 없다.

○ 己土가 사는 길은 月干 甲木과 합하는 길뿐이다. 그렇지 않으면 水多土流 되기 때문이다. 하여 기를 쓰고 甲木과 습을 하고 있다. 고로 조직 생활을 할 수밖에 없다.

○ 運에서 己土가 와서 甲木과 습을 하거나, 庚金이 와서 甲木을 치면 습이 깨지게 된다. 그러면 己土는 바로 己壬濁水에 水多土流 되어 大凶이다.

○ 만일 결혼하게 되면 남편은 甲辰인데 백호라 똑똑하지만, 己土와 습이 풀어지면 바로 水多木浮 되기 때문에 매우 위험하다. 하여 남편이 오기도 어려운 구조다. 만일 결혼하게 된다면 유부남을 만나게 된다.

○ 그런데 여기서 甲辰은 유부남이다. 甲木은 앉은자리에 戊土 처가 있기 때문이다. 고로 유부남과 스캔들이 일어났다.

○ 己土가 甲木 正官과 合이라 명예, 체통, 체면을 중시한다. 고지식하고 융통성이 없다. 食傷이 없어 더욱 그렇다.

○ 運에 따라 己壬濁水가 되는데, 그때는 건강문제가 발생하지만, 돈망신도 당하게 된다. 다시 말해서 돈 때문에 몸이 망가지기도 한다. ← 돈 때문에 몸을 팔기도 한다.

○ 水旺사주는 色이 강하다. 하여 물을 빼기 위하여 끊임없이 水路(木 : 남자)를 찾을 수밖에 없다. 또한 戊土로 制水를 해야 하니 주위 사람들을 이용하려 한다.

○ 己丑일주
  - 干如支同은 自沖殺이라 부부궁 不美하다.
  - 일지 丑은 냉방살. 허리디스크에 걸릴 위험이 높다.
  - 소고집에 일복이 많다.
  - 己土는 선을 주관하는 神, 丑은 악을 주관하는 神이라 선악이 교차하여 남의 의도를 떠보고 이득을 보려 한다.

▌己土(3)

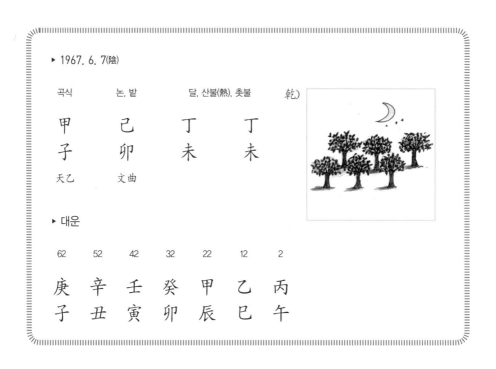

▶ 1967. 6. 7(陰)

곡식	논, 밭	달, 산불(熱), 촛불	乾)
甲	己	丁	丁
子	卯	未	未
天乙	文曲		

▶ 대운

62	52	42	32	22	12	2
庚	辛	壬	癸	甲	乙	丙
子	丑	寅	卯	辰	巳	午

○ 현황 : 해태에서 근무하다 회사가 망하여 퇴사. 줄기세포 회사에서 전무
　로 재직 중. 사장은 2013년(癸巳)에 구속. 부모가 빨치산으로 어렸을 적
　사망하여 할머니 손에서 자랐다. 이혼했는데 아들 두 명은 前妻(전처)가
　데려갔다. 아들은 고대를 졸업하고 공익광고에 모델로 나올 정도로 잘생
　겼다. 그런데 전처가 아들과의 사이를 원수지간으로 만들어 놓았다.

○ 運始 : 丙 ~ 크고 넓은 곳 좋아한다.

　　　　午 ~ 時支와 冲으로 자식인연이 없다. 偏印으로 할머니, 이모,
　　　　　　고모와 인연이 깊다. 運始에 丙午는 직감력이 강하다. ←
　　　　　　꿈이 잘 맞는다고 함.

○ 年支에 帶地라 할머니 손에서 컸다.

○ 土(戊己)일간이 年月에 未未가 있으면 증조모가 두 분인데, 한 분은 無子이다.

○ 나무를 키우는 사주다. 불난 밭이다. 木이 말라 가고 있다. 水가 절대 부족하다. 卯 뿌리는 刑을 당해 손상을 입고 있다.

○ 未중 乙木이 돈이다. 부동산은 있다. ← 이혼하면서 처에게 크고 넓은 주택(복층집)을 주었다고 함.

○ 己土에 甲木이 合을 하면 나의 정원에 과수가 있어 小富는 한다. 혹은 나의 마당에 곡식이 가득 차 있어서 먹고는 산다.

○ 여름의 己土는 水가 없으면 저장성이 없어 빈 깡통이다. 己土는 木을 심는 게 으뜸이라 항상 수분을 품고 있어야 한다.

○ 未土가 있으면 乙木이 투간하지 않아도 예능적 재능이 발달된 경우가 많다.

○ 丁火가 있고 未土나 戌土가 있으면 감성이 풍부하다.

○ 己卯일주가 신약하면 알쏭달쏭 기묘한 짓을 잘한다.
   - 己 : 기록, 메모를 잘한다.
   - 卯 : 암기, 집착이 강하다.

○ 丁丁 : 남의 가슴에 못 박는 소리를 잘한다.

○ 未未 : 무슨 일을 하다가 중단을 잘한다. 숨겨 놓은 꽃밭이라 여자에게 인기가 있고 여난도 따른다. 공처가가 많다.

○ 己土가 조열하면 당뇨다. 마른 체격에 얼굴은 거무스름하다. 未月 未日도 당뇨다.

○ 조열한 사주에 원국에 未가 있는데 未運이 오면 중풍 걸릴 수도 있다.

○ 줄기세포 회사에 근무하게 된 것은 甲木이 根이 있고, 甲木이 官이기 때문이다. 木은 근육, 인대, 막, 신경이다.

○ 地支가 3陽1陰이라 균형이 깨져 가정사, 애정사, 건강사에 문제가 있다.

○ 時干위주 일지 羊刃이면 처의 품성이 불량하다(악처).

　→ 품성이 불량하여 아들과의 사이를 원수지간으로 만들어 놓았다. 처가 군인이면 괜찮다.

○ 妻는 일지 卯중에서 투출한 時干 甲子다. 여름에 水 正印을 깔았으니 正印을 귀하게 쓴다. 木(生命)을 키운다. 고로 학교 선생이다. 浴地를 깔아 美人이며, 바람기도 있다. 아들도 甲子다. 전처와 동일한 柱속에 있으니 닮았다. 甲木 아들은 여름에 水가 필요하니 母에게로 간다. 지금은 원수지간이지만 干合을 하였고, 地支로는 刑을 하였으니 조건부로 만날 수 있다.

○ 일주와 시주는 干合支刑으로 곤랑도화를 짜고 있다(곤랑도화 : 성병, 황음).

○ 壬대운에 이혼했다. 처가 앉은자리 子중에서 壬水 투출하여 처로 인한 문제가 발생한다. 己壬濁水가 되니 처로 인한 망신수다. 2개의 丁火와 妬合이 되니 丁火가 跋扈(발호)한다. → 丁火 偏印이 날뛴다. → 己土는 바짝 말라 죽을 맛이다.

▌ 己土(4)

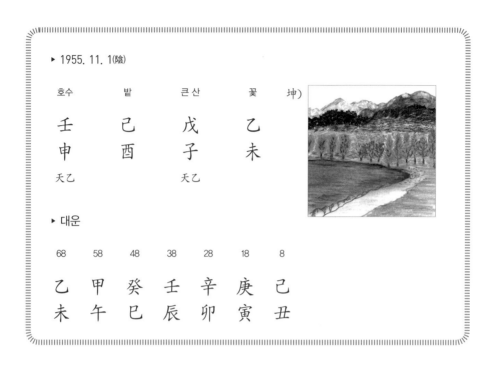

▸ 1955. 11. 1(陰)

호수	밭	큰산	꽃	坤)
壬	己	戊	乙	
申	酉	子	未	
天乙		天乙		

▸ 대운

68	58	48	38	28	18	8
乙	甲	癸	壬	辛	庚	己
未	午	巳	辰	卯	寅	丑

○ 현황 : 조그만 화장품 회사 사장이다. 지방에 있는 화장품 공장을 매각하려 한다. 잘될까? 금년(丙申年)에 남미 볼리비아에 사업차 가려는데 잘될까?

○ 運始 : 己 ~ 모든 일을 법적으로 해결하려 한다.

　　　　丑 ~ 天厄星이라 살면서 厄을 많이 당한다.

○ 運始와 年支가 冲을 하여 부모에게 문제가 있다(이혼 等).

○ 年支가 일간의 養地나 帶地이면 어렸을 적 할머니 손에 자라기도 한다. 특히 帶地이면 학창 시절에 시험을 볼 때 꾸준히 공부하는 게 아니라 3일 벼락치기 공부를 한다.

○ 子月에 月干 戊土라 주변 사람들의 덕은 있다. 戊土는 방풍, 방습을 해 준다. 여름生을 제외하고 己土 옆에 戊土 있으면 든든한 의지처가 있다.

○ 일지 酉중 辛金이 있어 마음속에 칼을 차고 있다.

○ 신약에 年月支에 귀문관살이면 어렸을 적 또라이 짓을 한다.

○ 己壬濁水

　– 요령꾼이다.

　– 돈 벌면 건강을 해친다.

　– 신장이 나쁜 경우가 많다.

　– 당뇨를 조심하라.

○ 女命에 月支 子에 未가 있으면 産厄(산액)이 있다. 子酉破도 산액을 당한다. 女命에 子 卯 酉 중 2字만 있으면 산액 당할 확률이 높다.

○ 申은 浴地라 싸돌아다니든가, 壬水 돈을 밝히면 浴당한다.

○ 申酉 食傷이 日時支에 있으니 직원들이 말을 잘 듣는다. 申酉 方局을 이루니 가족 같은 분위기다.

○ 申酉는 呻吟殺(신음살)이다. 조금만 아파도 끙끙댄다. 申酉金은 돈이다. 방향은 서쪽이다. 고로 서쪽으로 창문을 내지 마라. 돈이 나간다.

○ 申酉 食傷은 기계장치도 되는데, 금년 丙申년이 오니

　– 申이 酉金을 흠집 낸다. → 기계가 고장 나거나, 아니면 녹이 슬 것이다.

　– 申申 刑이 되니 역시 기계장치에 고장이 날 수도 있다.

　– 申申 자승자박살이라 자기 꾀에 자기가 넘어간다.

　– 申申 傷官이 伏吟(복음)이라 하는 일로 땅을 치고 통곡할 수도.

　– 申申 刑이라 직원들을 조정할 수도 있고, 신신당부할 일도 있다. 또는 조건부로 공장을 매각할 수도 있다. 또한 신경도 많이 쓰게 된다. → 매수자에게 직원을 전부 인수하는 조건으로 공장을 아주 싸게 팔겠다고 제안했다 함.

○ 丙申년이 오니 天干에 丙火 떠서 좋을 줄 알았는데, 申이 역마 겁살에 浴地라 멀리 볼리비아에 가서 겁탈을 당할 수도(볼리비아는 丙申이다).

庚金

고칠 更(갱), 철광석, 큰 바위, 도끼, 깡패, 중장비, 중공업, 총칼, 무관,

별, 구름, 우박, 열매, 강물(鋼物 : 단단한 것).

변혁, 의리, 殺氣(살기), 투쟁성, 흑백논리, 숙살지기(肅殺之氣).

결과 중시, 마무리. 분석. 가공, 조립. 실험.

형식을 배제하고 실리를 추구. 약자에 대한 동정심.

○ 불의를 보면 못 참는다.

○ 庚金이 根이 없거나, 死,絶地에 있으면 실질적인 통제력은 약하다.

○ 丁火가 甲木의 심지가 있으면 庚金을 녹일 수 있다.

　乙木을 쓰면 애로가 많으나, 습木일 때는 쓸 수 없다.

○ 庚金은 壬癸水를 보면 구름으로 본다.

○ 庚金은 丁火가 있으면 달이나 별로 본다. → 학자가 많다.

　庚金이 겨울생이거나, 밤에 태어나도 별로 본다.

○ 庚일주 女命이 丁火 用神이면 시집가서 팔자가 바뀐다.

○ 火旺하여 庚金이 녹으면 물이 되므로 본질이 변하여 노이로제, 정신병자
　가 많다.

○ 土多埋金되면 초년에는 내가 부모를 애먹이고, 말년에는 부모가 나를 애
　먹인다. → 떨어져 살아라.

○ 土多埋金되면 甲木이 소토를 해 줘야 되는데, 乙木이 와서 乙庚합이 되

면 연애만 하므로 제 갈 길 못 간다.

○ 金太旺이면 고철덩어리 : 빛과 소리가 없는 死金.

○ 庚金이 조화를 이루면 법관, 군인 의사 命.

○ 庚金에게

　－ 丙火는 養生(양생)의 기운으로 金을 키운다 : 열매.

　－ 丁火는 成物(성물)의 역할 : 철광석.

○ 庚金은 丁, 甲, 壬 중 하나만 있어도 小富는 한다.

○ 金木相戰이면 중풍 조심. "痛"字 항렬 병(근육통, 신경통 등)

○ 金이 木을 자르는 사주는 돈이 없다. 水가 통관시키거나, 火로 制할 때만 돈을 번다.

○ 丁火가 乙木을 태워 庚金을 녹이면 불꽃이 약해서 직업 변화가 많다. 甲木이 있으면 꺼지지 않는 촛불. 용광로.

○ 여름, 가을 庚金이 木이 옆에 있으면 나무에 달려있는 과일로 본다. 단, 木이 根이 있어야 한다. 겨울 庚金이 木이 있으면 고드름. → 망상으로 꿈만 꾸다가 죽는다.

○ 庚金은 辰月이후 丙火를 보고 旺하면 열매로 본다.

○ 庚金이 水가 너무 많으면 好色家(호색가), 재산 다 날린다.

○ 庚金은 불속(巳)에서 태어나 불속에서 살다가 불이 없으면 죽는다(丑). 불이 어머니다. 木도 火가 뜨면 크고, 火가 죽으면 따라 죽는다(丙火는 申 酉 戌에 病 死 墓). 水, 火, 土는 크고 죽는 것이 없다.

○ 壬水는 긍정의 神(석간수), 癸水는 부정의 神(녹슨다).

　庚 癸 癸→ 조부가 못 살았다.

　　└, 부모가 못 살았다.

　단, 地支에서 癸水를 克하면 아니다.

○ 庚金의 특징

 – 냉하다.

 – 丁火로 庚金을 녹일 때 壬水를 만나면 강해진다.

 → 金生水로 설기 된다고 보지 마라.

 – 生地가 巳火(辰月에 꽃이 지고, 꽃이 진 자리에 巳月에 庚열매가 맺는다).

 – 春 : 未熟(미숙)之金 : 丙火로 키워야 한다(열매).

 – 夏 : 養生(양생)之金 : 辰月부터 庚金이 丙火 보고 자란다(열매).

 – 秋 : 成熟(성숙)之金(完鐵之金 : 완철지금) : 丁火로 녹인다.

 – 冬 : 老金, 冷金(노금, 냉금) : 丁火가 필요. 壬水도 필요.

○ 庚金이 하는 일

 – 木(財星) : 다스린다. 벽갑인정(劈甲引丁), 가지치기한다.

 – 火(官星) : 자란다(丙), 제련한다(丁).

 – 土(印星) : 土의 氣運을 洩한다. 土가 활동하게 해 준다. 土印星을 써먹는다.

 – 金(比劫) : 比劫은 안 좋다. 庚金 자체가 강하니 根이 없어도 된다. 겨울의 金은 매우 냉하다.

 – 水(食傷) : 生水. 물의 수원지 → 고로 庚金을 구름으로 본다. 나의 실력을 발휘한다.

○ 庚金이

 – 좋아하는 五行 : 甲. 乙, 丙, 丁. 戊. 壬.

 – 싫어하는 五行 : 庚. 辛. 己. 癸.

 ※ 木 : 상승.　　　　　　火 : 발산, 확산, 팽창, 발전.

 　土 : 조화, 통일, 중용, 조정, 중개.

 　金 : 수렴, 갈무리.　　　水 : 저장, 장축. 보관.

○ 庚 寅 : 女子는 丙火의 生地를 깔고 있어 연하의 남편일 가능성이 높고, 연하남을 좋아한다. 새벽의 별, 총칼 맞은 호랑이, 백호, 將軍神(장군신).

○ 庚 辰 : 偏印을 깔고 있어 성격이 할아버지처럼 차분하다. 능동적 괴강이라 성격이 거칠다.

○ 庚 午 : 浴地를 깔고 있다. 浴地는 과거청산의 개념이 강하다. 寅木이 午火에서 불살라지므로 죽기 전에 자기 옷을 태우고, 실제로 화재에 대한 방비는 필요하다. 甲木의 死地라 父와 媤母(시모)의 인연이 없다. 큰돈 추구하지 마라. 午는 乙木의 生地라 처가 중요한 일을 주관하게 된다.

○ 庚 申 : 쇳덩어리. 완벽주의자. 肅殺之氣(숙살지기). 힘세다.

○ 庚 戌 : 土生金해서 의리에 살고 의리에 죽는다. 60甲子중 의리가 가장 강하다. 바위 밑에 치인 개 → 구설과 송사. 형액의 禍(화)를 당할 수 있다. 수동적 괴강이라 비판적이다.

○ 庚 子 : 傷官을 깔아 하극상의 기질이 강하여 윗사람을 잘 모시지 못한다 (특히 子午卯酉가 傷官이면 그렇다). 고로 旺地傷官은 조직생활이 어렵다. 별정직 하라. 신약하면서 또 水가 있으면 빈혈이다(철분 부족). 흰 바위 밑의 쥐. 물에 빠진 바위, 철. 傷官(하는 일)이 밤이요, 淫事(음사)라 음성적인 일(법을 어기는 일)을 많이 한다.

✳ 天干論

┃ 庚 + 甲

○ 木을 다스린다. 키운다. 가지치기 한다. 陽干은 沖을 두려워하지 않는다. → 분발, 개척, 자극, 활동.

○ 陰干의 沖은 凶이다.

○ 甲木이 根이 있으면 庚金은 甲木에 달려 있는 열매. 겨울엔 甲木의 根이 없으면 고드름 → 망상 속에 산다.

○ 봄 : 싹을 자르는 형상. 명예만 없앤다. 사고친다.

　가을 : 벽갑인정(劈甲引丁).

○ 金木相戰이면 痛 字항렬(근육통, 신경통 등). 木이 다친다.

○ 나무 키우는 사주에서 庚辛金이 흉일때 丑운이 오면 대발한다.

┃ 庚 + 乙

○ 風月之合(풍월지합). 乙이 떨어져 있고, 根이 있다면 富가 있다.

○ 乙이 根이 있으면 乙木에 달려 있는 열매.

○ 모든 陽干은 합을 하여 다른 五行으로 변하지만, 庚金만은 변하지 않는다. 고로 乙木을 꼼짝 못하게 한다. 이혼 안 해 준다.

○ 庚과 乙 서로의 세력을 보아 세력이 강한 쪽이 주도권을 잡는다.

○ 男命 : 여자 치마폭에 빠졌다. 연장이 된다(여자 만나서 사람이 된다).

　女命 : 돈밖에 모르는 여자. 庚金이 강하면 시댁(고부)과의 갈등.

❙ 庚 + 丙

- 빛나는 바위. 貴티가 나는데 癸水가 있으면 작품 버린다.
- 丙火가 根이 있을 때 庚金을 녹일 수 있다.
- 辛金과 합이 되면 羊刃合殺 → 권력 지향적.
- 丙火가 너무 旺하면 과부하(丙=전류, 피. 庚=전선, 혈관)로 뇌출혈이나 고혈압 등 혈압에 문제.

❙ 庚 + 丁

- 成物. 火煉眞金(화련진금) → 庚金을 녹이는 용광로.
- 인품이 좋고 어디가도 인기 있다. 능력 발휘 잘한다.
- 丁火가 없으면 午火라도 있어야 한다.
- 午火는 地支 申金을 녹인다.
- 壬水는 丁火와 떨어져 있어야 한다.
- 봄生 : 정신적, 신체적 장애가 많다(庚金이 과일일 때).
  여름生 : 엉거주춤한 四柱. 변화가 많다.
  가을生 : 男女 모두 貴局.

❙ 庚 + 戊

- 산에 묻혀 있는 광물. 산 넘어 지는 별. 구름에 가린 별. 산에 걸린 구름. 名山에 우뚝 선 바위.
- 戊土 하나만 있어도 의식 걱정 없다.

○ 庚(철광석)은 戊(산)에서 나왔으니 戊土가 母 → 偏印이지만 己土보다는 좋은 역할.

○ 庚金이 旺할 때 庚金(도끼)이 사고치는 것을 戊土 엄마가 두터운 흙으로 덮어 사고치는 것을 막는다.

○ 戊土가 旺하면 개발가치가 없는 광맥(우둔하여 성공하기 힘들다). 癸水를 만나면 녹스는데, 戊癸合으로 묶어 주고 合火로 火氣를 만들어 주어 一擧兩得(일거양득).

○ 火氣 → 직장 같지 않은 직장(실속도 없는 00 위원회 등), 자식 같지 않은 자식(입양 等)

▎ 庚 + 己

○ 논에 박힌 바위, 철탑→천한 구조. 野山之石이라 쓸모가 없다.

○ 正印이라 점잖고 아는 것도 많은 것처럼 보이지만 실속이 없다. 甲木을 合去하여 안 좋다.

○ 신약할 때는 논에서 砂金(사금)을 캐는 것과 같아 생각지 않은 貴人이 나타난다.

○ 庚金이 土를 쓰는 경우는 壬癸水가 많을 때 水多金沈을 막고, 火가 旺할 때 土로써 火氣를 印化하여 生金하면 중화의 功을 얻을 때이다.

○ 戊己土가 많을 때는 甲木으로 구출.

▎ 庚 + 庚

○ 총 + 총(陽金殺). 라이벌, 깡패의 주도권 싸움. 칼싸움.

○ 덤프트럭끼리 충돌 → 성격 포악, 상처투성이

  → 무조건 火가 필요. 火가 없으면 폐차로 무위

  도식(無爲徒食)하는 깡패, 건달로 문제 많고 주색

  잡기(酒色雜技).

○ 甲木(生命)을 쳐버리기 때문에 돈을 벌어도 원망

  들으면서 돈 번다. 쌍칼잡이. 몸에 흉터. 이웃 처녀와 바람난다.

▌庚 + 辛

○ 보석을 흠집 낸다. 금반지 팔아 고철 산다. 헛짓

  거리 한다.

○ 형제나 동료에게 상처 입힌다. 항상 잡음 일으

  킨다.

○ 교만, 냉혹, 독단적.

○ 가정적으로 문제 있을 소지 ← 財를 쳐버리니까 손재수(庚金은 甲木, 辛金은

  乙木). 丁火나 壬水가 있으면 괜찮다.

○ 丙火가 있으면 陽刃合殺 → 의협심이 있고, 공익을 우선(군인, 경찰, 교육자).

○ 損財不絶(손재불절). 놀라는 일이 많이 생긴다. 폐, 기관지, 천식으로 고

  생한다.

▌庚 + 壬

○ 金水雙淸(금수쌍청)으로 영리하다. 담금질. 庚金의 강도 조절. 부지런하다.

○ 석간수라 정리정돈 잘한다.

○ 甲木을 키운다. 火가 없으면 머리는 영리한데 大器晚成形(대기만성형)이

  다(일이 더디고 장애가 많다).

o 庚金이 강할 때는 壬水로 설기하거나, 丁火의 制함이 없으면 사회의 害惡(해악)이 된다.

o 교육자, 특히 여름철엔 덕있는 교육자.

o 庚 壬 己

– 男命은 망신당하기 쉽고,

– 女命은 창녀되기 쉽다(壬 食神은 자궁, 유방인데 흙탕물이 되기 때문이다).

▎ 庚 + 癸

o 착각 속에 산다(庚金이 비 맞고서 씻긴 줄로 착각한다).

o 녹슨다. 게으르다. 자식이 엄마 속 썩인다. 녹슨 쇠. 비 맞은 바위.

o 무위도식, 傷官見官이라 삐딱선.

o 傷官이라 머리는 좋은데 엉뚱한 생각을 한다.

o 잘되다가도 호사다마(好事多魔)다.

o 癸水는 하늘에서 내리는 비라 노력도 않고 잔머리만 굴린다(癸水는 잔머리).

o 庚金을 녹슬게 하고, 丙火의 빛을 흐리게 하고, 丁火를 꺼버리니 貴는 없으나, 木 財를 生하므로 富가 나타나나 일에 장애가 많다.

o 午月生이 子를 보아 子午沖 되면 官界(관계)에서 성공하기 힘들다.

o 여름生 : 인정 많고 착하다. 단비를 만들어 낸다.

겨울生 : 잔인, 냉정하다. 눈보라를 만들어낸 다.

양권 : 활인업

음권 : 구박 덩어리.

o 庚金이 傷官 대운을 만나면 관재구설이고, 부부간에도 폭행사건을 일으킬 수 있다.

❋ 地支論

(가) 寅卯辰月

○ 木(생명)이 태어나는 달.

　– 金은 木을 자르려는 根氣(근기)를 가지고 있다.

　– 남들이 나를 앞장세워 놓고 뒤에서 욕하는 사주라 구설이 많다. 木의
　　生長하는 시기에 木을 자르니 환영받지 못한다.

　– 성질이 급하고 불의를 보면 못 참는다.

　– 부모가 수습해야 하므로 부모 속 썩인다.

　– 어려운 가정에서 태어나는 경우가 많다.

　– 어린나무를 크기도 전에 자르기 때문에 재물을 써 보지도 못하고 망한
　　다. 망한 뒤 자수성가.

　– 자신감이 넘치고 세상을 가볍게 보기 때문에 실수, 실패가 많다.

○ 軟金(연금) : 丙火로 키워야 한다.

　– 丁火는 불로 녹여 버리는 것으로 막무가내, 흉폭, 사고뭉치, 정신병자.

○ 寅卯辰月의 金은 未熟之金 : 미완성의 金. 四廢日(사폐일).

　夏節의 金 : 養生之金 → 丙火로 키워야 한다. 辰月부터 庚金이 자란다.

　秋節의 金 : 成熟之金(完鐵) → 丁火가 필요. 壬水도 담금질하므로 필요.

　冬節의 金 : 有根이면 冷金, 無根이면 老金 → 丁火가 필요.

○ 金은 冷하기 때문에 火가 꼭 필요하다. 戊土만 나와도 안정감을 찾는다
　(따뜻한 이불로 덮어 준다).

○ 寅申沖 : 파란이 많다. → 寅月 庚金은 寅에 戊 丙이 살아 있으므로 寅
　申沖 되면 절대 안 된다.

○ 辰戌沖 : 戌중 丁火가 꺼지므로 온기가 사라진다. 바쁘기만 하고 실익이 없다.

○ 봄의 庚金이 丁, 甲을 만나면 조기에 용금성기(鎔金成器)하려 하니 무력하다. 소년소녀가장. 소년등과 하더라도 크게 못 된다.

○ 金은 戊土만 있어도 의식 걱정 없다.

   – 卯月은 반드시 丙, 戊가 있어야 한다. → 戊土로 庚金을 덮어 주고, 냉기를 막아 주고, 丙火로 꽃피운다.

     ← 戊, 己 없는 丙은 빈껍데기(가난한 선비).

○ 金이 火旺하면 녹아서 물이 된다.

   – 본질이 변질. 약간 맛이 간 천재. 노이로제. 정신병자.

   – 잔머리 굴린다(임기응변). 사기꾼 기질 : 辰土, 己土운 오면 잠시 괜찮다.

○ 癸水가 옆에 있으면 녹이 슬어 약간 맛이 간 사람.

   – 癸水가 있어 캄캄한 庚金이 되면 병자가 많다. 우왕좌왕한다.

○ 丑 : 庚金의 墓地 ~ 고물상.

   봄의 庚 + 丑 은 格이 떨어진다. 어린 金이 墓地로 간다.

○ 庚 + 丙 : 날씨 맑음. 생명이 살 수 있는 조건 갖췄다. 小富를 이룬다.

○ 봄의 庚 + 甲 : 생명을 자르는 格.

   – 안 될 일만 하고 구설수 많다.

   – 되는 대로 사는 사람이 많다.

○ 봄의 庚 + 乙 : 어려서부터 好色. 여자 때문에 망한다.

   → 寅卯辰에 庚金이 絶, 胎, 養이다(크지도 않은 게 여자를 밝힌다).

※ 四廢日(사폐일)

┌ 春節에 庚申日 ┐
├ 夏節에 壬子日 ┤ : 作事不成(작사불성), 有始無終(유시무종). 몸에 흉터.
├ 秋節에 甲寅日 ┤
└ 冬節에 丙午日 ┘

※ 天地轉日(천지전일)

┌ 春節에 乙卯, 辛卯日 ┐
├ 下節에 丙午, 戊午日 ┤ : 교통사고 및 夭壽(요수)의 우려.
├ 秋節에 辛酉, 癸酉日 ┤
└ 冬節에 壬子, 丙子일 ┘

(나) 巳午未月

○ 巳月 庚金

– 예쁘다. 세련, 광택, 인기 있다. 생기있다.

– 巳가 어디에 있어도 인물 좋다.

– 어떤 일주라도 巳火가 있으면 피부가 좋다.

○ 여름의 庚金

– 男女 모두 바람기 있다.

– 성질 급하다(불 속에서 살기 때문에). ← 여름 庚金이 불 속에서 잘 자라면 公社나 공무원.

– 조후 안 되면 성질 나쁘다. 가정불화. 이혼.

○ 午月 浴地 속에서 크는 庚金은 머리가 좋다.

– 예민하고 준비성이 강하고 남한테 지는 걸 가장 싫어한다.

– 庚金 午月生이 子午沖 되면 官界에서 성공하기 힘들다.

○ 庚 壬 : 담금질(壬)로 金이 강해졌다. 貴할 수 있는 조건을 갖췄다(긍정의 神). 癸水는 담금질 못한다. 녹슨다.

○ 庚 壬 甲

- 인기 있고, 돈 많다. 매우 바쁜 사람.

- 여름의 壬水는 활명수. 戊己土 뜨면 土克水 되어 밥상을 엎는다.

○ 巳月에 庚金

- 기르는 金(木이 없어도)

- 丙火는 養生, 丁火는 녹인다.

○ 여름의 庚金

- 火旺하면 성질 더럽다.

- 녹아서 물이 되느냐 마느냐 하므로 성격 예민, 불구자, 정신이상.

- 寅午戌 火局에 丙, 丁火 투간이면 庚金이 녹아 버리니 정신이상, 혹은 폐병에 걸린다. 接神(접신).

○ 癸水 傷官(부정의 神)

- 天理(천리), 順理(순리)를 거역하며 나타난 글자.

- 가문에 문제 있다.

- 사람은 착하기는 하다.

- 癸(습기) : 폐가 나쁘다. ← 庚金(대장)이 녹슬어 결국은 辛金(肺)가 나쁘다.

- 年干 傷官 : 조상, 국가 거역, 국록 먹기 어렵다.

○ 庚 癸

- 하늘에서 내리는 비.

- 게으르다. 천박하다. 화류계. 일당제 노동자가 많다.

○ 火旺하면 조상은 있는데 입양아 사주. 고아.

○ 庚 丁 癸

    – 鎔金成器(용금성기)를 깬다. 방해물. 원귀 붙었다.

    – 다 된 밥에 재 뿌린다.

    – 재산 탕진하고 못된 짓 많이 한다.

○ 庚 壬 丁 : 자식과 남편 사이에서 속 태우는 사주.

(다) 申酉戌月

○ 冷, 단단하다. 강하다. 成熟之金(성숙지금). 甲이 있으면 과실이다.

○ 壬水(申중 壬水)로 씻어준다. 地支에 一點 火氣가 있어야 한다.

○ 庚 丁 甲 : 貴. 용금성기(조직의 핵심 인물). 甲木으로 丁火를 살려 庚金 녹인다.

    庚 丙 甲 : 富. 핵심인물은 아니다. (외국)으로 바쁘게 돌아다닌다. 甲木 키운다(甲은 곡식). 異路功名(이로공명).

○ 庚 壬 : 壬水로 씻어 주니 광택 난다. 부지런하다(食神을 잘 活用). 석간수. 戊土가 나타나면 壬水를 克하여 잘 살다가도 한순간에 몰락한다.

○ 庚 癸 : 빗물에 씻는 형상. 게으르다. 요행을 바란다. 결실 없다. 사고 불건전. 폐가 나쁘다. 하늘장마로 廢農(폐농). (壬水는 땅물, 癸水는 하늘물)

○ 金水雙淸(쌍청) : 甲 丁이 없고 純(순)金生水라 大富大貴하다. 지식인이며 덕망가다. 이때는 水가 用神이니 水子金妻다. 金多라 多妻다. 妻宮不美.

○ 가을 庚金이 丁火 없이 甲木만 있으면 폭도와 같고, 丁火만 있으면 가난한 선비다.

○ 壬, 丁甲, 丙甲 없고 戊己土와 金만 있으면

    – 미련하다. 고집 세다.

    – 엉거주춤한 사주. 씻을 수도 녹일 수도 없는 사주.

- 이용가치 없다. 運이 없다. 깡패, 사기꾼.

○ 가을 庚金이 土金으로만 이루어지면 여자는 과부요 남자는 홀아비다. 종격이 아니다. 火관성이 못오니 每事不成(매사불성)이다.

○ 가을 庚金은 壬 또는 丁이 있어야 한다.

乙庚合이 되면 잡싹이 된다. 雜芽(잡아). 雜石.

○ 庚 癸 丁 : 과부팔자. 남자는 직장 얻기 어렵다. 내 복을 내가 찬다.

○ 申月의 庚 + 丁 + 甲, 庚 + 甲 + 丁.

- 가을에 甲이 없으면 乙도 쓰는데 용금성기 하기엔 역부족

- 申子辰 水局이고 壬이 투간하면 貴格이다(從兒格).

○ 庚 +丁 +壬 : 用不用格, 어정쩡한 사주, 남을 뜯어먹고 산다. 丁火도 못쓰고 壬水도 못쓴다.

○ 庚 +壬 +己 : 己土濁壬 ~ 남에게 부끄러운 구설이 많다. 명성에 흠이 나고 부끄러운 돈을 번다(言行이 흙탕물이고, 흙탕물 속에서 돈 번다).

○ 庚 +丁 +甲인데 地支 寅申沖, 卯酉沖, 辰戌沖은

- 나는 좋은데 가정은 엉망이다.

- 地支沖이 강하면 天干의 좋은 運 못 받을 수 있다.

- 地支 火는 다다익선이다.

○   庚   : 午가 寅申沖을 막아준다.

寅午申   화해의 명수이며 수완 있다.

○ 土多埋金이면 남 밑에 산다(하수인). 어리석다. 나태. 우둔. 고집이 세다. 배우자, 자식, 돈이 안 따른다.

○ 戌月

- 甲 用神 선호(土月은 항상 甲木을 用하라).

○ 가을에 金이 天干에 出干되면 가을곡식에 우박이 내린 格이니 이때는 丁

火의 구제가 있어야 한다. 그렇지 못하면 妻子도 못 거느린 팔자가 된다.

※ 四柱에 金多하면 식복 있다.

　　－ 財 : 많은 가치를 작은 공간에 담아 놓은 것, 압축.

　　→ 금은보석, 돈, 수표 등.

　　－ 火多하면 돈 없다 ~ 木을 태워 버리고, 土는 死土(황무지)로 만들고,
　　　金은 녹여서 물이 되고, 水를 증발시킨다.

※ 財가 三合되어 튼튼하면 巨富(거부).

※ 조후 되면 사리분별이 분명한 사람으로 경우와 원칙을 지킨다. 조후가 안
　　되면 아전인수, 이기주의, 불만, 편견을 가지고 산다. 건강도 안 좋다.

※ 官이 약하고 年月 傷官이면 자식덕 없다.

(라) 亥子丑月

○ 病, 死, 墓 이므로 根이 없을 때는 老金(병들어 죽어서 묘지로 간다)이고, 根
　　이 있으면 冷金으로 좋지 않다.

○ 水를 싫어한다. 火를 반긴다. 土生金 金生水로 가야 좋다.

○ 金은 火(巳)에서 生하므로 추우면 죽는다.

○ 겨울 火는 난로, 난방, 인공조후다.

○ 金旺해서 水를 生하면 병을 生하는 것이므로 고초 많다. 사고가 건전하
　　지 못하다.

○ 火가 없더라도 戊土만 있으면 밥걱정 안 한다.

○ 木이 없더라도 조후만 되면 생명을 사랑할 줄 아는 것으로 반듯하게 산다.

○ 木이 많으면 좋지 않다 : 木을 치니 관재구설, 처덕 없다. 키울 수 없는
　　계절에 많은 木을 키우려 하니 욕심 많다.

○ 火가 없어 얼어붙으면 水가 흐르지 못한다. 金生水 안 된다.

- 향기 잃은 사람 : 사람이 찾지 않는다. 대우 못 받는다. 천하다. 일생 놀고먹는 사람, 쓸모없는 사람.

- 눈보라 치는 사주 : 틀림없는 과부(火 남편이 올 수 없다), 밑바닥 인생.

○ 겨울 癸水는 눈보라이며 눈물이다. → 자기 신세 자탄하는 눈물, 陰地에서 안 좋은 일을 하고 산다.

○ 天干 火土가 많으면 온화한 사람. 생기 있다.

○ 木이 살아 있으면 벼슬 있는 사람.

- 丁火 보고 살아 있으면 그릇은 크지 않으나, 편하게 사는 사람.

- 丙火 보고 살아 있으면 그릇은 크나, 노력 많고 추운데서 고난 많다(여름 丙火는 불로소득, 겨울 丙火는 노력이다).

○ 겨울 午火가 年에 있으면 어린 시절 편하게 자랐다.

○ 겨울 庚金이 地支에 寅卯辰이 있어야 희망 있다. ← 이듬해 봄에 싹 튼다.

○ 겨울 庚金이 地支에 丁火(戌, 未)있으면 따뜻하게만 해 주고 용금성기 못한다.

○ 金水傷官 庚午일주 女命은 色을 밝힌다 ~ 화류계.

○ 庚 丙(甲) 甲(丙) : 富. 창고에 곡식이 가득 차 있다.

庚 丁(甲) 甲(丁) : 용금성기 되면 貴. 木의 根이 있으면 용금성기 못하고 다음 해에 키워야 할 나무로 본다.

○ 0 庚 癸 壬 : 태어나자마자 눈보라. 가정 풍비박산.
　　　亥　　　가족이 흩어져 산다.

○ 戊 庚 癸 壬 : 어려운 난관을 헤치고 성공. 己土는 잔머리.
　　　亥

○ 겨울에 庚 壬 癸는 무조건 천격이다. 땅물인 壬水는 덜 나쁜데 하늘물 癸水는 아주 나쁘다.

- 從兒(종아)가 되려면 반드시 亥月이어야 한다(亥水는 얼지 않는 물).

- 子月엔 물이 얼어 있어 從兒로 보지 않는다(金水冷寒). 火運이 오면 물이 녹아 水多金沈 된다.

○ 子月 庚金

- 火無이면 金生水 불가능(빙산 위의 돌, 얼음속의 돌, 戊土만 있어도 어는 것은 면한다). 巳午未(대운이 여름)運은 子水가 녹아 가라앉으므로 죽을 수 있다(水多金沈).

- 火多이면 귀여움 받는다. 火는 다다익선.

- 子午沖하면 火를 못쓰니 凶.

○ 土가 와서 水를 제극하면 의식 걱정 없고, 숨어서 좋은 일을 하는 사람.

○ 丑月 庚金 : 무덤에서 태어난 金. 부모궁에 부끄러운 일이 있다.

○ 丙火 첩신하면 미남, 미녀 많다(빛나는 바위).

○ 겨울 庚金이 丁火를 보면 자기의 추운 몸을 데워 주는 것이 남편이라 밤에 남편이 집에 안 들어오면 잠을 안 잔다. 성생활 끝내준다.

○ 겨울의 庚乙合 : 내가 합을 해서 처를(생명) 꼼짝 못하게 하므로 喪妻(상처)하거나, 처를 볶아댄다. 차디찬 새장에 새를 가둔다.

○ 어떤 일주라도 火가 없으면 돈이 없어서 마음고생 많이 한다. 大運에서 火가 오면 그때만 돈 있다.

○ 亥子丑月 庚金은 天寒地凍(천한지동) 하여 甲丙丁火로 爲用한 즉 貴하게 되나, 無丙甲하고 壬癸水만 出干한 즉 百事不成(백사불성)하고, 고독, 빈한하다.

○ 傷官格은 印星運에 발복하지만, 金水傷官格은 官星 火運에 발복하고 印星運(火氣를 洩)과 食傷運(火를 꺼 버린다)에 大凶하다.

○ 庚金

(1) 봄 : 養生之金.

    ㈎ 戊 丙   ㈏ 己 丙

(2) 여름 : 씻어 줘야 한다.

    ㈎ 壬   ㈏ 壬 甲   ㈐ 丁 甲(小局)

(3) 가을 : 완성된 金

    ㈎ 壬   ㈏ 甲 丁   ㈐ 甲 丙

(4) 겨울 : 有根이면 冷金, 無根이면 老金

    ㈎ 戊   ㈏ 甲 丁   ㈐ 戊 甲 丙

▍庚金⑴

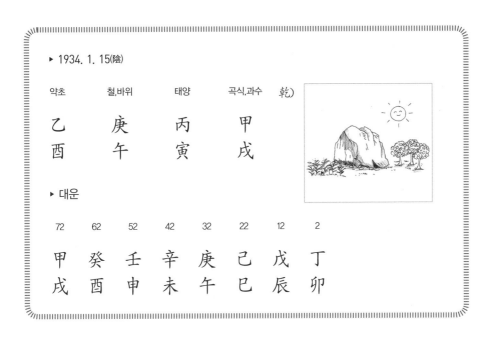

▸ 1934. 1. 15(陰)

약초	철,바위	태양	곡식,과수	乾)
乙	庚	丙	甲	
酉	午	寅	戌	

▸ 대운

72	62	52	42	32	22	12	2
甲	癸	壬	辛	庚	己	戊	丁
戌	酉	申	未	午	巳	辰	卯

○ 현황 : 모 카페에 올라온 사주다.

○ 부인과 같이 서울공대 졸업후 미국 MIT공대에서 섬유공학 전공. 섬유와 관련 라이센스를 미국에서 획득. 회사를 설립하여 거금을 벌었고, 癸酉대운에 프랑스회사에 예상했던 가격 이상으로 팔았다. 己巳대운에 미국으로 유학. 서울공대에 기부, 카이스트에 천만 불 기부. 미국에 별장이 10개가 넘는다. 동창들과 함께 세계여행을 다닌다. 경비는 본인이 다 부담한다. 부인이 미국에서 건강진단 중 의사가 튜머를 발견했다고 해서 백만불을 사례금으로 지급. 불임으로 자식이 없다.

○ 運始 : 丁 ~ 예감. 영감.

卯~ 부지런하다. 예민. 도화살이라 멋 잘 낸다.

時支(자식궁)와 冲(卯酉) : 자식인연 없다.

○ 庚金이 丙火를 보면 빛나는 바위라 인물이 잘생겼다.

○ 月干에 偏官

　－ 형제 중 한 명이 불구 아니면 단명할 수.

　－ 약속시간 철저, 성격 急(급), 철두철미, 소화불량. 꿈이 잘 맞다.

○ 寅午戌 火局에 丙火 殺이 투출

　－ 殺格사주다. 克속에서 산다.

　－ 정신력이 강하다(火는 정신력).

　－ 氣가 매우 세다(偏官은 氣요 참을성이다).

　－ 머리가 비상하다. 욱하는 성격이다(여자는 쌈닭이요, 히스테리가 있다).

　－ 어려서는 가위에 잘 눌린다. 두드러기에 시달린다. 겁이 많다.

　－ 庚金이 녹으니 대장염, 비염, 관절염, 치질수술도 있다. 건성피부다.

　－ 寅木이 불타니 부친인연이 약하다. 급성간염이 올수도 있다.

○ 木은 섬유, 火는 화학 → 섬유공학, 화학섬유.

○ 火로써 庚金 녹이는 사주다. 庚金이 돈이다. 녹일 金이 부족하니 미국(庚申)으로 갔다. ← 돈 벌기 위해서.

○ 壬申대운에 大發 : 지하자원(申 : 地支에 있는 金은 지하자원이다)을 개발하여 녹이니 노력을 많이 하고 바쁘게 산다. 지하에 묻혀 있으니 무한한 金이다. 더구나 壬水로 담금질하니 부가가치가 매우 높다.

○ 月支 偏財(셈법)라 수학을 잘한다.

○ 처는 乙酉인데 暗金殺을 깔아 아래쪽에 수술수. 羊刃(酉)위에 앉아 위험하나 庚남편이 합으로 보호. → 합이 풀리는 運에는 건강이 위험하다.

庚金(2)

▶ 1978. 4. 28(陽)

태양	절벽	태양	활화산	乾)
丙	庚	丙	戊	
子	申	辰	午	

▶ 대운

63	53	43	33	23	13	3
癸	壬	辛	庚	己	戊	丁
亥	戌	酉	申	未	午	巳

○ 현황 : 서울대를 졸업하고 체육관련 자격증을 취득하여 트레이너를 가르치면서 체육관도 운영하고 있다. 너무 바빠 데이트 시간이 없어 미혼이라고 함.

○ 運始 ~ 丁 ~ 예감이 발달.

　　　　巳 ~ 사람이 착하고 성실하다.

○ 年干 偏印이라 예체능이 꿈이다. 戊土가 午火 根이 있어 초등학교 시절 예체능으로 상을 많이 받았다.

○ 양쪽에서 태양이 비춰주고 있어 빛나는 바위가 되어 인물이 좋다. 양쪽에 태양(하늘)이 있어 하늘을 나는 꿈을 가지고 있다.

○ 庚일간의 根인 申과 辰이 水局으로 변하여 매우 신약하다. 고로 일지에서 투출된 戊午를 일간대행으로 본다.

○ 일간이 戊午다
- 봄산에 태양이 비춰 주고 있으니 인물이 좋고 활기차다(戊土에 丙火가 없
  으면 陰地山이요, 죽은 산이다).
- 활화산이다. 음양살이다. 너무 조열하여 水를 찾으니 여자와 술을 좋
  아한다.
- 2개의 丙火偏印(전문 자격증)으로 광산(庚金) 캐는 사주다.
○ 旺한 戊일간이 광산 캐는 명식으로 庚申金이 核이다.
  申中 壬水를 중히 쓰므로 서울대 갔다.
○ 庚 食神이 干如支同이라 매우 열심히 일한다.
○ 모친은 戊午라 命主는 母를 닮았다.
○ 부친은 丙辰이다. 食神을 깔고 偏財를 바라보니 좌고우면 하지 않고 사
  업했다.
○ 庚申金 食神은 나의 능력.
- 辰土는 부친의 능력이면서 나의 財庫.
- 丙火 전문자격증이 子를 合하여 三合 財局을 이룬다.
- 故로 나의 능력과 자격증과 부친의 도움으로 돈을 번다.
○ 丙火 偏印자격증은 午 羊刃에서 투출하여 Pro의 자격증이다.
○ 財局을 놓아 주변에 여자는 많다. 손님도 여자가 대부분이다.
○ 현재 金(食傷)대운이라 매우 바쁘게 산다. ← 너무 바빠서 연애할 시간이
  없다고 함.
○ 결혼하게 되면 처는 일지 午중 丙火 투출하고, 辰중 癸水와 戊癸合하여
  丙辰이다. 부친도 丙辰이라 부친이 며느리를 좋아한다.
○ 時支 子중 癸水와도 合인데 이는 나이 들어서 애인을 사귀는 구조이다.

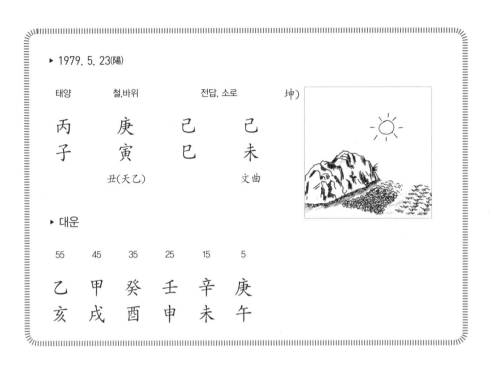

▸ 1979. 5. 23(陽)

태양	철.바위	전답. 소로	坤)
丙	庚	己	己
子	寅	巳	未
	丑(天乙)		文曲

▸ 대운

55	45	35	25	15	5
乙	甲	癸	壬	辛	庚
亥	戌	酉	申	未	午

○ 현황 : 미혼이다. 쌍둥이 남동생이 있다.

○ 運始 : 午 ~ 正官이라 남편이 화두다. 六害殺이라 예민하다.

○ 쌍둥이 남동생은 巳중 庚金이다(巳나 亥는 쌍둥이 因字다).

○ 육군과 공군을 지원하려 했다

　– 육군 : 未土(己土로 투출)

　– 공군 : 巳(丙火로 투출)

○ "계모 같은 엄마 때문에 가출했네요." 했더니 몇 번 가출했단다. → 그래

　도 丙火 偏官(참을성, 일간을 통제) 때문에 삐뚤어지지는 않았다(庚金은 큰 산

　에서 나왔으니 戊土가 친엄마다).

○ 傷官에 偏官은 경찰이 많다. → 미국에서 경찰하고 싶은 게 꿈이라고 함.

○ 己己 : 지나온 세월이 가시밭길이다. 濕土라 어렸을 적 감기를 달고 산다.

○ 月干에 印星이라 집안에서 엄마의 발언권이 세다.

○ 年支 未에 帶地라 할머니 손에서 자랐다. → 쌍둥이인데, 엄마가 남동생에게만 정을 주어서 실제로 할머니 손에서 자랐다고 함.

○ 母는 己巳다. 쌍둥이 동생도 巳중 庚金이라 엄마하고 같은 柱속에 있으니 한통속이다. 巳(偏官)속에 있으니 나를 통제하려 한다(엄마처럼 잔소리가 심하고 통제하려 한단다). 그래도 比肩이라 내 돈을 가져다 쓴다고 함.

○ 巳月에 庚金은 열매다. → 丙火보고 자란다(巳는 庚金의 生地). 미국 가야 根이 생기니 힘이 난다.

○ 申대운 21세 己卯년에 미국 갔다. 2013년(癸巳)에 귀국했다.

○ 日, 時支 사이에 天乙貴人(丑)이 供挾(공협) 되었다. 丑은 庚金(미국)의 墓,庫地. 金庫(현금창고). ← 미국에 가면 貴人이 도와준다. → 미국에서는 어려운 일을 당할 때 생각지도 않은 사람들이 많이 도와주었다고 함. 돈도 제법 많이 벌었다고 함.

○ 일지 寅중 時干에 丙火 투출하여 丙子가 남편이라 태양 같은 남편이다. 그런데 子水(검은색)를 깔아 흑인일 수도.

庚金(4)

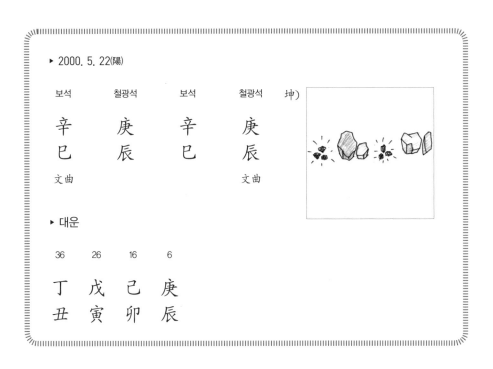

▶ 2000. 5. 22(陽)

보석	철광석	보석	철광석	坤)
辛	庚	辛	庚	
巳	辰	巳	辰	
文曲			文曲	

▶ 대운

36	26	16	6
丁	戊	己	庚
丑	寅	卯	辰

○ 현황 : 아이돌 가수가 되고 싶어 춤만 춘다. 가수가 될 수 있을까?

○ 運始 : 辰 ~ 뜬구름 잡는 식의 욕심. 번뜩이는 아이디어. 공상. 庚辰 괴강이라 총명하고 성격 급하다.

○ 兩氣成象格(양기성상격)이다. 庚辰과 辛巳 2개로만 구성되어 있다.

→ 淸사주다.

○ 天元一氣格이다. → 天干에 財運(木)이 오면 天干에 군겁쟁재가 되어 財損(재손)이 발생한다.

○ 4柱가 同旬이다(공망이 같다).

– 외골수다. 한우물 판다. 전문가.

– 전생의 인연이 깊다.

- 대인관계는 안 좋다.

○ 天干에 陽金 2개, 陰金 2개, 지장간에 陽金 2개다.

　→ 4~6인조 혼성그룹이다.

○ 地支는 地網(지망)으로 서로서로 얽혀 있다.

　→ 혼성그룹이요, 혼숙하며 연습하는 형상이다.

○ 辰은 辛金의 墓地요, 巳는 庚金의 生地다.

　→ 내가 다른 멤버의 墓地를 깔고 있으니 다른 멤버들은 나에게 고분고분
　　하게 되고, 나는 다른 멤버에게 生地를 깔아 힘을 받는 형상이라 내가
　　리더가 된다.

○ 연예인은 반드시 天干에 火(丙, 丁)가 있어야 한다. 본 명식은 火가 없으
니 조명발은 못 받는다. 地支에 巳火라 가수는 못되고 무대 뒤에서 조명
받고 춤을 추는 백댄서는 된다.

○ 文曲星이 天干에 丙火로 투출하였다면 가수로 잘 나갈 수 있는 命이다.

※ 天羅(천라), 地網(지망) 重重하면 관재구설이 많다. 지망이 중중하면 운수
업자가 많다. 전국이 네트워크화 되어 있다.

┃ 庚金(5)

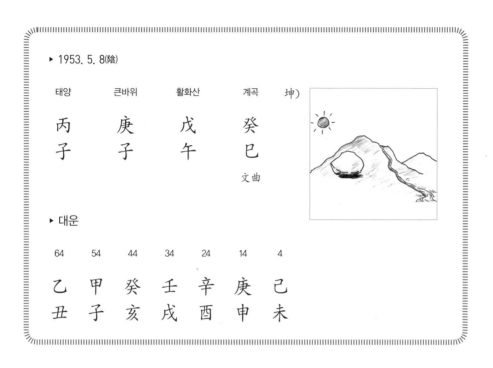

▸ 1953. 5. 8(陰)

태양	큰바위	활화산	계곡 坤)
丙	庚	戊	癸
子	子	午	巳
			文曲

▸ 대운

64	54	44	34	24	14	4
乙	甲	癸	壬	辛	庚	己
丑	子	亥	戌	酉	申	未

○ 현황 : 아파트도 있고 잘 산다. 공원 옆에 땅이 있는데 묶여 있어 언제 팔
릴까 고민이다.

○ 運始 : 己 ~ 모든 일을 법적으로 처리하려 한다.

未 ~ 음식 솜씨가 있다.

○ 年干에 傷官이면 태어날 때 가문을 치고 나왔기 때문에 대체로 가난한 집
태생이 많다.

○ 빛나는 바위라 인물은 잘생겼다.

○ 傷官을 깔아 남편을 무시하는 경향이 있다. 傷官이 年干에 투출되어 부
모가 무엇을 시키면 행동은 하지 않고 말로 다 한다. 傷官은 반항아적 기
질인데, 旺地傷官은 더 강하다. 하여 조직생활하게 되면 하극상의 기질

이 나타난다.

○ 戊午(活火山)로 물 막는 사주다. 水가 돈이다. 木이 돈 아니다. ← 無財가 多財라는 말장난하지 말 것. 戊土의 根이 약하여 많은 물을 막을 수 없다. 하여 큰 부자는 못 된다.

○ 子午雙包(자오쌍포)라 子午沖 안 된다.

子午雙包 : 2子와 2午, 2子와 1午, 1子와 2午는 서로 포섭하여 沖을 하지 않는다. 고로 子와 午가 서로 안전하여 물을 막을 수 있다.

○ 月支가 도화라 母가 再娶(재취)다.

○ 남편은 일지에서 투출된 癸巳(年柱)다.

- 戊 正官과 합이라 조직생활이다. 戊土가 午 根이 있고 羊刃이라 큰 조직이다. 공무원이라고 한다. 正官과 합이라 법대로 산다. 명예, 체통, 체면을 중시한다. 원리원칙주의자다. 고지식하다. 융통성이 없다.

- 正財를 깔아 돈 관리는 철저하다.

- 巳가 正財이면서 天乙貴人이면 돈 버는 재주가 없다.

- 男命이 正財를 깔고 있으면 경제권은 처에게 맡겨야 한다.

○ 母는 戊午다. 羊刃이라 매우 강하다. 月干 부친의 자리에 있으니 家權(가권)을 휘두른다.

○ 父는 母와 합을 하고 있는 癸巳다. 癸水는 年月柱에서 적수오건(滴水熬乾)되고 있다. 건강이 안 좋다. 내가 부친의 根을 가지고 있으니 내가 태어나고서 부친의 건강이 좋아졌다.

○ 현재 丑대운이라 땅은 잘 팔리지 않는다. 丑은 맬 뉴(紐)에서 나왔다. 고로 묶이는 대운이다. 부동산 等이 묶인다. 運도 묶이니 외국 나가는 것이 좋다(나이 들었고, 아무것도 안 하니 외국 나갈 필요는 없다).

❚ 庚金(6)

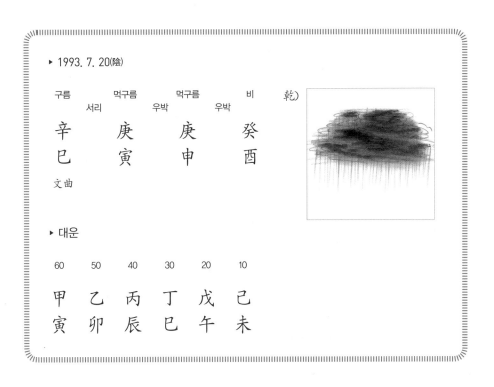

▸ 1993. 7. 20(陰)

구름	먹구름	먹구름	비	乾)
서리	우박	우박		
辛	庚	庚	癸	
巳	寅	申	酉	
文曲				

▸ 대운

60	50	40	30	20	10
甲	乙	丙	丁	戊	己
寅	卯	辰	巳	午	未

○ 현황 : 고아 출신이다. 내가 다니는 절에 주지스님이 키웠다. 壬辰年에
대학 휴학 중이다.

○ 運始 : 己 ~ 모든 일을 法的으로 처리하려 한다.

未 ~ 음식 솜씨가 있다.

○ 고아 출신

– 運始 天干이 偏財이고, 地支가 正印일 때.

– 胎月이 공망일 때.

– 4柱가 괴강이나 백호로 되어 있을 때.

– 辛金일간이 寅卯月에 태어나면 고아 출신인 경우가 많다.

○ 年干에 傷官 : 家門(가문)을 치고 나왔다 하여 가난한 집 태생이 많다. 年干은 祖國宮(조국궁)이라 국가를 치고 나왔다 하여 國祿(국록)을 먹기 어렵다.

○ 年干 조상자리에서 가을에 찬비를 퍼붓고 있으니 좋은 가문은 아니다.

○ 가을에 우박, 서리, 찬비 → 버린 자식, 父母德 無.

○ 建祿格 : 부친덕 無. 자수성가.

○ 無印星 : 무데뽀, 무계획적, 심사숙고 안 한다. 무리수를 많이 둔다.

○ 金이 日柱之病이다. 藥神(약신)은 水와 火인데 약신이 약하다. 약신인 巳火는 寅巳刑으로 못쓴다.

※ 병이 있고 약이 있으면 젊게 살고, 화장발 잘 받는다. 병이 있고 약이 없으면 겉늙어 보이고, 화장발이 잘 안 받는다.

○ 金多에 病神이라 어린 시절 감기, 천식을 달고 산다. 나이 들어서는 대장, 폐도 안 좋다.

○ 金多水濁(철분물), 金多火熄, 金多木折.

○ 원국에 火가 없어 얼굴에 火氣가 없고 온정이 없다.

○ 寅巳申 刑 : 누가 뭐라 하든 자기 고집대로 일을 처리한다. 막무가내다. 持勢之刑(지세지형).

○ 羊刃위에 傷官이 있어 말이 거칠다. 욕쟁이다. 추진력은 강하다. 특별한 재주가 있다.

○ 金이 木(생명)을 자르는 사주는 돈이 없다. 냉정, 냉혹하다. 남 못할 짓을 하며 돈 번다. 주위에 사람이 없다. 특히 가을에 庚金은 냉하고 강하다. ← 水로 통관시키든지, 火로 制하여야 한다.

○ 金多火熄이라 火가 오기 어려우니 직장 생활을 하기 어렵다. 자식 두기도 어렵다. 더구나 癸水가 傷官見官하고 있다.

○ 가을 庚金은 壬水나 丁火가 있어야 한다. 둘 다 있어서 丁壬合되면 壬水

도 못 쓰고, 丁火도 못 쓰니 어정쩡한 사주가 된다. 떨어져 있어야 한다.

○ 庚金이 강할 때 壬水로 설기하거나, 丁火의 制함이 없으면 사회의 害惡(해악)이 된다.

○ 壬水로 씻어야 하는데 申중 壬水를 쓰게 되면 劫財속의 壬水를 쓰니 하청업, 하수인, 바지사장이다.

○ 食傷을 써야 하니 보살행(菩薩行) 많이 하라.

○ 결혼하게 되면 寅(妻)는 刑먹은 처라 흠결 있는 여자를 만난다.

○ 庚 + 癸 : 녹슨다. 게으르다. 착각 속에 산다. 무위도식. 요행을 바란다. 결실 없다. 폐가 나쁘다. 정력이 약하다.

○ 庚 + 庚 : 성격 포악, 상처투성이.

○ 庚 + 辛 : 헛짓거리 한다. 형제나 동료에게 상처를 입힌다. 항상 잡음 일으킨다. 감기, 천식에 치명적이다.

○ 壬辰年(2012년)

　　– 食傷혼잡이라 진로에 고민 → 휴학하였다.

　　– 辰酉合으로 공부와 친구가 묶이고,

　　– 酉중 辛金이 辰중 乙木을 치니 수족을 다칠 수도(실제로 팔목을 다쳐 깁스하였다).

○ 癸水대신 丙火가 있었다면 설악산 사주로 풍광이 좋아 인물이 잘생기고 잘나간다.

▌ 庚金⑺

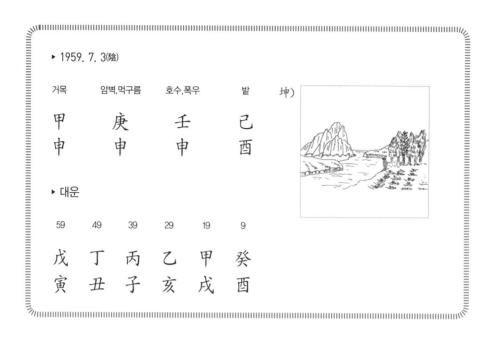

▸ 1959. 7. 3(陰)

거목	암벽,먹구름	호수,폭우	밭	坤)
甲	庚	壬	己	
申	申	申	酉	

▸ 대운

59	49	39	29	19	9
戊	丁	丙	乙	甲	癸
寅	丑	子	亥	戌	酉

○ 현황 : 육효 선생님이다. 남편은 있는데 자식은 없다. 직업상 남편과 주말 부부다.

○ 運始 : 癸 ~ 욕심 많다.

　　　　酉 ~ 형제로 인한 스트레스 많다. 폐에 문제.

○ 金水雙淸(금수쌍청)이다. 선비정신.

○ 陽八通(氣가 세다) : 여자 양팔통은 대체로 잘 산다.

○ 군겁쟁재격이 아니다. 그러나 比劫過多의 凶意는 있다.

○ 甲木 키우는 사주다.

　– 가을의 甲木이 암벽에 뿌리내리고 있다. → 金剛松(금강송)이다. 값이 나간다.

　– 암벽산에서 찬비 맞고 甲木을 키우고 있으니 의지가 대단하다.

- 丙火가 없어 큰돈은 아니지만, 衣食住엔 지장 없다.

○ 三支鳳凰格(봉황격) : 女命은 대체로 貴格이 못된다. 水가 많고 合, 刃이 있으면 淫湯(음탕)하다.

○ 五行이 편고 되어 있으면 전문가 사주다.

    – 運이 좋을 때는 잘나가지만, 運이 나쁠 때는 한 방에 훅 간다.

    – Pro 정신이 강하다.

    – 대인관계가 안 좋다.

    – 반드시 건강에 크게 문제가 온다.

○ 壬水가 核이다. 旺한 五行은 반드시 洩氣處(설기처)가 있어야 한다. 庚金이 壬水를 쓰면 석간수라 잘 가르친다. 申月에 壬水 食神이라 말발이 세다. 己土가 凶이다. 己土濁壬은 되지만 己土가 너무 약해서 그리 강하지 않다. 고로 강의 중에 약간 삑사리 날 때도 있다.

○ 正印이 濁水라 학교 공부는 별로다.

○ 年支에 羊刃이라 어렸을 적 또래 중에서 왕초.

○ 申 = 神, 원숭이 3마리. Pro. 庚申일주 무속인 많다. → 神氣 있다(우리나라 무속인 협회가 "경신회"다).

○ 火無 : 溫氣(온기) 없다.

○ 地支는 4陰이라 가정사, 건강사, 애정사에 문제 있다. 집안이 냉골이라 집에 들어가기 싫다.

○ 己土가 너무 습하여 비만이며, 당뇨도 조심하라. 金이 많아 대장에 문제. 나이 들어서는 폐. 己壬濁水라 방광에도 문제. 壬水는 일지 투출이라 子宮에도 문제.

○ 일지에서 투출된 食神은 命줄 : 잔병치레가 많기 때문에 건강관리에 예민하다.

○ 남편은 일지 투출신 壬申이다.

  - 본 명식의 核인 壬水다. 고로 남편덕 있다.

  - 長生地를 깔아 총명하고 인물이 좋다.

  - 偏印이 강하니 외골수 고집이 세다. 프리랜서일 수도.

  - 己土 官이 土流되니 조직 생활을 못한다. 자식인연이 없다.

○ 모친은 己酉다.

  - 己壬濁水되어 인연이 약하다.

  - 己 모친은 甲木과 습이라 무속인일 수도. 甲木은 朴이다(박달나무 밑에

    서 占보는 사람).

○ 月支가 亡神殺이라 모친이 再娶(재취)일 수도.

○ 甲대운에 지리산(절)에 들어갔다고 함. → 여자는 甲대운에 사회활동을 왕

  성하게 한다. 절벽산에서 申중 戊土 偏印공부 한다.

○ 戊寅대운에 寅申冲으로 간, 허리디스크에 문제. 교통사고수 ← 甲木이

  根이 오니 설치다가 旺한 庚申金에 크게 당한다.

○ 금년(丁酉)

  - 丁壬습으로 용신기반이라 사기수 있다.

  - 命줄이 묶이니 건강에 문제.

  - 食申이 묶이니 강의 및 하는 일에 문제.

  - 남편 壬水는 丁과 습이라 女子문제 있을 수도.

  - 酉酉刑에 복음이라 언행으로 인한 문제 발생.

┃ 庚金(8)

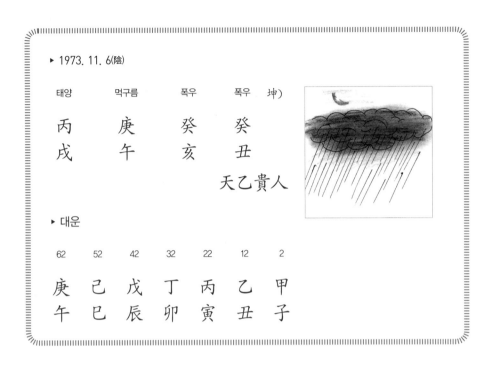

▸ 1973. 11. 6(陰)

태양	먹구름	폭우	폭우 坤)
丙	庚	癸	癸
戌	午	亥	丑

天乙貴人

▸ 대운

62	52	42	32	22	12	2
庚	己	戊	丁	丙	乙	甲
午	巳	辰	卯	寅	丑	子

○ 현황 : 어렸을 적 부모 이혼으로 할머니 손에서 엄격하게 자랐다.

○ 2011년(辛卯년) 상담할 당시엔

　– 남편이 사업에 망해 실업자로 지내고 있었다.

　– 본인은 틈틈이 역학 공부하면서 부동산중개업을 하고 있었다. 경제적
　　으로 어려운 상태다.

○ 運始 : 甲 ~ 장녀 아니면 장녀 역할을 한다. 논리적이다.

　　　　　子 ~ 자식이 화두. 평생 남에게 말 못할 비밀이 있다.

○ 年干 癸丑은 할머니다. 백호라 똑똑하고, 겨울의 눈보라이니 냉혹하다.

○ 할머니는 나의 墓地(丑)를 깔고 있다. 고로 나는 할머니만 보면 꼼짝 못하
고 고분고분하게 된다.

○ 亥月에 조상자리에서 癸水 차디찬 폭우와 폭설을 내려 주니 좋은 가문은 아니다.

○ 年月에 傷官이라 남편을 치니 남편 오기가 어렵다. 나의 言行이 매우 차다. 그러나 일지 배우자궁이 午火 吉神이라 이혼은 잘 안 한다.

○ 金水傷官이라 사람은 똑똑하다. 要見官인데 火가 日時에 있다. 고로 결혼 후, 말년에 발복하는 사주다.

○ 庚金이 丙火가 있으면 빛이 나니 미인이다.

○ 결혼 전에는 나쁜 글자만 있어서 주변 사람들이 도와주지 않는다. 그러나 日時에 좋은 글자가 있어 결혼 후에는 도와주는 사람이 많게 된다. 이런 경우 이혼하고 두 번째 결혼하면 더 잘 산다.

○ 食居先殺居後(식거선살거후)다. → 食傷을 먼저 쓰고 官殺을 나중에 쓰는 구조다. 고로 삶의 패턴이 완전히 바뀐다.

○ 財印不均衡(재인불균형)이라 부모덕은 없다.

○ 丑(母)가 水로 變(변)하여 印星이 없어졌다. 그렇게 되면 엄마에 대한 본능적인 반발심을 가지게 된다. 또한 변하여 凶神이 되면 엄마를 평생 원수 대하듯 한다.

○ 戌亥가 공망이면 정신적인 일을 해야 한다. 역학에 관심은 많지만 공부는 잘 안 된다.

○ 할머니 자리와 丑午귀문이라 할머니 영가 들릴 수도 있다.

○ 女命이 일지와 년지가 귀문이면 불감증이다.

○ 남편은 丙戌이다. 남편 입장에서 보면 群劫爭財(군겁쟁재)를 하고 있다. 또한 羊刃(午) 위에 偏財가 있어 刃頭財(인두재)다. 고로 사업하면 必亡(필망)한다.

※ 일간을 받쳐 주는 丑은 水로 변하고, 戌은 火로 변하여 일간이 極身弱(극

신약)하여 일지에서 투출된 丙戌을 일간대행으로 볼 수 있다.

○ 丙戌을 일간대행으로 보면

　– 구(舊)일간이 財星이 된다. 그러면 자수성가한다.

　– 역시 군겁쟁재에 인두재라 사업하면 망한다. 돈도 없다.

　– 水火相戰이 되는데 水가 더 旺하여 남자를 싫어한다.

▎ 庚金(9)

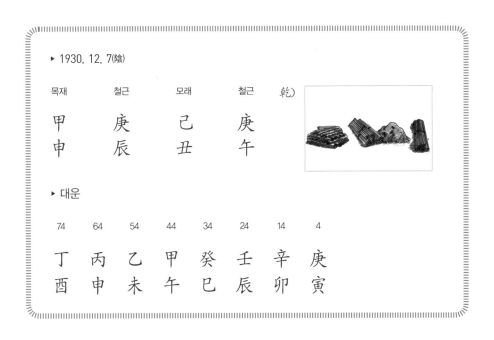

▸ 1930. 12. 7(陰)

목재	철근	모래	철근	乾)
甲	庚	己	庚	
申	辰	丑	午	

▸ 대운

74	64	54	44	34	24	14	4
丁	丙	乙	甲	癸	壬	辛	庚
酉	申	未	午	巳	辰	卯	寅

○ 현황 : 토건회사 사장으로 종업원이 만 명이다. 甲午대운부터 발복했다.

○ 運始 : 寅 ~ 일처리 깔끔하다. 時支를 沖하여 자식과 떨어져 사는 게
　좋다.

○ 나무 키우는 命으로 보면

- 甲木이 辰 沃土(옥토)에 뿌리내리고 있다.

- 火運에 꽃을 피우고 열매 맺으니 火運에 發福(발복)한다.

○ 旺한 五行 庚金을 중히 쓰는 命으로 보면

- 男命 庚金은 土가 많으면 건설회사 사장이다.

- 넓은 땅을 사용하여 목재와 철근으로 건물을 짓는다.

- 申金 절벽 위에다 건물을 세운다. 고로 難工事(난공사)라 부가가치가 높은 공사다.

- 불굴의 의지가 강하다.

○ 己土가 습하여 비만이며 당뇨가 있다.

○ 年干에 比劫이 있고 根이 있으면 언젠가 比劫의 피해를 크게 본다. 己土가 잡히는 甲運이 오면 庚庚沖으로 피해를 볼 것이다. 根이 없으면 根이 오는 運에 크게 피해를 본다.

○ 辰은 濕土인데, 주변에 습이 많으니 위가 차다. 소화가 안 된다. 장이 차면 얼굴이 하얗다.

○ 丑 辰이 있으면 귓속이 더럽다.

※ 辰酉는 환자의 象이다. 酉중 辛金이 辰중 乙木을 치니 수족을 다친다.

※ 年干에 劫財가 있으면 형제나 친구를 위해 평생 봉사한다. 남을 위한 삶을 살아야 한다. 보증서면 돈 떼인다.

辛金

새 新, 귀신 神, 보석, 주옥, 가공한 金, 완성품, 비수, 반도체, 비철금속, 잔(술, 커피), X-ray, 액세서리, 경공업, 경장비, 엷은구름, 실핏줄, 허벅지, 씨앗.

섬세, 깔끔, 術(술)字돌림((역술, 도술, 마술, 침술), 신비.

일처리 정확, 기획, 계산능력이 뛰어나다. 단단하고 야무지며 샤프하다.

壬水로 빛을 내고 丙火로 빛을 발한다. 10干 중 가장 비싸다.

○ 女命 : 피부가 곱고 눈이 예쁘다. 대체로 남편덕이 없어 독신녀가 많다(남편 丙火는 우주에 하나다). 性적으로 둔감하다. 자기주장이 명료하고 분명하다. 은근히 자기를 알아주기를 바란다. 음식도 은근히 까다롭다.

○ 辛金은 뼈대이므로 金木이 相戰(상전)하면 허리와 四肢(사지)에 장애가 있다.

○ 寅月엔 己土를 쓰고 子丑月엔 丙火를 쓰고, 나머지 月에는 壬水를 쓴다.

○ 壬水 차가운 물을 用하기 때문에 냉정하고, 맺고 끊는 게 분명하다.

○ 戊, 己土 인성을 忌하니 인정과 厚薄(후박)한 정이 없고 부모 말도 안 듣는 경우가 많다.

○ 土多하면 남이 알아주지 않는다. 능력을 발휘하지 못한다. 戊土는 먼지 낀 보석, 己土는 길바닥에 떨어진 보석. 사주에 土가 忌神이면 믿음, 신용이 없다.

○ 사주에 辛이 있으면 보석을 좋아한다. 丑土나 戌土가 있어도 좋아한다.

○ 辛金일간이 운시가 丁火이면 십중팔구 무속인이다.

○ 辛金일간의 운시가 월살이거나 월살 대운이면 무속인이 많다

○ 火旺하면 성격이 까다롭다. 몸조심을 많이 한다. 자신을 볶는다.

○ 女命 : 水가 적으면 생리통, 産苦(산고) 있고 성생활을 꺼린다.

○ 木을 키우는 사주에서 根은 싫어한다(특히 寅卯月).

  - 壬水를 用하기 때문에 물이 없으면 쇳소리가 난다.

  - 根이 있으면 풍파가 많다. 자신과 처를 볶는다.

○ 財(木)官(火)을 싫어한다.

  - 독신녀 많고 부부궁이 나쁜 경우가 많다.

  - 무정, 냉정, 독한 사람이 많다.

○ 辛酉일주는 甲乙을 싫어한다. 있으면 여자를 피곤하게 한다. 나는 사랑하지만 상대방은 피곤하다.

○ 太王하고 편고된 男命은 여자가 도망간다.

○ 완숙된 金으로 떨어져 씨앗이 되므로 運에서 辛이 오면 이별의 순간이 온 것이다.

○ 酉 : 가장 압축된 글자로 악기, 냉장고(陰氣(음기)가 가장 압축), 고액권, 스피커, 菌(균), 요구르트 발효식품, 캔.

  - 女命은 酉대운(陰氣가 가장 강)에 이혼수가 많다.

  - 男命 酉月生은 좀체로 몸이 아프지 않는다. 그러나 한번 아프면 약발이 잘 안 듣는다.

○ 辛金은 木이 없으면 손잡이 없는 칼과 같아 타인을 다치게 한다.

○ 木이 財일 때 寅亥合木이면 외국에 가거나, 水(해양, 수산) 관련 사업을 하면 좋다.

○ 酉金이 凶神이면 몸에 수술자국이나 흉터가 있다.

○ 辛 壬 : 자식 애착이 강하다. 외골수, 정직, 똑똑.

  辛 癸 : 자식 애착이 덜하다. 주위에 큰소리 치고 피해를 준다. 가을·겨울生은 壬癸水가 눈이라 이기적이다. 남이야 춥던 말던 눈보라를 만들어 낸다.

癸 辛 壬 : 이중성격자

○ ○ 辛 ○ ○ : 나의 言行이 墓地로 간다.

　○ 亥 辰 ○　辰亥 귀문이니 또라이 짓이다.

○ 申酉戌 : 금융계통에 많다. 酉는 압축된 기운(辛).

○ 寅卯辰 : 교육계통에 많다(나무 生命을 키워야 하니까).

○ 辛 未 : 未중 乙木(3,8木)이 8에서 잘리게 된다. 乙木은 偏印속에 있어 IT업종이다. 남자는 여자를 3번 바꾸든지(甲木 正財의 墓地), 8년 만에 헤어진다. 여자는 살림을 3번은 엎어먹는다. 女命은 일지 偏人이면 영적인 감각이 뛰어나다(특히 壬申일주).

○ 辛 巳 : 巳火는 사방에 펼쳐져서 공간적으로 넓은 개념이라 사방으로 분주한 사람이다. 火가 旺하면 머리의 실핏줄이 터져서 뇌경색이다.

○ 辛 卯 : 흰 토끼, 알쏭달쏭 신묘하다. 싹이 자라기만 하면 자른다. 머리가 단정하다. 男命은 이혼수가 많다. 낮에 베인 풀처럼 중단 수(하는 일, 작업)가 있다.

○ 辛 亥 : 안에서 벗어나려 한다(亥水가 陰). ~ 바다 깊은 줄 모르고, 自然을 벗 삼아 道를 닦는다. 亥水(浴地라 구정물)로 씻는다. 浴地는 어설픈 짓을 한다는 뜻으로 경험이 없는데도 일을 잘 벌이고, 과거청산을 잘한다. 특히 乙巳, 辛亥일주는 傷官浴地라 더 심하다. 한 가지 일을 끝까지 매듭을 지어야 결과가 있다.

○ 辛 丑 : 꽁꽁 언 金, 丑중 辛金이 있어 철근으로 촘촘히 짜여진 모습이라 신용이 있고, 근면하며 어려운 일도 반드시 극복해 낸다.

○ 辛 酉 : 양날의 칼, 하이파이 스피커. 天干, 地支가 旺이다. 왕은 한 명이라야 하니 부부 사이가 냉정하다. 왕이 두 명이므로 근거지가 두 곳이어야 한다. 부부간 떨어져 살면 무난하다(乙卯일주도 同).

❊ 天干論

┃ 辛＋甲

○ 埋金을 막아 주니 좋아한다. 실용적, 현실적인 면
  이 드러난다. 辛金이 根이 없고 甲木이 旺하면
  오히려 甲木이 부담 → 돈 걱정이 떠나지 않는다.

○ 木多로 辛金이 약하면 볼품없고 주책없는 행동.(이
  빨빠진 호랑이) 木多金缺(금결) → 칼날의 이빨이 나
  간다, 치아도 안 좋다. 財는 甲木이 있어야 좋고, 地支에 寅木이나 卯木이
  있으면 더 좋다. 특히 寅木은 寅中 丙火도 있고 天乙貴人이다.

○ 甲木을 用神으로 할 때는 돈이 저절로 들어온다. 戊土로부터 埋金을 막
  아 주고, 己土를 合去하여 壬水로부터의 흙탕물을 방지하기 때문이다.

┃ 辛＋乙

○ 貼身(첩신)하면 부부운 나쁘다. 구설시비가 따른
  다. 재물을 내다 버린다. 무슨 일을 벌여도 오래
  하지 못한다. 乙木(桃花, 손가락) 잘라 버리니 사치
  나 주색에 빠질 수도.

○ 生命을 쳐내니 인덕이 없다. 여자가 안 따르고 접
  근할수록 멀리 간다.

○ 편재성이라 큰돈 번다고 사업하면 망한다.

○ 木旺할 때 辛金은 불필요한 乙木을 제거한다.

I 辛 + 丙

○ 인물이 훤하다. 貴, 명예, 빛나는 조명.

○ 辛金은 丙火에 빛나고, 丁火에 상처 받는다.

○ 陰干은 合이 되면 陽干을 잘 활용한다. 그중에서도 辛金이 활용을 제일 잘한다.

○ 巳, 午의 根이 있으면 辛金이 녹아 물이 되니 辛金의 눈물이다(여름생).

○ 丙태양빛이 지구에 올 수 있도록 우주의 거울(辛)이 반사시켜 준다(중국의 묵자).

○ 광채는 있으나 壬水를 만나는 것을 상실하니 貴命이 될 수 없다. 그래도 겨울에는 좋다.

I 辛 + 丁

○ 목표가 크나 꿈일 뿐 이루지 못해 상처받는다. 꿈으로 인해 상처받고, 성질이 난폭하다.

○ 辛金은 피해의식, 예민.

　– 자식, 남편이 凶이요, 기대에 못 미친다. 새것을 헌 것으로 망쳐 놓는다. ← 별나고 엉뚱한 짓(보석에 라이터 불을 켜대니 엉뚱한 짓).

　– 水가 없는데 火旺하면 七殺 역할이 심하다. → 피해의식, 염세적, 무기력. 잔병치레가 많다. 자타를 다 망치며 夭折(요절)하거나 重病(중병)을 앓기 쉽다. 겨울에는 좋으나 붙어 있으면 안 된다. 단, 겨울철엔 나름대로 貴하게 쓸 수 있다.

○ 辛 : 거울, 촛대, 화장발. 丁 : 조명, 촛불, 조명발

→ 화장발, 조명발 잘 받는다. 촛대에 촛불 켰으니 기도 사주다.

┃ 辛 + 戊

○ 산속에 묻힌 金. 부모와 문제 있을 수도. 환경이
　답답하다.

○ 고독, 명상, 修道(수도), 철학(易學).

○ 辛金은 印星(戊, 己土)을 싫어한다.

○ 正印이라도 埋金이 되니 正印을 싫어하고 못 써
　먹는다.

○ 윗사람 덕 없고 인덕이 없다. → 히스테리가 올 수 있고 종교에 맹신할 수
　도. 甲木이 疏土(소토)해 주면 좋다. 흙에 묻혀 꼼짝 못하니 세상물정 모
　르고 맹신한다.

○ 水多할 때는 水多金沈을 막아 주니 좋다.

○ 酉金이 있으면 金沈이나 埋金이 안 된다.

○ 辛金이 戊, 己土를 만나면 신세한탄을 하게 되고, 엉뚱한 일을 할 소지가
　있다.

○ 辛 戊 戊 : 부모와의 사이가 안 좋다. 가출할 수도.

○ 土多埋金 : 단것 많이 먹으면 치아에 안 좋다.

┃ 辛 + 己

○ 濕土에 떨어진 보석, 길가(시궁창)에 떨어진 보석
　→ 천하다.

○ 왜곡된 생각, 삐딱하다. ← 偏印작용이 심하다.
　甲木 활동력을 묶고, 辛金이 제일 좋아하는 壬

水(재능)을 흐리게 한다.

○ 신약한 命에서는 生金을 하니 貴人이 된다. → 생각지도 않은 좋은 일(길 가다 돈을 줍는 등).

○ 辛 己 甲 : 매사에 돈이나 문서가 묶인다. 활동력(활동무대)이 저하된다.

| 辛 + 庚

○ 貼身(첩신)하면 보석에 흠집을 낸다. 귀찮은 형제, 친구, 동료가 따라다닌다.

○ 신약할 때는 항상 좌불안석, 예민, 조바심 내고 눈치 빠르고 몸조심을 많이 한다.

○ 나는 보석인데 庚金은 원석이라 깔보고, 잘난 척한다. 교만, 자만심이 강하고 자기중심적. 庚金이 甲木을 치고, 乙木을 合去하니 실속도 없이 자만심에 빠져 있다.

○ 건강이나 사고 조심. 밖에서 남에게 얻어맞고 손해 보는 일이 생긴다. 女子의 경우 성폭행을 당할 수도.

○ 乙庚合이면 교활한 사람이다. 돈으로 매수하여 庚金(깡패)을 묶어 버린다.

| 辛 + 辛

○ 苦草殺(十星에 따라 적용). 시기, 질투, 경쟁, 아주 잘난 척. 몸에 흉터 있다.

○ 보석은 하나만 있어야 하는데 2개라 희소성 감소로 가치 半減(반감).

○ 재승박덕(才勝薄德) : 재주는 뛰어난데 덕이 없다.

○ 기회를 놓치기 쉽고 항상 씹는 사람이 있다.

○ 酉酉刑殺이라 신경성이나 세균성 질환에 조심.

○ 비참한 일이 많고 凶한 사고가 많다.

| 辛 + 壬

○ 인물이 좋다. 샤프하고 예리하고 정확하고 깔끔
하다. 목욕을 자주 한다. 치장을 잘한다. 다재다
능(탤런트 기질). → 傷官星을 최대한 발휘. 丙火
가 있으면 錦上添花(금상첨화).

○ 水多하면 물속에 빠진 보석으로 주색잡기에 빠질
수도.

　－ 水多하거나, 壬水는 있는데 火가 없으면 좋은 머리를 엉뚱한 곳에 쓴다.

　－ 例 : 포르노사이트 운영, 해커, 보이스피싱 등.

　－ 보석을 찬물로 씻는다.

○ 자식애착이 강하다.

○ 金水傷官要見官으로 火가 없으면 자칫 음란해질 수 있고, 재주를 못 써
먹을 수도 있다.

○ 辛 壬 己 : 男命은 망신 당하고, 女命은 娼女之命(창녀지명). 흙탕물속에
서 일한다.

○ 辛金에 壬水와 丁火가 같이 있으면 用神이 羈絆(기반)되니 사기꾼이다.

○ 壬　찬물,　　　　　壬　더운물

　子　　　　　　　　午　끓는 물

| 辛 + 癸

○ 비에 젖은 보석, 비 맞는 보석, 비에 젖은 자갈돌.

○ 게으르고 간사하다. 얼굴이 검다. 현실감각이 어둡다. 실속이 없는 겉치레, 게으르다, 착각한다. 일관성이 없다. 무사안일, 괴팍하다(자기중심적), 無爲徒食命(무위도식명). 큰소리 치고 남에게 피해를 준다. 자식애착이 약하다.

○ 임기응변에 강하고 특수한 쓰임새에 좋다. → 특수한 맛, 기술, 향, 예민하고 섬세함을 요구하는 직업에 좋다. 의약계통도 좋다.

○ 貴인 丙火를 가리고 辛金을 녹슬게 하니 행동이 천하다. 貴는 없으나, 木을 키우니 富는 있다.

※ 地支論

(가) 寅卯辰月

○ 木旺節이라 어려운 환경에서 태어난 金, 고통받고 태어났다. ← 반대 계절에 태어났다(逆天).

○ 생명을 키우는 시기에 자르려고 태어났다.

　－ 고아, 부모에게 버려진 자식, 태어난 후 부모 이혼, 早失父母(조실부모), 背逆子息(배역자식).

○ 봄의 辛金은 유리조각이나 돌조각에 비유되니 자연 나쁜 짓을 많이 한다. 싸움꾼, 말썽꾸러기, 고아 출신도 많다. 유약한 금이요, 未熟之金(미숙지금)이라 戊己土로 보호해 줘야 한다.

○ 봄의 辛金은 根이 없어야 한다. 까다롭다. 戊己土 있으면 누그러진다. ← 흙으로 덮어 주기 때문에.

○ 天干 甲木은 좋지 않다. 나무에 흠집(상처)을 낸다.

　－ 辛 甲 : 상당히 예민, 辛이 먼지(戊) 끼지 않도록 甲이 항상 예민하게 신경 쓴다.

○ 甲乙木이 있고 辰에 根하면 식복 있다.

○ 寅卯辰이 있어 從財로 가면 좋은데, 못 가면 평생 쓸데없는 짓만 하고 간다.

○ 身旺하고 地支 木局이면 부자 사주, 辰土가 있어야 좋다.

○ 金旺하고 木이 약하면 법을 어기는 사람이다.

　→ 생명을 죽이니 사고를 치고 원성을 듣는다.

○ 木火가 너무 旺하면 편협하고 이기적으로 비춰진다.

　→ 왕따, 정신질환. 木多金缺에 辛金이 녹는다.

○ 辛 戊 丙 : 부잣집 자손. 年干에 丙火, 地支에 辰土 있으면 부잣집 출신에 富命이다.

○ 癸水 보면 매우 천하다. 게으르다. 청소부, 술장사. ← 戊己土로 克制해야 좋다.

○ 봄에 丁火를 쓰면 나를 그을리니

　(1) 매우 예민, 요절, 난폭한 성질, 신체에 흠이 있다.

　(2) 성질 못 이겨 자살, 重病(중병).

　(3) 運도 안 따른다.

　(4) 壬癸 나타나서 丁을 克制해야 한다.

○ 戊己土가 旺하면 자라기 전에 묻히니 무위도식.

　– 일찍이 부모와 헤어져야 발복한다(친척집, 외국 유학 등). ← 부모 밑에 있으면 잘 안 된다. ← 甲乙木이 극해 줘야 함.

○ 地支 申子辰 水局이면

　– 반드시 戊土가 있어야 한다 : 평민

　– 이후 甲을 봐야 한다 : 귀족

○ 辛은 壬이 있어야 하나

　– 冷하면 안 된다. → 찬물로 씻는다.

　– 火를 봐야 한다. → 따뜻한 물로 씻는다.

○ 卯月 辛金 : 濕木이니 天干에 火 떠야 한다(火 필수). 아니면 運이 없고 동분서주하고 산다.

○ 辛 壬 : 총명 → 丁運이 와서 합하면 運 없다.

○ 辛 庚 : 몸에 상처, 수술자국, 정신적 상처, 흠집 난다.

○ 辛 辛 : 고초살, 질투, 값이 떨어진다.

○ 壬 辛 壬 : 너무 씻고 닦는다. 쓸데없는 치장을 많이 한다. 자기를 과대포

장 하는 사람.

○ 辛 壬 甲 : 좋다. 癸水 있으면 성격이 이중성으로 변한다.

　辛 壬 乙 : 예술 방면으로 나간다.

○ 辛 壬 癸 : 맑은 물(壬水)로 씻으니 깔끔하다.

　辛 癸 壬 : 비 맞은 보석이라 녹슨다. 씻긴 줄로 착각한다.

(나) 巳午未月

○ 환경을 거역하고 태어났다.

○ 殺(火) 속에서 자라고 있다 : 적군진지에서 태어났다.

　－ 고통스럽게 성장했다. 날카롭고 예민하다.

　－ 가문이 엄하다. 太弱(태약)하면 폐, 장 나쁘다.

○ 신왕하고 壬水 있으면 大貴格.

○ 木火 + 戊己土 나타나면 안 된다.

　－ 戊己土 나타나면 조후 안 되고 水를 극하므로 안 좋다.

　－ 戊土는 먼지 → 먼지 낀 보석. 부모의 간섭으로 제 갈 길 못 간다.

　－ 木火多하면 질병이 많이 따른다. 조후 안 되므로 천하게 산다.

○ 여름 戊己土多는 건달. 흙에 묻힌 보석.

○ 己土가 나와도 부자는 되나 부끄럽고 체면 없는 짓을 한다.

○ 丁火가 나타나면 자기가 살려고 발버둥 치므로 성질이 흉폭, 불구자, 질병.

　－ 火旺하면 단명의 우려가 있고 火傷(화상)을 입거나, 녹아서 물이 되니
　　정신병자이거나 한다.

○ 午月 辛金

　－ 地支가 불바다이면 天干 壬水로는 역부족이다(있으나마나).

　－ 地支에 水가 충분하면 天干에 壬水가 있어야 한다.

- 壬水 있어도 子午沖이면 壬이 없는 것과 같다.

○ 여름에는 壬水 하나라도 貴格이 된다. 겨울은 壬水가 丙火와 함께 있어야 좋다.

○ 壬水가 없으면 癸水도 가능하나, 때를 기다려야 하고, 놀고먹는 者가 많다.

○ 壬水, 庚金이 없다면 의지처가 없는 命으로 病苦(병고)로 요절하기 쉽다.

○ 여름 辛金은 辰土 하나만 있어도 衣食걱정 없다.

○ 地支 寅午戌 火局이면 버리는 보석, 고철 취급당한다. 녹아서 물이 된다 (무위도식).

○ 天干 火多인 경우 己 濕土를 조후로 쓴다.

　– 地支에 일점 水 없으면 남에게 의지하고 산다.

○ 天干은 조후되었지만 地支 조후 안 되면 대외적 명성은 있으나(사회생활은 좋으나) 집안은 엉망이다.

○ 여름 辛金은 申, 子, 辰 한 글자라도 있어야 의식 걱정 안 한다.

○ 여름에 甲乙木이 나타나면 돈을 버는 수단이 잘못되었다. → 생명을 키우는 계절에 생명을 친다.

○ 여자는 火旺하면 생리양이 적고 생리통이 심하다. 食傷인 水를 克하기 때문이다. 水가 증발하여 없어진다. 부부관계를 싫어 한다.

○ 辛丙合 : 여름은 凶(성생활로 인한 질병). 가을 · 겨울생은 吉.

※ 여름生의 天干에 乙木이 있으면 어느 일주를 막론하고 색감이 발달.

○ 辛 壬　 끓는 물(火局), 곰보 많다. 뜨거운 물에 얼굴 데

　　 午　 인 격. 세상을 등지고 산다.

○ 辛 ○　　　 丁 : 난폭하다. 天干 水가 극제하면 괜찮다.
　巳午未.

○ 丁 辛 丙 : 욕먹을 짓을 많이 하고 다닌다. 그렇지 않으면 病者(병자)이다.

(다) 申酉戌月

○ 丙火의 病, 死, 墓.

　－ 木이 클 수 없는 시기.

○ 壬水로 씻어 주는 것이 正格.

　－ 물이 차가우면 씻어도 빛이 안 난다.

　－ 丙火의 온도 유지가 필수적이다. 地支라도 온기가 있어야 한다.

○ 用神 壬, 丙

　－ 상반된 환경이 된다.

　－ 女命 : 남편, 자식궁의 변화, 초혼은 가난하게 산다(재혼해야 잘 사는 사주). 男命도 비슷하다.

○ 가을 辛金이 조후가 안 되면 날카롭고 까다롭다(나는 물론 남도 망친다).

　－ 완성된 金, 내 몸을 아낀다. ← 辛金이 보석이라 자체가 돈이니 아낀다.

○ 가을의 辛金은 인물이 좋고 형제가 많다.

○ 辛金 일주

　－ 친구를 가려 사귄다.

　－ 음식도 은근히 까다롭다.

　－ 생존을 위한 영특함이 있다.

　－ 천하면 아주 천하고 귀하면 아주 귀하다. 기복이 많다.

　－ 조후 불량이면 거만, 교만하고, 언행일치가 안 된다.

　－ 酉金이 地支 어디라도 있으면 정직한 사람이다.

　－ 대체로 남편복 없고 독신녀 많다.

　－ 의사표현이 간단하고 명료하다.

– 계산이 정확하다. (현침살)

– 火가 많고 水가 없으면 불감증, 생리통.

○ 甲丁庚, 辛壬丙 : 상반된 용신 → 女子는 두 번 결혼.

○ 가을 辛金이 壬癸가 있는데 火가 없으면 천격, 술장사, 막노동꾼.

○ 가을 辛金을 戊己土로 生하면 이율배반(더 이상 클 필요가 없는 金).

   – 반드시 甲乙木으로 戊己土를 극제해야 하며, 木은 온전해야 한다.

○ 丙을 보더라도 차가운 계절이므로 丙이 슴되면 壬水로 씻을 수 없다.

   – 格이 떨어진다.

   – 씻지 않고 연애만 한다 : 값이 안 나간다.

○ 甲乙木을 보면 金旺節이라 甲을 상처 내므로

   – 돈 버는 방법이 잘못되거나

   – 공무원은 뇌물로 사고 나거나(뇌물 주게끔 압력을 준다)

   – 사업가는 뇌물, 청탁을 해야 하는 사업을 하거나

   – 교묘한 방법으로 돈을 횡령한다.

○ 金이 水로 変하면 정신이상자 : 결벽증 때문에 남에게 피해를 준다.

○ 戊土는 많은 흙, 두터운 흙, 印星 多 : 이해, 융통성 부족. 己土는 火多
   로 상처 받을 때 필요하다. 첩신하면 땅에 떨어진 보석.

○ 申중 壬水(劫財 속의 壬水)를 用神으로 쓰면

   – 살아가는 데 항상 부끄러움이 따른다.

   – 사람을 잘 이용하고 정직하지 못한다.

   – 남 밑의 월급쟁이, 종업원 없는 사장(하수인, 하청업자)

○ 酉月의 辛金은 祿地라도 根이 되니 매우 나쁘다.

   – 木을 자른다. 財官을 제대로 쓸 수 없다.

   – 酉金은 壬水의 浴地이다. 구정물로 씻는 격이니 자기위장을 많이 한다.

○ 酉金이 火가 旺하면 辰, 丑의 습이 있어야 상처받지 않고 좋다.

○ 辛 乙 : 乙木이 年에 있으면 예술성, 美를 추구.

　　－ 붙어 있으면 예술적 감각이 없고 재미없다.

　　－ 甲乙이 辛에 첩신 하지 않는 것이 좋다.

○ 辛 丁

　　－ 완성된 기물을 다시 만들고자 하는 것이니 헛고생. 가치 없다.

　　－ 火多는 난폭, 자폭하는 성격, 열등의식.

　　－ 남에게 비난받는 것을 제일 싫어한다(비난받지 않기 위해 자기를 못살게 군다).

○ 辛 戊 己 : 土多埋金

　　－ 답답하게 산다. 소외되어 살고 융통성 없다(壬水로 씻지 못하게 되기 때문).

　　－ 관용이 부족하다. 心相(심상)이 불미해진다.

　　－ 능력 있게 일해도 대우받지 못한다.

○ 辛 庚 : 상처 난 보석, 自破殺(자파살), 값이 떨어진다.

　　辛 壬 庚 : 괜찮다.

※ 辛, 酉는 완성품으로 흠집(상처) 나므로 劫財(庚, 申)를 싫어한다. 庚, 申은 미완성품. 나쁜 친구로 인한 피해.

○ 辛 癸 : 癸水는 탁수, 씻어도 깨끗하지 않다. 壬水로 씻은 줄 알고 착각한다.

(라) 亥子丑月

○ 五行중 木은 봄에, 庚金은 여름에 성장한다 : 태양 때문에 자란다. 金은 불속에서 태어나 불속에서 살다가 불이 죽으면 죽는다. 木도 불속에서 살다가 불이 죽으면 죽는다.

○ 겨울 辛金 火無는 자랄 수 없다.

- 기능이 정지되는 시기, 죽어 가는 시기.

- 火를 봐야 한다. 金水傷官要見官.

- 無空의 상태, 無生物의 시기.

- 火가 없는 사주는 사회에서 대접받지 못하는 인물. 무위도식.

○ 地支에 火氣가 있으면 財福이 있어 편하게 산다.

○ 癸水를 보면 게으르다. 천하게 산다(씻지 못하므로 녹슨다).

○ 겨울 辛金은 癸水가 투간하면 길바닥에 얼어붙은 보석.

- 男命은 술을 잘 먹고, 체면 없는 짓을 잘하며,

- 女命은 천한 경우가 많다. → 보석이 눈비를 맞고 다니니까.

○ 壬 丙은 貴요, 丁 戊는 富다.

○ 겨울 辛金에 壬水와 丁火가 나오면 사기꾼 성격이며, 포악한 者다.

○ 亥月(辛金의 浴地)의 壬水는 浴地라 구정물로 씻는 것과 같다. 자기위장을 많이 한다.

○ 겨울 辛金이

(1) 木多하면 : 돈 벌기 위해 분주하긴 한데 木을 자르므로 얻는 게 없다. 욕심이 많다. 실속 없이 분주.

(2) 火多하면 : 좋긴 한데 울화통 터질 일이 많고 열 받는 일이 많다. 신경질적이다.

(3) 土多하면 : 어리석고 우둔하고 현실에 어둡다. 게으르다. 요령꾼. 센스 없고 천대받는다. 甲乙木 쓰기는 하지만 局이 작다. 戊己土多일 때 甲乙木이 없으면 壬이 있어도 씻을 수 없다. 앉아서 악만 쓰고 되는 일이 없다.

(4) 金多하면 : 시비와 싸움을 잘한다. 수술수, 상처가 많다.

(5) 水多하면 : 사람이 차서 아무도 오지 않으니 인덕 없고 외롭고 가난하

다. 재물복 없다. 환경이 나쁘다. 슬픈 일, 눈물 날 일이 많다.

○ 戊土 하나만 있어도 보온이 된다.

○ 대운에서 丁火도 나쁘지 않다(火 필요한 때 이므로).

○ 火無인데 壬水 투출하면 못 씻어 준다(얼어 있어서)

○ 火多
  – 음덕 있는 사람(활인업 종사자)
  – 坤命의 경우 관살혼잡 아니다.
  – 바람피우지 않는다(추우니 따뜻한 불을 쬐며 가만히 있는다).

○ 겨울 辛金이 냉하면 陽氣를 그리워한다. 따뜻하고 정겨운 것을 좋아한다. 따뜻하고 정겹게 말해 주면 좋아한다.

○ 겨울 辛金 : 丙 先用(생기 있다)
  – 辛 戊 丙, 辛 己 丙 : 좋다.
  – 戊土가 옆에서 제습해야 생기 있다.

○ 丑은 고물상이다. 쓰레기장, 丑이 많은 사람은 비린내 나는 음식(생선)을 좋아한다.

○ 겨울에는 丙 辛 丙으로 합해도 나쁘지 않다(자라는 시기가 아니므로). → 남편 품 안에 들어가 따뜻하므로 행복해한다.

○ 辛 丙 : 남편을 잘 섬기고 좋아한다.

○ 子月 辛金
  – 戊 丙을 先用한다.
  – 地支의 온기가 필요하다. 地支에 火 있으면 유복한 집안의 자손.

○ 겨울에 날이 추운데 辛金이 巳酉丑 뿌리가 있으면 골병든다. 빚 갚을 것을 많이 짊어지고 태어났다.

○ 丑月 辛金 : 丙 戊 甲이 있어서 살아만 있어도 좋다.

    – 壬 甲 있지만 丙이 없으면 壬, 甲 쓸 수 없다(壬水는 얼어 있고, 甲木을 얼

       음물, 폭설로 키울 수 없다).

    – 火運 오면 스쳐가는 富者(부자)인연.

    – 火 없으면 자력으로 살기 힘들다(부모, 처덕 봐야 한다).

○ 辛金일주가 用神 깨지면 중년에 불치병으로 고생.

○ 辛 ○   : 壬水가 없어 劫財인 申중 壬水를 쓰면 애인이 있거나

   ○ 申   後娶(후취)다. 겁재속에 용신을 쓰니 남의 머릿속에서 돈을 벌므로

       절대 독립하면 안 된다.

※ 겨울에는 어떤 일주라도 木局이 되면 안 좋다. 키우지 못할 나무라 욕심

  만 많다.

✳ 通辯論

▌ 辛金⑴

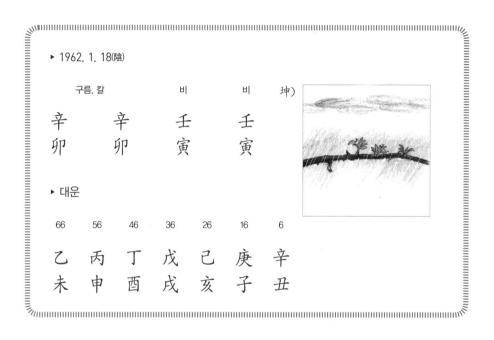

▸ 1962. 1. 18(陰)

구름, 칼		비	비	坤)
辛	辛	壬	壬	
卯	卯	寅	寅	

▸ 대운

66	56	46	36	26	16	6
乙	丙	丁	戊	己	庚	辛
未	申	酉	戌	亥	子	丑

○ 현황 : "어린 시절 어려운 가정에서 힘들게 보내셨네요~" 했더니, "아니요. 유복한 집안에서 태어나 부족함 없이 자랐어요." 한다. 공부도 잘했다고 한다. 그렇다면 무엇이 문제인가?

○ 運始 : 辛 ~ 수지침, 역학, 공상과학, 무협지, 골프, 낚시.

　　　　丑 ~ 天厄星(액을 많이 당한다). 허리 관절에 문제. 天殺이라 기고만장, 잘난 체.

○ 2天2地라 이혼수 있다.

○ 辛　壬
　　卯　寅 兩氣로만 되어 있다

○ 辛 壬 卯 寅 兩氣로만 되어 있다.

○ 일지 남편 卯가 고개를 들면(싹이 올라오면) 辛(칼, 낫)으로 자른다. 고로 부부싸움이 심하다. 卯는 머리라 머리가 자라기만 하면 자르니 머리를 항상 짧게 자른다. 단정하다.

○ 寅午戌에 卯(남편 궁)가 도화살이라 잘생긴 남편을 찾는다.

(~ 여기까지는 원국 그대로 간명을 하고~)

○ 木旺節에 地支가 모두 木이라 木이 매우 강하다. 하여 木体로 보았다. 木이 일간이다.

- 辛(正官)이 壬(偏印)을 生하고 壬水가 일간 木을 生하니 天干의 官印相生格이다.

- 그런데 辛 官이 卯 絶地에 앉아 힘이 없다. 그나마 남편 때문에 寒氣(한기)가 가득한 寅月에 차디찬 물세례를 받고 있으니 남편에 대한 불만이 매우 크다. 남편이 양에 안 찬다(甲木은 辛金을 양에 안 차 한다).

- 木多金缺이 되니 남편도 命대로 살기 어렵다. 하여 남편 辛이 酉대운에 根이 와 힘이 생기니 설치게 된다. → 酉대운 乙酉세운에 일간(木)이 卯중에서 乙木을 투출시켜 天干으로는 乙辛冲이요, 地支로는 卯酉冲이 쌍으로 일어나니 이혼을 피할 수 없게 된다.

- 寅午戌의 卯는 도화살이요, 亥卯未의 寅은 망신살이다. 하여 끼를 부리며 밖에 나다니다(寅은 역마지살) 다른 남자를 사귀게 되어 남편과 중고생 자녀 2명을 놔두고 이혼했다.

- 甲대운에 寅申冲으로 두 번째 남편과 이혼하고 자녀가 있는 첫 번째 남편에게 다시 돌아갈 것이라고 추론해 본다(辛卯(첫 번째 남편)가 2개라서).

┃ 辛金(2)

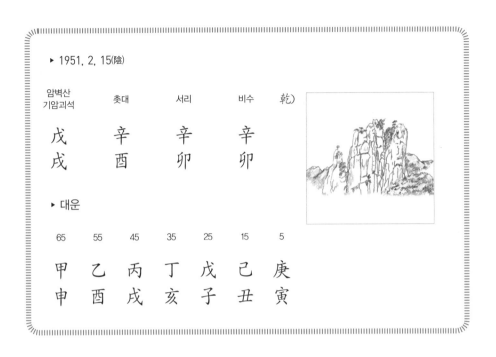

▸ 1951. 2. 15(陰)

암벽산 기암괴석	촛대	서리	비수	乾)
戊	辛	辛	辛	
戌	酉	卯	卯	

▸ 대운

65	55	45	35	25	15	5
甲	乙	丙	丁	戊	己	庚
申	酉	戌	亥	子	丑	寅

○ 현황 : 甲午년(2014년)에 오신 손님이다. 미혼이다. 불교 화가이다. 주로 관세음보살과 호랑이 그림을 그리는데, 호랑이 털을 실물처럼 잘 그린다고 함. 결혼은 안 했어도 주변에 여자가 많아 귀찮다고 함. 사교춤도 잘 추고 노래도 잘한다고 함. 주로 유부녀들이 애인인데, 애인들이 돈을 다 쓴다고 함. 그래도 본인은 싫증나면 냉정하게 차 버린다고 함. 왜일까?

○ 運始 : 寅 ~ 일 처리가 깔끔하다. 正財라 부친의 유고다.

○ 辛金이라 피부는 하얗다.

○ 인생 초반에는 卯木을 키운다. 天干으로 木運이 오면 천간에 군겁쟁재가 되어 財損(재손)이 발생한다. 年支 卯木은 年干 辛金이 자르니 내 돈이 못 된다. 月支 卯木은 木旺節이라 잔디로 본다. 月干 辛金이 잘라도 금

방 싹이 또 올라온다. 하여 먹고 살 돈은 있다(지방에 아파트 한 채 있다고 함).

○ 인생 후반에는 암벽산에서 보석 캐는 사주다. 많은 보석을 캤으나 壬水로 씻지를 못하여 가치 없는 보석이다. → 높은 산에서 戌천문성을 쓰니 道를 닦든지, 역학을 공부하는 형상이다. 그러나 辛金은 戊土에 埋金될까봐 그다지 좋아하지 않는다. 또한 촛대만 있지 촛불(丁)이 없으니 신심이 약하다(본인도 산에서 살기 싫고, 역학공부도 잘 안 된다고 함).

○ 辛金은 根이 있으면 埋金 안 된다.

○ 辛酉일주 : 3대 자존심이다. 양날에 칼을 쥐고 있어 매우 까칠하다. 사람이 접근하기 힘들다.

○ 현침살이 6개라 그림은 세밀하게 잘 그린다.

○ 卯酉戌 철쇄개금이 있어 활인업에도 인연이 깊다.

○ 年月干의 辛金들은 각각 卯(妻)가 있다. 고로 年月支 卯는 유부녀다. 그런데 일지에서 辛金을 투출하여 유부녀를 만나면 본인이 남편 행세를 한다. → 辛金 비수로 卯木(여자)을 자르니 싫증나면 냉정하게 자르고 돌아선다.

○ 원국에 金木이 강하니 정신적인 사랑보다는 물질적인 사랑을 한다. → 여자가 돈이 안 되면 냉정하게 차 버린다.

○ 卯木(부친)은 사방에서 비수가 자르니 부친인연이 약하다. 卯木은 간이라 肝病(간병)으로 사망했을 수도. 물론 卯 여자가 오더라도 살기 위해서 도망갈 수밖에 없으니 결혼하기 어렵다.

○ 酉는 홍염살이다. 年月에 辛金으로 투출되었으니 밖에 나가면 뭇 여자들에게 추태 좀 부리고 다닌다.

○ 卯酉는 스텝 밟는 사람이다. 고로 카바레에서 춤을 잘 춘다. 卯가 있으면 토끼처럼 깡충깡충 뛰면서 춤을 춘다(지르박).

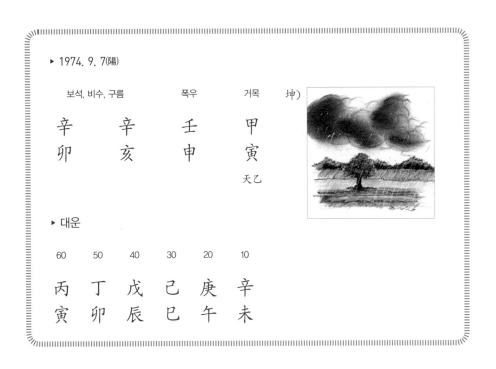

▸ 1974. 9. 7(陽)

보석, 비수, 구름	폭우	거목	坤)
辛	辛	壬	甲
卯	亥	申	寅
			天乙

▸ 대운

60	50	40	30	20	10
丙	丁	戊	己	庚	辛
寅	卯	辰	巳	午	未

○ 현황 : 남편과 결혼 후 성관계는 거의 없다. 자식도 없다. 몸이 날씬하고, 미인이며, 성격이 매우 차다. 남편은 사업차 지방에서 일하며, 일 년에 명절에만 집에 온다. 그래도 생활비는 잘 주니 부부 사이는 매우 좋다고 함. 남편도 총명하고 인물이 잘 생겼다.

○ 運始 : 辛 ~ 수지침, 신비한 것, 역학, 공상과학, 무협지, 낚시를 좋아한다.

　　　　未 ~ 음식 솜씨, 偏印이라 이모, 고모, 할머니 인연이 깊다. 생각이 깊다. 반안살이라 불임일 확률이 높다. 폐경이라는 의미가 있다. 애어른 소리를 듣는다.

○ 壬水로 辛金 씻는 사주다. 인물이 좋다. 치장을 잘한다. 깔끔을 떤다. 陰

干은 傷官을 잘 활용하는데, 그중에서도 신금이 가장 활용 잘한다. → 샤프하다. 말이 차갑다(申月의 壬水라 매우 차갑다).

○ 일지(내 몸)에서 壬水傷官 투출하여 일간을 설기하니 몸이 잘 **빠졌다**.

○ 辛辛 고초살 : 주변 사람들 때문에 힘들다. 나를 씹는 사람이 있다. 몸에 흉터가 있을 수도. 세균성 질환에 약하다(酉酉刑). 희소성 감소라 잘난 척. 시기, 질투심이 강하다.

○ 사주가 너무 冷濕(냉습)하면 임신이 잘 안 된다.

○ 時柱(子息宮) 空亡이다. ← 자식인연이 약하다.

○ 年支가 호랑이라 학창시절에 호랑이 노릇을 했다. ← 실제로 호랑이로 놀았다고 함.

○ 남편은 壬申이다. 일지에서 壬水를 투출시켰으니 남편을 내 몸처럼 아낀다. 또한 남편 申에 根을 하니 남편을 좋아하고 의지한다. 남편은 나무를 키우는 사주다. 고로 사업한다. 가을에 火가 없으니 無花果(무화과)다. 빛 좋은 개살구다. 寅申沖(역마지살 沖)이라 바쁘게 산다. 가을에 火가 없어 나무에 물을 주면 내 것을 주고도 욕먹는 물이다. 고로 하는 일과 언행에 문제가 있다.

○ 애인은 甲寅이다. 寅중 丙火와 合이고, 年에 있으니 오래전에 사귀었다. 또는 초등학교 동창생일 수도. ← 애인을 사귄 지는 10년이 넘었고, 性的으로 아주 잘 맞고 미남인데, 동창은 아니라고 함.

○ 女命 일지는 자궁인데 命主의 자궁은 돼지인데, 남편은 원숭이라 원숭이가 돼지를 못 잡아먹으니 성관계는 안 맞다.

○ 애인은 호랑이라 돼지를 잘 잡아먹으니 성이 잘 맞다.

▌辛金(4)

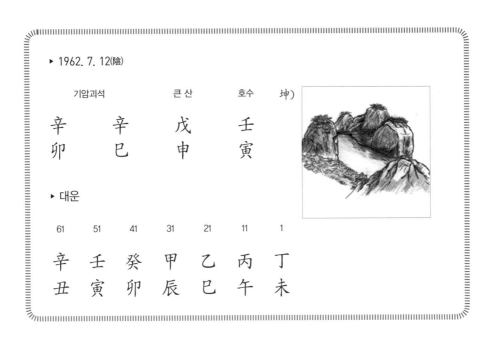

▸ 1962. 7. 12(陰)

기암괴석	큰 산	호수	坤)
辛	辛	戊	壬
卯	巳	申	寅

▸ 대운

61	51	41	31	21	11	1
辛	壬	癸	甲	乙	丙	丁
丑	寅	卯	辰	巳	午	未

○ 현황 : 재일 일본인 3세와 결혼하여 일본에서 산다. 남편과 같이 편의점을
  운영하며 돈은 많이 벌었다.

○ 運始 : 丁 ~ 예감, 영감.

　　　　未 ~ 음식 솜씨. 반안살(폐경기가 빨리 온다). 偏印이라 할머니, 이
　　　　　　모, 고모와 인연.

○ 큰 산 옆에 호수가 있고, 기암괴석이 연달아 있어 경치가 아름답다. 고로
  미인이다.

○ 寅巳申 刑이 있어 추진력이 강하고, 한번 결정하면 누가 뭐라 해도 자기
  뜻대로 밀고 나간다.

○ 年支 寅 : 어렸을 적 호랑이 노릇 했다. ← 또래 중에서 대장 노릇을 했다 함.

○ 戊土로 壬水 막는 댐 사주다.

- 地支에 水가 없어 물을 막는 데 지장은 없다.

- 地支에 亥나 子가 있으면 물을 못 막는다.

- 巳火는 戊土댐을 강화시킨다.

- 寅, 申, 巳중 戊土를 투출시켜 戊土가 강하다.

○ 壬水는 申에 長生이라 많은 물이다.

- 寅木이 核이다.

- 寅木은 水路(수로)로 많을 물을 설한다. 그런데 沖으로 약간 손상을 입었다. 申運이 오면 수로가 파괴되어 大凶이다.

○ 木이 財가 아니다. 물을 막는 사주는 물(水)이 돈이다. 木이 財라면 寅申 沖에, 卯는 巳에 격각이라 돈이 없다.

○ 돈과 상관없이 누구나 財대운이면 돈은 번다. 고로 현재 財대운이라 돈은 잘 번다.

○ 辛辛은 고초살이다. → 주변 사람들 때문에 힘들다. 나이 들어서는 자식이 고초살이다. 그러나 자식과는 比肩이라 친구 같은 자식이다. 격각이라 평행선을 달린다. 暗合이라 속情은 깊다.

○ 남편은 일지 巳중 戊土 투출로 戊申이다.

- 申은 食神이요, 갈무리 기운이라 하는 일에 꼭 끝을 보려 한다. 또한 마무리를 잘한다.

- 申은 庚食神의 祿地요, 壬偏財의 長生地라 돈 잘 번다.

- 남편 戊土가 壬水 물을 막고 있으니 같이 일한다.

- 한기의 계절에 남편궁이 巳火(따뜻한 글자)라 남편복 있다. 또한 댐을 강화시켜 준다.

○ 年支 寅은 한국 : 한국에서 태어나고

時支 卯는 일본 : 말년까지 일본에서 산다.

▌辛金(5)

○ 현황 : 미인이다. 미혼이며 골프장 캐디로 일하고 있다.

○ 運始 : 乙 ～ 말 잘한다. 단거리 여행 좋아한다.

　　　　　酉 ～ 스트레스(형제, 친구, 동료 등). 도화라 미인. 六害殺이라 예민
　　　　　하여 살이 안 찐다. 속전속결. 일지 沖이라 이혼수 있다. 肺
　　　　　가 안 좋다.

○ 특징 : 合多有情. 夫星入墓(戌), 華蓋多逢(화개다봉), 無食傷.

○ 보석이 태양빛에 반짝반짝 빛나니 미인이다.

○ 辛金은 土가 많으면(넓은 땅) 골프장의 예쁜 캐디다.

○ 無食傷이다.

　　－ 性에너지, 애교, 박력, 추진력이 약하다.

- 성질나면 자기 성질을 조절 못하여 말을 더듬는다.

- 내 손으로 만드는 業은 안 된다(제조, 가공 등). 고로 체인점, 대리점, 프랜차이즈를 하라(天干에 官星이 있으면 명품(브랜드 제품)점을 하라).

○ 秋月의 辛金은 대체로 인물이 좋고 형제가 많다. 이복형제는 많은데, 서로 어디 사는지도 모르고 관심도 없다고 함. ← 比劫이 지장간에만 있다(3개).

○ 辛金은 보석이라 土多하면 埋金된다. 하여 土를 싫어하니 부모와 갈등의 소지가 많다. 후박한 정이 없다.

○ 辛金(치아)이 埋金되면 치아도 안 좋다. 누런 치아다.

○ 印星이 過多하면

- 食傷을 克하니 게으르다.

- 이론만 앞세우고 행동은 따르지 않는다.

- 만물박사다. 따지기 좋아한다. 아는 것이 병이다.

- 학창 시절엔 선생님을 짝사랑한다. 멋을 잘 낸다(커서 춤 배우면 춤 선생을 좋아한다).

- 생각이 많다(하룻밤에 기와집 몇 채 짓고 부순다).

- 잠자리가 편하지 않다. 청개구리 근성이다.

- 客死之命(객사지명)이다.

○ 丙火 正官과 合 : 법대로, 명예, 체통, 체면을 중시. 고지식, 원리원칙주의 자. 융통성이 없다. 직장 생활은 잘한다. 만일에 결혼을 했다면 丙火가 남편인데 合이라 合이 깨지면 이혼할 수 있다.

○ 地支는 1陽3陰이라 애정이나 건강에 문제가 있고, 土가 많아 답답하다. 밤글자가 많아 집에 들어오면 어두운 느낌이다(혼자 살면서 고양이를 키우고 있다 함).

○ 月柱, 日柱, 時柱는 공망이 같다(同旬 空亡). 年柱는 공망이 다르다. →

본인이 왕따를 시키든지, 아니면 본인이 왕따를 당한다. 실제로 직장에서 본인은 동료들에게 잘해 주는데, 동료들은 본인을 좀 꺼린다 함.

○ 卯 : 손가락, 얼굴, 木板(목판), 집착, 암기력. 합으로 묶여 있어 손가락 기술을 쓰기는 어렵다. 목공예도 1년간 했다고 함.

○ 卯戌合 : 春秋之合, 문장력. 그림 잘 그린다. 女命은 고독.

○ 辛卯일주

    – 흰 토끼다. 알쏭달쏭 신묘하다(신약하면 더욱 그러하다).

    – 낫에 베인 풀처럼 중단수가 있다(하는 일, 작업 等).

    – 싹이 자라기만 하면 자른다. 부부싸움이 많고 이혼수가 많다.

    – 女命은 卯가 시모(媤母)라 시모를 우습게 안다.

    – 머리를 짧게 자른다. 단정하고 깔끔하다.

○ 辰, 未는 養生之土(양생지토).

○ 丑, 戌은 肅殺之土(숙살지토) → 丑戌土가 있으면 인덕이 없고 남과 다투기를 좋아한다.

○ 戌戌 : 남과 다투기 좋아한다. 앉아서 졸기를 잘한다.

○ 辰은 겉은 화려하나 속은 비어 있다. 내부적인 아픔이 있다. 戌은 겉이 화려하면 속이 비어 있고, 겉이 초라하면 속이 차 있다. 戌은 이것저것 하고 싶어 한다.

○ 卯 酉 戌(약병인자, 철쇄개금) 중 2字만 있어도 눈이 높아 의사나 법관남편을 원한다. 본인이 의사 아니면 가족이나 가까운 친척 중에 반드시 의사가 있다.

○ 時柱에 偏印

    – 자식인연이 약하다.

    – 모친을 말년까지 모신다. 믄神이다. → 모친을 모시고 있는데 고집이

세고 힘들어서 죽겠단다.

- 己丑은 시궁창이라 모친 때문에 내가 시궁창에 빠진 보석 신세가 되고 있다.

○ 時柱에 偏印이라 역학공부를 하라고 권했더니 인성이 凶神이라 그런지 공부 자체가 싫다고 함.

○ 財(1), 印(4) 不均衡(불균형)이라 부모덕이 없다.

○ 부친은 일지 卯다. 年月支 2개의 戌土(財星 : 여자)와 合을 하니 부친은 2번 결혼했다고 하였더니 2번 결혼하고 한 명의 첩을 두었다고 함(丑중 己土와 卯중 甲木이 甲己暗合으로 첩을 두었다고 볼 수 있음).

○ 전전생은 庚戌 괴강으로 도사(조상도 도사). 전생은 丙戌 백호로 장군.

※ 女命 辛金은 土가 많으면 (넓은 땅)골프장의 예쁜 캐디다. 男命 庚金은 土가 많으면 건설회사 사장이다. 乙木은 土가 많으면 식물원, 화원관리자다.

▎ 辛金(6)

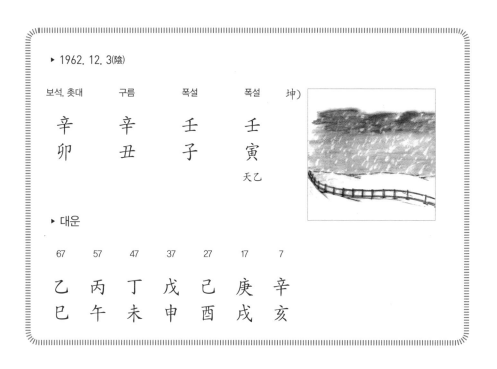

▸ 1962. 12. 3(陰)

보석, 촛대	구름	폭설	폭설 坤)
辛	辛	壬	壬
卯	丑	子	寅
			天乙

▸ 대운

67	57	47	37	27	17	7
乙	丙	丁	戊	己	庚	辛
巳	午	未	申	酉	戌	亥

○ 현황 : 식당에서 일한다. 금년 丁酉年(2017)에 상담했는데, 심한 우울증
　에 시달려 정신과병원에 다니면서 약물치료를 받고 있다. 힘이 없어 꼼짝
　도 못하고 하루 종일 방에만 누워 있고, 밤이면 불면증에 시달린다. 점을
　보러 여기저기 다녔는데, 하나같이 신병이 들렸으니 神 받으라 한다.
　어떻게 하면 병이 낫겠느냐고 하소연한다.

○ 運始 : 辛 ~ 수지침, 신비한 것(공상과학, 무협지), 역학, 골프, 낚시.

　　　　亥 ~ 傷官이라 자식의 건강이나 탈선으로 인한 고민

○ 金水傷官이라 머리는 좋다. 要見官으로 반드시 火를 봐야 한다.

○ 年干 傷官이라 가난한 집 태생이다.

○ 子月에 조상자리에서 폭설을 내리고 있으니 좋은 가문은 아니다.

○ 水木凝結이다. → 간경화를 조심하라.

○ 겨울철에 보석이 눈보라를 맞고 있다. 故로 천하다.

○ 水가 많아 일간의 病이 되고 있다. → 신장, 방광, 자궁의 병을 유의해야 한다. 藥神(약신)은 木, 土인데, 火大運이 오기 전에는 藥神인 木을 쓰기 어렵다. 火大運이 조후로 제일 중요하다.

○ 찬물로 辛金 보석을 씻는 사주다. 37戊申 대운까지는 찬물에 손 담그니 고생 많이 했다.

○ 女命 일지 丑은 冷房殺(냉방살)이다. → 일지에 丑이 있고, 월지가 子나 丑이면 평생 冷房殺이다. 따뜻한 방에서 잠자기 어렵다. 子宮도 꽁꽁 얼어 있다. 남편이 충분히 녹여 주지 않으면 부부생활에 문제 있다.

○ 地支는 가정궁이다. 역시 火가 없어 냉골집안이다. → 집안이 너무 추워 집에 일찍 들어가는 걸 싫어한다. 또한 모두 밤글자다. → 밤늦게까지 일한다.

○ 木(寅 卯)이 核인데 꽁꽁 얼어 있어 쓰기 어렵다. 47丁未대운에 물이 녹으니 食傷을 활발하게 쓴다. ← 만일 寅,卯木이 없다면 水多金沈이 된다. 하여 木이 核이다.

○ 火대운(丁未)에 발복한다. 그동안 힘들게 살다가 이 大運에 조그만 아파트 구입했다고 함.

○ 地支는 火운동, 水운동, 金운동, 木운동을 다하니 일생 변화가 많고, 분주하다.

○ 辛丑일주 : 丑중 辛金(가는 철사)으로 촘촘히 짜여진 모습이라 신용이 있고, 근면하며 어려운 일도 반드시 극복해 낸다. 庚金의 墓庫地라 형제를 위해 담보를 제공할 일이 있다.

○ 辛辛(고초살) : 주위에 항상 씹는 사람이 있다. 天干의 酉酉刑이다. 음독

자살이다. 天干은 생각이다. 고로 자살을 입에 달고 산다. 그러나 地支에 辛金의 根이 없으니 실행은 하지 않는다(地支는 실행, 실천, 행동이다). 地支로는 酉酉刑이다. → 세균성 질환에 조심하라.

○ 丑 : 오물, 점을 보기 좋아한다.

○ 子丑寅(貴三合) : 七顚八起(칠전팔기)의 정신이다.

○ 丑寅卯 : 丑(偏印)이 寅卯(財)를 열어 준다. → 偏印이라 윗사람의 도움. 혹은 굴곡된 문서 잡으면 큰돈 한번 번다.

○ 丁酉年에 왜 그랬을까?

- 丁火가 壬水하나 合으로 잡은 것은 좋다.

- 大運으로는 寅未귀문, 子未귀문이다. → 쌍귀문이다.

- 세운에서도 寅酉귀문, 子酉귀문이다. → 쌍귀문이다.

→ 大歲運에서 4개의 귀문이 겹치니 어찌 신경과민이 되지 않겠는가?

- 원국에는 귀문관살이 없으니 神들리는 사주는 아니다. 하여 戊戌년에는 씻은 듯이 우울증에서 벗어나니 내말만 믿고 절대 神받지 말라 했다. 정신과병원에도 갈 필요가 없다고 했다. ← 戊戌年初에 확인해 봤더니 씻은 듯이 병이 나았다고 선생님 말씀이 맞다고 하더라.

辛金(7)

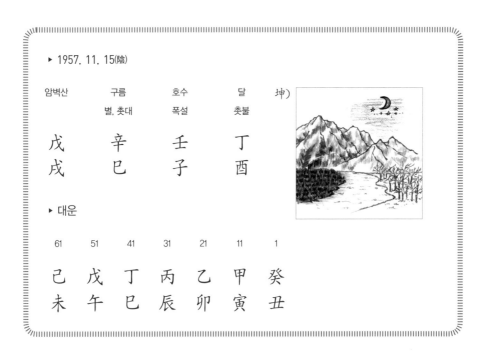

▸ 1957. 11. 15(陰)

암벽산	구름	호수	달	坤)
	별, 촛대	폭설	촛불	
戊	辛	壬	丁	
戌	巳	子	酉	

▸ 대운

61	51	41	31	21	11	1
己	戊	丁	丙	乙	甲	癸
未	午	巳	辰	卯	寅	丑

○ 현황 : 다년간 노래방을 하고 있다. 도우미도 쓰고 술도 판다.

○ 運始 : 癸 ~ 욕심이 많다.

　　　　丑 ~ 天厄星(액을 많이 당한다). 허리 디스크.

○ 겨울철 밤하늘에 은하수가 흐르고 별은 보석처럼 반짝인다. 밤에 丁壬合
은 은하수다. → 미인이다.

○ 壬水로 辛金 보석을 씻는다. 이때는 木이 돈이다. 겨울인데 火가 없어
찬물에 씻는다. 찬물에 손 담그니 고생 많이 했다.

○ 얼어 있는 물이 녹는 여름철(丁巳대운)에는 戊戌(큰 댐)로 물 막는다. 댐 사
주다. 이때는 水가 돈이다.

○ 壬水가 子 根이 있어 큰물이다. 그런데 丁火가 壬水를 合으로 묶어 놓은

게 흠이다. ← 丁火 남편 때문에 돈벌이에 애로가 있고, 남편이 돈을 없애는 형상이다.

○ 辛(보석처럼 반짝이는 조명)

　- 壬丁 : 은하수처럼 오색빛이 은은하게 흐른다.

　- 戌 : 지하 철대문을 의미한다.

　→ 지하 철대문이 있는 노래방이다. 오색조명이 은하수처럼 꾸며져 있다.

○ 子水는 밤이요, 술이요, 도화라 여자도우미다. 도화가 財가 되면 유흥업이나 자기의 끼로 돈을 번다(대체로 연예인은 도화가 財인 경우가 많다).

○ 酉는 예쁜 술잔이다(양주잔).

○ 子酉破 : 술과 술잔이 깨졌다. → 주변의 신고로 몇 번 영업정지를 당했다고 함.

○ 酉時에 문을 열고, 戌時를 거쳐 子時까지 영업한다. 때로는 巳時까지도 한다. ← 실제 그렇다고 함.

○ 촛대와 촛불이 있어 기도사주다. 그러나 丁火 촛불이 合으로 꺼져 가니 절에는 다니나 신심이 약하다.

○ 남편은 丁酉다.

　- 巳酉合으로 끌어와 일찍 결혼했다.

　- 丁火라 정이 많고, 문창성을 깔아 똑똑하다.

　- 壬水 正官과 合을 하니 바른 사람이다. 壬水는 나의 돈인데 合으로 가져다 쓴다. 地支로는 子酉破다. 子水 내 돈을 파먹는다. ← 사업한다고 내 돈을 3번이나 크게 말아먹고 지금은 백수다.

○ 말년에 남편은 戊戌이다. ← 일지 巳중 時干으로 戊土 투출했기 때문. 時柱는 자식궁이므로 말년에 남편을 자식처럼 챙겨 준다. → 지금은 고작 노래방 지하의 철대문을 열어 주는 게 전부라고 함.

▮ 辛金(8)

▸ 1985. 12. 8(陽)

밭	기암괴석	큰 산	꽃	坤)
己	辛	戊	乙	
丑	巳	子	丑	

▸ 대운

50	40	30	20	10
癸	壬	辛	庚	己
巳	辰	卯	寅	丑

○ 현황 : 지방의 대도시에서 전문대를 졸업했다. 집안은 명문집안으로 친인
척들은 꽤나 유명한데, 命主의 집안만 어려워 대학 졸업 후 집을 나와 밤
에 룸살롱에서 아무도 모르게 일한다. 룸살롱 아가씨들 중에서 인물로는
상위그룹인데, 손님에게 인기가 없다고 하소연한다.

○ 運始 : 己 ~ 모든 일을 법적으로 처리하려 한다.

　　　　丑 ~ 天厄星. 偏印이라 부모의 기도로 태어났다. 할머니, 이모,
　　　　고모와 인연. 편인도식이라 자식인연이 약하다. 허리 디스
　　　　크를 조심하라.

○ 金水傷官이라 머리는 샤프하다. 要見官이라 반드시 火를 봐야 한다. 고
로 남자를 좋아한다. 그러나 官(火)이 弱하여 직장 생활을 하기 어렵다.
하더라도 잘나가지 못한다. 밤일을 하기 전엔 알바를 조금 했다 함.

○ 年支에 偏印이면 일찍이 倒食(도식)이라 유산 경험이 있다.

○ 地支가 밤글자에 춥고 어두우니 밤에 지하 룸살롱에서 일한다. 辛(酉)은 예쁜 양주잔도 된다. 子는 얼음을 넣은 차가운 술이며, 지하도 된다. 물은 지하로 흐른다.

○ 겨울 辛金 土多하면 게으르다. 어리석고 우둔하고 현실감각이 어둡다.

○ 戊己土가 많으면 壬水가 와도 씻을 수 없다(앉아서 불평만 하고 되는 일이 없다). 이럴 때는 甲木이 疎土(소토)해야 한다. 역시 火가 없으면 壬水가 와도 얼어 있어서 못 씻어 준다.

○ 특히 겨울철에 辛金은 火가 없으면 陽氣를 그리워하여 따뜻하고 정겨운 것을 좋아한다. 고로 따뜻한 말을 해 주면 너무 좋아한다.

○ 겨울철에 火를 버리는 사주는 사회에서 대접받지 못하는 인물이다. 무위도식이다.

○ 참고로 여자가 火가 없거나, 남자가 火가 旺하면 고달프다. 사회생활이 힘들다.

○ 겨울철에 辛金이 근土를 보면 차가운 길바닥에 떨어진 보석으로 천하다.

○ 時柱에 근土 偏印이 丑에 根하여 매우 강하다.
   – 이렇게 편인이 강하면 외골수, 고집불통, 우기기가 심하다.
   – 멋은 잘 낸다. 時柱라 말년에 강하게 나타난다.

○ 女命은 印綬가 많으면 남자와 잠자리를 싫어한다.
   食傷을 克하기 때문에 옷 잘 안 벗는다.
   食傷이 너무 旺해도 官星을 克하기 때문에 남자를 우습게 보고 옷을 잘 안 벗는다.

○ 女命에서 食傷은 性에너지요, 애교이다. 본 명에서는 子水가 얼어 있

어 흐르지 못하니 性에너지도 약하고 애교도 없다. 고로 잘생겼어도 손님이 없다.

○ 地支는 1陽3陰으로 가정궁의 균형이 안 맞다.

→ 애정, 건강, 가정사에 반드시 문제가 있다.

○ 丑 : 일복(밤일), 고집, 집착, 끌어모으기 좋아한다(수집광). 오물, 비린내 나는 생선을 좋아한다. 씻기 싫어하여 냄새가 잘 난다(특히 丑月生이 강하다). 占(점) 보기를 좋아한다.

○ 丑丑 : 대장, 관절, 허리디스크를 조심하라. 삼각관계.

○ 巳丑 : 스트레스 局.

○ 일지 巳 正官을 깔아 반듯한 남편을 원한다. 巳중 丙火와 明暗合을 하여 결혼하게 되면 남편에 대한 애착이 강하다. 또한 명예에 대한 애착도 강하다.

○ 일지에서 戊土 투출하여 남편은 戊子가 된다. 부모자리라 엄마처럼 군다. 辛金은 戊土를 보면 먼지 낀 보석이 되고, 큰 산에 묻히게 되니 매우 싫어한다. 그러나 여기서는 子月에 戊土라 방풍, 방습을 해 주니 아주 좋은 역할을 한다.

○ 엄마도 戊子다. 아버지 자리에 있으니 집안에서 발언권이 세다.

○ 아버지는 乙丑이다. 乙木은 축토에 뿌리내리면 삶이 고달프다. 고집이 세고, 일복이 많다. 추운 겨울 계곡(子)이 있는 큰 산(戊)의 풀이라 외롭다. 춥고 배고프다.

┃ 辛金⑼

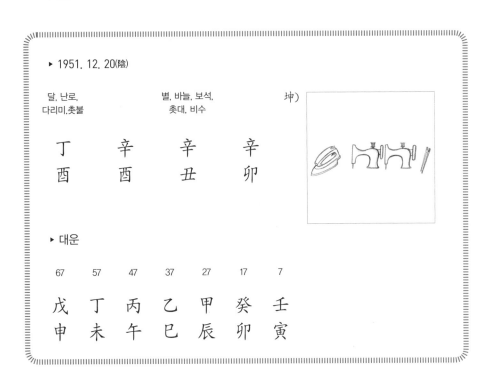

▶ 1951. 12. 20(陰)

달, 난로, 다리미,촛불	별, 바늘, 보석, 촛대, 비수		坤)
丁 酉	辛 酉	辛 丑	辛 卯

▶ 대운

67	57	47	37	27	17	7
戊 申	丁 未	丙 午	乙 巳	甲 辰	癸 卯	壬 寅

○ 현황 : 남편과 같이 세탁소를 운영한다. 바느질과 수선을 아주 잘한다.

○ 運始 : 壬 ~ 장거리 여행 좋아한다.

　　　　寅 ~ 일처리가 깔끔하다. 正財라 가난한 집 태생.

○ 辛 : 현침살, 바늘, 재봉틀. 丁 : 다리미, 난로, 달.

　　卯 : 현침살, 손가락. 집착. 丑 : 일복, 고집, 집착.

　　酉 : 재봉틀, 스트레스 인자.

○ 酉酉刑이라 몸에 흉터가 있다.

○ 辛酉일주는 양날의 칼이라 접근하기가 어렵다. 자존심이 강하다. 겨울
　生이라 매우 냉정하고 차가운 사람이다. 그러나 丁火 난로 때문에 밖으
　로 드러난 모습은 그렇지 않으나 집안에서는 차갑다. 丁火 남편 때문에

성격 조절은 된다. 집안에 따뜻한 글자가 하나도 없다. 냉골 집안이다. 가정궁이 1陽에 3陰이라 균형이 안 맞아 가정사, 건강사, 애정사에 문제가 있다.

○ 丁火가 겨울에 태어나 신약하면 심장이 약하니 어릴 때 겁을 주어서 키우면 안 된다.

○ 火(여름)大運이라 조후가 해결되니 잘 나간다.

○ 남편은 丁酉다.
- 文昌星을 깔아 총명하다.
- 生地를 깔아 인물이 좋다.
- 金多火熄 되니 있는 듯 없는 듯 조용히 산다.

○ 形象으로 보면 꽁꽁 언 북극 땅(丑)에 잔디 같은 풀(卯)이 있고, 기암괴석(辛)이 연이어 있는데, 酉時에 초승달이 떠 있다. → 인물은 그런대로 괜찮은데, 외롭고 고독한 형상이다.

辛金(10)

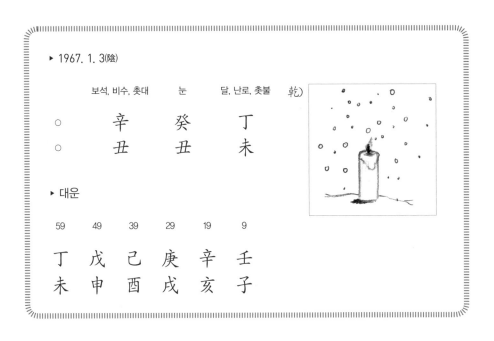

▶ 1967. 1. 3(陰)

	보석, 비수, 촛대	눈	달, 난로, 촛불	乾)
○	辛	癸	丁	
○	丑	丑	未	

▶ 대운

59	49	39	29	19	9
丁	戊	己	庚	辛	壬
未	申	酉	戌	亥	子

○ 현황 : 국가전략안보연구원 연구위원이다. 북한을 주제로 하는 안보강사다.

○ 運始 : 壬 ~ 장거리 여행을 좋아한다.

　　　　　子 ~ 도화살이라 멋을 잘 부린다. 食神이라 의식주에 매달린다.

○ 丑月에 年干 丁火(난로)라 좋은 집안 출신이다.

○ 子丑月에 태어나면 午, 未, 戌중 한 字라도 있으면 먹고사는 데 지장 없다.

　　→ 年에 있으니 조상덕이 있다. 그러나 丑未沖으로 그 효과는 半減(반감)된다.

○ 年月支 沖 : 일찍이 고향을 떠난다.

○ 年月에 丑未沖 : 형제간에 재산 문제로 다툼이 있다.

○ 丑(북한) 偏印(전문)으로 공부하여 癸水로 써먹는다. 辛金이 癸水를 보면

　　눈보라를 맞는 보석이라 凶이다. 그러나 다음과 같은 장점은 있다.

　　– 임기응변에 강하다.

- 특수한 쓰임새(특수한 맛, 향, 기술)에서는 잘나간다.

- 예민하고 섬세함을 요구하는 직업에 좋다.

- 의약 계통에도 좋다.

→ 故로 특수한 방면인 북한학을 섬세하게 공부하여 특출한 표현력으로 대중에게 인기가 좋다고 볼 수 있다.

○ 未(偏印 : 전문공부, 따뜻한 공부)에서는 丁火 偏官을 투출하니 직업(직장)을 만들어 주었다. 그러나 丁火 偏官을 癸水 때문에 쓸 수가 없다. 癸水는 地支로는 旺地 도화이며 丁火 官을 치니 조직 생활을 하게 되면 하극상이 심하다. 고로 별정직, 전문직, 연구직, 기술직 등 승진과는 거리가 먼 직종에 종사함이 좋다. 나의 언행(癸)이 丁火난로를 끄니 내 복을 내가 차기도 한다.

○ 丑(偏印 : 전문공부, 축축한 공부, 어둡고 차가운 공부)에서는 癸水食神을 투출하여 나의 할 일(진로)을 만들어 주었다.

○ 丑은 凍土(동토)로 북한을 의미한다. 고로 북한에 관한 전문지식을 연구하였다. 언어로는 영어다. 영어공부도 많이 했을 것으로 추론된다(未土는 일본어). 또한 화개지로 역사학, 고고학도 된다. 북한 역사공부도 많이 했을 것으로 추론된다.

○ 丑 : 발가락, 집착, 고집, 일복, 오물(잘 씻지 않는다). 비린내 나는 생선을 좋아한다. 밤일(어두운 일).

○ 丑丑 : 대장종양, 허리디스크, 관절에 문제.

○ 華蓋多逢(화개다봉 : 3개)에 辛(촛대), 丁(촛불)이 있으니 기도사주다. 만일 본인이 기도생활을 하지 않는다면 부모가 공들여 낳은 자식이다. 年支와 日支가 화개성이면 태어날 때 목에 탯줄을 감고 태어났다. 고로 부모가 공들여 낳은 자식이다.

壬
水

아이 밸 妊(임), "子"字항렬(종자, 정자, 난자, 원자, 분자, 전자 等),江(강), 河

(하), 湖(호), 장대비, 인공적인 물(저수지, 호수)

수평이동(橫流(횡류)) → 고로 비만, 지혜, 옥수, 은하수, 정강이.

바다라 스케일이 크고 포용력이 강하다. 장거리 역마. 바다는 평평하고

수평이라 차별받는 것을 싫어한다.

비, 서리, 눈, 얼음 → 위장을 잘한다. 변신을 잘한다. 적응력이 좋다.

○ 水의 관찰

(1) 큰물인지 작은 물인지를 보라(강, 약 : 根의 有無)

(2) 맑은 물인지 흐린 물인지를 보라(청탁).

　　- 金水双淸은 貴格이지만 가난한 선비다.

　　- 깨끗한 물에 고기가 살지 않는다.

　　- 木火通明은 부자가 많다.

　　- 물을 맑게 하는 것은 첫 번째가 木(산소)이요, 두 번째가 火(활력, 기)이

　　　다. 물을 약하게 하는 것은 己土, 물이 많아도(比劫過多) 탁해지고, 金

　　　이 많아도 탁해진다(金多水濁 : 철분물).

(3) 더운물인지 찬물인지를 보라(조후).

(4) 수원지가 있는지 없는지를 보라(金).

(5) 흘러서 쓸 것인지 막아서 쓸 것인지를 보라.

- 木을 만나면 흐르고(水路(수로)), 水를 만나도 흐른다(물은 모이면 넘쳐서 흐른다).
- 土를 보면 막아서 쓴다(제방, 댐, (官)).

○ 水의 性質
(1) 변화 : 적응력이 좋다. 변신을 잘한다(구름, 비, 서리, 안개, 눈, 얼음, 물, 수증기) → 담는 용기에 따라서도 변신.
(2) 침투력 : 틈만 있으면 스며든다. → 자꾸 따지고 물어 본다(정보원, 스파이, 비밀스런 직업).
  러시아 : KGB, 영국 : M16, 북한(己丑) : 丑중 癸水→丑(땅굴)로 침투한다.

○ 壬水의 目的
(1) 농사짓는다(수생목) : 봄, 여름
(2) 조후 : 가는 곳마다 인기 있다(여름), 물이 넘치면 戊土로 제방.
(3) 완성물(辛)을 씻어 준다.
(4) 사오미월에 매우 조열할 때는 장대비로 본다. 고로 癸水보다 조후를 더 잘한다.

○ 壬水의 할 일
- 木 : 水生木, 나무를 키운다. → 부지런하다, 새벽잠 없다(농민은 새벽부터 일한다).
- 火 : 소방관(불 끄느라 바쁘다). 조후(炎熱: 염열을 식힌다).
- 土 : 土를 潤濕(윤습)하게 해서 土로 하여금 木을 키우게 하든가 金을 生한다.
- 金 : 金을 씻어준다. 旺한 金의 氣를 설한다(金生水).
- 水 : 모여서 흐른다(動한다). 水가 약하던지 하여 잘못 흐르면 혈액순환

이 잘 안 된다.

○ 壬水가 꺼리는 것

⑴ 丁壬合 : 일을 안 한다. 능력발휘 못한다. 本分妄覺(본분망각).

⑵ 壬 己 : 탁수, 구정물. 의식이 탁해져 자기 편한 대로 산다. 말썽꾸러기
남편.

⑶ 壬 癸 : 丙을 가린다(사계절 모두 해당). 쭉정이 농사.

⑷ 壬 辛 : 壬水는 辛金을 가장 싫어한다. 丙火를 合하여 태양이 못 온다.
印綬가 와도 물질이 없다.

○ 木(生命)을 키우고, 더위를 식히고, 戊土로 댐을 만들어 물을 저장하고,
불을 끄는(水火旣濟)것이 소명.

○ 좋아하는 五行 : 丙, 戊, 庚.

싫어하는 五行 : 己, 壬, 癸

○ 壬癸가 많으면 유랑자, 이사를 많이 한다. 직업 변동이 많다.

○ 水에 木은 산소(수로), 木(산소)이 없으면 물이 흐르지 못하여 썩는다.

○ 水는 어둡고 깜깜하여 비밀스런 직업을 갖는 수가 있다. 亥子丑 → 연구
직, 정보원, 장의사, 서예 등. 경찰이라면 밤에 잠복 근무를 많이한다.

○ 水源이 없는 弱水, 旺土上의 水는 썩은 물이며 탁수이다(탁주, 요구르트,
발효水).

○ 水命은 풍파가 많고 초년의 고생이 많다. 水多하면 물팔자.

○ 壬이 大運에서 酉를 만나면 거꾸로 壬이 酉를 씻어 줘야 한다. → 안 하
던 엉뚱한 짓을 한다. 酉運은 敗地(浴地)이다.

○ 女命 壬일주는 대부분 본남편과 못 산다. 다만, 戊土가 있는 경우는 괜찮
다.

○ 亥水는 水의 精(정)이며 氣의 핵이다. 亥水는 丑土를 보면 탁수가 되니

가장 싫어한다(丑은 오물).

○ 子水는 탁수이나 丑土를 보면 얼어 버리나, 亥水는 맑은 물이니 얼지 않아 무방하나 더러워지니 싫어한다.

○ 水가 旺하면 수탕기호(水湯騎虎)라 하여 寅木이 필요.

○ 水多하면 물줄기가 사방으로 분산되어 큰일 하기 어렵다. 한곳으로 역량 집중이 안 된다.

○ 봄여름의 壬水는 木이 있어야 좋고, 申酉月에는(水旺) 戊土로 댐을 막아야 좋은데, 戊土가 없으면 무책임하고 제멋대로다.

○ 腹上死(복상사)는 불이 습해서 일어난 현상으로 丁壬合, 丙辛合에서만 있다.

○ 火土가 많아 壬水가 마르면 지혜가 부족하고, 재물과 배우자, 자식 때문에 속타는 아픔이 있다.

○ 壬일주가 火土가 많으면 水가 마른다. 발기부전이다. 고로 火(여자)만 보면 쪼그라든다.

○ 壬水가 凶神이면 물질문제로 감옥에 들락날락. 丙火가 凶神이면 정신적인 문제를 일으킨다(종교, 언론을 상대로 사기 等).

○ 壬 午 : 壬午일주가 타인의 건물을 쓰게 되면 사람이 죽어 나가는 경우가 많고, 새로운 세입자도 잘 들어오지 않는다. 반면에 건물을 매각할 때는 壬午일주가 세 들어 살면 매각이 잘 이루어진다.

○ 壬 辰 : 丑月生은 평생 못 날아 본다(얼음에 갇힌 용). 여름생은 登龍門(등용문), 물통 속의 물. 캄캄한 밤의 용 → 丙火를 보아야 광명.

○ 壬 寅 : 물가의 호랑이, 밤의 호랑이, 문창성. 신강하면 아랫사람을 잘 돌본다.

○ 壬 子 : 羊刃(칼)을 깔아 수술을 꼭 한번은 한다(제왕절개 등). 내가 임자다.

천지가 물이니 의혹이 많고, 남을 잘 믿지 않는다(女命 日刃은 부부궁 불리).
마음속 깊이가 9m라 속마음을 알 수 없고, 이중적인 성격이다.

○ 壬 戌 : 天干 地支가 모두 천문성이다(종교, 철학, 역학, 의사, 경찰 等). 天干에 丁火가 있으면 靈感(영감)이 있다.

○ 壬 申 : 女命은 영감이 강하다(일지 偏印). 長生地를 깔아 총명하고 인물이 수려하다.

☀ 天干論

Ⅰ 壬 + 甲

○ 壬水는 생명을 키우는 게 임무(甲), 丙火를 보아야.

○ 木이 뿌리내리는 辰, 子未土 좋다. 丑戌土는 뿌
리를 못 내려 열매가 없으니 돈이 없다.

○ 바쁘다. 언행이 예쁘다. 대들보를 키운다. 곡식
(과수)을 키운다.

○ 푸른 물(물에 산소 풍부). 잘 흐르는 물. 호수 옆의 수양버들이라 인물이
좋다.

○ 지혜와 인덕을 모두 갖추었다. 베풀기를 잘하고 활동성이 뛰어나다.

○ 壬水는 甲이 하나이면 한 곳의 대학과 인연이 있고, 甲이 2개가 되면 두
군데를 왔다 갔다 하게 된다. 甲은 교육이며, 대학 이상이다.

Ⅰ 壬 + 乙

○ 호수에 떠 있는 옥잠화, 연꽃, 한강변에 피어 있
는 들꽃. 도화傷官이라 즉흥적이고 외향적인 데
가 있다. → 노년이 외로울 수도. 화려, 매력적,
미적감각(乙木이 어디에 있던).

○ 봄生은 벌 나비가 모여드니 色, 연애만 한다. →
가야 할 길로 못 갈 수 있다. 구성이 좋으면 인기 있다.

○ 乙木이 根이 없으면 浮草(부초) → 쓸모없는 일에 돈을 쏟아붓고 결과가
없는 짓을 할 소지. 따라서 火가 있으면 좋다.

▎ 壬 + 丙

- 江輝相映(강휘상영), 운치 좋고 인물이 좋다. 태양을 좋아하기 때문에 女難(여난)이 많다. 포부가 크다. 정신력이 강하다.
- 단점은 너무 설친다(丙 : 확산, 팽창, 발전)는 것. 亥 역마. 巳역마 오지랖 넓다. 역마살이 강하다.

- 壬이 丙을 調候로 쓰면 따뜻한 물이 되어 사람이 모인다(가을·겨울生).
- 壬 甲 丙 : 富貴.
- 壬 乙 丙 : 교묘한 재주로 富를 얻는다. 예술로 성공.
- 腹上死(복상사)는 불이 合해서 일어난 현상으로 丁壬合, 丙辛合에서만 있다. 水火의 문제(壬이 丁을 보면 아니다).

▎ 壬 + 丁

- 등대, 호수에 뜬 달 → 감상적, 감수성, 고독 → 생활력은 弱하다.
- 合木으로 할 일이 생긴다. 木을 만드니 자식을 낳는다.
- 壬 丁이 멀리 떨어져 있으면 도둑놈 심보.

- 丁火 숫자만큼 바람을 피운다(지장간 포함).
- 丁壬合은 꼭 자식을 낳는다. 사생아를 낳을 수도 있다. 연애만 하느라 자기 할 일을 못한다.
- 正財와 합이라 돈 때문에 합을 하지만 결국 사기를 당한다(用神羈絆 용신기반).
- 개인적인 것이나 작은 것(正財)에 매달려 큰일을 하기 힘들다. 淫亂之合(음란지합)으로 본연의 임무를 망각.

○ 冬節에 壬水가

　－ 丙火를 쓰면 밖에서 일하고(태양)

　－ 丁火를 쓰면 안방에서 일한다(난로).

○ 壬水는 丁火를 당겨와 木이 되니 교육과 인연한다.

┃ 壬 + 戊

○ 산정호수, 도전정신, 투쟁정신이 강하다. 山明 水秀(산명수수).

○ 댐을 막아 농사지을 물을 가두니 배짱, 희망, 꿈, 포부가 크다.

○ 甲木이 있으면 수로역할 → 물이 흐르니 썩지 않 는다.

　甲木이 없으면 물이 썩어 쓸모없다.

○ 壬水가 戊土를 보면 바르게 산다. 壬水가 旺한데 戊土가 없으면 무법 자, 제멋대로 흐른다(쓰나미). 흘러흘러서 화류계로 갈 소지.

○ 戊 壬 戊 : 물이 산에 가로막혀 갈 길을 못 가므로 運이 없다.

○ 官은 희망이요, 꿈이요, 포부다. 四柱에 官星이 없으면 포부나 희망이 없는 삶을 산다. 官星이 旺하면 比劫을 치니 형제가 죽을 수도.

┃ 壬 + 己

○ 피가 탁하다 : 피부병. 혈전.

○ 己土는 전생의 원수다. → 흙탕물을 만들고, 甲 木을 자빠뜨린다.

○ 己土가 弱하면 官(자식, 직장, 남편)이 물에 휩쓸려

가는 형국이다. 女命은 남편이 잘해 줘도 양에 안찬다. 己남편은 물에 휩쓸려 가니 과부가 될 수도 있고, 아니면 남편이 제멋대로 다닌다(말썽꾸러기 남편). 子丑月은 濁壬(탁임) 안 된다.

▮ 壬 + 庚

○ 庚 = 申, 申은 壬水의 長生地 → 고로 庚金은 金生水 잘한다.

○ 庚金은 수원지 → 영리하고 인덕 있다. 지혜, 생각이 깊다. 역학공부를 잘한다.

○ 石間水(석간수) → 정리정돈을 잘한다.

- 여름생 조후로 쓰면 부모덕 많다.

- 가을생은 서리, 우박.

- 겨울생은 폭설로 부모 때문에 신세 망친다.

○ 金多水濁(철분물) 되면 배운 것은 많아도 못 써먹는다. 아는 것이 병. 천한 물, 천박한 이론.

○ 印星이 내근직이면 食傷은 외근직. 화투를 쳐도 印星이 많으면 늦게 치고, 食傷이 많으면 빨리 친다.

▮ 壬 + 辛

○ 도세주옥(陶洗珠玉), 辛金(보석)을 깨끗하게 씻어준다.

○ 天干이라 정신적으로 아는 것 많고 깔끔. 선비 기질.

○ 辛 = 酉라 生은 잘 안 된다.

○ 壬水는 辛金에게 봉사만 한다.

○ 辛金이 丙火를 合去하니 壬水는 辛金을 좋아하지 않는다.

┃ 壬 + 壬

○ 홍수, 해일, 폭풍, 거칠 것이 없고 추진력이 강하다.

○ 하늘에 먹구름이 가득하고, 땅에 물이 넘쳐나는 상황으로 제멋대로 흘러가는 모습이다. 根이 있으면 파도가 심하게 치는 격 → 자기 앉은 자리 안정이 안 되니 재물과 가정에 풍파가 많다.

○ 어려서 질병을 앓을 소지. 장거리 역마. 格이 나쁘면 가출.

  – 戊土가 根이 없으면 제방이 무너지는 格.

  – 壬水가 根이 없고 신약하면 괜찮다. 매우 음란.

○ 壬 壬 : 바다 건너, 파도 건너, 외국 이민(유학). 배 타는 사람, 외국 출입이 잦다.

  壬 壬 壬 : 파도가 계속 치면 안정이 없다. 외국에 간다.

  壬 壬 壬 壬 : 甲이나 寅이 있으면 외국에 갔다가도 말년에 고향에 돌아온다(時柱에).

┃ 壬 + 癸

○ 호수에 비가 내리는 형상 → 눈물, 한숨, 고독, 사람이 안 따른다.

○ 홍수에 장마가 진다. 남의 고통은 신경도 쓰지 않는다. 내가 죽겠는데 남 생각 못한다.

○ 壬일주가 癸水가 있으면 얼굴이 검다(한강에 홍수로 흙탕물이 들어오는 형상).

○ 有根하면 홍수 → 쭉정이 농사, 동절에 폭설. 바쁘게 살고, 돈 들어와도 금방 나간다.

○ 水旺하고 戊土가 있는데 壬癸水가 와서 戊土를 合去하면 중도장애가 많고 고독하며 한 많은 인생이다. → 甲木이나 寅木이 필요하다(水蕩騎虎).

○ 火氣가 전혀 없으면 남의 눈치를 보고 산다. 집이 냉골이니 늦게 들어온다.

※ 地支論

(가) 寅卯辰月

○ 봄의 壬水 : 적기에 태어났다(生命을 키우는 것이 주요 임무). → 木을 못 키우면 성질이 아주 더럽다.

　　– 생명을 키울 수 있는 조건이 갖추어지면 부지런하고 貴.

　　– 자랄 때 인기 있고 대우받고 자랐다.

○ 壬 乙 丙 : 개나리, 진달래.

　　– 일찍 만개한 꽃, 향기가 진동한다. 매력적이다. 미적 감각.

○ 丙火가 없으면

　　– 色, 연애만 한다.

　　– 가야 할 길로 못 갈 수도 있다.

　　– 많은 비에 꽃잎 떨어진다.

○ 壬 丙 : 貴하다(丙이 없으면 별 볼 일 없다).

○ 壬水가 旺하면 戊土로 제방을 쌓아야 한다. ← 戊土가 없으면 무법자, 문제아.

○ 壬水는 木을 봐야 한다. 甲丙戊 중 한 자만 있어도 좋다. 단, 쓸 수 있는 것이어야 한다. 제방이 안 되면 중간에 실패한다.

　　– 甲 : 할 일이 있는 사람.

　　– 乙 : 예술의 별.

　　– 丙 : 날씨가 맑다.

　　– 戊 : 제방(貴).

○ 壬 甲 丙에 辛金을 만나면 하는 일마다 중도에 破하고, 남을 망치고 자신도 망친다. 거짓말도 심하다.

○ 寅午戌, 巳午未 火局이면 평생 하는 것이 없다 : 있는 재물도 갖다 버리는 명식. 火旺하면 질병, 요절할 수 있다. 나무는 불타고 壬水는 증발한다.

○ 봄의 壬水가 木旺身弱하면 産厄(산액)으로 사망할 수 있다.
  - 산후조리를 잘해야 한다.

○ 壬 丁
  - 세련된 사람 : 미인
  - 丁, 壬 중 하나가 用神이면 바람기 있다(생명 키우지 않고 딴짓 한다). 남의 가정도 파괴한다.
  - 丁 壬 合 木 : 진짜 木이 아닌 木(沖되면 깨진다). 임신이 잘된다.
  - 丁 壬 甲 丙 : 좋은 환경인데도 거꾸로 간다.

○ 壬 癸 : 매우 나쁘다(한강에 비 내리는 형상). 얼굴이 검다.
  - 비 때문에 丙태양을 보지 못하니 가난, 시력이 나쁘다. 의심 많다.
  - 壬 丙(丁) 癸 : 큰일을 못한다. 동업 안 된다. 의심이 많다.
  - 癸水 때문에 되는 일이 없다.

○ 壬 己 : 탁수 ~ 甲乙로 己土를 제거해야 한다(子, 丑月은 얼어서 탁수 안 된다).
  - 올바르지 못한 정신.
  - 신장이 안 좋다.
  - 水弱하면 피가 탁하고 저항력이 약하다. 두드러기.

○ 봄의 壬水는 신약해도 金을 싫어한다(庚辛, 申酉).
  - 金이 木을 치면 사납고 강박관념이 있다(잘라 내도 계속 자라므로). 포용력 부족.
  - 庚辛金을 보면 내면이 불안.

○ 寅月 壬水 : 신왕하지 않고 조후되면 환대받는다. 부지런하다.

- 寅申沖, 己土濁壬, 寅午戌로 태우면 가장 나쁘다. 종교인을 하라.

○ 봄의 木을 자르면 순리에 역행 : 나쁜 짓으로 돈 번다.

○ 봄의 壬水가 地支에 三刑 있으면 욕심 많고 물질에 고통받는다. 女難(여 난)이 따른다.

○ 庚辛金이 많아 印星이 凶이면

  - 부모가 자식 때문에 고생이다.

  - 공부 안 한다 : 丁火가 藥神(약신).

○ 봄의 壬水가 丙火를 보고 甲木을 잘 키우고 있는데

  - 辰戌沖되면 못 자란다 ~ 땅이 순탄해야 잘 자란다.

  - 직업이 변화무쌍 ~ 복잡하게 살고 실익(수확, 열매)없다. → 土 官의 沖

  - 교통사고 조심

○ 地支 寅卯辰, 亥卯未 木局이면 天干 金으로 극제 해야 하지만, 地支에 金은 없는 것이 좋다.

○ 壬水가 신약해도 地支 木局이면 衣食걱정 없다.

○ 甲乙木이 있는데 金이 자르면 돈 갖다 버리는 사람이다.

  - 丁火로 庚辛金을 제거해야 한다.

○ 辰月의 壬水

  - 木을 봐야 한다(土月은 모두 甲木으로 旺한 土氣를 눌러 줘야 한다).

○ 卯가 나타나면 어디로 가는지 봐야 한다 : 봄 · 여름卯는 바람기. 정력 강. 色難(색난).

○ 壬 乙 : 바람둥이. 정력이 강하여 배우자가 골골.

  ○ 卯　水가 卯도화, 陽氣 덩어리를 生한다.

○ 壬癸일주가 丙火를 보면 여난이 많다. 태양을 좋아하기 때문이다.

(나) 巳午未月

○ 여름철의 壬水는 어려서부터 귀염둥이로 희망과 기대가 크다.

○ 木多하면 일복이 많다. 조후 부족하면 가난하다.

○ 여름 壬水는 바쁘게 산다. 쓰임새 많게 태어났다(식수, 농업용수, 공업용수, 조후).

  – 신강 : 인기, 귀여움, 바쁘게 태어났다.

  – 신약 : 바쁘기만 하고 실속 없다.

  – 태왕 : 홍수, 흉폭, 제멋대로 흘러간다.

○ 根이 반드시 있어야 한다.

  – 亥子丑 싫어하고 申子辰은 괜찮다. 亥子丑은 겨울의 찬물이다.

  – 辰, 丑 있으면 衣食 걱정 안 한다(辰중 乙木이 있어 100점, 丑중 辛金이 있어 30점).

  – 辰 : 귀한 대접을 받는다.

  – 丑 : 사회에 조금 나쁜 짓 하면서 산다.

○ 여름에도 壬水는 甲木과 丙火를 쓴다. ← 신약이면 능력 부족. 甲, 丙이 없으면 富貴중 하나는 없다. 地支에 辰土나 申, 子중 한 字는 반드시 있어야 한다. 없으면 丑土라도 쓴다.

○ 壬水가 여름에 약하면 庚金이 좋다 : 德望家(덕망가), 부모덕 있다.

○ 天干에 庚辛 뜨면 木이 자라지 못한다.

  – 조후는 되나 天干에 木이 나타나면 생명을 치니 凶이다.

○ 여름 壬水의 戊己土는 凶하다. ← 壬水가 太旺할 때는 戊土가 좋다.

○ 壬丁合은 나쁘다. 생명을 키워야 하는데 본분을 망각하고 연애만 하고 있다.

  – 남한테 원성, 원망을 듣는다. 남에게 해를 끼친다.

○ 壬水가 신약할 때 壬丁合은 고질병 생긴다. 夭折之命(요절지명). 제 갈 길 못 간다. 삐딱하게 산다. 삶이 고단하다.

○ 여름 壬水가 甲木을 보더라도 신약이어서 못 키우면 생육 능력이 없다. 자기몸 건사하기 바쁘다.

○ 地支에 巳午未, 寅午戌 火局이면 조열하여 甲, 丙이 떠도 생명을 태워 없애는 命(돈이 들어와도 재로 날려 버린다). → 말년이 비참하다.

○ 地支 辰戌沖은 나무를 자주 옮겨 심는 형상이니 수확이 없다.
 – 한때 재물이 모여도 금방 떨어지고 직업 변동이 많다.

○ 여름 壬水 신강에 癸水 있으면 장맛비, 폐농.

○ 여름물이 범람하면 火가 돈인데 돈을 벌어도 겁탈해서 번다(불을 아예 꺼 버린다).

○ 여름 壬水가 신약일 때 癸水를 보면 좋지만 응급조치이다.
 – 끝에 가서는 다 나가고 빈털터리(쭉정이).

○ 여름 壬水가 吉命이면 정치가, 덕망가, 큰 인물.

○ 地支 申子辰으로 水旺일 때 戊土로 제방하면 局이 크다.

○ 여름 壬水가 水多木浮되면 홍수로 곡식을 버린 형상이니 삶도 東家食西家宿(동가식서가숙).

○ 亥卯未, 寅卯辰 木局이면 壬水가 신약해지므로 金水를 쓴다.
 – 寅申沖, 卯酉沖이면 남 보기는 좋은데 木을 자르니 실속이 없다. 욕심이 많다. ← 沖이 안 되게 떨어져 있어야.

○ 여름 壬水가 甲, 丙 뜨는데 地支가 三刑이면 고통 극복하고 성공.

○ 丑戌未 三刑은 별로 좋지 않아서 곡절이 많은데 권력으로 가면 좋다.
 – 만일 사업을 한다면 官災(관재)가 많이 따른다.
 – 寅巳申도 비슷하다.

○ 未月生이면서 吉命이면 권력으로 가야 좋고 편히 산다. 丑, 戌月生도 비슷하다.

○ 未土는 未중 乙木을 보관하는 것이 임무다. 戌未刑이 되면 未중 乙木이 깨져 말썽이 생기거나 함정에 빠진다. 丑戌未 三刑은 관재구설이다(壬에게 土는 官이다).

○ 火가 旺한 여름철이나 火炎土燥(화염토조) 할 때는 癸水보다 壬水가 유용하나 노력 끝에 얻어지는 功이다(이때 壬水는 장대비).

○ 壬水에게 → 甲, 丙, 戊 중 한 글자만 있어도 천격은 면한다. 地支에 沖이 있으면 못 써먹는다.
  - 甲은 食傷으로 곡식
  - 丙은 財로 돈, 영민하고 똑똑하다.
  - 戊는 官으로 벼슬이다.

(다) 申酉戌月

○ 가을 壬水는 木이 다 자란 시기이므로 壬水도 할 일이 없고 丙火도 할 일이 없다.

○ 冷한 계절에 冷한 몸으로 태어났으니 사람이 찾아오지 않는다. ← 火가 있으면 아니다. 火가 없으면 사람이 찾아오지 않는 물로 소외된 사람이다. 현실에 적응하기 어렵고 고난의 길을 걷는다.

○ 가을 壬水가 旺하면 천한 물 : 賤格(천격). 地支에 水가 辰土없이 旺하면 깡패 ← 辰은 저수지로 물을 가둔다.

○ 木火가 있고, 戊土제방이 있으면 가을 壬水라도 봄·여름 못지않게 貴格이다. ← 甲,丙,戊중 한 字만 있어도 의식 걱정 없다.
  - 木火가 없으면 생명력 없는 물로서 벼슬은 해도 돈은 없다(木은 능력, 火

는 활동력).

　　- 戊土가 물을 막아 주면 벼슬은 하는데 고충은 있다.

○ 가을 壬水가 甲 丙 있으면 大局이고, 乙 丙 있으면 홍단풍이라 운치 있
고 아름답다. → 색감이 발달하고 예술성이 있다.

○ 壬 甲 丙(丁) : 조상 재산을 안고 태어났다. 음덕이 많다. 초년부터 榮華
(영화)가 따라다닌다.

○ 地支에 寅卯辰이 있어 刑, 沖이 안 되면 언젠가는 運이 온다.

　　- 늦게라도 돈 벌수 있는 運을 타고 났다.

○ 壬 庚 辛 : 가난하게 태어났다. 자라면서 집안이 망한다.

　　- 나를 낳고 부모 이혼, 고향을 일찍 떠난다. 학창 시절엔 가출할 수도.

　　- 金 太旺이면 좌충우돌, 깡패.

　　- 안 되는 짓만 한다. 의지할 곳이 없다. 地支에 火가 있으면 그것이 밥
　　　이다.

○ 天干에 庚辛金은 우박과 서리라 농사를 망친다. ← 丁火로 제하지 못하
면 처자식도 못 거느린다.

○ 가을 壬水가 丁火와 合하면 온수로 변해서 사회에 좋은 일을 하려고 한
다. 내가 불 속에 뛰어들어 온수로 만든다.

　　- 자기희생, 봉사정신이 강, 善良(선량).

○ 壬 甲 庚 : 다 지은 농사 냉해, 우박으로 다 망친다.

　　壬 乙 辛 : 수확이 안 된다. 곡식을 잘라 버린다. → 불행 예고

○ 壬 己

　　- 탁수 : 사고가 천하다.

　　- 높은 직책으로 올라가면 원성이 따라다닌다. ← 甲乙木이 제해야 원성
　　　안 듣는다.

○ 癸 壬 庚 辛

- 놀고먹는 사람(부모유산, 妻德, 남의 德으로 산다).

- 편하게 산다. 자기는 할 일이 없다.

- 地支에 寅午戌 火局이면 먹을 복은 있는데 주위 환경이 나쁘다.

○ 壬

　寅 申

(1) 생명을 깬다.

(2) 일이 잘 안 된다. 될 만하면 뒤집힌다(과정의 沖, 중도 파경).

(3) 申酉月은 沖되는 寅卯가 나타나지 않아야 된다.

○ 가을 壬水가 火無이고 癸水가 旺하면(가을 홍수)

- 가을에 궂은비로 곡식을 썩게 한다. 먹을 것이 없다. 흉년.

- 인륜을 거스르는 일을 한다.

- 사회악을 조성하거나 남에게 피해를 준다.

○ 天干 甲乙이 있어도 地支의 寅申沖, 卯酉沖은 수확을 반타작 낸다. 根
이 상하지 않아야 大局이다.

○ 庚金이 旺하고 戊土가 없다면 깡패가 되거나 좋은 가정을 깨고 시비를 잘
건다. → 戊土는 庚金을 덮어 주고, 壬水를 克.

○ 地支에 巳酉丑, 申酉戌 金局으로 신왕하면 나쁜 환경.

- 木을 克하므로 돈이 안 따른다.

- 壬水가 旺하여 쓰나미.

○ 申子辰 水局은 戊土(제방)를 보고 丙火를 봐야 재물을 지킨다. 丙火는
둑방을 강화시키고 壬水에게 활력을 준다.

○ 가을 壬水는 丙火가 있고, 火가 旺해야 값이 나간다.

- 가을·겨울은 火가 돈이다. 적선을 많이 해야한다.

○ 天干은 조후가 되었다 해도 地支가 냉골이면 집안이 차므로 가족이 뿔뿔이 흩어진다.

○ 酉月 壬水
  - 浴地라 안 좋다. 대운에서 만나면 반드시 삶의 변화가 온다(문서 변화, 남편의 사망 등). 경험도 없으면서 어설프게 일벌린다.
  - 酉金이 壬水를 生하는 것이 아니라 오히려 壬水가 酉金을 씻어 주므로 엉뚱한 일을 한다.

○ 酉月 壬水가 丁火 있으면 추워지는 계절로 가니 준비하는 성격(有備無患 유비무환). 소심, 자상, 꼼꼼, 성실, 부지런하다. 음란지합 아니다.

○ 戌月 壬水
  - 戌중 丁火 때문에 다정다감하다.
  - 심사숙고형 : 공무원, 전문직.

○ 戌月 壬水가 甲木을 丙火와 함께 보아야 甲木을 키운다. 戌月의 甲木은 丙火가 있으면 生木이요, 그렇지 않으면 死木이다.

○ 壬 甲 己 : 甲은 무용지물 → 女命은 남편복 없고, 男命은 처자덕이 없다.

○ 壬 丙 辛 : 丙은 무용지물.

○ 子 + 未 = 辰 : 수확이 많다.
  子 + 戌 = 丑 : 수확이 적다.

(라) 亥子丑月

○ 水旺한 壬일주는 남들이 싫어하는 몸으로 태어났다(水旺節).

○ 겨울의 壬水는 쓸모없는 차디찬 물, 눈보라.

○ 겨울철의 壬水는 殺氣(살기)가 있어 공업용수로 밖에 못 쓴다(火無 일 때).

○ 水旺한 壬水가 火가 없으면 버림받은 몸, 서러운 일이 많고 구박을 많이 받으며, 초년고생이 심하여 인덕이 없다. 도둑의 기질, 火 찾아 여자 망신.

○ 亥子丑生 逆行運(역행운)이면 어려서 무조건 고생한다.

○ 물이 얼어 있으면 사회에 유익한 일을 안 하고 산다.

○ 생명을 보존, 키울 수 없다. 보존하는 상태로 끝난다.

　　– 가난한 환경에서 자랐다. 火無는 인기 없다.

　　– 출생부터 외롭다. 서러움을 받고 성장하여 영리하지만, 미움받기 쉽다.

○ 甲 丙 나타나면 좋은데, 甲木이 除濕(제습)하는 戊土를 克하면 안 좋다.

○ 木이 有根(寅卯辰)한데 대운이 火運으로 가면 열매 맺고 大局.

○ 寅卯辰이 沖을 받으면(寅申沖, 卯酉沖, 辰戌沖)

　　– 상처받고 불안, 運이 없다.

　　– 수확이 없다. 고통이 따른다(沖이 없으면 아픈 고통은 없다).

○ 水旺하면 戊土 먼저 쓰고, 마른 土(戌, 未) 있으면 좋다. 火 있으면 食福 있다.

○ 水旺할 때 戊土 없고 甲, 丙 보면 고달프다.

○ 地支에 온기 있으면 1) 甲丙, 2) 乙丙, 3) 甲丁, 4)乙丁 쓸 수 있다.

○ 子月 正用神은 戊土이다.

○ 壬丁合되면 온수로 변한다(온천수)

　　– 겨울 壬丁合이 좋은 경우 많다. 추우므로 丁火를 좋아한다.

　　– 생명이 얼지 않아 봄·여름 大運에 대발한다.

　　– 壬丁合에 火旺하면 남보다 빨리 승진, 편안하게 성장한다.

○ 壬 戊 : 午, 未, 戌이 있고 運이 巳午未로 가면 인기 있고 대우받는다.

○ 겨울 壬水가 火도 없고 庚辛金이 있으면 부모의 사랑을 못 받았다. 또 壬癸까지 나타나면 버림받은 사람이다. 丁火를 보면 끌어안고 놓아 주지를

않는다. 처와 처갓집을 더 좋아한다.

○ 가을 · 겨울의 壬水는 庚金이 병이라 부모 때문에 신세 망친다.

○ 겨울 壬水는 습土(己,辰,丑)가 火氣를 흡수하므로 가장 나쁘다. 申金이 金生水하므로 나쁘고, 水도 나쁘다.

　　– 子, 辰, 申 大運이 와서 申子辰 水局이 되면 이혼한다.

○ 겨울 壬水가 戊己土가 너무 많아 水가 흐르지 못하면 흙속에 빨려들어가 내 형체가 없어져 자기 의지대로 못 산다. 하수인이다. 흙 속에 꽁꽁 언 물이다.

○ 가을, 겨울철에는 다음 해 농사를 위하여 戊土로 물을 가두어 두면 지혜가 있고, 丙火가 더하면 제방이 튼튼하고 金溫水暖(금온수난)하니 富貴가 쌍전한다.

通辯論

壬水(1)

▶ 1954. 1. 22(陰)

비	봄장마	태양	거목	乾)
癸	壬	丙	甲	
卯	子	寅	午	
天乙	刃	文昌		

▶ 대운

64	54	44	34	24	14	4
癸	壬	辛	庚	己	戊	丁
酉	申	未	午	巳	辰	卯

○ 현황: 사업을 하여 아주 잘나갔는데, 未대운에 폭망하여 스님이 되었다.
   說法(설법)도 잘하고 신도 수도 많다고 한다.

○ 運始 : 丁 ~ 예감.

   卯 ~ 예민하고 부지런하다. 도화살이라 멋을 잘 낸다.

○ 寅午火局에 丙火 투출로 甲木은 死木이다. → 甲木은 불쏘시개로 火를
   살린다.

○ 水로 불(火)을 끄는 사주다. 일명 소방서 사주다. 불 끄는 사주는 사업을
   하며 매우 바쁘게 활동한다. 이때는 火가 돈이다. → 木火運에 발복한다.

○ 未대운은 아닌 미(未)로 사업가는 확장을 하면 안 되고, 월급자는 근신, 자중하는 대운이다. 또는 未月엔 태풍에 쓰러진 벼를 묶는다는 의미로 문서나 부동산이 묶인다고도 본다.

○ 未대운은 格(月支)이 入庫된다. → 格이 入庫되면 大凶이다. 食傷이 入庫되면 하는 일이 안 풀리고 매우 답답해진다.

○ 스님에게 원국에 華蓋地(화개지)가 없으면 도시에 있는 절이다.
  - 戌 : 높은 산, 未 : 8부 능선, 辰 : 낮은 산, 丑 : 가장 낮은 곳.

○ 甲木에 庚金이 있으면 목탁을 잘 치고, 염불을 잘한다. 丁火로 庚金을 제련하여 甲木(목탁)을 치면 더 잘한다. 地支 寅木(목탁)은 金(申)을 봐야 목탁을 잘 친다.
  - 天干에 甲木이 없고, 地支에 金이 없으니 염불은 잘 못한다(실제로 설법은 잘하는데 염불은 잘 못한다고 함).

○ 水旺하니 洩하는 木(寅, 卯)이 核이다.
  - 食神(설법)이 寅이다. 호랑이처럼 포효하듯이 한다.
  - 傷官(설법)이 卯다. 도화라 美辭麗口(미사려구)다.
  - 寅時부터 卯時까지 한다.

○ 처는 일지 투출신인 癸卯다.
  - 문창성을 깔아 똑똑하다.
  - 貴人이다 : 처가집 덕을 많이 봤다고 함.
  - 일지 내 몸에서 투출했으니 처를 내 몸처럼 챙긴다(부부 사이는 아주 좋다고 함).

▌ 壬水(2)

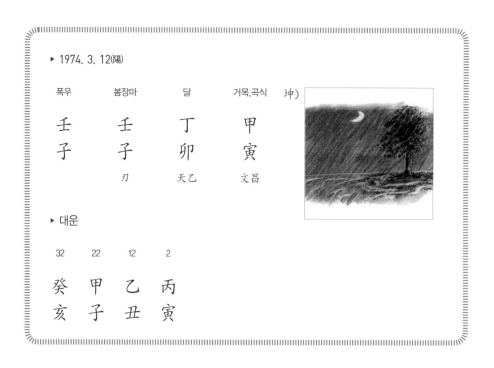

▶ 1974. 3. 12(陽)

폭우	봄장마	달	거목,곡식	坤)
壬	壬	丁	甲	
子	子	卯	寅	
	刃	天乙	文昌	

▶ 대운

32	22	12	2
癸	甲	乙	丙
亥	子	丑	寅

○ 현황 : 임신만 하면 자궁에 혹이 생겨 3번 수술했다. 癸未年(2003년)에 딸 하나를 억지로 낳았다. 현재 유치원에서 근무하며, 봉사를 많이 한다.

○ 運始 : 丙 ~ 크고 넓은 곳 좋아한다. 성격 화끈.

　　　　寅 ~ 일처리가 깔끔하다. 食神이라 자식이 話頭(화두).

○ 水木傷官格이라 머리는 좋다.

○ 나무를 키우는 사주다. 水旺이 문제다. 丙火가 없어 꽃을 못 피우고 결실을 못 맺고 있다.

○ 水木으로만 구성되어 兩氣相生格이다. → 전문가 사주다.

○ 사주의 구성이 편중되어 있다. → 외골수가 강하다.

○ 女命 띠가 공망이면 삶의 파란이 많고 영감(靈感)이 있다.

○ 未는 食傷(木)의 庫地다. 여자는 食傷의 庫地運에 아이를 낳는 경우가 많다. → 癸未年에 딸을 낳았다.

○ 壬癸일주 卯月生은 도화를 生하기 때문에 色이 강하다. 본 명식은 水旺하여 木(특히 寅)으로 水路(수로)를 내어 물을 빼야 하기 때문에 항상 활동해야 한다. 寅은 역마다. 故로 봉사활동을 많이 한다. 食傷을 중히 쓰므로 보살행(菩薩行)이다. 女命은 水旺사주에서 바람피우는 걸 많이 본다.

○ 卯月에 壬癸水는 고로쇠 물이다. → 정력이 강하다.

○ 卯(새싹 : 유치원생)에게 물을 준다. → 유치원에서 일한다.

○ 일주와 월주가 干合支刑으로 곤랑도화다. → 성생활이 문란하다. 性病(성병). 荒淫(황음).

○ 女命 일지는 자궁이다. 특히 子는 자궁의 개념이 강하다. 일지(자궁)에서 時干으로 壬水 比肩을 투출했다.

　→ 친구가 내 자궁이다. → 子子 刑을 하고 있다. 子는 애정사요, 남에게 말 못할 비밀사다. → 나쁘게 말하면 레즈비언의 형상이다.

○ 女命에서 子 卯 酉는 産厄(산액)의 글자다. 이 중 2글자가 있으면 산액을 당할 확률이 높다. 子卯刑이 겹쳐 있어서 산액을 당할 소지가 크다.

○ 결론적으로 문란한 성생활에 레즈비언에 산액刑이라 아이를 갖기가 쉽지는 않다.

○ 女命에 時柱에 比劫過多는 말년이 외롭다. 姉妹剛强(자매강강)이면 嗔房之婦(진방지부)라 : 비겁이 많으면 홀로 빈방을 지킨다.

○ 時柱에 壬癸水는 절로공망이다. 강 건너 강이다.

○ 비겁이 많으니 돈도 모이지 않는다.

○ 木은 후천수로 3, 8이다. 木은 食傷으로 자식이다. 고로 3번 수술했다고 추론할 수도 있다.

▌ 壬水(3)

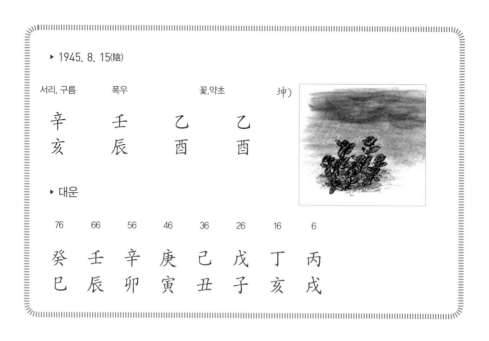

▸ 1945. 8. 15(陰)

서리, 구름	폭우	꽃,약초	坤)
辛	壬	乙	乙
亥	辰	酉	酉

▸ 대운

76	66	56	46	36	26	16	6
癸	壬	辛	庚	己	戊	丁	丙
巳	辰	卯	寅	丑	子	亥	戌

○ 현황 : 부유한 가정에서 태어나 학창 시절 발레를 했다. 남편은 큰 섬유회
사에 이사로 재직 중 45세로 별세. 그 후 형제들의 도움으로 살아왔다. 두
자녀(아들1, 딸1)가 주는 용돈(매월 3백만 원)으로 생활하는데, 혼자 다 쓰면
서도 부족하다고 한다. 친정은 약사 집안, 시댁은 교육자 집안. 貴夫人 티
가 나며 평생 먹고사는 데 지장 없는 편안한 백수다.

○ 運始 : 丙 ~ 크고 넓은 곳 좋아한다. 성격 화끈하다.

　　　　 戌 ~ 평생 돈이 안 떨어진다. 남편이 話頭(화두)다. 반안살이라
　　　　　　 폐경기가 빨리 온다.

○ 酉月의 壬水는 金水雙淸이다. 선비정신. 총명하다.

○ 어릴 적 꿈은 乙木꽃(도화, 예술의 神), 傷官이라 예술이다.
　 酉 = 발레. 酉酉刑이라 중단 수. 몸에 흉터가 있다.

○ 乙木(약초)을 키우는 사주다. → 木, 火大運에 발복한다. 中秋에 칼바위에서 필요 없는 차디찬 물을 쏟아부으며 乙木을 키운다. 乙木은 壬水를 매우 싫어한다. 큰비에 꽃잎이 다 떨어진다. 고로 중도하차 한다.

○ 남이야 죽든 말든 나만 편하면 된다는 식이다. 故로 이기적이다.

○ 水旺한데 洩氣處(설기처)가 乙木뿐이 없으므로, 乙木으로 설기하기엔 약하지만 그래도 쓸 수밖에 없다. → 자식에게 의지할 수밖에 없다.

○ 가을에 칼바위에서 자라는 약초라 稀少價値(희소가치)가 있어 부르는 게 값이다. 고로 돈이 많다. 火大運을 만났다면 본인이 일해서 큰돈을 벌었을 것이다. ← 火大運을 못 만나 평생 형제 자식들의 도움으로만 편하게 살고 있다.

○ 남편은 일지 辰중에서 투출된 乙酉다. → 칼바위 위에서 자라고 있는 약초라 의지가 대단하다. 가을장마를 만나 꽃잎이 떨어지니 단명할 수밖에.

○ 乙木(섬유)를 酉(재봉틀.가위)로 다듬는 형상이다.

▌ 壬水(4)

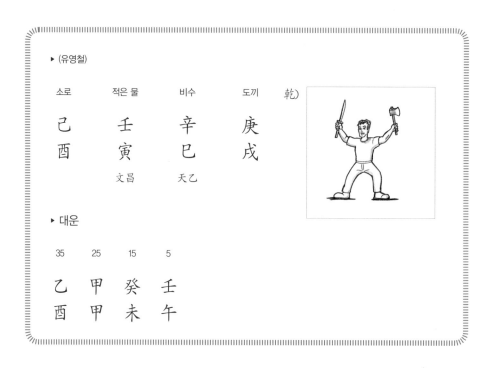

▸ (유영철)

소로	적은 물	비수	도끼	乾)
己	壬	辛	庚	
酉	寅	巳	戌	
	文昌	天乙		

▸ 대운

35	25	15	5
乙	甲	癸	壬
酉	甲	未	午

○ 현황 : 사이코패스다. 20명을 살해한 연쇄살인마다.

○ 運始 : 壬 ~ 장거리 여행을 좋아한다.

　　　　午 ~ 처에 대한 불만을 가지고 산다. 가난한 집 태생(부친의 유고로

　　　　인하여).

○ 문창성을 깔아 머리가 좋다

○ 문창성에 生地를 깔아 머리가 좋고 인물도 좋다.

○ 金(庚辛)을 씻는 사주인데 탁수(己壬)로 씻는 게 문제다. 印星混雜(혼잡)에
흙탕물로 씻으니 여러 가지 잡생각에 머리가 혼란스럽고 항상 망상에 사
로잡혀 있을 뿐이다. 공부도 될 리가 없다. 모친에게도 불효하고, 윗사람
에게도 흙탕물을 뿌리니 망신을 준다.

○ 壬水는 根이 없어 시냇물이다. 시냇물 흐르는 소로에서 도끼와 비수를 들고 사이코패스 짓을 하는 형상이다.

○ 月支가 亡神이라 母가 再娶(재취)다.

○ 酉가 六害殺이라 만성 기관지, 천식이 있다.

○ 己壬濁水라 자식과는 전생의 원수다. 자식과 떨어져 살아야 한다. 그렇지 않으면 己土 자식은 旺한 水에 휩쓸려 단명한다.

○ 食傷이 刑, 沖이면 싸가지가 없고, 소화불량이다.

○ pro근성이 강하다(戌 : 직업, 巳 : 돈과 여자, 寅 : 하는 일).

○ 戌土가 巳戌귀문으로 靈駕(영가) 들렸다. 庚金이 偏印이라 할아버지 영가다. 이렇게 되면 할아버지 꿈을 자주 꾼다.

○ 쌍귀문이다(巳戌, 寅酉).

　— 巳중의 庚金 도끼가 年干으로 발동했다.

　— 酉중의 庚金 도끼가 年干으로 발동하고, 辛金 비수가 月干으로 발동했다.

　— 酉는 자식궁이라 자식을 낳고 더 심해졌다.

　→ 天干은 밖으로 드러난 모습이니 항상 도끼와 비수를 가지고 다녔다. 귀문으로 발동했으니 사이코패스다.

○ 특히 巳는 돈이요, 여자라 돈과 여자 때문에 귀문발동이 걸리고 도끼 들고 사이코패스 짓을 한다. 酉는 浴地라 욕정 때문에 도끼와 비수를 들고 사이코패스 짓을 한다.

○ 未대운엔 寅未귀문이 또 걸린다. → 사이코패스 기질이 더 심해진다.

○ 申대운엔 寅巳申 三刑殺이다.

○ 酉대운엔 寅酉귀문이 발동 걸리고, 酉酉刑을 한다.

○ 財印不均衡(재인불균형)이라 부모덕이 없다.

○ 父는 巳중 丙火다.

 – 月干 辛金과 合을 하니 부친의 처(나의 엄마)는 辛金이다.

 – 父의 두 번째 처는 庚戌이다. 巳戌 暗合을 했기 때문이다.

 – 귀문이라 죽고 못 사는 관계다. 결국엔 巳火가 戌에 입고 된다.

○ 妻는 寅중 丙火다.

○ 자식은 己酉다. 문창성에 生地를 깔아 똑똑하고 잘생겼다. 酉중 庚도끼
와 辛비수가 있으니 마음속에 칼을 품고 있다.

▍壬水(5)

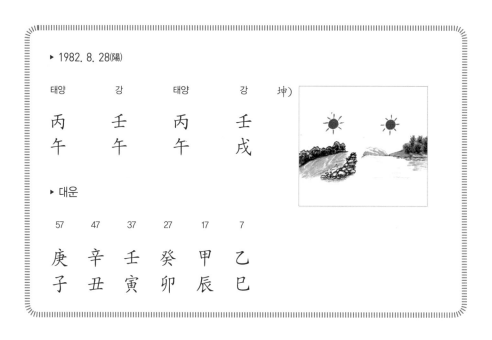

○ 현황 : 종합병원 응급실에 근무하는 의사다.

○ 運始 : 乙 ~ 언변이 좋다. 단거리 여행을 좋아한다.

巳 ~ 사람이 착하고 성실하다.

○ 壬水는 적수오건(滴水熬乾) 되어 있다. 하여 일지 午중에서 투출된 月干 丙火가 일간대행이다.

  - 사주의 大勢(대세)도 火다. → 丙午를 일주로 본다.

  - 午 羊刃(칼)을 3개나 차고 있다. 칼을 3개나 차고 있으니 가는 곳마다 사고를 치는 命이다.

  - 여장부다. 그러나 직업이 의사라 刃(칼)은 수술용 칼이 되어 사고를 치지 않는다.

○ 年支 기준 亥는 劫殺이다. 壬水는 天干의 겁살이다. 밖으로 드러난 겁살이다. 劫殺이란 강압에 의하여 시끄러운 소리가 난다. 소음을 동반한 일이다. 고로 의료, 법무, 세무다.

  → 종합병원에서 가장 시끄러운 곳이요, 가장 급한 곳이 응급실이다. 따라서 응급실에 근무하는 의사다. 두 번째로 갈 수 있는 곳은 수술실이다.

○ 劫殺이 官이다. → 겁살 官을 쓰는데 의료, 법무, 세무 중에서 의료로 갔다.

○ 火가 旺하여 성격은 급하다. 壬水가 旺한 火를 제어는 하나 너무 약하다. 天干이라 생각은 성격을 조절하고 싶은데, 地支에 根이 없으니 행동은 절제가 잘 안 된다. 누구도 못 말린다.

○ 羊刃이 있으면 칼과 인연이 있다. 하다못해 칼을 소지하고 다니기도 한다.

○ 卯대운은 도화대운이라 결혼한다. 남편은 午에서 투출한 時柱 丙午가 된다. 역시 羊刃에 칼을 3개나 차고 있으니 같은 의사일 것이다. 똑같은 丙午라 친구 같은 남편이 된다.

○ 旺한 五行은 반드시 설기해야 한다.

※ 旺喜順勢(왕희순세) : 四柱중에 旺한 오행의 기운을 따라가거나, 旺한 五

行의 氣를 설하는 運을 기뻐한다. 旺한 五行이란 三合, 方合 등 오행이
편중되어 從格과 같이 극도로 편중된 것을 말한다. 旺神을 克하는 運을
逆勢運(역세운)이라 한다.

壬水(6)

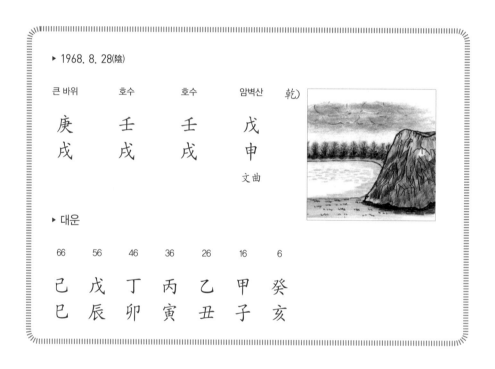

▸ 1968. 8. 28(陰)

큰 바위	호수	호수	암벽산	乾)
庚	壬	壬	戊	
戌	戌	戌	申	
			文曲	

▸ 대운

66	56	46	36	26	16	6
己	戊	丁	丙	乙	甲	癸
巳	辰	卯	寅	丑	子	亥

○ 현황 : 육사를 졸업하고 현역 육군 대령으로 근무 중이다. 독실한 천주교
신자로 기부도 많이 한다. 승진은 언제 될까?

○ 運始 : 癸 ~ 욕심이 많다.

○ 偏官格에 官印相生이 잘 되고 있다.

○ 官도 강하고, 印도 강하고, 일간도 강하다.

○ 어린 시절 癸甲대운을 지났다. → 정신적으로 매우 힘들었다. 대운이 끝나는 26세부터 정신적으로 성숙했다.

○ 年干(어릴 적 꿈)은 偏官이라 제복을 입는 게 꿈이다. 年干 戊土는 4개地支 모두 투출하여 偏官이 매우 강하다. → 故로 꿈과 목표가 매우 크다. → 年支에서 時支까지 根을 하니 끝까지 그 꿈을 유지한다.

○ 군인에겐 食傷이 부하다. 그런데 食傷이 없으니 부하가 없다. 戊土는 中央土로 본부, 사령부를 의미한다. → 합참, 한미연합사 등 본부에서만 근무했다(대대장 잠깐 했다고 한다).

○ 官이 根이 있어 강하면 국가기관이나, 대기업이다. → 큰 조직인 軍人으로 갔다.

○ 조직 생활에서는 印星이 결재권이다. 印星이 강하니 결재권이 크다. → 직위가 높다. .

○ 地支에 申酉戌이라 천주교 신자다. 戌土가 3개라 전생의 업이 그만큼 많다. ← 각종 기부금단체에 기부를 많이 한다고 함.

○ 寅卯辰 : 유교.　　　　　巳午未 : 기독교.
　 申酉戌 : 불교, 천주교.　　　亥子丑 : 도교.

○ 戌 : 12地支중 가장 강한 글자. 도사. 기억창고. 책임감 강. 높은 산의 기도터. 운동을 좋아한다. 폐가 안 좋다. 전생의 業(업)이라 적선을 많이 하라.

○ 時柱에 偏印이다. → 말년에 명성을 얻으니 한자리한다. 괴강이라 높은 자리다.

○ 壬일간은 丁火 개수만큼(지장간 포함) 바람을 피운다. 3개의 戌중 丁火와 음란지합을 하고 있다. → 沖이되는 辰年에 들통 난다. 실제로 壬辰년에 들통 났다고 함.

○ 2018년(戊戌)에 승진소요기간이 지난다고 한다.

2020년(庚子)에 승진한다. ← 軍, 庚은 庚運에 승진이 잘된다. 또한 庚子년
엔 일간 壬水가 강해지고, 庚 偏印(결재권)이 動하기 때문이다.

壬水(7)

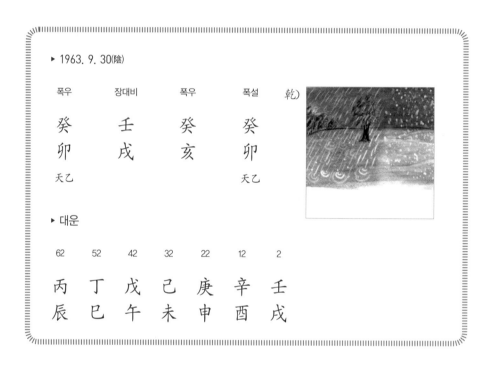

▶ 1963. 9. 30(陰)

폭우	장대비	폭우	폭설	乾)
癸 卯 天乙	壬 戌	癸 亥	癸 卯 天乙	

▶ 대운

62	52	42	32	22	12	2
丙 辰	丁 巳	戊 午	己 未	庚 申	辛 酉	壬 戌

○ 현황: 건강원으로 큰돈 벌었다. 지금은 부인과 같이 식당을 운영한다. 易
　學공부도 한다.

○ 運始 : 壬 ~ 장거리 역마

　　　　戌 ~ 偏官이라 임기응변에 능하다. 괴강이라 총명하다. 天殺이
　　　　라 기고만장하며, 종교를 부정한다.

○ 본 명식의 특징 : 天元一氣, 建祿格∼부친덕 無, 자수성가. 比劫過多. 水가 日柱之病이요, 木, 土가 약이다.

○ 天干의 군겁쟁재 → 天干으로 丙, 丁運이 오면 財損(재손)이 발생.

○ 藥病因子(약병인자) : 卯(약초, 손가락),

　　　　　　　　戌(개, 약탕기, 천의성, 천문성)

→ 약초를 약탕기에 달인다. → 고로 건강원을 했다.

○ 合多 : 사람이 순하다.

○ 壬水가 旺하면 제멋대로 흐르니 막가파다. 戊土가 제어하면 아니다. 처궁 戊土가 제어하니 처 때문에 자기 조정능력은 있다. 고로 처의 말을 잘 듣는다.

○ 일간 壬水가 水生木(卯)하면 卯戌火(財)로 가니 돈 버는 능력은 탁월하다.

○ 나의 능력(卯)와 처(戌)이 합하여 財를 만들어 내니 같이 일한다.

○ 卯戌合

－ 春秋之合이라 문장력이 있다. 그림을 잘 그린다.

－ 간과 위에 열이 생기므로 신경이 예민해지고, 스스로 속을 끓이거나 애간장을 태우는 경향이 있다.

○ 戊午대운에 戊土는 天干의 旺한 水를 잡아 주고, 午火는 午戌 火局(財局)을 짜니 돈 많이 벌었다. ← 인생의 최대 황금기다.

○ 戌亥 천문성이 있어 역학공부를 한다. 印星이 凶神이니 열심히 안 한다. 인성(선생)이 없어 독학으로 하며, 체계적으로 하지 못한다. 인성이 없으면 비법을 찾는다. 설사 선생이 있다 하더라도 한 선생 밑에서 끈질기게 못하고, 여기저기 쫓아다니면서 공부한다.

○ 일지 戌중 丁火와 明暗合 → 丁(돈, 妻)에 대한 애착이 강하다. 남한테 절대 안 뺏긴다.

○ 서북쪽(戌)에 임야가 있다.

○ 壬戌일주는 天干, 地支가 모두 천문성이므로 역학, 종교, 의사, 경찰에
  인연이 있다. → 천라살로 쓰면 경찰이요, 천문성으로 쓰면 활인업이다.
  능동적 괴강으로 거친 성격을 드러내기도 한다.

癸水

헤아릴 규(揆), 비, 안개,이슬, 雨露(우로), (엷은 구름), 눈물, 결백, 질투. 야행성, 道를 좋아함. 智謀(지모), 준법정신, 임기응변에 능.

잔꾀(잔머리). 음용수, 증류수, 하늘물.

속마음을 내비치지 않는다. 더위를 식히고, 곡식(甲)과 화초(乙)를 키우는 것이 소명.

○ 癸水는 根이 없거나 수원지가 없으면 이슬, 안개, 아지랑이다. 수원지가 있으면(生을 받으면)비고, 根(亥, 子)이 있으면 장마, 홍수, 폭우다.

○ 물은 淸濁(청탁)과 深淺(심천: 수원지)를 보라. 木(산소)이 있으면 흘러서 썩지 않는다(淸水). 火가 있으면 물의 활동력이 더 강해진다(얼어 있으면 흐르지 않는다).

○ 탁수 : ① 己土, ② 比劫이 많을 경우, ③ 金多水濁(철분물)

○ 신약하면 눈물이 많고 마음이 약하여 줏대가 없고, 內心이 잘 변한다.

○ 癸水도 亥, 子의 根이 있으면 壬水가 된다. 자연적인 물. 평소에는 조용하나 한번 성질나면 쓰나미를 일으킨다. 겨울 癸水는 死神(눈, 얼음).

○ 癸水와 壬水가 함께 있으면 癸水가 강해지는 것이 아니라 壬水가 강해진다. ← 시냇물이 강물로 흘러간다.

○ 癸水가 旺한 경우에는 여름에는 습기가 많아지고, 겨울에는 한기가 강하다고 보라.

○ 봄·여름의 癸水는 봉사정신이 강하다.

○ 秋冬節의 癸水는 냉하며 속내를 잘 드러내지 않는다. 신강하면 제멋대로 살아가는 폭군의 기질도 있다. 丙, 丁火가 있으면 온정이 있다.

○ 봄·여름은 자비의 神이고, 가을·겨울은 죽음의 神이다.

○ 癸水대운이 오면 이별, 죽음, 슬픈 일이 생기는 경우가 많다(十干의 마지막).

○ 辰土를 절실히 원한다(동네부자는 된다). → 비 내리면 저수지에 가둬 두는 형상.

○ 甲乙木에 辰土, 丙火 있으면 최상이다.

○ 癸 ＝ 子 : 비. 깜깜한 밤. 太旺하면 비밀이 많다(비밀사, 애정사).

○ 癸水가 신약이면 줏대가 없어 정조관념이 약하다.

○ 乙木은 癸水를 싫어한다(비 오면 꽃잎이 떨어진다). 癸水가 乙木을 보면 乙木 자식이 소식 없이 떠나 버린다.

○ 癸水가 月干에 丙火를 보면 80%가 이혼하고, 時干에 丙火가 있으면 밖에 미인이 있어 바람을 피운다. 男女간 인물은 수려.

○ 癸水가 己土를 보면 官인 己土가 制伏(제복)을 못해 주므로 정 없는 남편이다. 밤에 돌아누워서 잔다.

○ 癸水가 旺하고 丁火가 약하면 심장병, 혈압에 문제.

○ 水일주의 財는 火이다. 火는 有形無體(유형무체)라서 불꽃이 없어진다. 특히 比劫이 旺한 水일주가 돈 빌려주면 돈 빌려간 사람이 망한다.

○ 癸水가 金이 많아 忌神이면 평생 부모를 원망하면서 산다(끝없는 비에 凶作).

○ 가을·겨울생 癸일주는 木을 키워도 꽃, 열매가 없다. 허망. 물을 줘도 나무에게 피해가 가므로 욕먹는다. 내 것 주고 욕먹는다. 火가 있으면 나무가 자란다(꽃을 피우고 열매 맺는다).

○ 癸 ＋ 戊 : 女命엔 미인이 많다.

○ 癸水가 乙木을 보면 인물이 곱다. 地支에 卯酉를 보면 음탕하다.

○ 봄철은 싹을 틔우는 이슬비라

－ 덕이 있고, 헌신적, 자비의 물.

－ 水旺하면 마음고생, 從兒(종아)이면 貴格.

○ 여름에는 단비, 甘露水(감로수). 水生土(土를 살린다).

－ 신강해야 한다(식수, 농업용수, 공업용수, 조후).

－ 活人之命이고 부지런하다. 바쁘다. 인기가 좋다.

－ 男命은 활기차고, 女命은 적극적인 사람이다.

－ 신약이면 단명, 신강이면 積善之家(적선지가).

○ 가을에는 숙살지기(肅殺之氣). 궂은 비.

－ 땅의 한기로 인해 자연히 旺해진다.

－ 겨울을 재촉하는 비.

－ 우수(憂愁), 마음고생.

－ 가정에서는 처자식에게 왕따(地支에 無火일 때).

○ 겨울에는 눈보라

－ 제일 나쁜 계절.

－ 땅이 얼어 냉기만 생산.

－ 生命을 죽이는 물(死神). 냉정하고 잔혹하다.

○ 癸水가 丙火를 보면 水火旣濟(수화기제),

丙火가 癸水를 보면 火水未濟(화수미제).

○ 癸亥 : 戊土가 亥에 絶地라 남편덕 없다.

－ 癸(子) 日干이 空亡이라 세속과 인연이 적어 물질을 모으면 육친이 떠

나게 되어 과부팔자가 많다.

－ 바둑기사가 많아 바둑판 사주라고 한다.

－ 강물과 바닷물이 합치니 魚族(어족)이 풍부하다. → 머리가 좋고 공부를

다방면으로 한다. 걸어 다니는 백과사전.

○ 癸亥일주가 돈 빌려주면 그날로 남의 돈이다.

○ 癸 丑 : 마르지 않는 니토(泥土 : 진흙 탕)

→ 陰氣를 품어 일도정진 하는 끈기와 집념, 오기가 있다.

- 캄캄한 곳의 진창, 꽁꽁 언 땅의 물. 印綬庫를 깔고 있어 수집광이나 고
  물상으로 나간다. 서점을 하거나 교육직도 괜찮다. 一 業에 종사하라.

- 丑土는 金의 창고이므로 늘 돈에 목을 맨다.

- 女命은 냉이나 자궁 문제. 未가 沖하면 축축한 남자는 가고, 따뜻한 남
  자가 온다.

○ 癸丑일주는 내 자신의 축축한 문제를 드러내기 싫어서 속마음을 내비치지
  않는다.

○ 癸 卯 : 生地, 문창성, 천을귀인, 효심.

○ 癸 巳 : 天乙貴人, 男命은 正財를 깔아 경제권을 처에게 주라. 正財가
  天乙貴人이면 돈 버는 재주가 없다. 돈관리가 철저하다. 財官双美格(재
  관쌍미격)(신강을 요함)).

○ 癸 酉 : 偏印을 깔아 男女不問 부부궁 不美. 女命은 예지력. 오골계.

○ 癸 未 : 개미처럼 일한다. 偏官을 깔아 욱하는 성격. 女命은 일지 偏官
  은 살림꾼이며, 남편이 사업하면 안 된다.

☀ 天干論

Ⅰ 癸 + 甲

- 나무를 키운다. 나무(자식, 곡식) 키우느라 힘이 나니 洩氣(설기)당해도 힘이 안 빠진다. 아낌없이 준다.
- 癸水가 甲木 만나면 펼칠 "演(연)"字가 되어 말도 잘하고, 표현력도 좋고, 아이디어도 좋다. 탤런트적인 재능.

- 水木傷官 : 甲木은 쭉 뻗어 올라간다. → 톡톡 튀면서 사람을 끄는 매력. 재능을 아낌없이 발휘. 다재다능.
- 봄·여름生은 좋다(곡식을 키우는 계절이다).
  가을·겨울生은 안 좋다. ← 火가 떠 있어야 좋다.
- 꼴찌 입장에서 첫째를 보는 상황이라 傷官星이 아주 강하다. 욕심도 강하다. 비정상적 방법으로 돈을 벌려고 한다(가을·겨울生). 고로 수단과 방법을 가리지 않고 권모술수도 쓴다(凶 작용할 때).

Ⅰ 癸 +乙

- 癸 = 子, 乙 = 卯 → 子卯刑(겨울生이 火가 없을 때)
- 풀잎(꽃잎)의 이슬, 濕木을 키우니 힘이 빠진다. 인물은 좋으나 노년엔 슬프다.
- 봄·여름엔 꽃이 활짝 피어 예능 계통에 소질.
- 겨울엔 忍冬草(인동초) → 火가 없으면 평생 고생이 많다.
- 가을·겨울엔 욕먹는 물(내 것 주고 욕먹는다). → 얼려 죽인다. ← 火가 있어야 한다.

○ 卯 : 문창성이고 천을귀인이다.

○ 겨울生은 地支에 子卯刑을 보라. 水生木이 아니라 木을 죽이는 꼴이 된다. → 五行이 太過(태과)하거나, 조후가 안 되면 刑殺작용이 나타난다.

○ 癸水가 乙木을 보면 인물이 곱고, 地支에 卯酉를 보면 음탕하다.

○ 癸水가 乙木에 丙火면 이로공명(異路功名)이 된다. → 예술이나 연예 쪽에서 성공할 수 있다. 아니면 외국가서 산다.

┃ 癸 + 丙

○ 밤 + 낮 : 陰陽의 조화. 아주 좋아한다. 男女간 인물이 수려하고 화려한 생활을 좋아한다.

○ 생명체를 키우는데 땅에서는 癸水(물)요, 하늘에서는 丙火(태양)이다.

○ 癸水는 丙火를 좋아하나 丙火는 癸水를 싫어한다(의심, 의처증). 癸水가 丙火를 쫓아가면 丙火(여자, 돈)는 달아난다. 남자는 女色을 좋아한다. ← 女難(난)이 있을 수도.

○ 癸水는 木을 키우는게 첫째 임무인데, 木을 키울려면 태양이 필요하므로 丙火를 좋아한다.

┃ 癸 + 丁

○ 地熱(지열)이라 꺼져 버린다.

○ 丁이 癸보면 단명할 수 있다.

○ 丁(심장, 말, 혀 등)에 문제가 있다.

○ 가을·겨울에는 丁火(난로)가 좋은 작용을 한다.
  → 활인업.

○ 丁火가 亂舞(난무)하고 地支에 火局이면 요절하며 시신도 찾기 어렵다고
했다(비행기 사고나 폭발사고).

○ 癸 + 丙 밝은 돈, 癸 + 丁 어두운 돈.

▮ 癸 + 戊

○ 무지개, 큰 산에 구름, 큰 산에 옹달샘. 큰 산에
계곡.

○ 겨울 癸水가 戊癸合이면 좋다(官星 : 희망, 꿈, 포
부, 목표).

○ 木을 키우지 않으니 본분을 망각하고, 官을 이용
할 소지.

○ 女命 : 合化하여 財가 되지만 戊土 남편을 財生官 하기 때문에 남편(시
댁)을 위해 희생할 일이 있다. 신약한 癸水가 合化格이 되지 않으면 이혼
도 안 되면서 남편에게 맞고 사는 像(상)이다.

○ 水旺할 때는 戊土가 좋으니 남편덕 있다.

○ 癸 + 戊 : 戊癸合하여 꼼짝 못하니 혹 手足不全(수족부전) 하는 수가 있다
고는 하나 女命에 미인이 많다(여름생은 무지개). 겨울에는 착한 사람이다.
겨울비가 아니기 때문이다.

○ 癸水는 戊土를 당겨와 火(財)가 되니 땅으로 돈을 번다.

○ 甲 丙은 없는데, 戊己土만 있으면 질병이 많고 임무를 맡겨도 수행하기
어렵다. 나무를 키워 보지 못했기 때문이다.

▮ 癸 + 己

○ 습 + 습 : 둘 다 안 좋다. 쓸데없는 공상, 망상, 요령을 부린다(濁水).

偏官 첩신이면 악바리. 악착같다. 甲木을 合去하므로 싫어한다. 남편덕 없고 직장, 자식이 안 좋다.

○ 己土가 습토 작용이면 밤에 등을 돌리고 잔다. 己土가 癸水를 제복 못하고 습과 습이 만나 탁수가 되기 때문이다.

○ 癸水일간이 戊己土가 忌神이면

- 女命은 남편 때문에 고생하고 사이가 좋지 않다.

- 男命은 직장에 오래 다니지 못하고 직업에 문제가 많다.

▎ 癸 + 庚

○ 庚金이 녹슨다(비 맞는 철).

○ 탁수(철분 물) : 正印(윗사람, 문서 등)에 의한 피해 입을 수.

○ 甲乙木이 재물인데 沖, 合으로 損傷(손상).

○ 나의 진로(甲乙木)를 庚(母)가 막는다.

○ 女命은 자식의 질병이나 우환이 있을 소지.

○ 겨울철엔 외면당하기 쉬워 왕따를 당할 수도.

○ 겨울生은 폭설 → 부모 때문에 힘들다.

○ 庚辛金 투간이면 甲木이 서리를 맞으니 한탄하는 八字요, 金水冷寒(냉한)에 壬水까지 혼잡되면 마치 폭도와도 같이 매섭다.

▎ 癸 + 辛

○ 藥水(약수) : 가치·효용있다(癸水는 辛金을 좋아한다).

○ 乙木을 자르니→ 예기치 못한 일, 돌출사고, 황당한 일이 생기고 중간에 계획이 장애물을 만나 변경되고, 진로 수정을 할 소지(偏印星으로 예기치 못한 일, 돌출사고).

○ 丙火를 合去하여 결실을 못 보니 잘 익은 과일이 느닷없이 落果(낙과)되는 꼴. 겨울생은 부모 때문에 힘들다.

○ 가을철은 印星이라 머리는 좋은데, 甲木이 없으면 행동이 없으니 무위도식하는 경우가 많다.

▮ 癸 + 壬

○ 탁수, 강물에 비 내리는 꼴, 남 때문에 자기 일을 망친다.

○ 일해 주고 욕먹고 → 戊土와 丙火가 있으면 名利(명리)가 있다.

○ 戊土가 없다면 게으르고 가난하다.
존재가치를 잃어버린다.
戊土는 있고, 丙火가 없다면 榮華(영화)가 오래가지 못한다.

○ 시냇물이 강물로 흘러간다. 劫財작용이 가장 크게 나타난다.

○ 癸水가 丁(여자, 돈) 때문에 壬水 친구 따라 강남 가지만, 壬水친구 혼자만 丁壬合으로 다 가져간다. 나는 외톨이가 된다.
- 여름장마 : 홍수, 폐농, 수심, 가정이 온전치 못하다.
- 겨울장마 : 폭설, 수심, 떠돌이, 가정이 온전치 못하다.

○ 癸水는 아무리 신약해도 壬水나 庚金을 쓰지 않는다.

　→ 탁수만든다. 존재가치 상실, 癸水나 辛金을 쓴다.

○ 봄의 癸水는 다재다능, 사람을 끄는 매력.

○ 여름의 癸水는 인기 최고, 시원한 단비(감로수, 활명수).

　→ 戊土가 나오면 놓아주지 않으니 얽매여서 살고, 이혼도 안 해 준다.

○ 가을의 癸水는 天干에 甲木이 있어야 한다. 그렇지 않으면 무위도식.

○ 겨울의 癸水는 눈보라 → 성질이 차갑고 매섭다. 인덕이 없다. 火가 있어 조후가 되면 괜찮다.

｜ 癸 + 癸

○ 밤 + 밤, 눈물 + 눈물, 暗愛的(암애적) 사랑. 소리 없이 흐르는 눈물(밤에 베갯잇 적시는 눈물).

○ 봄·여름엔 인기 있고 부지런하다. → 친구나 선후배의 도움.

○ 가을은 甲木이 없으면 행동이 없으니 무위도식 하는 경우가 많다.

○ 癸水는 十干의 마지막이다. 뭔가 마지막으로 끝장 볼 일이 있다.

○ 丙火를 가려 버린다. → 신경이 예민해지고 우울증이 생길 소지.

○ 癸水가 子丑月에 태어나면 家勢(가세)가 기울 때 태어났거나, 이미 망한 이후에 태어났다.

○ 癸대운 : 슬픈 일, 눈물 날 일이 있다. 十干의 마지막이다.

※ 地支論

(가) 寅卯辰月

○ 자비로운 비, 木(生命)을 키우는 비이므로 헌신적인 비. 착하다. 헌신한
  다. 베푼다. 자신은 실속이 없다. 학자, 선생, 의사.

○ 봄 癸水는 丙을 봐야 생기가 있다.

○ 종아격이 되어 母子有情이 되면 좋은 사주이다.

  - 情 때문에 일찍 마음 주고 결혼하면 일생을 망칠 수도 있다.

○ 甲 보고 丙 뜨면 똑똑하다.

  - 甲, 丙중 한 字만 있어도 천하지 않다.

○ 癸일주가 신왕이면 생명을 죽이니 凶하고, 신약이면 변덕이 많다. 丙,
  甲이 吉神이면 부귀를 갖춘 사주이고, 辰을 꼭 봐야 하는데 辰이 있으면
  貴格.

○ 坤命 : 봄에 태어나서 신약하면 조산, 難産(난산).

  - 일찍 자궁에 손을 대면(유산하면) 아기를 못 낳을 수도 있다.

  - 임신은 잘된다.

  - 甲乙木이 運에서 왔을 때 결혼하면 좋은 인연을 만난다.

  - 申子辰 水局, 壬癸水多이면 丙이 根을 내릴 수 없어 음란.

  - 卯酉冲이면 남편, 자식덕이 없다.

○ 乾命 : 丙火(여자)만 보면 환장한다.

○ 寅卯月에 金이 年月에 있으면 木을 克하므로 신약하여 金을 쓰게 되면
  局이 작다.

○ 봄 癸水가 丙, 甲, 乙 없고 金만 있으면 금수쌍청으로 돈이 모이지 않는
  다. ← 끝없는 봄비에 흉작.

- 이론은 박식한데 생명을 키울 수 없는 이론.

- 생명을 죽이는 사주는 어디를 가도 환영받지 못한다.

○ 봄의 癸水가 丑土를 쓰면 丑중 辛金이 있어 木이 뿌리를 잘 내리지 못한다.

○ 봄의 癸水가 甲乙木이 있어도 辰戌沖이면 결실이 없다. 한때 벌어도 노후가 허망.

○ 木이 旺하면 庚辛金을 써야 하는데 생명을 손상시키는 것을 用하니 욕먹는 짓을 하고 산다.

○ 天干에 木이 없더라도 庚辛이 있어 木이 오게 되면 손상되므로 凶이다.

○ 天干에 丁火 있는데 地支에 寅午戌, 巳午未 火局이면 불난 산(火旺水渴) → 어려서 病弱(병약)하거나 요절한다. 어릴 때 熱病(열병)을 앓거나 火傷(화상)을 입는 경우가 있다.

○ 癸水가 辰土 하나만 있어도 辰중 乙木과 癸水가 있어 木을 키울 수 있으며 동네부자는 된다.

○ 癸水가 木을 키워도 丙火를 못 보면 빛 좋은 개살구.

○ 癸일주는 丙辛합이 되면 엉거주춤하게 산다.

○ 卯月 癸水

- 理想(이상)이 아름답고 좋다. 재치, 요령, 인기 좋다.

- 丙이 뜨면 인물도 좋다.

- 壬癸일간 卯月生은 도화를 生하므로 바람둥이다(卯는 양기덩어리).

○ 辰月 癸水 : 조상과 인연이 많다. 옛것, 역사, 신비, 영적인 것과 인연이 많다.

○ 辰土에 甲乙木 뜨면 大局

- 癸 丙 → 辛이 와서 合

癸 辛 → 丙이 와서 合

반드시 사고 난다(丙辛合이 잘못되면 사람 때문에 망한다).

　－ 丙火 는 항상 癸水를 경계한다(흑운차일 : 얼굴에 먹칠하는 것과 같다).

○ 癸 甲 丙

　－ 인기 있고 바쁜 사람, 유망한 사람.

　－ 부잣집 자손. 사랑받고 자란다.

　－ 癸水가 생명을 키우고 있으면 할 일이 많다.

　－ 癸水가 丙火를 쓰지 못하면 甲乙木이 와도 열매가 없다.

○ 癸 乙 丙 : 예술가, 바짝 명성이 났다가 사라진다. 인기 있을 때 관리 잘
　해라, 노후관리를 잘해라.

○ ○ 癸 乙 ○,

　　○ 亥 卯 未

　(1) 洩氣(설기) 過多(과다). 丙火가 와도 木多火滯(체).

　(2) 욕심 많다. 庚辛金이 솎아내도 좋은 局이 아니다.

　(3) 종아로 가면 貴格이다.

○ 신약에 癸戌合이면 모든 일이 자기 힘으로 되는 일이 없고 남의 도움을
　받아야 풀린다.

(나) 巳午未月

○ 물질이 가장 풍부한 계절. 바쁜 계절(식수, 농업용수, 공업용수, 조후).

○ 신약하면 증발해 버리므로 신약을 가장 꺼린다.

○ 亥, 子의 根이 있든지, 수원지(金)가 있어야 한다.

○ 癸水가 약하면 단명한다. 신왕하면 어디를 가든 인기 있다.

○ 甲乙丙이 있으면 좋다(단, 신왕해야 한다).

○ 天干에 丁火 있는 것을 가장 싫어한다 : 地熱(지열)이 하늘까지 올라오고 있다.
  - 地支에 寅午戌, 巳午未 火局이면 癸水가 마른다
  - 適水熬乾(적수오건) : 요절, 장애 → 입산수도 하는 것이 최고다.

○ 여름 癸水는 癸丑일주도 괜찮다. 여름 癸丑일주 여자는 미용사, 면도사, 바느질, 피복손질 하는 사람이 많다.

○ 여름 癸水가 신왕하면 癸巳일주가 좋다(巳중 戊庚丙 : 재관쌍미). 천을귀인.

○ 午月 癸卯일주는 男女간에 죽은 배우자를 그리워하며 수절하는 경우가 많다.

○ 天干의 戊己土는 절대 필요 없다. 신약한데 戊己土 있으면 억압받는 생활.

○ 地支에 습(辰,丑)만 있어도 식복있다.

○ 조열한 경우 金水 正用神이고, 地支에 습土 있어야 좋은 命이 많다.

○ 신약이면 생활능력 없다. 수행자 팔자.
  신왕이면 사회적으로 큰일을 한다.

○ 未月 木多는 癸水의 수명 단축 : 甲木 잘 자라면 발명가, 천재, 運이 잘 못되어 흐르면 요절.

○ 신약한 癸水가 未月에 亥卯未 木局이 되면 庚金이 간벌해 줘야 한다. 간벌이 안 되면 날이 덥기 때문에 불구자가 될 수도 있다. 庚金은 구름으로 수원지 역할도 한다.

○ 火旺하면 壬水가 도움이 되므로 타인의 도움으로 부자가 된다. 壬水가 없다면 빈한, 단명할 수 있다.
  - 여자가 劫財를 用神으로 쓰면 두 번 결혼한다.
  - 남자는 男娼(남창)이거나 여자 뜯어먹고 산다.

○ 신약한 癸水가 辛金이 있으면 수화기제 되어 인기 있고, 여러 사람으로부터 환영받는다.

○ 여름의 癸水가 수화기제 되지 못하고 火旺하면, 火炎土燥하여 주정뱅이 남편을 만나기 쉽다.

(다) 申酉戌月

○ 木火가 休囚(휴수)의 기간. 甲 丙이 正用神.

○ 농지의 물을 뺄 때 태어난 사람 : 인기가 없다. 丙火 보는 것이 우선(火는 다다익선).

○ 火無이면 태어날 때부터 천한 몸, 금수쌍청이면 머리는 좋으나 가난하다.

○ 甲乙丙이 있어야 좋다. 甲乙木이 없으면 놀고먹는 사람(食傷없이 財를 취하려 한다)

○ 가을 癸水는 榮華(영화)가 짧다. 印綬가 旺(凶)하면 집이 없고 눈칫밥을 먹고 자란다(印綬가 太旺한 女命은 동침하면 남자의 氣를 다 빼 간다).

○ 甲乙木이 있는데 丙이 없으면 부지런하지만 쭉정이 농사. 일 죽도록 하고도 가난하게 산다.

○ 가을의 庚辛金은 병이다 : 丁火가 약신이다.

○ 地支에 申子辰, 亥子丑 水局은 木을 못 키우니 돈이 없다. 여자는 자식이 없을 수 있다.

○ 天干에 金이 있고 木이 없으면 여름에 곡식 심지 않는 格.

　– 일하려고 설치면 재앙만 불러들인다.

○ 癸丁沖 : 내 스스로 필요한 글자를 제거한다(내 복을 내가 찬다).

○ 申月 : 丙火가 우선, 다음은 甲乙木

　– 丑이 있으면 노력, 인내하는 사람.

○ 戊土 있으면 철두철미, 모범적, 세심한 성격.

○ 가을의 癸水가 木火는 없고, 戊土만 있다면 쓸모없는 땅이라 말년에 고통스럽다(쓸모없는 큰 산에 궂은비만 내리고 있다).

※ 사주에 病神(병신)이 많으면 일찍 겉늙어 버리고 화장발도 안 받는다. 藥神(약신)이 유력하면 젊게 산다. 화장발이 잘 받는다. 보편적으로 地支에 辰, 未가 있으면 젊은 여자를 만나고, 丑, 戌이 있으면 늙은 여자를 만난다.

(라) 亥子丑月

○ 하늘에서 내리는 차가운 비. 냉혹. 여름에는 만물을 생장시키는 活命水지만 겨울의 비는 얼려 죽이는 死神과 같다.

○ 火를 보지 못하면
  - 男命은 고독, 독불장군, 부부인연 불안.
  - 女命은 자식(木)을 키우기 어렵다(女子는 사주가 너무 조열하거나, 냉하면 임신이 잘 안 된다).

○ 겨울의 물은 甲, 丙이 떠 있고, 地支에 火가 넉넉해야 마음의 여유가 있다. 가정이 온화하다.

○ 조후가 되어야 생명을 기를 수 있는 덕을 갖춘다.

○ 겨울에 逆用神 水를 쓰면 背逆(배역)의 삶을 살아가므로 인덕이 없다.

○ 물은 아무리 많아도 얼어 있으면 쓸모가 없다. 생기가 없고 흐르지 못한다. 水에게 火는 활동력이다.

○ 겨울 癸水라도 地支에 寅卯辰 나무의 뿌리를 갖고 있으면 봄이 되어 해동될 때 꽃피고 열매 맺으므로 그때 영화가 있다.

○ 癸水가 戊土와 합하면 착한 사람이다. 겨울비가 아니기 때문이다. 온기

를 만들어 낸다.

○ 地支에 午, 未, 戌중 一字라도 있으면 의식주는 해결된다.

○ 癸水가 丁火를 치면(癸 丁) 난로, 지열인 丁火를 꺼 버리므로 돈을 자기 손으로 버리는 사람이다. 내 복을 내가 차는 형상이다. 처를 힘들게 한다.

○ 亥卯未 木局되면 키우지 못할 나무를 키우려 하므로 망상적인 사고방식을 갖는다. 財慾(재욕)이 많다.

   – 부평초인생, 허송세월.

○ 濕土를 가장 싫어한다. 火氣를 다 설기하기 때문이다.

○ 겨울 癸丑일주는 매우 나쁘다.

   – 90%이상 이혼하고 배우자가 원수가 된다.

○ 火氣가 전혀 없으면 남의 눈치를 보고 산다.

   – 집이 얼음장이니 밖으로 나돌다가 밤늦게 들어온다(하숙생 인생이다).

○ 地支에 辰土 있으면 반드시 조후가 되어야 辰중 乙木을 키울 수 있다.

○ 겨울 癸水가 地支에 寅卯辰이 없으면 大運이 木(봄), 火(여름)로 흘러도 씨앗이 없으므로 거둘 것이 없으니 재물복이 없다.

○ 겨울 癸水가 丑戌刑이 있으면 戌중 丁火의 조후역할이 파괴되므로 재물이 모이지 않는다.

   – 丑戌土가 많으면 돌, 자갈들로 木이 클 수 없어 조후가 되어도 큰돈이 없다. 그러나 辰土는 運을 잘 만나면 큰돈이 생긴다.

○ 亥卯未 木局이면 庚金이 와야 하고, 水가 많으면 戊土로 제습해야 하고, 地支에 火가 없으면 대운에서 오는 火로 조후해야 하는데 그 運이 지나가면 돈도 없어지므로 관리를 확실히 해야 한다.

○ 겨울에 火가 많으면 매력적인 사람이다. 주위에 사람이 모인다.

○ 겨울 癸水는 金水가 많으면 패륜아다. 丙,丁,火가 나타나야 한다. 특히

丁火가 좋다.

○ 겨울 癸水는 巳, 午를 꺼린다.

  – 亥, 子月에 태어나면 沖이 되어 조후가 깨지기 때문인데 차라리 戌,
    未土를 선호한다.

○ 겨울 癸水가 습土가 많으면 火氣를 다 설하므로 소아마비나 重病者(중병
  자)가 많다.

  – 겨울은 水보다 습土를 더 싫어한다.

○ 子月은 너무 한습하기 때문에 天干에 戊土, 地支에 戌土나 未土가 좋다.

○ 겨울 사주가 丑土(凍土, 자갈土, 숙살土)가 많으면 생명을 키울 조건이 되지
  않아 가정이 적막하다.

○ 가을·겨울생의 壬癸水는 많을수록 고통이 많다.

  – 겨울 癸水는 신약한 것이 좋다. 줏대는 없어도 귀염받고 산다.

○ 癸水가 子丑月에 태어나면 가세가 기울 때 태어났거나, 이미 망한 이후
  에 태어났다.

○ 겨울 癸水가 한냉하면 집도 없고, 처도 없고, 의지처도 없는 처지다. 한
  냉이 심하면 살인자가 될 수도 있다. 火가 없으면 死神으로 냉혹하다.

○ 亥子丑은 '검다, 어둡다'의 뜻으로 서예, 장의사를 하면 성공한다.

○ 겨울 癸水가 壬水가 많아 凶神이면 국제결혼을 많이 한다.

○ 겨울 癸水가 癸水를 보면 나쁜 친구, 겨울밤 베겟잇을 적시는 눈물.

☀ 通辯論

▌ 癸水(1)

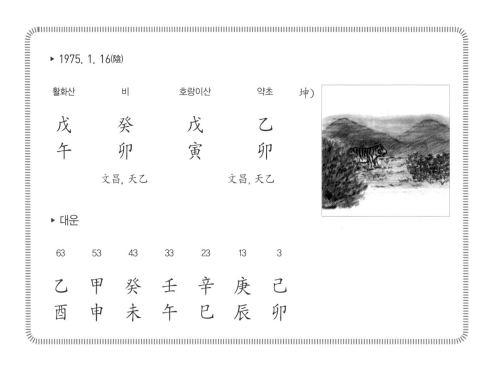

▸ 1975. 1. 16(陰)

활화산	비	호랑이산	약초	坤)
戊	癸	戊	乙	
午	卯	寅	卯	
	文昌, 天乙		文昌, 天乙	

▸ 대운

63	53	43	33	23	13	3
乙	甲	癸	壬	辛	庚	己
酉	申	未	午	巳	辰	卯

○ 현황 : 웹디자이너다.

○ 運始 : 己 ~ 모든 일을 법적으로 해결하려 한다.

　　卯 : 부지런하다. 예민하다.

○ 나무(木)를 키우는 사주다. 木이 돈이다. 약초라 값이 나간다. 木을 키우
　는 데 필수요소인 火가 없다. 火가 필요하니 전기, 전자, IT, 정보통신,
　언론, 방송, 도서출판 등이 적성이다.

○ 木이 많아 병이다. 많은 쪽에 병이 오니 肝이 안 좋다. 부친도 간암으로
　별세하셨다 함. 약은 木氣를 설하고 木을 꽃피우게 하는 火요, 木을 가지

치기하고 슈아 주는 金이다.

○ 金(印星)이 없다. 金이 필요하니 책 보기 좋아한다. ← 항상 핸드백에 책을 넣고 다닌다 함.

○ 木克土가 잘되니 식탐 있다. 남편은 식탐이 없고 마른 체격이라 함.

○ 2天2地라 이혼수. 癸대운에 癸일간이 발동 걸리고, 戊土와 합을 하게 되니 이혼할 수도 있다.

○ 癸水가 신약하면 잔머리꾼이다. 癸水가 戊土 正官과 합을 하니 조직 생활을 한다. 正官과 합이라 사람은 정직하다. 癸水의 첫째 할 일은 나무 키우는 일인데, 나무를 안 키우고 戊土 남자와 연애만 하니 때론 본분을 망각하고 삼천포로 빠진다. 바람피운다.

○ 많은 나무에 물을 줘야하는데, 水가 약하다. 水가 필요하니 술을 좋아한다. 퇴근하면 바로 술집으로 간다. 팀장과 같이 술을 자주 마시다 보니 연인 관계가 되었다고 함.

○ 남편은 戊寅
 − 生地를 깔아 인물이 수려하고 총명하다.
 − 癸水 正財와 합을 하니 월급생활. 근면 검소하다.
 − 木 官星이 많아 일에 치여 산다.
 − 큰 산에 木을 심으니 건설회사에 다니는데, 일에 치여 산다고 함.

○ 딸이 둘이다.
 − 큰딸은 戊寅이라 남편 닮았고,
 − 작은딸은 乙卯라 나를 닮았다. ← 乙木은 일지 卯중에서 투출했기 때문에 나를 닮았다.

○ 작은딸이 年에 있으니 언니보다 윗자리라 언니를 만만하게 본다. ← 작은딸이 자존심이 매우 강하여 언니를 우습게 본다고 함. 또한 작은딸은 내

몸(일지)에서 투출한 食神(命줄)이라 작은딸을 내 몸처럼 사랑한다(작은딸에게 애정이 더 간다고 함).

○ 애인은 戊午

　　– 활화산이라 십 리 밖 물을 끌어오니 정력이 매우 강하다.

　　– 戊는 卯에 浴地라 나만 보면 욕정을 느낀다.

　　– 나는(癸) 午에 絶地라 애인을 만나면 꺾인다.

　　– 午卯 破라 결국엔 헤어진다.

○ 팀장 사주

　　○甲　乙　丙　　乾

　　○申　未　午

癸水(2)

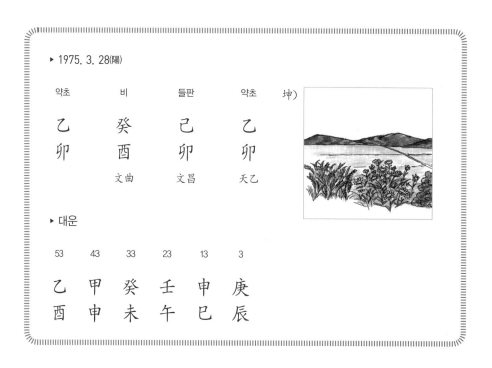

▶ 1975. 3. 28(陽)

약초	비	들판	약초	坤)
乙	癸	己	乙	
卯	酉	卯	卯	
	文曲	文昌	天乙	

▶ 대운

53	43	33	23	13	3
乙	甲	癸	壬	申	庚
酉	申	未	午	巳	辰

○ 현황 : 남편이 庚寅年(여자 나이 36세 때) 복상사했다. 현재는 남자를 상대하는 마사지사다.

○ 運始 : 辰 ~ 뜬구름 잡는 식의 욕심이 많다. 번뜩이는 Idea. 반안살이라 폐경기가 빨리 온다. 애어른 소리를 듣는다. 正官이라 남편이 화두다. 괴강이라 총명하다. 성격이 급하다.

○ 나무 키우는 사주다. 火가 없으니 꽃을 못 피우고 열매 맺기 어렵다. 그러나 물을 주면 나무는 쑥쑥 자라니 먹고사는 데는 문제없다.

○ 天干에 도화가 3개 地支에 도화가 4개이다.

○ 癸水가 乙木을 보면 인물이 좋다. 地支에 卯酉가 있으면 음탕하다.

○ 女命에 貴人이 많으면 음탕하다.

○ 陰八通이다 : 고독하다. 끈기가 있고 실속파다.

○ 일지를 중심으로 양쪽에 똑같은 글자가 있으면 해로 못한다. 2번 결혼한다.

○ 卯 : 손가락, 예민, 집착, 암기력, 현침살, 동작이 빠르다. 싹싹하면서도 쌀쌀맞고, 알랑방구 잘 뀐다.

○ 卯가 天乙貴人이라 항상 마음은 卯에 가 있다.

○ 年月과 時에 卯가 있고, 年 時干에 투출했으므로 왼손·오른손을 다 쓴다.

○ 天干에 투출했다 함은 손가락 기술이 좋다고 밖으로 소문났다는 의미다.

○ 癸水가 신약하니 오로지 일지 酉金 偏印에 의지하고 있다. 酉金이 核이다. 文曲星(문곡성)이다. → 偏印(전문 기술)이 예술이다. 고로 예술 같은 기술로 왼손, 오른손을 다 쓰며, 현침살이라 정확하게 맥을 짚고, 아주 예민하게 잘한다고 볼 수 있다.

○ 女命은 일지에 偏印을 깔면 부부궁이 不美하며, 영적인 능력이 있다. 촉

이 발달해 있다.

○ 乙木이 많으면 바람 잘 날 없다. 乙木은 이별수도 된다. 癸水를 보면 비 오고 바람 불어 꽃잎이 떨어지니 이별수다. 乙木이 많으면 이별수가 많다.

○ 卯酉沖

－ 산액 있다.

－ 부부싸움이 심하다. 이동수가 많다. 옆구리 결림이 있다.

－ 스텝 밟는 사람이다. 춤을 잘 춘다.

－ 젊은 시절 나이트에 가면 토끼처럼 깡충깡충 디스코를 잘 춘다.

○ 地支에 3卯나, 3酉가 있으면 간질병에 걸릴 수도 있다.

○ 남편은 日干 己土다.

－ 木多土虛(허)다. 산성 땅이다. 동네북이다. 일에 치여 산다.

－ 己土는 복부다. 故로 복상사다.

－ 偏官이 강하면 七殺이다. 우울증에 걸릴 수도.

－ 己土는 습토다. 癸水와 만나면 탁수가 된다.

→ 己土가 습土면 癸水를 制伏(제복) 못한다. 癸水 입장에서 밤에 등 돌리고 잔다.

－ 庚年이 오니 남편궁 酉중에서 庚金이 동하므로 반드시 남편에게 문제가 온다. 乙庚合去에 寅을 달고 와 木多金缺(결)에 木多 土虛(허)가 되니 남편이 운명을 거스르지 못한다.

▌癸水(3)

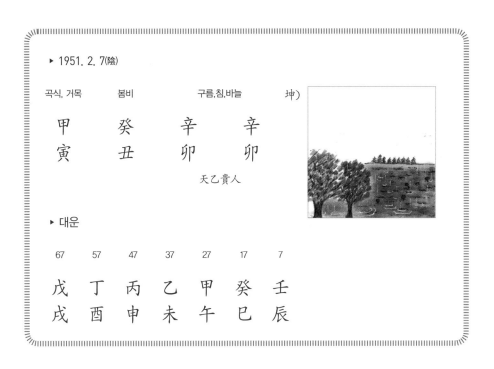

▸ 1951. 2. 7(陰)

곡식. 거목	봄비	구름,침,바늘	坤)
甲	癸	辛	辛
寅	丑	卯	卯

天乙貴人

▸ 대운

67	57	47	37	27	17	7
戊	丁	丙	乙	甲	癸	壬
戌	酉	申	未	午	巳	辰

○ 현황 : 한복집에서 바느질을 했다. 옷감장사를 했다(각종 옷감을 다 취급했다 고 함). 현재는 한복대여점을 한다. 남편은 일은 안 하고 춤이나 추러 다니 면서 바람만 피우다. 乙未年(2015)에 이혼했다.

○ 運始 ~ 壬 : 장거리 역마(장거리 여행을 좋아한다).

　　　　辰 : 뜬구름 잡는 식의 욕심이 많다. 번뜩이는 아이디어는 좋다.

○ 현침살이 많다(5개).

　– 辛(현침살) : 재봉틀, 바늘, 침, 골프, 낚싯바늘, 구름.

　– 卯(현침살) : 손가락, 옷, 집착, 암기력.

○ 나무를 키우는 사주다. 火가 없는 게 흠이다. 얼굴에 화기(온기)가 없다. 故로 火대운에 발복한다.

○ 地支가 밤글자이니 밤늦게까지 일하는 모습이다.

○ 일지 丑에서 辛(偏印) 투출 : 偏印은 전문직이니 바느질 전문이다. 내 마음자리에서 偏印을 투출하였으니 외골수요, 丑土를 깔고 있으니 고집이 세고, 일복이 많다.

○ 봄에 癸水는 자비, 헌신의 물이다. 어린새싹을 키운다. 아낌없이 물을 주는데 좀 약하다. 다행히 구름(辛)이 비를 만들어 내고 있다.

○ 본 명식의 核은 火(丙)인데, 火가 없으니 빛 좋은 개살구이다. 두 번째 核은 辛이다. ← 그러나 태양(丙)을 막기 때문에 凶작용도 있다.

○ 水生木하느라 일만 열심히 하는 명식이다. 물은 주니 나무는 쑥쑥 자라기 때문에 의식주는 해결된다.

○ 남편은 辛卯다. 전지가위(辛)로 묘목 싹이 올라오면 싹둑 자르니 내가 번 돈을 쓰기만 한다.

○ 寅(사업장, 나의 일) 중 戊土와 合을 하니 가게 손님 중에서 애인을 사귈 수도 있다. 그런데 無情之合이라 나이차가 날 수도.

○ 時柱에 傷官이 旺하여 官이 올 수 없으니 말년에 남편인연 없다.

○ 丑

－ 庚모친의 묘지다. ← 모친의 恨(한)이 많다.

－ 印綬庫 ～ 수집상, 고물상, 서점에 인연 있다. 집에 책을 보지 않더라도 서고는 갖고 있다. 옛 물건을 좋아한다. 현대식 집보다는 한옥을 좋아한다.

○ 辛辛 : 고초살～ 바느질 때문에 고초를 겪는다.

卯卯 : 病弱(병약) ～ 어린 시절 병약했다.

○ 丑寅 : 실패해도 좌절하지 않는다. 항상 희망을 품고 산다. 丑時에 산에 올라 남을 위해 기도하는 사람.

○ 戊戌年 운세

- 時支 寅중 戊土 투출→ 時支는 사업장. 寅은 傷官으로 나의 하는
  일.→ 내가 일하는 가게에서 戊土 남자 투출하여 일간과 合하니 남자
  문제 발생.

- 戊癸合 : 이동, 변동수.

- 卯戌合 : 스스로 애간장 끓는다.

- 卯(食神)가 戌에 入庫~食神이 入庫하면 실수할 일이 생긴다.

→ 기획부동산에 계약금만 주고 투자를 하였는데, 잘못인줄 알고 해지하
  여 계약금 기백만 원을 날렸음.

▌癸水(4)

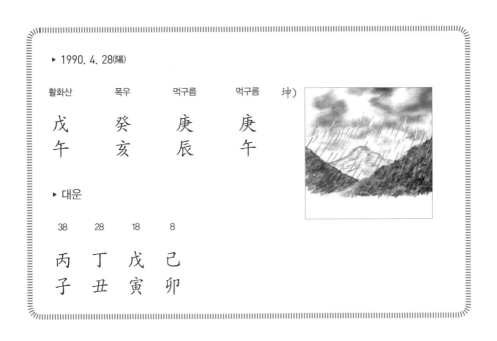

▸ 1990. 4. 28(陽)

활화산	폭우	먹구름	먹구름	坤)
戊	癸	庚	庚	
午	亥	辰	午	

▸ 대운

38	28	18	8
丙	丁	戊	己
子	丑	寅	卯

○ 현황 : 중학생 때 집단강간 당하여 엄마로부터 걸레라는 심한 욕설을 듣고 가출하였다. 지금은 유흥업소에서 일한다.

○ 運始 : 己 ~ 모든 일을 법으로 해결하려 한다.

　　　　卯 ~ 부지런하다. 예민하다. 도화살이라 멋을 잘 낸다.

○ 봄에 태어난 癸水는 木을 키워야 하는데 키울 나무가 없다. 봄장마에 물은 범람하는데 수로가 없는 형국이다. 고로 물 빼러 다녀야 하니 역마성이 매우 강하다.

○ 旺한 五行은 반드시 설기해야 된다. 여기서는 木食傷이 필요하니 자식 낳고 좋아지는 命이다.

○ 女命에서 食傷(자식)이 用神일 때 傷官運이면 몸을 함부로 놀린다. 고로 음란해질 수밖에 없다.

○ 대운도 食傷대운이라 집에 가만히 앉아 공부할 수 없다.

○ 물이 범람한데 엄마가 庚金 구름이 되어 폭우를 만들어 주고 있으니 엄마의 잔소리가 심하고 윗사람 덕이 없다. 집에 들어오면 엄마로부터 물세례를 받는 형국이라 가출할 수밖에 없다.

○ 癸水가 戊土와 합하면 비 온 뒤의 무지개라 인물은 좋다.

○ 女命 일지 투출신이 官星이고, 그 官星이 일간과 합하게 되면 묘하게도 남자들이 좋아하고, Sex도 잘 맞는다. 남자들이 떨어지지 않는다.

○ 신왕에 일지가 원진이면 변태성이요, 신약에 일지가 원진이면 불감증이다. 본명은 신왕이라 변태성이다. 원진살인 辰중 戊土와 亥중 戊土가 時干에 투출하였다. 戊土남자는 원진 투출신이다. 고로 남자를 만나면 변태성이 굉장히 강하다.

○ 女命에서 辰土는 자궁이다. 물창고다. 하여 辰土가 있으면 피부에 윤기가 있고, 늦게까지 생리가 있으며, 자궁이 항상 습하다. 특히 女命 辰月

生이 水旺하면 더욱 그러하다. 음모도 무성하다(辰중 乙木을 음모로 본다).

○ 女命에서 일지가 劫殺이면 亡神運에 겁탈당하기 쉽고, 일지가 亡神일때
는 劫殺運에 겁탈 당하기 쉽다. 본명은 일지가 劫殺이라 亡神年인 巳運
에 당하기 쉽다.

○ 결혼하게 되면 남편은 일지에서 투출된 時干 戊午다.

   – 나이차 있다.

   – 활화산이라 정력이 강하다.

   – 일지에서 자식궁으로 투출하였으니 남편을 자식처럼 챙겨 준다.

   – 서로 絕地를 주고받으니 양보하면서 살게 된다.

   – 戊 남편은 午火 印綬(문서)를 가지고 있다. 그 문서를 暗合으로 끌어와
서 내 돈으로 만든다.

▎癸水(5)

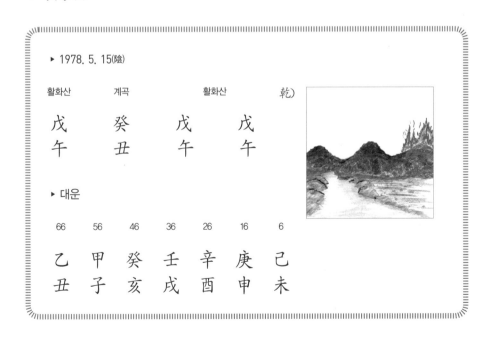

▸ 1978. 5. 15(陰)

활화산	계곡	활화산	乾)
戊	癸	戊	戊
午	丑	午	午

▸ 대운

66	56	46	36	26	16	6
乙	甲	癸	壬	辛	庚	己
丑	子	亥	戌	酉	申	未

○ 현황 : 산림청 본청에서 근무한다.

○ 運始 : 己 ~ 모든일을 법적으로 해결하려 한다.

未 ~ 음식 솜씨가 있다. 偏官이라 임기응변에 능하다. 반안살이라 효심이 있고 책임감이 강하다.

○ 린각봉소격이다. 貴格이다. 天干 3글자가 같고, 地支 3글자가 같으면 성립된다.

○ 戊癸合化格이다. ← 化한 五行이 月支를 得하였고, 또 化한 五行을 克하는 水가 他柱에 없다.

– 化한 五行을 克하는 水運이 凶.

– 化字一字還元(화자일자환원. 甲, 己運)이 凶.

– 쟁합, 투합되는 運이 凶.

○ 兩己格이다 : 癸 戊 ~ 2개의 氣로만 되어 있다.

丑 午

○ 3柱와 일주는 공망이 다르다 : 왕따 사주다. 직장에서 다른 사람 일까지 도맡아 일에 치여 사표를 쓰고 싶은데 사표를 써도 좋겠냐고 묻는다.

○ 남들은 말을 타고 다니는데, 혼자만 소처럼 열심히 일한다. 밤늦게까지 일하느라고 힘들어 죽겠다고 함.

○ 나중에는 큰 산에서 말 타고 다니는 형상이라 황색 말(戊土) 타고 국립공원 순찰도 하게 되니 사표 쓰지 말라고 했다.

○ 본 명식은 兩氣格으로 보는 게 가장 적합하다.

– 癸丑을 일주로 보면, 戊官을 쓸 수밖에 없다. 戊官은 羊刃을 깔아 강하다. 고로 공무원이다. 아니면 큰 조직이라 대기업으로 간다.

– 戊午를 일주로 보면, 羊刃이라 Pro근성이 강하다. 癸丑을 쓸 수밖에 없다. 正財라 월급쟁이다. 白虎財라 큰 조직이다. 丑土가 조후를 해

주니 처덕 있다.

○ 젊은 시절 언더그라운드 록그룹 기타맨이었고, 가수가 꿈이었다고 함.

- 辛丁은 시끄러운 소리(Pc방, 노래방 等), 丙庚은 에밀레종, 목소리가 우렁차다.

- 辛은 가느다란 철선 + 정은 전기 → 일렉트로닉 기타.

- 辛, 丁이 지장간에 있어 언더그라운드다.

- 午月에 火氣가 매우 강하니 록 음악을 했다(火는 발산지기).

○ 丑午귀문이 3개

- 정신세계가 다르다.

- 丑은 밤귀신, 午는 낮귀신 ← 점 보기 좋아한다.

- 낮부터 밤까지 술 마신다.

- 寅運이 오면 탕화작용.

○ 土가 많아 水를 克하면 신장, 방광이 작고 허약해서 정력이 떨어지고 건망증이 심하다(水는 기억력이다).

┃ 癸水(6)

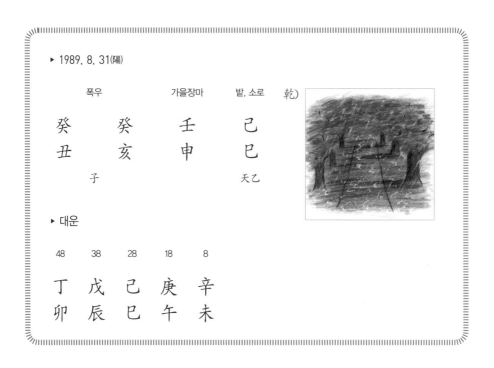

▶ 1989. 8. 31(陽)

폭우	가을장마	밭. 소로	乾)
癸	癸	壬	己
丑	亥	申	巳
子		天乙	

▶ 대운

48	38	28	18	8
丁	戊	己	庚	辛
卯	辰	巳	午	未

○ 현황 : 도반이 가져온 사주다.

○ 運始 : 辛 ~ 골프, 침, 역학, 공상과학, 무협지 좋아한다.

　　　　 未 ~ 음식 솜씨 있다. 하다못해 라면을 끓여도 더 잘 끓인다.

　　　　 偏官이라 임기응변에 능하다.

○ 日時支 사이에 子水 공협. 巳申合水하여 從旺格인데, 己土 때문에 假
從旺格으로 볼 수 있다. 그렇다면 金, 水, 木運은 좋고, 火, 土運은 凶
하다고 볼 수 있는데 전혀 그렇지 않다.

○ 종왕격이라면 현재 火대운이라 凶運인데, 현재 잘나가고 있다. 고로 격
국으로 보면 사주가 안 풀린다.

○ 己土가 鬼物(귀물)이라 己土를 제거하는 甲운이 좋다고 할 수도 있는데

실제는 맞지 않는다.

○ 水旺사주인데 본 명식에서 쓸 수 있는게 己土뿐이 없다. 己土는 自坐에 있는 巳火에 生을 받고, 時支 丑土에 根을 하여 겨우 명맥을 유지하고 있다. 고로 己土 官을 쓰니 조직 생활(월급)하고 있다.

○ 己土 宮의 입장에서 보면 巳火로부터 生을 받아 괜찮은 직장이다. ← GS 에 근무한다고 함.

○ 己土 官이 時支에 있어 根을 하니 끝까지 조직 생활로 정년 한다.

○ 己土 官이 약하니 직장에서 설치면 큰일 난다. 바로 旺한 水가 土流를 시켜 버린다. 고로 있는 듯 없는 듯 조용히 직장 생활을 한다. 또한 水의 입장에서 보면 水가 太旺하기 때문에 저 한쪽 구석에 조그맣게 있는 己土는 신경조차 쓰지 않는다. 그런데, 己土가 根이 와서 힘을 받으면 그때야 평소 숨죽이고 있던 己土가 활개를 치게 되고, 그러면 旺한 水가 바로 土流를 시키게 된다. → 직장을 그만두게 된다.

○ 旺한 五行은 반드시 설해야 한다. 木이 절실히 필요로 하다. 木은 수로다. 원국에 木이 없다. 하여 木이 필요로 하니 내근직보다는 외근직이다 (유통 분야에서 일한다고 함).

○ 개인적으론 木 食傷이 필요하니 운동을 많이 해야 한다(운동을 좋아하며 골프는 대표 수준까지 갔다고 함).

○ 木이 필요하니 고려대(寅은 호랑이＝고대) 나왔냐고 물었더니 그렇다고 한다.

○ 火가 없어 생기는 없다.

○ 癸亥일주 : 60甲子 중에서 머리가 제일 좋다. 머리가 좋아서 바둑판 사주라고 하며, 걸어 다니는 백과사전이라고도 한다.

○ 본 명식을 가져온 도반께서 인물 좋고 머리도 천재인데다 운동도 좋아하
  는데, 요즘 젊은이 치고 너무 조용하여 항상 궁금하였던바 그 의문이 이제
  풀렸다고 수긍한다.

┃ 癸水(7)

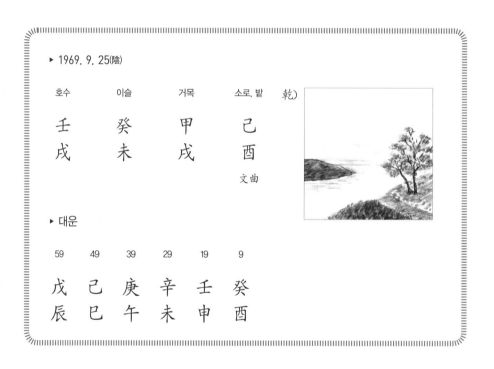

> 1969. 9. 25(陰)

호수	이슬	거목	소로, 밭	乾)
壬	癸	甲	己	
戌	未	戌	酉	
			文曲	

> 대운

59	49	39	29	19	9
戊	己	庚	辛	壬	癸
辰	巳	午	未	申	酉

○ 현황 : 법대를 졸업 후 취업을 못하고 있다. 학창 시절엔 공부를 잘했다.
  부모의 재산은 많다. 우울증으로 밖에 나가지를 않는다.

○ 運始 : 癸 ∼ 욕심 많다.

　　　　　酉 ∼ 모에 대한 스트레스. 폐가 안 좋다.

○ 克(殺)속에서 살면 머리는 비상하다.

○ 印星大運을 만나면 공부는 잘한다.

○ 癸水는 法이다. 癸水는 신약하면 잔머리꾼이다.

○ 신약한 癸水가 의지 할 곳이라곤 酉金(모친, 공부)뿐이다. 유일한 통로인 甲木이 根이 없는데다 甲己合으로 묶이고, 土로 변하니(月支에 得) 수로가 막혀 있다. 오히려 土로 변하여 일간을 克하니 숨조차 쉴 수 없는 형국이다.

○ 일간을 중심으로 土장벽을 쌓아 꼼짝 못하고 있는 형상이라 우울증이다.

○ 水는 土多하면 물이 흙 속에 흡수되어 형체가 없어지므로 정신병자, 노이로제에 걸린다.

○ 대운도 火대운(여름)이라 水는 더욱 말라 버린다. 水는 기억력이라 기억이 가물가물하기도. 특히 巳대운은 巳戌 쌍귀문이라 정신적으로 매우 힘들다.

○ 時干 임수도 根이 없는데다 土에 갇혀 있어 도움 안 된다. 癸水는 아무리 신약해도 庚金과 壬水를 쓰지 않는다. 壬水를 만나면 시냇물이 강물로 흘러가는 모습으로 주체성을 잃어버린다.

○ 부친은 甲戌로 甲木이 偏財를 깔고 있고, 甲木 곡식을 가을(戌月)에 수확을 했으므로 돈이 많다.

○ 모친은 己酉다. 干合支合으로 사이가 좋다. 문창성을 깔아 총명하다. 특히 酉戌 方合이라 가까운 지역에서 만나 결혼했다.

○ 여자는 未중 丁火, 2개의 戌중 丁火로 모두 土속에 있는데 오히려 殺로 변하여 일간을 克하니 여자가 오면 더 힘들게 된다.

○ 甲은 傷官(아랫사람, 후배)인데, 甲己合으로 변해서 일간을 克하니 후배로부터 배신을 한번 당한 것도 우울증에 한몫을 했다고 추론된다. 물론 부모 때문이기도 하다. 또한 나의 言行도 되니 나의 잘못된 언행이 부메랑이 되어 나를 힘들게 했다고 볼 수 있다. 食傷이 年月에 있으면 아랫사람이

말을 잘 안 듣는다.

※ 官殺이 凶 : 동네북, 왕따, 우울증, 히스테리. 직장 변동수 많다. 직장에서 일에 치여 산다. 가위에 잘 눌린다. 나이 들어서는 흉몽을 잘 꾼다.

自然現象論

（形象論）

｜ 숲 사주(꽃밭, 식물원, 수목원)

꽃밭 사주는 조그만 土에 乙木(꽃)이 많아야 한다.

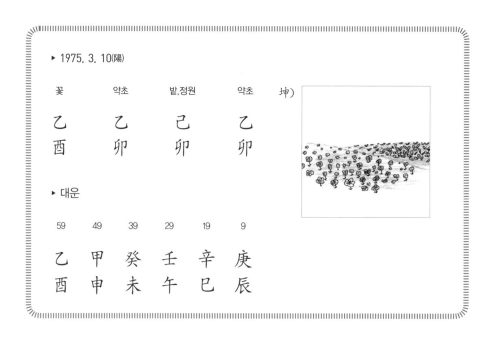

▸ 1975. 3. 10(陽)

꽃	약초	밭.정원	약초	坤)
乙	乙	己	乙	
酉	卯	卯	卯	

▸ 대운

59	49	39	29	19	9
乙	甲	癸	壬	辛	庚
酉	申	未	午	巳	辰

○ 현황 : 현직 공무원이다.

○ 꽃밭이라 미인이다. 꽃밭 사주는 머리가 새카맣고 윤기가 난다. 꽃밭이라 어디를 가나 인기가 있다. 乙木은 美의 神.

○ 조그만 꽃밭에 닭 1마리, 토끼 3마리가 뛰노는 형상이다. 닭은 쪼기를 잘 한다. 토끼는 이 산 저 산 돌아다니기를 잘하고 성질이 급하다. → 故로 성질이 급하고 토끼처럼 여기저기 깡충깡충 돌아다니기를 좋아하며, 닭처 럼 쪼는 듯이 말하기도 한다.

○ 꽃이 만발하는 火大運(여름)에 잘 나간다.

○ 酉大運이 大凶이다. 꽃나무의 뿌리가 다 잘려 나간다.

○ 己土(부친)은 종살격이다.

○ 酉金(남편)은 종재격이다.

┃ 도자기 굽는 사주(火土重濁)

내 몸을 불가마에 던져서 치열하게 道닦는 命이다.

→ 格이 좋으면 스님이나 道人인데, 格이 안 좋으면 택시기사나 포주도 많다.

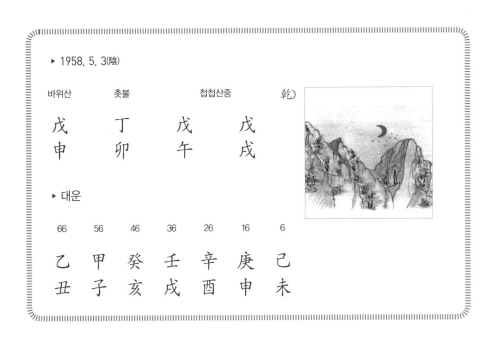

▸ 1958. 5. 3(陰)

바위산	촛불	첩첩산중	乾)
戊	丁	戊	戊
申	卯	午	戌

▸ 대운

66	56	46	36	26	16	6
乙	甲	癸	壬	辛	庚	己
丑	子	亥	戌	酉	申	未

○ 현황 : 戌대운까지 대기업에서 잘나갔다. 癸亥대운에 사업에 뛰어들어 폭망했다. 甲子대운에 스님이 되어 사주상담을 하는데 사주도 잘 보고, 손님이 많아 돈을 잘 벌고 있다고 함. 命理공부는 많이 안 했지만 사람만 보면 그냥 알 수 있다고 함. 재혼했다.

○ 午月에 丁火는 산불이다. 숯가마의 2,000도의 숯불이다. 첩첩산중에 산불이 난 형국이다. 모든 것을 태워 버린다. 첩첩산중에서 내 몸을 불태워 치열하게 道를 닦는 형상이다.

○ 午, 未月에 태어나 申, 子辰, 丑 한 글자라도 있으면 좋다. 그중에서 辰土가 제일 좋다. 하여 본 명식의 核은 申金이다. 육친으로는 부인이다.

○ 卯申 귀문관살 : 申중 戊土 傷官(3개)이 귀문으로 발동. 傷官이 귀문이라 귀신처럼 말 잘하고 잘 맞춘다.

○ 첫 부인은 戊戌이다 : 괴강이라 똑똑하다. 年柱에 있으니 결혼을 빨리 했다. 그러나 月柱가 가로막아 이혼했다.

○ 두 번째 부인은 時柱 戊申이다(일지와 卯申 暗合하여). 문창성을 깔아 머리가 좋다. 본 명식의 核이라 아주 잘해 준다. 傷官이라 신도중에서 만날 수도.

○ 卯(목탁) 申(목탁 채) 귀문이 있어 목탁도 잘 친다.
申은 도시라 山中에 있는 절이 아니다.

○ 기도는 잘 안 한다. ← 丁火 촛불만 있고, 촛대(辛)는 지장간(땅속)에만 있기 때문이다.

○ 丁火가 旺하면 영감, 神氣가 강하다. 丁火는 陰火요, 촛불이기 때문이다.

○ 도자기 굽는 사주에선 水運이 大凶이다. 막 구운 도자기가 비 맞으면 깨지기 때문이다. → 고로 癸亥대운에 폭망한다. 亥水는 바닷물이라 아무리 火가 旺해도 일시에 불을 끌 수 있다.

○ 甲子大運은 子午沖이 되어도 오히려 좋다. 子水는 적은 물이라 旺한 火에 물을 뿌리면 불길을 더욱 왕성해지기 때문이다. 또한 사주의 分을 지키는 스님의 길로 들어온 것도 한 이유는 된다. 沖이라 바쁘게 산다.

○ 丑大運은 丑午, 卯申 쌍귀문이 발동되어 더 잘나간다.

습토라 旺한 火氣를 설하는 것도 좋다.

○ 도자기 굽는 사주는 火가 강해지는 運이나 旺한 火氣를 설하는 습토運이 吉하다.

뭉게구름 사주

天干에 癸, 地支에 巳午未 方局이 있을 때

→ 여름날 하늘에 뭉개구름이 두둥실 떠 있는 형상이다. 고위직이 많다.

섬 사주

망망대해에 섬 하나 있다.

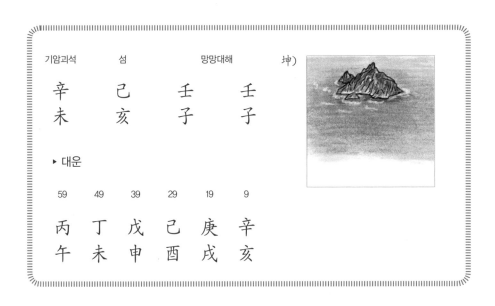

기암괴석	섬	망망대해	坤)
辛	己	壬	壬
未	亥	子	子

▶ 대운

59	49	39	29	19	9
丙	丁	戊	己	庚	辛
午	未	申	酉	戌	亥

○ 현황: 고향은 서울인데 남편 고향인 섬으로 이사했다. 서해의 어느 섬에서 살고 있다. 아침에 눈뜨면 바로 앞에 뾰족한 바위(辛)와 바다만 바라보인다고 한다. 처음엔 너무 외로웠는데 지금은 어느 정도 적응되었다고 한다.

○ 망망대해의 조그만 섬이라 얼굴이 동안이라고 한다.

○ 피부가 너무 좋다고 한다. ← 辛金 피부를 壬水로 씻고 씻어서. ← 겨울에 물이 얼어 있어 己壬濁水는 안 된다.

○ 水가 凶神이라 물이 싫다고 한다.

○ 火대운(여름)으로 가면 얼었던 저 많은 물이 녹게 된다. 그때는 壬子를 일간대행으로 봐야 한다.

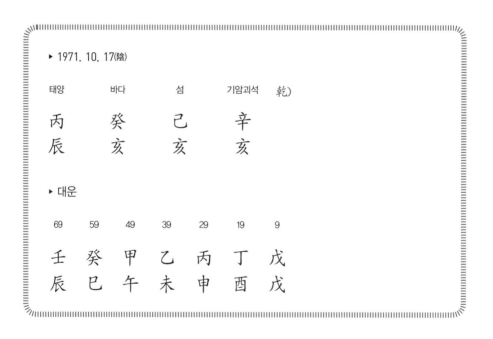

▸ 1971. 10. 17(陰)

태양	바다	섬	기암괴석	乾)
丙	癸	己	辛	
辰	亥	亥	亥	

▸ 대운

69	59	49	39	29	19	9
壬	癸	甲	乙	丙	丁	戊
辰	巳	午	未	申	酉	戌

○ 현황 : 대기업 영업부 해외마케팅 팀장이다. 외국출장이 다반사다.

○ 섬 사주다. 망망대해에 조그만 섬 하나 있고, 기암괴석 위에 태양이 아침

_____ 물, 형상 명리학 ⑪ 自然現象論(形象論)

을 찬란히 밝히고 있다.→경치가 좋으니 인물이 좋다.

○ 亥중 甲木(물고기), 辰중 乙木(저수지 물고기)이 돈이다.

○ 丁酉년(2017)에 기획팀장으로 자리를 옮겨서 해외에 출장을 갈 일이 거의
 없다고 한다(내근직).

 → 亥(바다 역마)가 (상문)이라 해외에 나갈 일이 적다.

○ 財星은 활동무대다. 丙火(낮, 큰 무대) 무대를 쓰다가 丁火(밤, 작은 무대)를
 쓰게 된다. → 밤늦게까지 일한다.

○ 승진運을 물었다. ← 戊戌년에 戊 正官과 합이라 명예가 빛나니 승진운이
 다. 亥중 壬水와 戌중 丁火가 暗合. ← 기획팀장이 승진코스라고 한다.

○ 그다음엔 승진하게 되면 임원인데 언제 될까?

 → 庚子年도 가능하지만(正印 발동), 辛丑에 더 가능하다. 원국에 辛 偏印
 결재권 발동에 亥丑 暗合이다. 庚子년에 다시 해외로 많이 나간다.

▮ 양식장(養殖場) 사주

어류 양식하는 사주다.

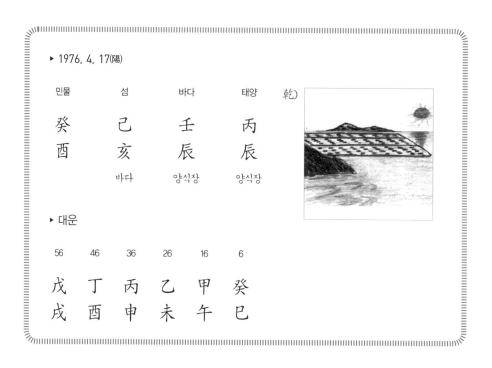

▸ 1976. 4. 17(陽)

민물	섬	바다	태양	乾)
癸	己	壬	丙	
酉	亥	辰	辰	
	바다	양식장	양식장	

▸ 대운

56	46	36	26	16	6
戊	丁	丙	乙	甲	癸
戌	酉	申	未	午	巳

○ 현황 : 강남에 모텔 수채를 가지고 있는 巨富(거부)다.

○ 태양이 석양으로 넘어가는 酉時의 섬이 아름답다. 故로 인물이 좋다.

○ 辰은 바다의 저수지(양식장)이다. 辰중 乙木과 亥中 甲木이 물고기로 돈
이다.

○ 土運을 제외한 金, 水, 木, 火運이 좋다.

▌경포대 사주

水旺사주다. 土가 없어야 한다.

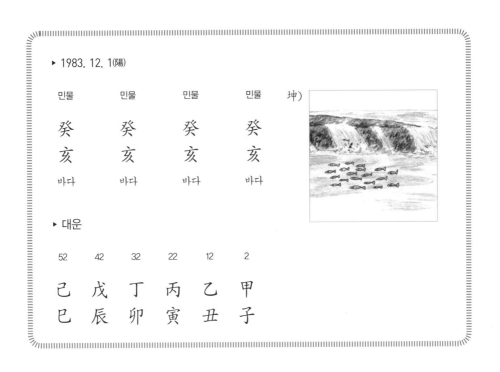

○ 현황 : 교사다. 亥중 甲木(生命)을 키우니 선생님이다. 甲木이 자식도
  된다.
○ 결혼하여 자식도 2명 있다.
○ 亥중 甲木이 물고기로 돈이다. 민물(癸)과 바닷물(亥)이 만나는 곳에 魚族
  (어족)이 풍부하다.
○ 金, 水, 大運이 좋다.

▮ 빙산(氷山) 사주

子丑月에 태어나고 木, 土가 없어야 한다.

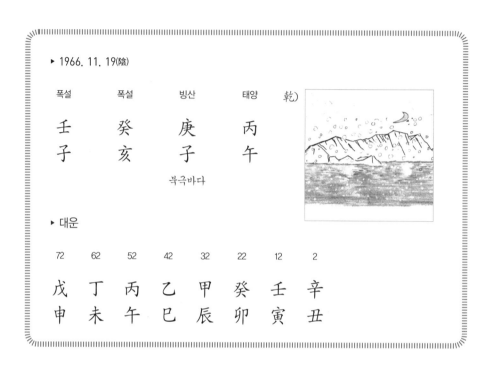

○ 북극 빙산에 많은 눈이 쌓였는데, 저 멀리 등대(子時에 丙火는 丁火로 등대다) 가 빛을 발하고 있다. → 인물이 좋다.

○ 겨울철에 庚金은 별(星)로 본다. 밤에 丙火는 달(月)이다. → 月星之合이 라 하여 인물이 좋다.

○ 북극의 어두운 밤에 등대라 어디를 가나 인기 있다.

○ 조후가 해결되는 火大運(여름)에 발복한다고 하면 큰 오산이다. ← 본 명 식은 빙산 사주이기 때문이다.

○ 빙산은 녹으면 큰 재앙이 일어난다. 고로 火大運이 大凶이다.

○ 乙大運 초까지 아주 잘나갔다.

　– 乙이 吉神이면 乙大運에 확장, 발전한다.

　– 乙이 吉神이라 9개 지점을 내고, 종업원도 많이 거느렸다.

○ 巳대운 들어오면서 癸巳年, 甲午年, 乙未세운(2013~2015)에 크게 망하여 사업을 접었다.

○ 火大運에 빙산이 녹으니 쓰나미를 일으킨다.

　水多木浮(부), 水多火熄(식), 水多土流(류), 水多金沈(침)이다.

○ 火大運이 지나면 다시 좋아진다.

○ 月星之合(월성지합)으로 보더라도

　– 달과 별은 어둠속에서 더욱 빛이 나니 어둠이 깊어지면 吉이요, 밝아져서 어둠이 걷히면 凶이다.

　– 巳大運부터 어둠이 걷히고, 빛을 잃으니 흉이다.

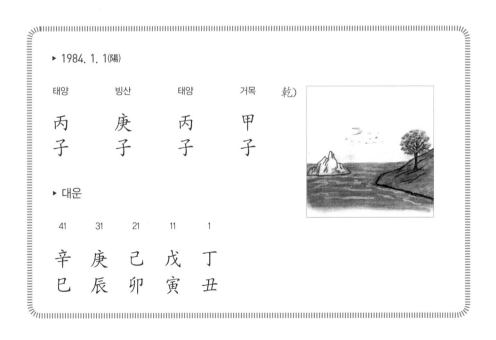

▸ 1984. 1. 1(陽)

태양	빙산	태양	거목	乾)
丙	庚	丙	甲	
子	子	子	子	

▸ 대운

41	31	21	11	1
辛	庚	己	戊	丁
巳	辰	卯	寅	丑

○ 현황 : 대기업 비서실에서 근무한다.

○ 북극 빙산에 거목이 있어 빙산사주의 破格이 되었다. 木과 土가 없어야 빙산이다.

○ 북극 밤하늘에 별과 달이 있어(月星之合) 아름다우니 인물은 잘생겼다.

○ 북극에 등대라 어디를 가나 인기 있다.

○ 巳대운(여름)엔 水体로 봐야 한다. 하여 많은 물이 녹아도 오히려 좋다.
  → 甲木을 중히 쓰고 火(財)대운이라 잘나간다.

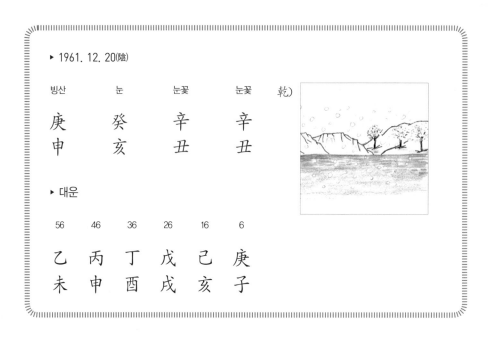

▶ 1961. 12. 20(陰)

빙산	눈	눈꽃	눈꽃	乾)
庚	癸	辛	辛	
申	亥	丑	丑	

▶ 대운

56	46	36	26	16	6
乙	丙	丁	戊	己	庚
未	申	酉	戌	亥	子

○ 빙산 사주다.

○ 북극 빙산에 눈꽃이 피어 아름답다. 고로 미남이다. 火가 없으니 차가운 사람이다.

○ 고시 패스하고 공직 생활을 했다. 정계 진출하고자 한다.

┃ 일만이천봉(금강산, 설악산) 사주

金多에 天干에 丙(丁)火가 있거나, 金多에 天干에 木(甲, 乙木)이 하나 있으면 성립된다.

▸ 1958. 2. 26(陰)

큰 바위	기암괴석	태양	큰 산	乾)
庚	辛	丙	戊	
寅	酉	辰	戌	

▸ 대운

57	47	37	27	17	7
壬	辛	庚	己	戊	丁
戌	酉	辛	未	午	巳

○ 戊土 때문에 파격이 되었다.

○ 여명의 시간 동녘 하늘에 떠오르는 태양에 큰 바위와 기암괴석이 태양의 빛을 받아 반짝반짝 빛나고 있는 형상이다. 고로 미남이고, 인기가 있다.
   → 실제 미남이고 주변에 여자가 많다고 한다.

○ 破格은 되었으나 아름다운 산에 관광객이 많이 찾아오니 수입이 좋아 잘 산다.

○ 辛金은 辰土 하나만 있어도 먹고산다.

○ 辛金은 첫째 壬水를 보아 辛金 보석을 씻든지, 아니면 丙火로 빛을 내줘

야 한다.

○ 본 명식은 壬水는 없고 丙火만 있으니 丙火 官을 쓴다. 고로 조직 생활을 한다.

○ 丙火 官(직장)속에서 辰중 癸水로 씻는다.

○ 辛金을 癸水로 씻게 되면

　　- 임기응변에 강하다. 특수한 맛이나, 향, 기술을 쓴다.

　　- 의약업계에도 많다.

　　→ 명주는 월급쟁이 전기배관기술자다. 기술력은 뛰어나다고 한다.

○ 印星이 沖으로 깨져 있으니 결재권은 없다.

○ 현재 壬대운이라 壬水로 씻고자 자기 사업을 하려 한다.

○ 時支가 호랑이라 말년에 호랑이 노릇을 한다. 또한 天乙貴人이다. 그러나 貴人頭上帶刀箭(귀인두상대인전 : 天乙貴人 위에 劫財가 있는 경우)이라 횡액수가 많게 된다.

┃ 월인천강(月印千江) 사주

밤에 태어나고 水多에 丙火나 丁火가 있어야 한다.

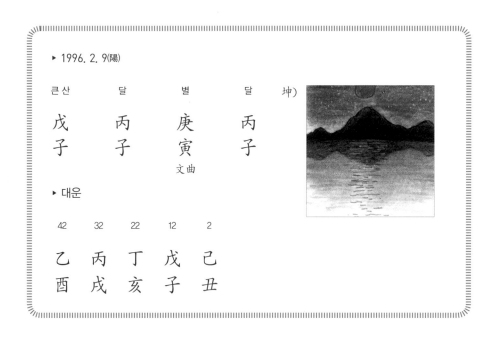

▸ 1996. 2. 9(陽)

큰산	달	별	달	坤)
戊	丙	庚	丙	
子	子	寅	子	
		文曲		

▸ 대운

42	32	22	12	2
乙	丙	丁	戊	己
酉	戌	亥	子	丑

○ 현황 : 丙申年(2016)에 본 사주다. 통계학과에 재학 중이며 공무원이 꿈이 란다. 아주 잘생겼다.

○ 한기가 가득한 寅月의 청명한 밤하늘에 별과 달이 어우러져 아름다운 자 태를 뽐내고 있는 형상이다. 고로 미인이다.

○ 밤에 태어난 丙火는 태양이 아니라 달로 본다.

○ 밤에 태어난 庚金은 별로 본다.

○ 어두운 밤 천 개의 푸른 강물에 달빛과 별빛을 반사시키니 그 모습이 실로 아름다울 뿐만 아니라 사람과 밤에 활동하는 동물들에게 앞길을 밝혀 주 니 文明之象(문명지상)이요, 활인업이다. → 모든 사람들에게 인기 있다.

○ 지상에 있는 모든 강과 호수, 저수지가 달빛과 별빛에 은은하게 빛나는 형
  상이다.

○ 달도 빛나고 강도 빛난다.

○ 子水는 正官이니 직장이 빛나고, 본인(丙)도 江(官)으로 인하여 빛나니 직
  장으로 인하여 빛이 난다. → 처음부터(年支) 끝까지(時支) 官으로 빛나니
  貴를 이룬다.

▎ 불 밝히는 사주(文明之象)

사주 전체가 丙火로 이루어져야 한다. 丙火는 고도의 정신세계다.

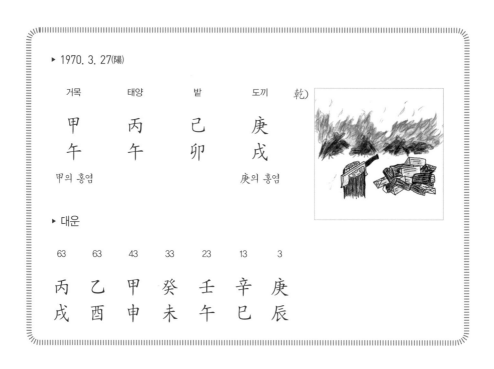

▸ 1970. 3. 27(陽)

거목	태양	밭	도끼	乾)
甲	丙	己	庚	
午	午	卯	戌	
甲의 홍염			庚의 홍염	

▸ 대운

63	63	43	33	23	13	3
丙	乙	甲	癸	壬	辛	庚
戌	酉	申	未	午	巳	辰

○ 현황 : 지방에서 갑부의 아들로 태어나 서울법대를 졸업하고, 34세에 사법고시 합격 후 현재는 변호사. 미남형이고 마음은 여리고 순진한데 술(양주)과 여자를 매우 좋아한다. 地支에 도화가 3개라 예쁜 여자만 찾는다. 커피를 싫어하고 술만 좋아한다. 처는 명문집안의 딸로 의사이다. 장래의 꿈은 국회의원이 되고, 대통령이 되는 것. 이복형제들에게 왕따를 당하고 있다. 父는 종합병원 병원장으로 5번 결혼했다. 母는 2번 결혼, 전 남편 사이에 자식이 있다.

○ 運始 : 辰 ~ 뜬구름 잡는 식의 욕심. 번뜩이는 아이디어. 공상. 괴강이라 총명하고 성격 급하다.

○ 庚金(父, 도끼)로 甲木(母, 偏印이니 전문직) 쪼개어 불 밝히는 命 → 고로 부모덕 있고, 부모가 나를 위해 헌신.

○ 불 밝히는 사주는 水運이 大凶(특히 子運)

○ 甲木 偏印은 羊刃위에 있어 매우 강하다. → 偏印을 Pro로 쓰고 있다.

○ 편고된 사주는 전문가 命이다. 한 우물 판다. 외골수다. 대인관계는 안 좋다.

○ 火旺 사주가 독한 술을 좋아하고, 역마성이 매우 강하다.

○ 金 財星이 돈이 아니라 丙火가 빛이 날 때 돈을 벌고, 사회적으로도 잘나간다.

○ 時干에서 年干까지 相生 → 윗사람에게 잘하고, 조상 제사를 잘 모신다.

○ 己土가 乾하여 마른 체격이다. 얼굴은 거무스름하다. 당뇨를 조심하라.
  - 丙火 옆에 己土 : 태양의 흑점이라 얼굴에 기미, 주근깨 등 잡티가 있다.
  - 火가 旺하여 정력이 강하다.

○ 火氣를 잡아 주는 己土가 核이니 보시, 기부를 많이 하라.

○ 傷官에 羊刃 있어 특별한 재주, 재능, 기술이 있다.

○ 寅午戌 그룹인 내가 亥卯未(印星 : 부모) 그룹을 午卯 破하니 부모 재산을 파먹는 구조다.

○ 卯戌合 : 春秋之合(춘추지합)으로 문장력이 있다.

○ 時支에 羊刃이라 말년에 국회의원을 할 수도(己土 傷官).

　　− 정치인은 傷官을 잘 쓰는 사람이다.

　　− 比劫過多 : 上格 ~ 정치인, 변호사.

　　　　　　　　中格 ~ 스포츠 선수.

　　　　　　　　下格 ~ 막노동꾼.

　　− 時支가 禄地였다면 로펌으로 간다.

○ 月支가 도화라 母는 再娶(재취)로 들어왔다.

○ 처는 일지 午에서 투출된 己卯이다.

　　→ 偏官을 깔아 카리스마 있고, 욱하는 성격.

　　− 卯 戌(樂病因字 : 약병인자)를 깔아 의사.

　　− 본 명식의 核인 己土가 있어 처덕 있다.

　　− 卯 도화를 깔아 미인이다.

○ 父는 庚戌 괴강으로 총명하고 보스 기질.

　　− 庚金 입장에서 보면 時干에서부터 官印相生이 잘되고 있다. 사회적으로 잘나간다.

　　− 卯 戌을 깔아 활인업 즉, 의사이다.

　　− 홍염살을 깔고 있다. → 홍염살이 투출될 때 바람을 피운다.

　　− 庚 父는 卯중 乙木과 合. 예쁜 여자만 보면 바람을 피운다.

　　− 地支에 官局을 깔아 잠자리 같이하는 여자가 많다(남자에게 官星은 여자의 생식기).

- 火局에 庚金이 녹을 수 있으나 旺한 火氣를 己土가 설하여 庚金을 生하니 녹지 않는다. → 고로 父는 죽지 않는다.

○ 母는 月支 卯중에서 투출된 時柱 甲午이다.
- 傷官에 도화를 깔아 똑똑하고 미인이고 몸집이 잘 빠졌다.
- 午홍염살이 天干에 丙, 己로 투출되어 매력적이고 끼도 있다. 午 배다른 자식을 달고 있다. 前(전) 남편 사이에 자식이 있다고 한다. 나와는 午午刑이라 만나면 다투게 된다.

Ⅰ 절벽松 사주

절벽에 외로이 버티고 있는 소나무. 소나무의 根(뿌리)가 없어야 한다.

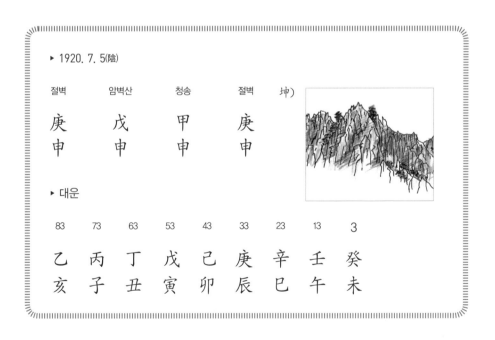

▸ 1920. 7. 5(陰)

절벽	암벽산	청송	절벽 坤)
庚	戊	甲	庚
申	申	申	申

▸ 대운

83	73	63	53	43	33	23	13	3
乙	丙	丁	戊	己	庚	辛	壬	癸
亥	子	丑	寅	卯	辰	巳	午	未

○ 현황 : 궁중요리 무형문화재이다.

○ 陽八通이다 : 스케일이 크고 시원시원하다. 여장부. 女命 陽八通은 대체로 잘 산다.

○ 가을 서리가 내리는 우람한 바위산에 靑松이 홀로 서 있다. → 솟구치는 기상이 엿보이고, 대단한 의지력이 묻어난다.

○ 한 폭의 동양화를 연상케 하는 멋있는 풍경이다.

○ 누구도 꺾을 수 없는 암벽산에 靑松(청송)이라 부르는 게 값이다. 故로 매우 존귀하다.

○ 신약사주에 食傷過多로 본다든지, 從兒로 보면 안 된다. 申중 壬水를 돈으로 보면 안 된다. 바로 甲木(청송)이 돈이다.

▸ 1980. 8. 30(陽)

기암괴석	꽃	海松	암벽	坤)
辛	乙	甲	庚	
巳	亥	申	申	

▸ 대운

58	48	38	28	18	8
戊	己	庚	辛	壬	癸
寅	卯	辰	巳	午	未

○ 현황 : 서울대를 졸업한 치과의사다. 키가 크고 미인이며 효녀라 한다. 남
　　자를 한 번도 사귀지 못했다고 한다. 오빠도 서울대를 졸업했다. 부모는
　　잉꼬부부다. 父는 사업에 망했다고 한다.

○ 申月의 乙木 화초가 바닷가 바위틈에서 서리 맞고 자란다. → 의지가 매
　　우 강하다. 甲申 오빠도 마찬가지다.

○ 바닷가 바위틈에서 자라니 甲木은 海松(해송)이다.

○ 土가 돈 아니다. 木이 돈이다. 바닷가 바위틈에서 서리 맞고 자라는 꽃과
　　해송이다. 매우 貴하다 귀한 만큼 값이 나간다. 부르는 게 값이다.

○ 도화 2개, 역마 4개.

○ 地支 Pro글자 3개 → Pro근성이 매우 강하다. 甲木에게 등라계갑 하지만
　　동업은 안 한다(Pro의 근성이 강하기 때문이다).

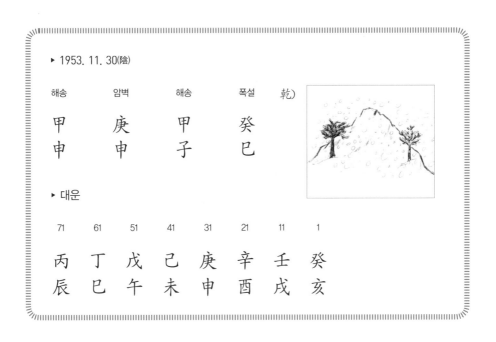

▶ 1953. 11. 30(陰)

해송	암벽	해송	폭설	乾)
甲	庚	甲	癸	
申	申	子	巳	

▸ 대운

71	61	51	41	31	21	11	1
丙	丁	戊	己	庚	辛	壬	癸
辰	巳	午	未	申	酉	戌	亥

○ 현황 : 감사원 퇴직 후 금년(丁酉)에 감정평가사 시험 합격.

○ 金水傷官格이라 총명하다. 要見官이라 반드시 火가 필요하다.

○ 年干에 傷官 : 가난한 집 태생. 子月에 조상궁에서 癸 폭설을 내리니 좋은 가문은 아니다.

○ 三冬之節에 폭설을 맞으며 암벽에서 해송을 키우고 있다. → 의지가 대단하다. 귀한 만큼 부르는 게 값이다. 실제로 돈 많은 부자라고 한다.

○ 甲木 財星이 無根에 신약하여 돈이 없다고 하면 안 된다. 혹은 군겁쟁재로 봐도 안 된다. 그렇게 보면 사주가 전혀 안 맞는다. 형상으로 봐야 한다.

○ 겨울에 庚金이 根이 있으면 冷金 : 매우 냉정하고 차가운 사람이다(無根이면 老金 : 亥子丑에 病死墓). 庚申일주 肅殺(숙살)之氣에 火가 무력하니 더욱 냉정하다.

○ 運始와 年支가 沖이라 부모궁에 문제가 있다. 庚일간이 年支가 生地라 할머니 손에 자랐을 수도 있다.

○ 甲木이 庚金에 克을 당하니 두통이 심하다고 한다.
 - 金木相戰이면 : "通(통)" 字 항렬 병에 시달린다(두통, 근육통 등).

○ 현재는 巳대운이다. 巳는 地殺이라 명예가 빛난다. 巳는 生地라 새로운 일을 한다.

▌ 海蔘(바다 인삼) 사주

바닷속에서 자라는 해삼의 형상으로 奇格이다.

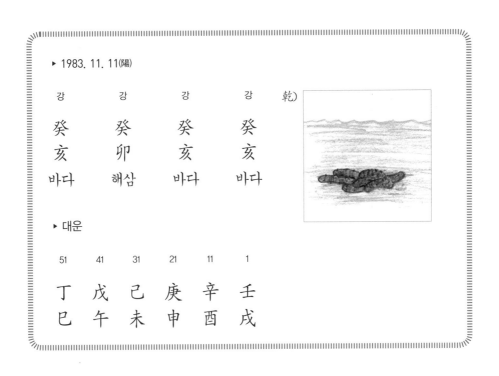

▸ 1983. 11. 11(陽)

강	강	강	강 乾)
癸	癸	癸	癸
亥	卯	亥	亥
바다	해삼	바다	바다

▸ 대운

51	41	31	21	11	1
丁	戊	己	庚	辛	壬
巳	午	未	申	酉	戌

○ 현황 : 학교 공부엔 큰 관심이 없었으나 자기가 흥미를 갖는 분야엔 책도 많이 읽고, 굉장한 관심을 가졌다 함. 백석예술대학 실용음악과 졸업(피아노, 드럼, 보컬에 능함). 음악, 그림, 글쓰기 등에도 모두 能(능)하다고 함. 영국유학을 원했으나 모친이 경제적 이유로 보내지 않았음. 그 이후 잠시 방황(직장 생활도 아주 잠깐 했으나, 얽매이는 걸 굉장히 싫어하는 스탈이라 금방 그만둠). 다시 디자인스쿨을 졸업하고 패션디자이너를 꿈꾸고 있다 함. 키는 180㎝ 이상, 잘생기고 노래도 잘하는데 순수하다 함. 당시 디자인스쿨 원장으로부터 천재 소리를 들었다 함. 향후 디자이너 샵 + 북카페 겸 작업실을 열

려고 계획 중.

○ 天元一氣格 : 강물이 넘쳐흐른다(癸水가 根이 있으면 강물도 되고 폭우도 된다).

○ 卯는 바다의 약초다(海蔘이다).

　　– 卯가 核이다.

　　– 卯는 손가락기술이요, 장식이요, 집착이다.

　　– 처궁이 核이라 처복 있다.

○ 水가 대세를 이루니 水를 떠나 살 수 없다. 고로 물의 나라 영국을 가고
싶어 한다.

○ 강물과 바닷물이 만나는 곳에 어족이 풍부하다. 돈은 卯木(海蔘(해삼))과
亥중 甲木(물고기)이다. 甲木은 악기도 된다.

○ 旺한 五行은 반드시 설기해야 하니 항상 활동해야 한다. 집에 있으면 病
나는 사주다. → 물은 넘치면 흘러야 한다. 그렇지 않으면 쓰나미를 일으
킨다.

○ 官星이 없을 뿐만 아니라 올 수도 없으니 조직 생활, 규칙적인 생활을 하
기 어렵고, 남의 간섭을 받는 것도 아주 싫어한다.

○ 水라 지혜라 총명, 문창성을 깔아 머리 좋다.

○ 亥 : 귀가, 回歸(회귀), 바다 역마, 橫流(횡류), 난류 → 사람이 모인다.

▌ 수경(水耕)재배 사주

乙木 키우는 사주로 水旺하고 土가 없어야 한다.

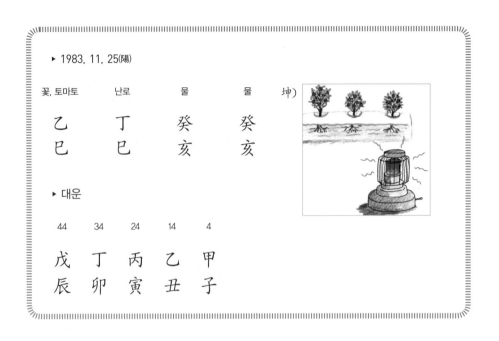

▸ 1983. 11. 25(陽)

꽃. 토마토	난로	물	물	坤)
乙	丁	癸	癸	
巳	巳	亥	亥	

▸ 대운

44	34	24	14	4
戊	丁	丙	乙	甲
辰	卯	寅	丑	子

○ 현황 : 대기업에 근무한다.

○ 초겨울에 방울토마토, 고추 등을 수경(水耕)재배하는 사주다.

- 乙木이 돈이다. 丁火는 비닐하우스 난로다. 농한기에 여름과일을 심어 돈 번다. 부가가치가 높다. 고로 돈은 많다.

- 乙木이 偏印으로 전문자격증이다. 貴한 자격증이다.

- 水 官殺은 고객이요, 손님이다. → 官殺이 旺하니 고객이 많다. 金을 돈으로 보면 안 된다.

○ 겨울의 丁火는 매력적이다. 어디를 가나 인기 있다.

▌ 기타

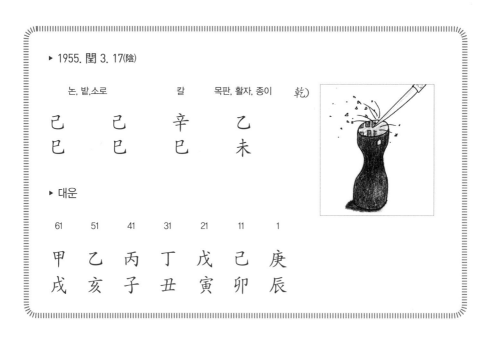

▸ 1955. 閏 3. 17(陰)

논, 밭,소로		칼	목판, 활자, 종이	乾)
己	己	辛	乙	
巳	巳	巳	未	

▸ 대운

61	51	41	31	21	11	1
甲	乙	丙	丁	戊	己	庚
戌	亥	子	丑	寅	卯	辰

○ 현황 : 辛金(예리한 칼)로 乙木(목판, 손가락)을 새기니 도장업 한다.

○ 지금은 業이 잘 안 되어 인쇄업을 한다. → 乙木 종이에 辛金활자(현침살)를 새기는 형상이다(己土 : 교육계획 수립, 기획, 도서출판, 인쇄).

○ 己土 밭이 불타고 있으니 대머리다. ← 대머리는 아니나 머리숱이 적다고 함.

○ 巳月의 己土가 너무 조열하여 水를 너무 좋아한다. 故로 돈과 여자, 술을 너무 좋아한다(己土는 습토라 조열하면 저장성이 없어 먹을 것이 없다). → 술은 체질상 못 마시나, 끊임없이 여자를 찾는다고 함.

○ 신강한 己土에 庚辛金은 논밭 갈다 砂金(사금) 캔다. 길 가다 금반지 줍는다(횡재수). 신약한 命에서는 논밭에 바위, 철탑이 있어 생산성이 떨어진다(장애물).

○ 巳(偏印이라 전문 자격증)으로 먹고산다.

- 天干에 투출 안 되어 국가자격증은 아니다.

- 巳 : Pro글자. 사거리, 번화가, 역마성.

○ 妻는 乙未다(乙 자식성이 있어서), 백호라 똑똑하고 한 성깔 있다. 月柱가 가로막아 무정하다. ← 처와의 사이가 안 좋은데, 처가 독실한 기독교 신자라 이혼 안 하고 산다 함(기독교 : 巳午未).

▶ 1969. 8. 20(陰)

가을비	논밭	가을비	소로	坤)
癸	己	癸	己	
酉	酉	酉	酉	

▶ 대운

62	52	42	32	22	12	2
庚	己	戊	丁	丙	乙	甲
辰	卯	寅	丑	子	亥	戌

○ 현황 : 유명 요리사로 특히 매운 닭발 요리를 잘한다고 함(辛은 매울 신, 酉는 닭). 고추장, 된장 등 발효식품 전문가로 항아리를 많이 가지고 있다 함(酉는 藥病因字(약병인자)로 菌(균), 발효식품, 세균, 요구르트, 탁주 等이다). 재력가라고 함.

○ 金体格이다. → 酉는 天干으로 辛이라 辛을 일간으로 본다.

○ 己土 偏印 자격증 2개(또는 土는 5, 10이라 5개의 자격증)를 취득하여 癸水 食
  神을 쓰는 命이다. 印比食 구조라 프리랜서, 자유직업인이다.

○ 辛金이 癸水를 보면 녹슬지만, 특수한 맛이나 향, 기술, 또는 섬세함을
  요구하는 직업에는 좋다.

○ 辛은 식칼이요. 酉는 닭이다.

  → 식칼 4개를 쓰는 매운 닭발 전문요리사다.

○ 현재 대운도 木(財)대운이라 돈 잘 번다.

○ 女命 地支一氣格은 兩度婚事(양도혼사)다. 水旺하거나 合, 刀이 있으면
  음탕하다.

○ 女命 日柱와 年柱가 伏吟(복음)이면 두 번 결혼이다. 아니면 애인을 두고 산다.

○ 일주를 제외한 다른 柱가 똑같이 2개이면 半吟殺(반음살)이다.

  → 같은 일을 두 번 당한다.

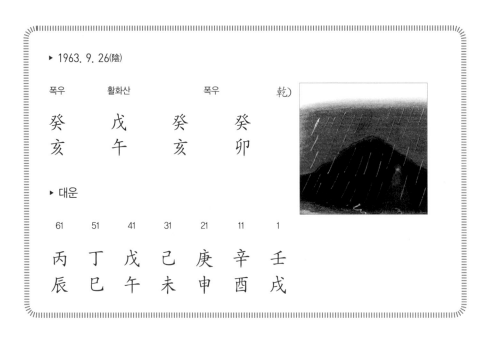

▶ 1963. 9. 26(陰)

폭우	활화산	폭우	乾)
癸	戊	癸	癸
亥	午	亥	卯

▶ 대운

61	51	41	31	21	11	1
丙	丁	戊	己	庚	辛	壬
辰	巳	午	未	申	酉	戌

○ 현황 : 나이트클럽을 운영한다.

○ 財星은 활동무대요, 매장이요, 시장이요, 유통이다. 財星이 강하니 활동 무대가 넓다.

○ 水는 유통이요, 숙박업(호텔 등)이요, 무역이요, 술이요, 밤의 사업이다.

○ 午火는 캄캄한 밤의 전등(홍등)이다.

○ 癸水는 天干의 도화요, 어리고 예쁜 여자다.

○ 亥水는 술이다.

○ 卯는 많은 물을 소통시키는 水路(수로)다. 본 명식의 核이다.

○ 고로 야간에 예쁜 여자와 술이 있으며, 홍등이 반짝거리는 곳에서 장사하는 사람이다. 나이트클럽을 운영한다.

○ 亥時부터 卯時까지 성황을 이룬다.

○ 水가 旺하니 旺한 五行의 대세를 거스르지 못한다. 하여 해외무역사업도 하고 있다.

○ 일간이 양쪽에 癸水와 合을 하니 생각은 온통 돈과 여자뿐이다.

○ 食傷이 없이 財를 취하니 머리를 많이 쓴다.

○ 午가 六害殺이다. 육해살은 스피드도 되지만 만성도 된다. → 만성 심혈관 질환 있다.

○ 子 : 만성 신장질환.　　　午 : 만성 심혈관 질환.

　　卯 : 만성 간질환.　　　　酉 : 만성 천식, 기관지 질환.

○ 食傷이 없이 財를 취하면 생각할 겨를이 없이 행동한다.

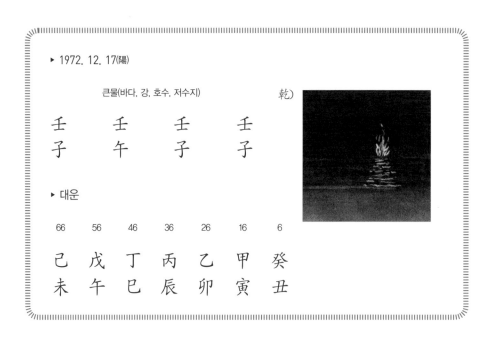

▸ 1972. 12. 17(陽)

큰물(바다, 강, 호수, 저수지)　　　　　　乾)

壬　　壬　　壬　　壬
子　　午　　子　　子

▸ 대운

66　　56　　46　　36　　26　　16　　6

己　　戊　　丁　　丙　　乙　　甲　　癸
未　　午　　巳　　辰　　卯　　寅　　丑

○ 현황: 부모 재산을 많이 물려받았다. 본인도 잘나가고 있다. 외국여행 많이 다닌다. 겁이 없다.

○ 運始 : 癸 ~ 욕심 많다.

　　丑 ~ 天厄星이라 살면서 크고 작은 厄을 많이 당한다. 반안살이라 효심이 있고 책임감이 강하다.

○ 從旺格 아니다. ← 일지에 財를 깔아서.

　– 군겁쟁재격도 아니다.

　– 天干은 天元一氣格이요, 地支는 3支鳳凰格(봉황격)이다. ← 貴格이다.

　※ 地支가 3支鳳凰格이면 男命은 貴格인데, 女命은 원앙살이라 하여 음탕하다. 특히 水多하거나 合이나 刃이 있으면 大凶하다. 地支一氣格은 男命은 貴格이나, 女命은 양도혼사(兩度婚事)다.

○ 水가 大勢라 水를 떠나 살 수 없다. 주거도 강가이거나, 직업도 물(水)에 관련된 업종이다. 외국도 많이 다닌다.

○ 五行이 편고되어 있으면 전문가 사주다. 한 우물 판다. 성격도 편고되어 있다. 運 나쁘면 한 방에 훅 간다.

○ 天干은 4개의 역마요, 地支는 4개의 도화다. 밤이면 친구들 6명(水의 후천수는 6) 데리고 예쁜 여자 찾아 子時까지 술 마시는 형상이다.

○ 太過不及階爲之病(태과불급계위지병)이다~ 많아도 병이요, 적어도 병이다.

　－ 水太旺이라 신장, 방광, 전립선에 문제는 있다.

　－ 그러나 午火(처, 돈)은 안전하다. ← 천지가 물이라 午火는 꼼짝 않고 조용히 있기 때문이다. 그러나 天干으로 丙火나 丁火가 오면 그때는 午火가 발동이 걸리니 그때 탈난다.

○ 주변의 壬水들이 호시탐탐 내 돈(午火)을 노리고 있는 형상이다. 水는 검은색이니 모두들 黑心(흑심)을 품고 있다.

　－ 午火는 빨간색이다. 빨간색 화투짝 놓고 노름판을 벌이는 형상이다.

　－ 캄캄한 밤(子)에 내가 전등불(午)을 켜고 있는데 주변의 쥐(子)들이 환한 전등불 밑으로 내 돈을 갉아먹으려고 몰려오는 형상이다.

　－ 좌우에서 뺏어먹으려고(子午沖) 대기 중인데, 凶運이 오면 그때 아작 난다. ← 沖이 발동되는 戊午대운에 크게 당한다.

○ 水旺사주는 역마성이 매우 강하다. 물이 범람하니 물을 빼러 다녀야 한다.

※ 火旺사주도 역마성이 매우 강하다. 확산, 팽창의 기운이 강하니 한곳에 오래 있지 못한다.

弁証論

▮ 子水

○ 子水가 各 十干과 만났을 때 子水의 성질이 어떻게 변해 가는가를 보는 것인데, 丙일주가 子水를 보았다면 子水는 음료수인데 丙에서 보면 正官에 해당하니 官許用水(관허용수)가 되는 것이다.

○ 만일 여기에 巳火를 또 만나면 巳는 熱(열)이니 이 물은 뜨거운 물로 변한다. 다시 酉를 만나면 酉는 잔이며 財星이니 뜨거운 물을 그릇에 담아 돈으로 변하는 형상이니 뜨거운 차를 파는 곳, 즉 다방업이 되는 것이다.

丙 + 子(官) → 官許用手(관허용수) + 巳(熱) → 뜨거운 물 + 酉(찻잔) → 찻잔에 담긴 차 → 다방업

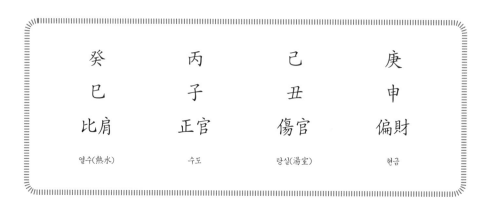

癸	丙	己	庚
巳	子	丑	申
比肩	正官	傷官	偏財
열수(熱水)	수도	탕실(湯室)	현금

○ 목욕업자다. 대운 중 午는 도화이니 洗水(세수)가 되고, 丑土는 湯室(탕실)이니 목욕탕이다.

｜ 丑土

○ 丑土는 창고, 금고요 甲일주와 만났다면 현금으로 변환되고 여기에 庚金 偏官을 다시 보면 군경예산으로 변한다.

　甲 + 丑(財) → 현금 + 庚(偏官) → 군경예산

○ 庚일주에 丑土는 印星이 되어 농토, 벌꿀로 변한다는 것이다.

　庚 + 丑(正印) → 농토, 벌꿀

○ 壬일주에 丑土는 금고가 官地에 있는 형상이니 공금, 세금, 은행이 되며 여기에 역마가 있으면 탁송금, 외환금, 외자차관 등이 된다.

　壬 + 丑(官) → 공금, 세금, 은행 + 역마 → 탁송금, 외환금, 외자차관

○ 癸 일주에 丑土는 七殺이 되니 무기나 위험, 金器로 변하고 卯를 또 만나면 卯는 섬유질이니 섬유재단이 되어 양잠점, 봉제업이 된다.

　癸 + 丑(七殺) → 무기, 위험금품 + 卯 → 섬유, 봉제업

○ 그런데 위에서 巳火를 더 만나게 되면 섬유나 봉제에서 전기기구로 변하게 된다.

辛	癸	癸	丁	
酉	丑	卯	卯	
殺	食	食		침, 재봉, 양잠점 한다.
金器	섬유질	섬유질		
재봉틀				

▎ 寅木

○ 己일주에 寅木은 正官이니 공문서가 되고, 여기에 역마가 있으면 전달문
서, 문서수송이 된다.

己 + 寅(正官) → 공문서 + 역마 → 전달문서, 문서수송

○ 여기에 다시 正印이 있으면 신문, 일간지로 변한다.

己 + 寅(正官) → 공문서 + 印 → 신문, 일간지

○ 丙일주에 寅木은 교육, 인기문서가 되고, 여기에 역마가 있으면 무용, 구
기운동이 되며 역마대신 戌이 있으면 학교가 되며, 戌대신 午가 있으면
화공품이 된다. 午 대신 巳가 있으면 화재 폭발이다.

丙 + 寅(偏印) → 교육문서 + 역마 → 무용, 구기.

丙 + 寅(偏印) → 교육문서 + 戌 → 학교.

丙 + 寅(偏印) → 교육문서 + 午 → 화공품.

丙 + 寅(偏印) → 교육문서 + 巳 → 화재 폭발.

○ 庚일주에 寅木이 있으면 偏財가 되어 연료재가 되며 여기에 巳火가 있으
면 가스, 석유가 되어 가스나 석유업자이다. 폭발의 위험이 있다.

庚 + 寅(偏財) → 연료재(燃料財) + 巳 → 가스, 석유 폭발

▎ 卯木

○ 癸일주에 卯木이 있으면 食神이 되어 섬유질, 포목이 되고, 다시 酉나
丑이 있으면 제품, 지류가공, 의복이 된다.

癸 +卯(食神) → 섬유질, 포목 +酉나 丑 → 제품, 지류(紙類) 의복

○ 다시 酉나 丑대신 正官과 文昌星이 붙으면 공문서, 신문, 잡지가 된다.

癸 +卯 → 섬유질, 포목 + 官 +文昌 → 공문서, 신문, 잡지

○ 辛일주에 卯木이 있으면 역시 섬유질이고 여기에 亥水가 있으면 모사(毛絲)가 되고 다시 도화가 있으면 색소, 화려, 의복이 되어 아름다운 옷이 된다.

辛 + 卯(偏財) → 섬유질 + 亥 → 모사 + 도화 → 색소, 화려, 의복(아름다운 옷)

○ 辛일주에 卯木이 있으면 또 현금상품이 되고, 여기에 다시 午火가 있으면 공용상품이 된다.

辛 + 卯(偏財) → 현금상품 + 午 → 공용상품

己	辛	丁	甲	
亥	卯	卯	寅	
모사	섬유질	섬유질	섬유질	피복공장 한다.
	화려한	의복		

▌ 辰土

○ 癸일주에 辰土가 있으면 正官이 되고 산부인과, 산아(産兒)가 된다.

癸 + 辰(正官) → 산부인과, 산아

○ 丙일주에 辰土가 있으면 食神이 되어 藥類(약류)가 되고, 또 癸나 子의 官이 있으면 한약이 되며 다시 甲乙印星이 있으면 한의사가 된다.

○ 丙일주에 辰土가 있으면 식품류가 되고, 申財가 있으면 세장지물(細長之

物)이 되어 생선 및 식품판매가 된다. 여기에 子官이 있으면 염전으로 변한다.

丙 + 辰(食神) → 식품류 + 申 → 생선, 식품판매 + 子 → 염전

○ 甲일주에 辰土가 있으면 광석이 되고 다시 食神이 있으면 광산이나 공장으로 변하며, 癸나 子 印星이 있으면 광산업이나 골재업이 된다(辰土는 암석 또는 광석).

甲 + 辰(偏財) → 광석 + 食神 → 광산, 공장 +癸나 子 → 광산업 또는 골재업

○ 위에서 食神대신 官星이면 현금이 된다.

甲 + 辰 + 官 → 현금

辛	丙	丁	甲	
卯	辰	丑	子	
印	食	傷	官	한의원 한다.
섬유질	한약	수술	官許	

▎ 巳火

○ 甲일주에 巳火가 있으면 연료, 열, 석유가 된다(혹 文字도 됨).

甲 + 巳(食神) → 연료, 열, 석유, 문자

○ 乙일주에 巳火가 있으면 발성음, 교육문화, 언어가 된다.

乙 + 巳(傷官) → 발성음(發聲音), 언어, 교육문화

○ 甲일주에 巳火가 있고 다시 酉와 丑을 만나면 인쇄물, 도료, 서화(書畫), 염료가 된다.

　　甲 + 巳(食神) +酉 +丑 → 인쇄물, 도료, 서화, 염료

○ 甲일주가 巳火를 만나고 財星을 만나면 전열기구, 생산공장이 된다.

　　甲 + 巳(食神) + 財 → 전열기구, 생산공장

○ 己일주가 巳火를 만나면 통신, 전신, 언어, 문화, 교양이 되고, 여기에 寅이 있으면 폭발되어 폭발성물(석유, 가스 등)을 취급하게 된다.

　　己 +巳 → 통신, 전신, 언어, 문화, 교양 + 寅 刑 → 폭발

○ 壬일주가 巳火를 만나면 통신이 되고 다시 丑土를 만나면 화약, 위험물이 되며 여기에 亥水가 있으면 화약이 된다.

　　壬 +巳 → 통신 +丑 → 화약, 위험물 +亥 → 화약)

丙	己	癸	辛	
寅	丑	巳	酉	
官	比	印	食	전열기구상 한다.
	金屬電熱 (금속전열)	電信通信 (전신통신)		

❙ 午火

○ 甲일주에 午火가 있으면 교육용품이 되고 또 戌(財)를 만나면 문방구가

되며 寅木을 또 만나면 망원경, 안경, 렌즈 등이 된다.

甲 +午(傷官) → 교육용품 +戌 → 문방구 +寅 → 망원경

○ 乙일주에 午火가 있으면 약품, 식품, 유류가 되고 또 도화를 만나면 화장
  품, 잡화가 된다.

乙 + 午(食神) → 약품, 식품, + 도화 → 화장품

○ 壬일주에 午火가 있으면 현금이 되고 여기에 寅木이 있으면 식품 생산,
  문화제품 생산, 화공제품 생산이 된다.

壬 + 午(正財) → 현금 + 寅 → 식품 생산)

○ 丙일주에 午火가 있으면 刀刃之物(인인지물)이요, 寅이 또 있으면 의학이
  되며 여기에 子를 만나면 의사가 된다.

丙 + 午 → 刀刃之物 + 寅 → 의학 +子 → 의사

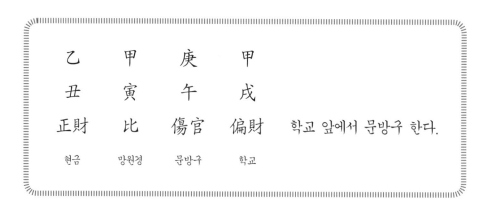

乙	甲	庚	甲	
丑	寅	午	戌	
正財	比	傷官	偏財	학교 앞에서 문방구 한다.
현금	망원경	문방구	학교	

Ⅰ 未土

○ 丁일주에 未土가 있으면 식품, 음식물, 약품, 생필품이 되고, 甲이나 寅
  을 만나면 문필, 도서, 지식으로 변한다.

丁 + 未(食神) → 식품, 음식물, 약품, 생필품 + 甲 또는 寅 → 문필, 도서, 지식

○ 乙일주에 未土가 있으면 土石之物, 건축자재 등이 되고, 亥를 또 보면 건축이 되며 여기에 또 戌이나 丑이 있으면 채석, 채광이 된다.

乙 + 未(偏財) → 土石之物, 건축자재 + 亥 → 건축 + 戌 또는 丑 → 채석, 채광

○ 庚일주에 未土가 있으면 자연산물 식품, 농산물이 되고, 여기에 다시 卯나 亥가 있으면 농산물, 상품이 된다.

庚 + 未 → 자연산물, 농산물, 미곡, 마늘 등 + 卯나 亥 → 자연생산물, 상품

己	丁	乙	甲	
酉	未	亥	戌	
偏財	食神	正官	傷官	주류요식업 한다.
현금	음식물	酒官許	조리사	
酒器(주기)		(주관허)		

▌申金

○ 甲일주에 申金이 있고 癸나 子를 만나면 판검사, 경찰, 관리가 되고 財星을 또 만나면 법적송사지재(法的訟事之財)가 된다.

甲 + 申 + 癸나 子 → 판검사, 경찰 + 財 → 法的訟事之財

○ 丙일주에 申金이 있으면 은행, 화폐, 현금이며 官星을 만나면 은행지점장, 은행원, 재경관리.

丙 + 申 → 은행, 화폐, 현금 + 官 → 은행지점장, 은행원, 재경관리(財經官吏)

○ 戊일주에 申金이 있으면 식품이 되고, 다시 官殺을 만나고 역마가 있으면 官許(관허) 外國 貿易商品(외국 무역상품)

戊 + 申 → 식품 + 官殺 + 역마 → 官許外國貿易商品

○ 癸일주에 申金이 있고 殺이 있으면 군장성, 殺대신 正官을 만나면 장관, 財를 또 만나면 財産.

癸 + 申 + 殺 → 군장성 + 財 → 財産 + 正官 → 長官

己	癸	戊	庚	
未	未	子	申	
殺	殺	比	印	군 장성이다
권력	권력	장성	군	

| 酉金

○ 丁일주에 酉金이 있고 殺과 印星을 만나면 행정 또는 軍이다.

丁 + 酉 + 殺 + 印 → 행정, 군

○ 위에서 殺대신 食傷을 만나면 土金, 광석이다.

丁 + 酉 + 食傷 + 印 → 土金, 광석

○ 丁일주에 酉金이 있고, 官殺을 보고 또 도화를 만나면 세탁이 된다.

　　丁 + 酉 +官殺 + 도화 → 세탁

○ 庚일주가 酉金이 있고, 官殺을 만나면 군인, 의사, 권력이다.

　　庚 + 酉(羊刃) + 官殺 → 軍(군), 醫(의), 檢(검), 警(경)

○ 庚일주에 酉金이 있고, 官과 食神을 만나면 의사다.

　　庚 + 酉(羊刃) + 官 + 食神 → 의사

○ 庚일주에 酉金이 있고 亥水를 만나면 酒요, 다시 子水를 만나면 酒器(주기)가 되고 印星을 만나면 요리사가 된다.

　　庚 +酉 +亥 →酒 + 子 → 주기 +印 → 요리사

○ 己일주가 酉金이 있고 殺을 보면 酒나 장류요, 官과 印을 또 만나면 주조장, 요식업이다.

　　己 +酉 +殺 → 주,장류 +官 + 印 → 주조장, 요식업

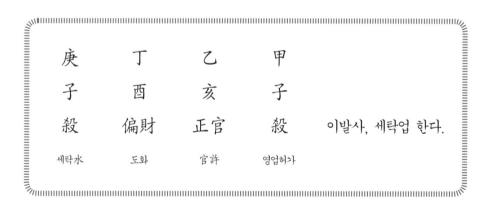

庚	丁	乙	甲	
子	酉	亥	子	
殺	偏財	正官	殺	이발사, 세탁업 한다.
세탁水	도화	官許	영업허가	

∎ 戊土

○ 庚일주에 戊土가 있고 財星을 만나면 학교, 문교 등이다.

　　庚 + 戊 + 財(乙, 卯) → 학교, 문교

○ 庚일주에 戌土가 있고 殺이나 官을 만나 丑戌刑 되면 법관이다.

庚 + 戌 + 殺, 官 + 丑戌刑 → 법관

○ 庚일주에 戌土가 있고 財官을 만나면 광석이다.

庚 + 戌 +財 +官 → 광석

○ 庚일주에 戌土가 있고 財와 辰土를 만나면 채광(採鑛)이다.

庚 + 戌 +財 +辰 → 채광

○ 丙일주에 戌土가 있고 印星을 만나면 작가, 교수, 문고다.

丙 + 戌 +印 → 작가, 교수, 문고

○ 乙일주가 戌土가 있고 印星을 만나면 교육자, 교수이다. 다시 官을 만나면 광권, 특허권, 부동산, 유가증권이다

乙 + 戌 + 印 → 교육자, 교수 +官 → 鑛權(광권), 特許權(특허권), 不動産(부동산), 有價證券(유가증권)

○ 乙일주에 戌土가 있으면 학교이다.

乙 + 戌 → 학교

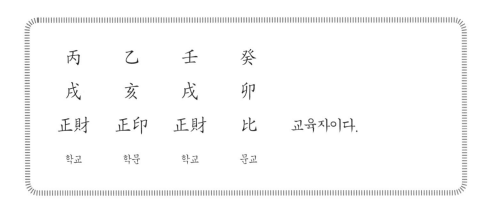

丙	乙	壬	癸	
戌	亥	戌	卯	
正財	正印	正財	比	교육자이다.
학교	학문	학교	문교	

※ 戌土의 변증 : 戌土는 財星이 되면 학교, 食傷이 되면 조리, 官星이 되면 관리, 印星이 되면 교사이다.

▮ 亥水

○ 庚일주에 亥水가 있으면 식품류나 해물이 되고, 酉金을 또 만나면 酒, 장류가 된다.

　　庚 + 亥 → 식품류, 해물 + 酉 → 주, 장류

○ 庚일주에 亥水가 있으면 섬유류가 된다. 여기에 卯를 만나면 목재, 건설 자재가 되며, 또 官星을 만나면 건설공사가 된다.

　　庚 + 亥 → 섬유류 + 卯 → 목재, 건설자재 + 官 → 건설공사

○ 庚일주에 亥水가 있고, 역마와 酉金을 만나면 해외왕래선원이다.

　　庚 + 亥 + 역마 + 酉 → 해외왕래선원

○ 戊일주에 亥水가 있고 官星이 있으면 관공서 자금차관이 된다.

　　戊 + 亥 + 官 → 관공서 자금차관

○ 壬일주에 亥水가 있고, 祿이 있고, 官이 있는데, 또 괴강을 만나면 행정 관리다.

　　壬 + 亥 + 祿 + 官 + 괴강 → 행정관리

丁	庚	丁	乙	
丑	申	亥	卯	
正印	比	食	正財	건설업,
財문서	자동차운송	섬유자재	건설	자동차업 한다

重要

神殺論

∎ 天乙貴人

○ 일간이 甲戊庚이면 丑, 未. 乙己는 子, 申. 丙丁은 亥, 酉. 辛은 寅, 午. 壬癸는 巳, 卯.

○ 옥황상제를 보좌하는 神으로 貴人중 으뜸이다.

○ 互換貴人(호환귀인) : 일주에서 보아 다른 柱에 貴人이 있는데, 이 柱에서 보아 일주에 貴人이 있는 것을 말한다. 大貴命이다.

○ 천을귀인이 空亡되면 가무(歌舞)에 능하나 외화내빈이다.

○ 女命에 貴人이 유일한 즉 貴하나, 貴人多면 음탕하다.

∎ 文昌星(문창성)

○ 학문의 별이다.

○ 일간의 食神地支이다. 단, 火일간은 偏財地支이다.

 – 문창성이 沖당하면 학업이 중단된다.

 – 문창성에 역마가 있으면 외국에 간다,

 – 문창성이 공망되면 아나운서다.

 – 문창성이 生財되면 교육사업이다.

∎ 天醫星(천의성)

○ 월지의 后一進이다. 가령 월지가 寅이면 丑이다.

○ 의사, 약사, 침술, 간호사 등의 직업에 종사한다.

 – 丙일간이 巳월에 辰이 있으면 내과요,

 – 辛일간이 亥월에 戌이 있으면 외과가 틀림없고,

 – 天醫에 양인을 띠면 반드시 외과의사命이다.

 – 명궁이 卯이면 외과의사가 많다.

○ 女命에 양인격, 상관격, 편관격에 천의성 있으면 남편이 의사나 약사다.

○ 천의성에 財星이 木이면 한의사다.

○ 천의성이 천간에 투출되면 저명하다(가령, 酉가 천의성인데 辛이 투출된 경우).

▮ 고진(孤辰), 과숙(寡宿)殺 ← 年支 기준

○ 寅卯辰생은 巳가 고진이요, 丑이 과숙이다.

○ 巳午未생은 申이 고진이요, 辰이 과숙이다.

○ 申酉戌생은 亥가 고진이요, 未가 과숙이다.

○ 亥子丑생은 寅이 고진이요, 戌이 과숙이다.

○ 외로운 것을 孤라 하고, 남편이 없는 것을 寡라고 한다. 天乙貴人이 있
으면 면한다.

▮ 喪門弔客殺(상문조객살), (流年支 기준)

○ 가령, 庚寅년이면 歲前二進(세전이진)인 辰이 상문이요.
歲后二進(세후이진)인 子가 조객이다.

○ 상복(喪服), 곡읍(哭泣)의 슬픔을 당할 우려가 있다. 상가에 출입 말고, 험
한 것 보지 말고, 함부로 행동하지 말라.

○ 流年을 기준으로 해서 상문살이 年, 月에 있고, 조객살이 日, 時에 있으
면 그해에는 큰돈이 들어오고, 반대로 年, 月에 조객이 있고, 日, 時에
상문이 있으면 돈이 나간다.

▮ 격각(隔角)殺

○ 丑寅(艮方), 辰巳(巽方), 未申(坤方), 戌亥(乾方).

○ 命중 日, 時에 격각 두 글자가 있으면 형도명(형무소 行)이다. 天乙貴人이

있으면 구제된다.

○ 順行四柱는 다소 災厄(재액)이 적지만, 逆行四柱는 災厄이 심하다.

▌ 十惡大敗殺(십악대패살)

○ 祿이 空亡됨을 말한다.

○ 甲辰, 乙巳, 丙申, 丁亥, 戊戌, 己丑, 庚辰, 辛巳, 壬申, 癸亥

   祿이 공망이니 국록, 관록에는 인연이 없고 자유업, 전문직, 기술 등에

   종사하는 사람이 많다.

○ 日柱만 본다. 일주와 天克支沖되는 해에 그 禍가 심하다.

▌ 四廢日(사폐일)

○ 春節에 庚申日, 夏節에 壬子日, 秋節에 甲寅日, 冬節에 丙午日, 作事

   不成(작사불성), 有始無終(유시무종). 몸에 흉터.

▌ 天地轉日(殺)(천지전일)

○ 春節에 乙卯, 辛卯日, 夏節에 丙午, 戊午日, 秋節에 辛酉, 癸酉日,

   冬節에 壬子, 丙子日에 태어난 사람은 교통사고 및 요수(夭壽)의 우려가

   있다.

▌ 괴강(魁罡)殺

○ 庚辰, 庚戌, 壬辰, 戊戌일생.

   – 吉凶이 극단으로 작용한다.

   – 잔 것은 따지지 않고 큰 것만 챙긴다.

   – 머리가 좋고 마음은 여리다.

- 남에게 절대지지 않으려고 한다.

    - 어려서는 골목대장이라고도 한다.

○ 庚辰日에 庚辰時면 남녀를 불문하고 1子가 水厄(수액)을 당한다.

Ⅰ 고란(孤鸞)殺

○ 甲寅, 乙巳, 丁巳, 辛亥, 戊申일주

○ 고란이란 男女간에 금슬좋게 살다가도 克夫, 克妻하여 홀로되는 외로운 八字.

○ 年과 日 두 곳에 고란이 있으면 쌍고란살이라 하여 백발백중 고독한 명이다.

○ 丙午, 戊午, 壬子 일주도 고란으로 본다(日刃格).

○ 甲午, 庚子일주도 준고란으로 본다.

Ⅰ 홍염살(紅艷殺)

○ 甲乙은 午, 丙은 寅, 丁은 未, 戊己는 辰, 庚은 戌, 辛은 酉, 壬은 子, 癸는 申이 홍염살이다.

○ 화려하고 사치스런 허영심이 많고, 미모인 사람이 많다.

○ 천간에 투출하면 섹시하게 보여서 인기 있다.

○ 바람기가 많고 정조관념이 희박.

○ 일주에 있어야 작용력이 강하다.

○ 他柱에 있어도 이 殺로 본다.

Ⅰ 급각살(急脚殺, 月支 기준)

○ 春節에 태어난 사람이 亥子가 있거나,

夏節에 태어난 사람이 卯未가 있거나,

秋節에 태어난 사람이 寅戌이 있거나,

冬節에 태어난 사람이 辰丑이 있으면 급각살이다.

○ 다리에 장애가 생겨 다리를 절게 된다. 넘어지거나 떨어져서 수족이 골
절상.

▎ 탕화살(湯火殺)

○ 寅, 午, 丑이 있을 때(일지에 있어야 강하다).

○ 끓는 물이나 불에 데이거나, 음독 경험, 인화물질, 폭발물, 총, 칼, 화재
로 인한 재난. 염세 비관.

▎ 낙정관살(落井官殺)

○ 己巳, 庚子, 丙申, 壬戌 일주.

○ 우물이나 강, 바다에 빠져서 액을 당한다.

○ 신약사주에 殺旺이면 익사지액(溺死之厄)이 있다.

▎ 백호대살(白虎大殺)

○ 甲辰, 乙未, 丙戌, 丁丑, 戊辰, 壬戌, 癸丑 일주.

○ 沖을 당하면 백호가 발동하여 血光死(혈광사)등 큰 재난이 발생한다. 각
육친에 따라 사고가 따른다.

▎ 도화살(桃花殺)

○ 장내(牆內)도화 : 도화가 年, 月에 있으면 장내도화라 하여 부부금슬이
좋다.

○ 장외(牆外)도화 : 도화가 日, 時에 있으면 장외도화라 하여 여러 사람에 의해 꺾이기 쉽다. 女命의 장외도화는 大忌.

○ 도삽(倒揷)도화 : 日支를 기준으로 年支에 도화살이 있는 것을 말한다. 남자의 경우 연상의 여인이나 유부녀를 좋아한다.

○ 편야(遍野)도화 : 四支에 子午卯酉가 다 있으면 이를 편야도화라 한다. 사극(四極)이라 하여 음악, 예술 등을 좋아하고, 풍류를 즐기며 주색에 빠지기 쉽다. 음탕하다. 혹, 大貴할 수도 있으나 종말이 大凶하다.

○ 곤랑(滾浪)도화 : 天干이 합하고 地支가 刑이 된 것. 男女 모두 주색잡기, 황음(荒淫)하여 몸을 망친다. 성병에 걸릴 수도.

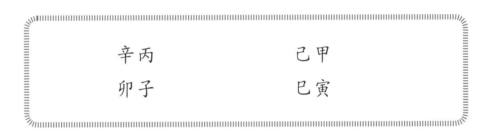

○ 나체(裸體)도화 : 일지에 도화가 있는 것. 男命이면 因妻致富(인처치부) 할 수도 있으나, 처가 음탕할 수 있다.

❙ 양인살(羊刃殺)

○ 陽干의 劫財地支.

○ 甲 → 卯,　　丙, 戊 → 午,　　庚 → 酉,　　壬 → 子.

○ 양인의 沖을 飛刃(비인)이라 한다.

○ 양인은 刑, 沖(비인)되면 克妻(극처), 刑獄(형옥), 官厄(관액), 災難(재난), 身病(신병) 등의 사고.

○ 양인은 七殺을 좋아하여 양인이 칠살을 만나면 羊刃帶殺(양인대살)이라 하여 吉命으로 化한다.

○ 양인이 合되면 수술한다.

○ 刃頭財(인두재) : 양인의 天干에 재성이 있는 것. 사업하면 백발백중 실패. 단, 정육점, 백정, 도살업, 칼이나 톱을 파는 철물점은 괜찮다.

○ 刃頭鬼(인두귀) : 양인의 天干에 官星이 있는 것. 관직 생활을 하면 안 된다. 비록 좋은 관직에 있더라도 결국 불행하게 끝난다.

○ 日刃 : 羊刃이 日支에 있는 것(일주 양인)

  丙　戊　壬

  午　午　子

  남자는 처를 克하고, 여자는 남편을 克한다.

  日刃이 沖을 당할 때 발동한다.

十二運星

十二運星이란 지구와 태양의 위성으로 일정한 경사도와 고정 위치를 유지하면서 자전과 공전을 하는 과정에서 오행의 정기를 받은 인간이 어떻게 生老病死의 과정을 겪는가를 나타내는 이론이다. 불교에서 말하는 십이연기법(十二緣起法)과도 일맥상통한다.

十二運星의 배열 순서는 生老病死이다. 태어나서 성장하고, 왕성하게 활동한 다음 나이가 들면 늙게 되고 늙은 뒤에 기력이 쇠약해지면 병들고 죽는다는 것이다. 그 변화하는 과정은 다음과 같다.

生(長生) → 浴(沐浴) → 帶(冠帶) → 建祿 → 旺(帝王) → 衰 → 病 → 死 → 墓 → 絶 → 胎 → 養.

○ 일간이 甲은 亥궁이 장생지요.

○ 일간이 乙은 午궁이 장생지요.

○ 일간이 丙戊는 寅궁이 장생지요.

○ 일간이 丁己는 酉궁이 장생지요.

○ 일간이 庚은 巳궁이 장생지요.

○ 일간이 辛은 子궁이 장생지요.

○ 일간이 壬은 申궁이 장생지요.

○ 일간이 癸는 卯궁이 장생지요.

✸ 12운성 해설

┃ 생(長生)

12운성 중에서 가장 힘이 있으며 상품이고 청결함이 있다. 장생은 탄생의 별이라 하여 개척, 창조, 창의, 발전성, 은혜, 수복, 유화, 감각적, 귀여움, 유약의 특징이 있다. 통솔력이 약하다. 개척자, 발명가, 학문가 기질이 있다. 본성은 학당성이 되기 때문이다.

장생이 생년에 있으면, 선조, 월지에 있으면 부모형제, 일지에 있으면 배우자, 시지에 있으면 자녀의 혜택 및 사이가 좋다.

장생이 관성과 동주는 명예, 자식, 남편이 훌륭해지고, 인성과 동주는 문장과 인기 상승하고, 식상과 동주는 의식주 혜택을 받고 문화 혜택이 있게 된다.

┃ 욕(沐浴)

목욕살은 함지살, 패욕살이라 하는데 색욕과 불안정, 실패, 노고, 색난, 변덕, 회의적, 낭비주색, 방탕, 구설, 천방지축 등의 특성이 있다.

유흥, 연극, 주류, 오락, 외교적 수완의 기질이 있다. 목욕이 재성과 동주는 가산을 탕진할 위험이 있고, 관성과 동주는 남자는 자식과 관직에, 여자는 남편의 부침이 많고, 주색에 빠진다. 인성과 동주는 어머니요, 비겁은 형제가 외정을 즐기며 주색에 빠진다. 식상과 동주하면 여자는 자식이 주색으로 가산을 탕진하게 되고, 본인은 호색하게 된다.

┃ 대(冠帶)

관대는 자존심이 강하고 고통을 인내하고 부정과 불의에 대항하며 명예, 존경, 성공, 향상심, 출세 욕망, 고집불통 등의 특성이 있다.

관대는 실업가, 관사, 군인, 학자, 종교인의 기질을 갖는다. 관대가 생년에 있으면 명문가 출신으로 유산을 물려받으며 천재적인 기질이 있고, 늦어 가면서 재혼을 하게 된다.

월지에 있으면 자기 주관과 고집으로 성공하며, 일지에 있으면 자비심과 덕이 많아 세인의 존경을 받으나, 부부 애정은 실패한다. 시지에 있으면 자녀가 발달한다.

관대가 재성과 동주하면 가산이 증진하고 대업성취하고, 식신과 동주는 남녀의 의식주가 풍족하고, 상관과 동주하면 남자는 관직을 박탈당하고, 여자는 부부 생사이별 및 長病으로 고생하게 된다. 관성과 동주는 관운대통하고 편인과 동주는 기예에 뛰어나나 사기를 잘 당하며 여자는 자녀 근심이 많다.

┃ 록(建祿)

록이란 사회와 국가로부터 일을 한만큼의 능력에 대한 보수나 대가를 받음을 말한다.

건록은 부정과 불의를 배격하고 공명정대하고, 공사가 분명하며, 책임주의 의식이 뚜렷하다. 건록은 명예, 안태, 고상, 발전, 풍부, 공직인, 지휘자, 잔소리꾼의 기질이 특성이다.

건록이 연월일시 어디에 있든지 자수성가여서 대업을 성취하고 장남 및 장남의 위치를 계승하게 된다. 건록은 어느 육친과 놓이든 복이 증가되나 비겁이 많은 사주는 군겁쟁재를 유발하여 파재, 손처, 부도가 잘 나게 된다.

┃ 왕(帝旺)

제왕은 글자 그대로의 지배력, 또는 군왕성을 말한다. 불굴의 정신과 강인한 의지, 강자에 대한 강한 반항심, 정의, 독립, 두령, 왕비, 헌신, 투쟁, 솔선

수범 등의 특성이다. 군인, 법관, 의사, 도살, 척도, 재란, 타인의 조언무시, 등의 기질이 있다.

제왕이 생년에 있으면 선조가 부귀공명하였고, 월지에 있으면 타인을 무시하고 고집, 수완, 두령 노릇을 잘한다. 일지에 있으면 타향살이 및 양자로 떠나며, 시지에 있으면 자식 덕으로 말년을 편안히 지낸다.

제왕이 비겁과 동주는 재혼하고 타인과 자신을 해치는 곤란이 많다. 관성과 동주는 생살지권을 쥐게 되며, 식신과 동주하면 경제력이 왕성하고, 활인성 직업에 성공하며, 상관과 동주하면 남과 자신을 반드시 해치며 여자는 과부가 된다.

▎ 쇠(衰)

쇠는 고독을 좋아한다. 안정을 위주로 하는 방향으로 흘러 모험을 피하고 내실을 기하며 보수적 사고, 평화적 타협심이 풍부한 특성이 있다. 행정원, 교직원, 연구가, 발명가, 사색가, 고리대금업, 종교인, 의사, 권모술수, 기술 방면에 뛰어난 기질이다.

쇠에 해당된 육친은 쇠약해지게 된다.

▎ 병(病)

병은 남의 호감을 받게 되는 풍류인이며 환상가로 공상적, 내성적으로 명예에는 별로 취미가 없으며, 모순, 건실, 허약, 비애적인 것이 특성이다. 만능재주인이며 작가, 교직원, 철학인, 연구발명가, 설계사, 참모, 기사, 간호, 약사, 구류가의 기질이다.

병이 생년에 있으면 선대가 곤궁하고 초년 질병으로 고생하며, 월지에 있으면 조별부모하며 청년기에 운이 쇠퇴하고 질병을 앓는다. 일지에 있으면 다정다감하고 부부 중 약그릇이 떠나지 않으며, 시지에 있으면 자녀가 병약하고 만년에 질병으로 고생하게 된다.

병이 각종 육친과 동주하면 해당하는 육친은 쇠약해지고, 病難을 겪으며 재산도 쇠락해진다.

ㅣ 사(死)

사는 만물이 병들고, 사람의 수명이 다하여 죽음을 상징한다. 그리고 死는 내기(內氣), 인기, 야무짐 등의 특성이 있다. 사는 성품이 고요하고 자성이 담백하여 정직, 근면, 노력형이며 매사에 순종, 복종하고 인자하며 동정이 많다. 사는 학자, 연구가, 발명가, 종교인, 문예작가, 기획조명, 기능설계, 효부효자의 기질이 있다.

연월일시지에 놓이면 해당되는 육친은 인연이 박하고 일찍 사별하거나 신병이 있게 된다. 사가 비겁과 동주하면 형제가 사별한다. 관성과 동주하면 명예로 인한 오욕을 입으며, 일생을 통하여 부침이 많으니 예능이나 기술 방면으로 나가는 게 좋다. 재성과 동주하면 재산이 도산되고, 처자 근심이 많다. 식신과 동주는 의식주 생활에 고생이 많고, 상관과 동주는 양친을 일찍 사별하거나 열등의식으로 성격이 삐뚤어지고, 자녀가 일찍 사망한다.

ㅣ 묘(墓)

묘는 창고, 또는 묘지라고 하며 저축의 별이다. 매사 침착하고 건실하여 낭비, 허식이 없는 실질적인 생활을 추구하는 수전노의 특성이다. 묘는 매사에 끌어모으려 하고, 인색하며 종교인, 학자, 미술가, 은행, 금융인, 창고인, 장의사, 보관업, 계리사, 전당포 등의 기질이다.

묘는 연월일시나 육친에 해당하면 그 육친의 인연이 박하고 일찍이 묘에 들어

가는 형국이라, 생활능력이 없든지, 아니면 일찍 죽는다.

┃ 절(絶)

만물이 땅속에 있을 때 형체가 없는 것과 같이, 이때는 무념무상의 지극히 정적인 상태이고, 외부의 충동에 동요하기 쉽다. 인정에 흔들리고 변화, 환생, 뜬구름 잡는 격이다. 권태, 실속이 없다. 편식하는 등 여자는 지조를 잃는 특성이 있다. 사색가, 교육가, 철학자, 종교인, 학자, 연구가의 기질이다.

절이 생년에 있으면 부모와 인연이 없고 타향살이를 하게 되며, 생월에 있으면 사회로부터 고립된다. 생일에 있으면 주관이 없어 남의 꾀에 넘어가고 색난으로 소동이 나며, 생시에 있으면 자식과 인연이 없게 된다.

┃ 태(胎)

태는 사람이 부정모혈을 받아 수태됨과 같고, 천지만물이 음양교접하여 지중에서 새 생명이 움터 놓은 것과 같다. 속박과 구속을 싫어하고 이상주의적이며, 본색은 약하고 의타심이 강하며 색정문제 유발, 변덕이 심하고, 사색, 지능, 능변, 연구, 기억력 등은 우수하나, 활동, 외교, 처세에는 끝이 좋지 않다. 특히 유머를 잘 쓰며 전통 가업을 급변동하는 특성이 있다.

태는 생명을 귀여워하고, 화초, 종자, 묘목 등에 취미가 있고, 산부인과, 탁아소, 화원, 양식 등의 기질이 강하다.

태가 생년에 있으면 부모가 변동기에 출생하여 파란이 많다. 월지에 있으면 공덕이 무로 돌아가며 직업 변동이 많다. 일지에 있으면 어려서 사경에 헤매게 되고, 직업 변동이 많고, 끈기가 없다. 특히 여자는 고부간 다툼이 많다. 시지에 있으면 자녀가 가업을 돌보지 않고, 가업을 전업시키게 된다.

태가 재성과 동주하면 재산이 늘어나고 처가 잉태하며, 관성과 동주하면 명예 상승과 자녀가 임신하며, 식상과 동주하면 의식주가 늘어나고 자녀가 잉태한다. 본 태성은 해당 육친의 임신 관계를 본다.

❙ 양(養)

양이란 외부적인 투쟁 없이 태중에서 안정과 보호 속에 양육됨을 비유하고 양자, 분가, 발전, 색난, 견실, 교육, 팔방미인, 낙천적인 특성이 있다. 양은 식물, 사육, 고아원, 양로 등의 기질이 있다.

양이 연월일시 등에 놓이면 해당된 육친이 양자 및 이복형제 또는 색난으로 부부해로가 어려우며, 양이 상관과 동주하면 조모슬하에서 자라게 되고, 편인과 동주하면 이복형제 및 계모가 있게 된다.

十二支神殺

十二支神殺은 命理에서 중요하게 활용되고, 적중률이 매우 높다. 그 찾는 방법은 年支 三合에서 찾으며, 사주원국의 各 地支 및 대운 地支에 대입하여 적용한다.

○ 寅午戌 生은 午宮에 將星을 놓고 順行으로 짚어 간다.
○ 亥卯未 生인 卯宮에 將星을 놓고 順行을 짚어 간다.
○ 申子辰 生은 子宮에 將星을 놓고 順行으로 짚어 간다.
○ 巳酉丑 生은 酉宮에 將星을 놓고 順行으로 짚어 간다.

十二支神殺의 順行方向

將星殺(장성살) → 攀鞍殺(반안살) → 驛馬殺(역마살) → 六害殺(육해살) → 華蓋殺(화개살) → 劫殺(겁살) → 災殺(재살) → 天殺(천살) → 地殺(지살) → 年殺(년살) → 月殺(월살) → 亡身殺(망신살)

※ 十二支神殺 해석

▍將星殺(장성살)

○ 교통경찰, 출입문, 언쟁부부, 질서자식, 중심인물, 참모.
○ 將星殺 방향으로 출입문이 나 있으면 氣가 다 빠져나간다.
  – 갑자기 요절하거나 불의의 사고로 죽게 된다면 將星殺 방향으로 문이

나 있는 경우가 많다.

- 장사하는 사람은 將星殺 방향으로 문이 나 있으면 망한다.

- 환자가 將星殺 방향의 병원으로 가면 죽을 확률이 높다.

- 장성살 방향으로 문이 나 있으면 미혼자는 결혼이 늦어진다.

- 여자라면 깡패 같은 놈을 만나 반강제로 당하여 마음에 없는 결혼생활
  을 하기도 한다.

- 부적으로 "將"字를 써서 문지방 위에 거꾸로 3군데 붙인다.

○ 將星殺대운에는 그 사람이 없어서는 안 되는 중요한 일을 맡기도 한다.

부부	夫	婦	
	巳酉丑	酉	잘 싸우고 잘 살아간다(언쟁부부).
부모 자식	부모	자식	
	巳酉丑	酉	질서를 잡아 주는 자식이다. 이런 자식이 있으면 부부싸움을 안 한다. 올바른 소리, 입바른 소리 하는 자식이다. 자식이 무섭다. 중심인물이 된다.

┃ 攀鞍殺(반안살)

○ 소매상, 장롱, 금고, 경리책상, 이사, 치료, 잠자는 방향, 순종부부, 맏
  이 자식, 충복직원.

○ 반안살은 말안장이다. 안장에 앉으니 편안하다.

○ 반안살 운에는 돈을 번다. 편안하다.

- 반안살은 돈, 장롱, 금고, 경리책상 등 돈과 관련 있다. 이런 것들은 반
  안살 방향으로 놓여 있어야 한다.

‒ 은행거래, 이사도 반안살 방향이 좋다.

‒ 일반 환자는 반안살 방향의 병원에 가면 빨리 치료된다.

○ 반안살 띠 직원은 충직한 직원이다. 말도 잘 듣는다.

○ 반안살 방향으로 머리를 두고 자면 편안하다.

부부	夫	婦	
	戌	巳酉丑	부인이 말을 잘 듣는다(순종하는 부인).
	巳酉丑	戌	편한 남편이다. 남자가 말을 잘 듣는다(순종하는 남편).
부모 자식	부모	자식	
	申子辰	丑	맏이 노릇하는 자식. 말을 잘 듣고 순종하고 편안하게 해 준다.

┃ 驛馬殺(역마살)

○ 외국취업, 이사, 컴퓨터, TV, 정보부부, 효자, 중매, 중개.

○ 역마살은 말이 움직이는 것이다.

‒ 말을 타고 이곳저곳을 돌아다니다 보면 소식을 많이 알게 된다. 그래서 역마살이라 정보를 많이 알게 된다는 의미가 있다.

‒ 지금은 TV, 컴퓨터 등이 정보를 알려주는 매개체다. 원국에 역마살이 있으면 각종 정보에 밝다고 할 수 있다. 만일, 처 사주에 역마살이 있으면 정보를 얻기 위하여 드라마보다는 뉴스나 정보를 얻는 프로그램을 많이 보게 된다.

○ 이사에 좋은 방향

- 반안살 방향이 제일 좋다.

- 망신살 방향이 제일 좋다.

- 역마살 방향은 망신살과 비슷하고 곧 다시 이사를 하게 된다.

	夫	婦	
부부	寅午戌	申	내가 모르는 것을 다 알고 있다. 아는 정보가 많다.
	寅	申子辰	서로가 많이 알고 있다. 정보부부이다.
부모 자식	부모	자식	
	寅午戌	申	자식이 역마살을 띠면 물질적으로 풍족하게 해 준다. 생각보다 아는 것이 많고 먹을 것을 가지고 와서 효도한다. 망신살 자식이면 물질적으로 상승세 타는 자식이다.

▮ 六害殺(육해살)

○ 요직 근무, 하수구, 저지대, 응급실, 선물, 전생인연 부부, 종신자식, 중심인물, 제사.

○ 육해살 월에 제사가 있어 잘 지내 주면 음덕을 베풀어 준다.

○ 육해살 대운은 요직을 맡게 된다. 예를 들어 일용직 건설노동자라도 육해살 대운이면 십장을 하게 된다.

○ 육해살은 가장 낮은 곳이다. 고로 하수구, 배수구다.

- 하수구가 막히면 그 집의 氣가 막히는 것과 같다. 집에 이유 없이 환자가 생겼다면 하수구가 막혔는지 확인해보아야 한다. 하수구를 뚫게 되면 신통하게도 병이 낫는다.

- 응급환자가 생겼다면 육해살 방향의 병원으로 가야 결과가 좋다.

– 선물을 받게 되면 육해살 방향에 놓지 마라. 運이 막힌다.

○ 육해살은 子午卯酉에 旺地라 어디를 가든지 중심인물이 된다. 약방의 감초 격이다.

○ 육해살은 종신자식이며, 제사 잘 지내 주는 자식이다. 또한 붕어빵 자식이다.

○ 寅午戌生 : 서쪽에 흰색 물건을 두면 나쁘다.

申子辰生 : 동쪽에 청색 물건을 두면 나쁘다.

巳酉丑生 : 북쪽에 검은색 물건을 두면 나쁘다.

亥卯未生 : 남쪽에 붉은색 물건을 두면 나쁘다.

	夫	婦	
부부	亥 卯 未	午	전생의 인연이 맺어졌다. 남들이 보면 남매 같다고 한다. 얼굴 윤곽이 닮았다. 이런 사람들은 한 번 헤어지면 재혼하기 힘들다. 전생의 인연을 뿌리치면 다른 사람과 못산다.
부모 자식	부모	자식	
	寅 午 戌	酉	종신자식으로 부모의 임종을 지켜보는 자식이다. 부모를 소홀히 하지 않으니 제사를 받든다.

Ⅰ 華蓋殺(화개살)

○ 반복, 단골, 예술품, 창고, 화장실, 재도전, 이사, 언쟁부부, 관심자식.

○ 자주 가는 단골집이 있다면 화개살 방향이다. 좋은 그림을 자주 보고 싶다면 화개살 방향에 놓아라. 반복적으로 보게 된다. 창고나 화장실은 화개살 방향에 있어야 좋다.

○ 가게를 차린다면 재도전의 의미가 있다. 도전이라는 것은 망한 경험이 있다는 뜻이다. 그러나 뜻대로 잘 안 된다.

○ 자식이 화개살 띠라면 관심자식이라 자주 보고 싶어 한다.

○ 화개살 띠와는 동업은 안 된다. 일을 같이 도모할 수 없다. 관심을 갖고 용기를 주는 것은 괜찮다. 단, 동갑은 삼합이 아니다.

부부	夫	婦	
	寅午	戌	잘 싸우기도 하고 잘 살아간다(언쟁부부).
부모 자식	부모	자식	
	巳酉	丑	자꾸 보고 싶은 자식(관심자식)

┃ 劫殺(겁살)

○ 직업 전환, 토지환토, 임시이사, 헌신부부, 불효자식, 심복, 직속상관, 배반자, 종업원.

○ 속에서 뺏어 먹는 것 : 망신살

　겉에서 뺏어 먹는 것 : 겁살

○ 보상 : 공시지가로 받는다. 즉, 제값을 못 받는다.

○ 이사 갈 때 : 겁살 방향으로 가면 안 좋다. 임시로 가는 이사.

○ 집을 살 때 : 겁살 방향의 집을 사면 집 보고 사는 것이 아니라 땅값을 보고 산다. 싼 집을 사서 수리하려고.

○ 직속상관이 겁살이면 인정받지 못하고 일 잘했다고 하지 않는다. 심복부

하가 겁살이면 보너스 등 잘해 줘야 한다. 섭섭하게 하면 배반자가 된다. 결과가 안 좋다.

○ 가장 믿었던 사람한테 배신당한다. 종업원이 겁살이면 수금한 돈 가지고 도망한다. 동업, 거래, 종업원 구할 때는 겁살 띠는 피해야 한다.

부부	夫	婦	
	亥	寅午戌	남편한테 당한다.
부모 자식	부모	자식	
	寅午戌	亥	자식한테 없어질 때까지 뺏긴다. 불효자식

▌災殺(재살)

○ 정신노동, 사상적 대치인, 정신고통, 총명부부, 꾀돌이, 빽줄, 직속상관, 이간질하는 사람.

○ 재살은 일명 수옥살(囚獄殺)이라고도 한다. 삼합의 가운데 자는 핵심이며 비밀이다. 비밀을 충해서 끄집어낸다. 고로 정신적인 피해가 있다.

○ 직속상관이 재살이면 나를 정신적으로 괴롭히는 사람이다. 사무실 내에서는 자기 책상을 기준으로 재살 방향에 있는 사람이 정신적으로 괴롭히고 피곤하게 한다. 그렇다고 싸우면 내가 진다.

○ 이사도 재살 방향으로 하면 공과금(전기세, 수도세 등)을 내지 않아 내가 부담하게 된다. 고로 정신적으로 괴로운 일이 생긴다.

부부	夫	婦	
	巳酉丑	卯	재살 아내는 똑똑하지만 정신적으로 괴로울 만큼 똑똑하다.
부모 자식	부모	자식	
	亥卯未	酉	재살 자식은 꾀돌이다. 亥卯未生 부모를 가지고 논다.

▌ 天殺(천살)

○ 사업 불가, 공부, 종교물건, 책상, 이사, 학교, 공부부부, 학업자식, 종업원, 잠자는 방향.

○ 天殺

　– 방향에 종교물건(불상, 십자가 등)을 두면 하는 일에 타격을 받는다.

　– 대운에 사업하면 망한다. 직장 생활을 하는 게 좋다.

　– 대운 말에 본의 아니게 관재구설이 생긴다.

　– 대운에도 개업하면 안 좋다.

　– 天殺띠와는 동업도 하지 마라

　– 학생은 天殺 방향으로 책상을 두면 공부를 잘한다.

　– 미혼자는 天殺 방향으로 머리를 두고 자면 결혼이 쉽다.

　– 기혼자가 天殺 방향으로 머리를 두고 자면 애인이 있다는 증거다.

부부	夫	婦	
	未	申子辰	좋다.
	申子辰	未	여왕대접하면 좋은데 여자가 여왕(임금)의 자격을 갖추기 위해서는 알아야 하니 공부해야 한다. 하늘에 하는 것(천제＝제사)을 알아야 한다. 즉, 종교생활을 해야 하니 종교를 인정해 주어야 한다. 그래야 가정이 평안해진다.
부모 자식	부모	자식	
	申子辰	未	한석봉과 어머니의 경우로, 공부시킨다. 공부시켜야 하는 자식이다. 시집가거나 부모가 돌아가신 경우 검정고시 공부라도 한다. 공부를 시켜 주지 않으면 부모를 원망한다. 못해도 전문대학 정도는 보내야 한다.

▌ 地殺(지살)

○ 홍보 활동, 출입문, 간판, 작품, 언쟁부부, 명문자식, 사장, 동업 불가.

○ 地殺은 홍보 활동이라 나를 홍보하는 물건(표창장, 상장, 자격증, 감사장 等)은 地殺 방향에 놓으면 좋다. 출입문도 地殺 방향으로 내면 홍보가 잘 된다.

○ 地殺 대운엔 사장도 한다. 地殺 방향에 있는 門으로 출입하는 사람이 사장이다. 직장인이 地殺 방향으로 출근한다는 것은 간부사원으로 승진하는 것이며 나중에 長(사장)字가 붙는다.

○ 책을 출판하더라도 육해살, 반안살 방향의 출판사에 가면 저렴하게 출판하게 되고, 地殺 방향에 있는 출판사에서 출판하면 홍보가 잘된다. 天殺 방향에 가서 하면 망한다.

○ 가문을 홍보하는 자식도 地殺 띠 자식이다. 자식이 잘되어야 가문이 빛나니 가문을 빛내는 자식은 地殺 띠 명문자식이다.

부부	夫	婦	
	寅	午戌	잘 싸우고 잘 산다.
부모 자식	부모	자식	
	寅	午戌	대문 같은 자식이니 가문을 빛낼 자식이다(흥보). 자식 칭찬하면 그렇다고 맞장구친다. 자랑하고 싶은 자식이다.

▌ 년살(桃花殺(도화살))

○ 연상 연하 연인, 부수입, 진열장, 배란다, 화장, 비서, 제사, 애교부부, 귀염둥이

○ 사주 원국에 年殺이 있으면 남자는 연상의 여자와 결혼한다. 만일 연하라면 나이 차이가 많이 난다.

○ 여자는 연하의 남자와 결혼한다. 연상이라면 역시 나이 차이가 많이 난다.

○ 年殺대운이면 남녀불문하고 멋을 낸다. 특히 여자는 화장을 잘한다. 직장에서도 화장하라고 한다.

○ 年殺 방향은 예쁘게 꾸민다.

  – 화장대를 年殺 방향에 놓으면 화장대를 예쁘게 꾸며 놓고 화장도 잘한다.

  – 베란다가 年殺 방향이면 화초도 예쁘게 잘 기른다.

  – 진열장이나 어항도 年殺 방향에 놓으면 보기 좋고, 어항의 고기도 오래 산다.

○ 비서를 채용한다면 年殺띠가 좋다. 예뻐 보인다.

○ 年殺대운에는 부수입도 생길 수 있다.

부부	夫	婦	
	巳酉丑	午	부인이 예뻐 보인다. 남자가 먼저 여자 팔짱끼고 다닌다. 애교부부이다.
부모 자식	부모	자식	
	申子辰	酉	귀염둥이 자식이다.
사업장	사장	종업원	
	亥卯未	子	예쁘고 공부하는 비서. 연살 종업원은 수금이나 주문 받는 것을 시키면 아주 잘한다.

▌ 月殺(월살)

○ 박애정신, 야근, 보안등, 개집, 有德부부, 효자, 은밀한 거래, 정신적 이득.

○ 月은 달이다. 달이 없으면 가로등, 보안등이 달의 역할 한다.

  – 月殺 방향에 보안등이나 가로등이 있으면 도둑이 들어오지 못한다. 개집이 月殺 방향에 있다면 집을 잘 지킨다. 年殺 방향에서 개를 키운다면, 애완견이다.

  – 月殺 방향으로 공부하러 간다면 야간학교나 야간공부다.

  – 직장 방향이 月殺이라면 야근을 많이 한다.

○ 月殺띠에게 돈을 빌리면 은밀한 거래라서 소문을 내지 않는다.

○ 인간관계에서는 물질적 이득보다 정신적인 이득이 크다. 역학 선생이 있다면 天殺띠는 공부를 잘하게 된다. 月殺띠는 정신적 스승이다.

○○○○ ○○○酉	未대운이면 월살 대운이다(밤, 음지). 대통령은 대체적으로 업무상 양지를 다닌다. 영부인은 남들이 잘 안 가는 고아원, 양로원 등 음지를 다닌다. 즉, 박애정신이 있으니 좋은 일을 하고 산다고 하겠다.		

부부	夫	婦	
	申子辰	戌	덕 있는 배우자다. 사고로 퇴직하고 노는데 마누라가 파출부 등 일을 하면서도 식사시간 되면 집에 와서 점심을 차려 준다. 유덕한 부인이다.

부모 자식	부모	자식	
	申子辰	戌	효자이다. 은밀하게 효도한다. 아버지 입장에서 딸이 월살이면 엄마 몰래 용돈을 준다. 엄마에게도 마찬가지이다.

▌ 亡神殺(망신살)

○ 횡재수, 고수, 이사, 목욕탕, 친척집, 물질부부, 효자, 재산 증식 도움.

○ 劫殺은 겉으로 들어난 것(겉옷)이고, 亡神殺은 속살을 의미하므로 속살을 남에게 보이니 그것이 망신이다. 亡神殺은 혈족이나 친인척도 된다.

○ 목욕탕이 亡神殺 방향이면 깨끗이 목욕하고 나온다.

○ 누구나 亡神殺 대운이면 吉凶神에 상관없이 돈이 생긴다.

－ 노력해서 돈을 버는 것이 아니라 횡재수로 돈 번다.

－ 亡神殺 방향으로 이사 가면 횡재수가 있다.

－ 투기 목적은 亡神殺 방향이 좋다. 가격이 상승한다.

－ 재고를 처분할 때도 亡神殺 방향으로 이사 가서 처분하면 잘 팔린다.

○ 고사를 지낼때는 亡神殺 月에 亡申殺 방향으로 지내면 좋다.

○ 대인관계도 亡神殺띠가 좋다. 술을 먹다 가도 술값 잘 낸다. 오물(오늘의 물주)이다.

○ 돈 버는 일은 망신살 방향이 좋고, 대인관계는 반안살 방향이 좋다. 월살
  은 정신적 도움이고, 망신은 물질적 도움이다.

부부	夫	婦	
	亥卯未	寅	배우자가 곧 돈인데, 용돈 달라고 하면 바로 준다.
	寅	亥卯未	여자가 공부한다고 수강료를 달라고 하면 바로 준다.
부모 자식	부모	자식	
	亥卯未	寅	자식 낳고 재물이 늘어난다. 사업가는 번창하고, 망해도 곧 복구 한다.

通辯要論

○ 五陽중에 丙火가 最熱(최열)하고 五陰중에 癸水가 最濕(최습)하니 조열이 有病이면 癸水가 最吉하고 寒濕(한습)이 有病이면 丙火가 最吉이다.

○ 歲克日(세극일) : 부모무덕하고 고향을 떠난다

○ 日克歲 : 윗사람이 노하고 재앙이 있다. 고향을 떠난다.

○ 卯酉沖이 다시 卯나 酉를 만나면 이주(移主) 번다(繁多)하다.

○ 正印 用神에 正財運에 파직한다.

○ 한습이 旺하면 비록 暖運(난운)이 와도 발전이 없다.

○ 너무 조열하면 水大運에 오히려 재앙이 일어난다.

○ 克身弱 사주가 인성운이 오면 오히려 매사가 難成(난성)이다.

○ 丙申일주에 壬水가 첩신하면 難壽(난수)라.

○ 庚寅日에 丙火가 있으면 爲吉이라(寅中 戊土로 인해 절처봉생).

○ 傷官은 있는데 財가 없으면 비록 財運을 만나도 빈한하고, 食神이 制殺하는데 편인을 만나면 貧夭(빈요)로다.

○ 正官은 傷官沖을 大忌한다.

○ 食神은 刑, 沖을 싫어한다.

○ 印格이 正財의 忌神이 있는데 다시 正財運을 만나면 사망한다. 단, 比劫이 있으면 면한다.

○ 傷官과 羊刃이 日時에 있으면 妻子를 克해서 생사간에 이별한다.

○ 偏印이 時下得祿(시하득록)이면 동분서주 기술자이다. 사업하면 망한다.

○ 羊刃이 沖을 당하면 僞禍百端(위화백단)이다.

○ 姉妹剛强(자매강강)이면 嗔房之婦(진방지부)라.

○ 고란살과 양인살이 日時에 있으면 남녀불문 재혼을 면치 못한다.

○ 丁未, 戊戌, 癸丑일생은 배우자가 색정에 빠진다.

○ 男命 丙子일생, 女命 戊午일생 배우자가 미남, 미인이다.

○ 乙巳, 辛巳, 癸巳, 丁亥, 己亥일. 透官者(투관자)는 애기 낳고 살다가도 情通逃走(정통도주)라.

○ 乾命에서 日時沖에 財星이 있고 그 財星에 官星이 암장되어 있으면 필히 胎中離別(태중이별)이다.

○ 역마는 해결사와 같으니 가령 丁卯年에 발생한 일은 巳일이나 巳년에 풀린다. 구속된 자는 역마운에 석방된다.
  – 年殺이나 月殺年이나 月에는 절대 안 풀린다.
  – 年殺은 시녀요, 月殺은 장해살이 되기 때문이다.

○ 내 일에 훼방을 놓거나 나를 모함하는 者, 즉 나의 적은 나의 겁살이나 재살 띠인 사람이다.

○ 干與支同命은 夫婦比肩이니 쟁투가 심하다.

○ 잡기재관 및 잡기인수격은 刑沖(開庫)되어 있으면 평생 복록 두터우나 開庫되지 않았으면 개고운에 발복하는데, 이때 잡기재관격은 신왕해야 하고 잡기인수격은 신약해야 한다. 그리고 개고시 忌神이나 凶神이 튀어나오면 오히려 화가 일어난다.

○ 天干에 癸가 3개 있고, 地支에 卯가 2개 있으면 단명한다.

○ 凶運이 들어오면서 轉角(전각)에서 日柱가 십이운성의 死地가 되면 必死(필사)한다(轉角殺).

○ 일간이 약한데다 大運에서 死墓絶地를 만나고 七殺의 生旺運이 되면 必死라.

○ 用神이 絶地에 들고 忌神이 生旺地가 되면 사망한다.

○ 陰日生이 命中에 比肩이 있는데 正官運을 만나거나, 正官이 있는데 比肩運을 만나 合官되면 남자는 삭탈관직(削脫官職) 당하고 여자는 남편과 이별하게 된다.

○ 三合局命 중 墓神(가령 申子辰水局 중 墓神은 辰)을 沖하는 오행이 있으면
　義母養育之命(의모양육지명)이다.

○ 三刑 있고 羊刃 있는 者 劍難(검난)之命(칼을 조심하라).

○ 日時 子卯刑 수술수가 있든지 자식덕이 없다.

○ 己卯일주나 己酉일주가 卯酉沖이 있는 命 요각이상(腰脚異常) 가산파탄.

○ 沖多면 無德이요, 쓸데없이 바쁘게 산다. 말을 잘 돌린다.

○ 刑多면 無德이다.

○ 丙午, 丁巳일생 天克地沖되면 냉증.

○ 대운의 沖과 대운의 공망은 논하지 않는다.

○ 兩甲 兩己 辰時 면 大貴大富.

○ 壬水가 己土를 보면 濁水가 되고, 己土가 壬水를 만나면 洪水가 난다.

○ 女命에 時上 偏印이면 자식 낳기도 키우기도 힘들다.

○ 女命 乙일간이 丙火 있으면 夜來香命(야래향명) 많이 본다.
　乙巳일생 透官者는 확실(透庚者).

○ 辛일주 戌월생 時上 辰戌 있는 사람 의약업에 종사한다(辛亥일 확실).

○ 日柱 끼어 철쇄개금(卯酉戌 全) 깔린者 仁術業(인술업) 틀림없다.

○ 正印格者 학자 많고 偏印格者 발명가 많다.
　正印者는 자비롭고 偏印者는 변화무쌍.

○ 偏印格者 無制命은 성격불안 말이 많고 흠이 많은 앵무새라 사기꾼이 많
　다더라.

○ 干合現像(현상)
　- 甲日 己年 合化土財 → 신왕 즉 財得, 신약 즉 탐재(손재)
　- 丙日 辛年 合化水官 → 財星설기라 손재.
　- 戊日 癸年 合化火印 → 신약 財旺 命 發財.

- 庚日 乙年 合化金比 → 財星 被回頭克 必損財(피회두극 필손재).

- 壬日 丁年 合化木傷 → 신왕 즉 發財, 신약 즉 損財.

○ 辰午酉亥 全이면 중년이후 眠目不明(안목지질).

○ 女命 食傷이 刑殺을 만나면 자궁계통 수술 있다. 刑殺 合年에 必發(필발).

○ 辛卯日 庚寅時 뼛속이 쑤신다.

○ 庚午日 辛巳時 심장병, 고혈압 등의 질환이 잘 발생한다.

○ 丙丁日生 천간에 壬癸水 있으면 眼目之疾(안목지질).

○ 命前一辰은 破墓殺(파묘살)이니 가령, 子年生이 丑년를 만나면 破墓殺 年에 해당하니 이 해에는 절대로 山墓事(신묘사)를 해서는 안 된다. 만일 하게 되면 자손들에게 큰 害가 발생한다.

○ 命后一辰은 破宅殺(파택살)이니 가령, 子年生이 亥年을 만나면 破宅殺 年에 해당하니 이 해에는 절대로 성주나 이사, 가옥 수리 등은 삼가 해야 한다. 만일 하게 되면 家主(가주)가 傷하게 된다.

○ 丁은 月이라

- 丁未일생은 飮食(음식)之女 즉 酒女(주녀)라.

- 丁酉일생은 山寺之女 즉 寺女(사녀) 혹은 孤女(고녀)라.

- 丁巳일생은 文士之女 즉 詩女(시녀)라.

- 丁卯일생은 玉兎(옥토)之女 즉 옥녀 혹은 미녀라.

- 丁未, 丁巳일생이 未, 巳가 있으면 주색을 좋아하고 詩書(시서)에 능하 며 미모라.

○ 女命 乙日生 卯辰 있으면 매파(媒婆)命.

○ 명궁이 午宮이면 관록이 좋고, 子宮이면 天貴星이라 田宅(전택). 不動産 에 좋아 富貴가 있다.

○ 명궁이 亥宮이면 천수성이라 장수하며, 또한 文章之事이다.

○ 명궁이 巳宮이면 문장력이 좋다.

○ 명궁이 寅宮이면 구설이 심하다.

○ 生時와 胎月(태월)의 천간이 습된 命은 달 넘겨서 태어난 몸이다.

○ 丙일생이 辰巳면 의약, 구류술사명이요, 辛일생이 戌亥면 침술, 의사명
인데 丙일생은 내과, 辛일생은 외과 되기 쉽다.

○ 命중에 子巳가 있고 일주 휴수된 命은 음모, 쟁송이 많다.

○ 命중에 酉亥가 있으면 好酒家(호주가) 아니면 주점을 한다.

○ 辰多면 好鬪(호투), 爭訟(쟁송), 戌多면 凶暴虛詐(흉폭허사).

○ 胎月(태월)공망은 百事不成(백사불성), 호환공망은 사업불가.

○ 丙戌癸가 있으면 문채창연하고 女子는 미인이 확실하다.

○ 卯戌이 있으면 春秋文章(춘추문장)이나 女命은 고독하다.

○ 寅巳申 三刑은 관재구설, 쟁송.

　丑戌未 三刑은 肢病(사지에 病).

○ 羊刃이 刑이면 산액 수술.

○ 일간 위주 時支 羊刃이면 자식의 질병.

○ 時干 위주 日支 羊刃이면 처 악사(惡死)혹은 처 품성불량.

○ 年干 위주 日支나 時支가 羊刃이면 父母惡死(부모악사).

○ 食神 生財格은 무역업.

○ 傷官生財格은 기술직.

○ 官殺一位하여 官印相生이면 정치인, 관료.

○ 身旺財旺命은 상공업 富命(事業).

○ 身旺財弱命은 기술직.

○ 財官雙美格(재관쌍미격)은 실업, 상업, 금융업.

○ 身旺 無依命(無財官)이나 身弱無助命(신약무조명)은 사업은 안 되니 봉급생활

자가 적합.

○ 羊刃 공망은 아나운서. 食傷 공망은 성악가(가수), 아나운서.

○ 食神에 正印이 있으면 예술가.

○ 傷官이 官星이 있으면 경찰.

○ 천의성이 있고 官印相生이면 의사.

○ 역마는 시동이 걸려야 출발하니 六害(馬夫)가 있거나 六害年 月日에 이동한다.

○ 역마가 아무리 움직이려 해도 月殺(장애물)이 있거나 月殺運에는 꼼짝 못한다.

○ 역마는 空亡되면 休囚馬, 病馬(병마)라 하고, 合이 되면 留馬(유마)라하여 꼼짝 못하고, 沖되면 起馬(기마)라 하는데 特히 沖馬를 奔馬(분마)라 하여 活動馬 된다. 그런데 역마는 地殺과 沖이 되는데 역마가 충이 되면 이동하는 분마이지만 만일 역마나 지살이 凶神일 경우에는 沖馬運에 교통사고가 발생한다.

○ 女子는 傷官運에 활동하고 甲대운에 남편을 무시한다.

○ 亡神, 官府殺이 있고 또 다시 運에서 만나면 형옥.송사,시비가 발생한다. 貴人이 있으면 형옥을 면한다.

○ 準合(半합)이 全合(三합)이 되는 運에는 거의 禍(화)가 발생한다. 三合이 吉神이면 가볍다.

○ 木공망자는 머리가 맑고, 金공망자는 목소리가 우렁차다.

○ 寅午戌 三合命은 가족 중 누군가 夭壽者(요수자)가 있다. 甲木이 탄다. 甲木이 누구인가 보라.

○ 巳酉丑 三合命은 부모자식 덕이 부족하다. 克合이라 시끄럽다. 스트레스 局이다.

○ 冬木은 丙火 戊土를 좋아한다. 丙火는 조후. 戊土는 방수.

○ 夏火는 庚壬이 兩透(양투)하면 大富라 身旺金財라 壬水는 護財星(호재성).

○ 火炎土燥命에 水가 있을 때는 中化가 되지만, 水가 없을 때는 水운에 화가 발생한다. 위장병, 안질 등이 발생.

○ 三合 方合時 拱來字(공협자)가 없을 때 가령, 寅 ○ 戌, 申○ 辰. 및 巳 ○未, 申 ○ 戌 등 가운데 核이 되는 공협자(속에 끼는 글자)를 찾아 內心의 뜻을 알 수 있다.

○ 地羅殺(지라살)이 重重한 命 운수업자 많다.

○ 화개는 大小運에서 만나면 文官人(문관인)은 吉하나, 商財人(상재인)은 손재한다.

○ 刑殺은 三合이 없으면 작용하지 않는다.

○ 貴人이 印綬와 同宮이면 大學者, 拱貴印綬(공귀인수)는 더욱 貴.

○ 一劫이면 福貴, 二劫이면 性暴盜行(성폭도행), 三劫이면 暴惡(폭악).

○ 双亡神, 双劫殺. 双怨辰者 평생풍파 많다. 구류업하면 면한다.

○ 羊刃은 합되거나 공망되면 수술이요, 沖이면 事故라.

○ 偏印은 吉神이면 독창성의 별이 되나 忌神이면 변덕, 사기星의 별이다.

○ 日時에 羊刃과 효신이 있으면 本人妻子 모두 苦生貧命(고생빈명)이다.

○ 偏印格은 生子하면 망한다.

○ 財多身弱命은 재정직이 많다.

○ 財多身弱命은 食傷이 있으면 동업해야 발복한다(왜냐하면 比劫을 用하기 때문이다).

○ 日支財는 妻인데 喜忌與否(희기여부)를 보아 妻德有無를 판정하라. 日支 配匹(배필), 月柱 父母, 時柱 子女 등도 모두 喜忌 여부를 보아 육친덕 유무를 보라.

○ 正財는 食神이 없으면 孤財(고재)라 한다.

○ 陽日生이 比肩을 또 보아 爭合되거나, 陰日生이 正財와 偏印이 合되면 모두 凶하다. 妻財凶. 혹은 妻가 음탕하다.

○ 偏財가 透干되었는데 比劫運이 오면 野馬를 끌어가는 형상이니 官殺이 없으면 아무리 많은 財라도 比劫運에 전멸한다.

○ 偏官이 羊刃과 合된 命은 정관수술자가 많다.

○ 陰日生이 傷官 七殺 兩存하면 險口家(험구가)다.

○ 偏官은 正印이 있어야 殺印相生이다. 偏印이 있으면 오히려 忌神이 된다. 왜냐하면 偏印은 食神을 제거해 버리기 때문이다.

○ 丁亥日生이 또 丁이 있으면 남편이 淫慾頻多(음욕빈다)라 他女에게 남편 많이 빼앗긴다(双華獨: 쌍화촉). 천간에 壬水 투간되면 내가 도망가고 不透(불투)면 남편이 도망간다.

○ 女命眞傷官이 生子하면 夫運 父運 不運하다.

○ 庚日生이 傷官(癸)과 효신(戊)이 있어 合되면 偏官이 된다(偏官작용을 하게 된다. 그리고 詐心(사심)이 있다).

○ 乙日生이 庚金正官과 合이 되면 七殺이 되어 回頭克된다.

○ 癸日生이 戊土正官과 合이 되면 신왕할 때는 富命이요, 신약하면 貧命(빈명)이다. 運에서도 同一하다.

○ 戊日生 酉傷官이 亥財를 생한 命 양조업 아니면 애주가라.

○ 傷官格에 財印이 없으면 無子라.

○ 女命이 甲大運을 만나거나 傷官運을 만나면 남편운이 衰殘(쇠잔)하니 내가 벌어 생활한다.

○ 大將軍方(대장군방)은 方局 첫 字 后三位이다.

  – 寅卯辰년은 子方(北方)

- 申酉戌년은 午方(南方)
- 巳午未년은 卯方(東方)
- 亥子丑년은 酉方(西方)

○ 三災年은 三合長生位(첫 자)의 對沖年에서 三年間
  - 寅午戌生은 申酉戌年
  - 申子辰生은 寅卯辰年
  - 巳酉丑生은 亥子丑年
  - 亥卯未生은 巳午未年

○ 拱夾星은 祿貴官食을 본다(속에 끼인 별이 祿이나 貴나 官이나 食神이어야 좋다).

○ 辰土 未土는 養生之土요, 戌土 丑土는 肅殺(숙살)之土이다.

○ 丑戌이 命중에 있거나 戌戌이 있으면 잘 싸운다.

○ 女命에 官이 공망되는 運에 결혼하거나 공망되는 年運에 결혼하면 2~3년을 못 넘기고 이혼한다(天中殺).

○ 時에 劫財가 있는데 다시 劫財運을 만나면 大敗한다.

○ 己土日生이 庚申金과 甲乙木을 보면 자갈밭에 나무를 심은 格이라 나무가 자라지 않는다. 男命에서는 나무가 자식, 女命에서는 남편이 된다.

○ 命宮이나 胎月이 역마면 평생 바쁘게 돌아다닌다.

○ 命宮이 年을 기준으로 해서 공망이면 역술업에 종사한다.

○ 正印이 4개이면 효신보다 나쁘다.

○ 丙火가 夜生이면 丁火로 보라.

○ 三甲. 三壬. 三庚命은 富貴命이나 食傷이 없으면 군겁쟁재 한다. 관직이 좋다.

○ 火일주를 제외하고 어떤 일주든 冬月生은 地支에 午未戌 중 一字라도 있으면 부잣집 태생이다. 初運吉 단, 沖되면 凶.

○ 女命은 傷官運에 혼자되기 쉽고 印星運이나 六害殺運에 친정살이하기 쉽다.

○ 寡宿星(과숙성)이 刑沖될 때 혼자되기 쉽다. 天殺, 將星殺, 六害殺運을 만나도 혼자되기 쉽다.

○ 比肩運에 공방살이 하기 쉽다(甲木일간이 甲이나 寅運에).

○ 傷官運엔 스트레스를 많이 받게 되고 偏印運엔 아이디어가 창출되는 때이나 偏印이 忌神이면 남을 사기하게 된다. 직장을 그만두기도 한다.

○ 젊어서 月支三合時는 질병을 앓게 되고 늙어서 月支三合時는 사망하는 수가 있다. 羊刃은 支合. 三合을 大忌한다.

○ 財星이 공망되면 돈 욕심이 강함.
偏財空이 正財空보다 더 강함.

○ 流年의 前二位(流年의 바로 다음자리)를 淫辱殺位(음욕살위)라 하여 元命에 있으면 이 해에는 음욕이 발동한다.

○ 大運에서 月殺運末에 반드시 파산한다.

○ 三殺年(劫, 災, 天殺年)에 공사하면 동티나고 삼살방으로 이사하면 災厄이 발생한다. 예방코자 할 때는 朱砂(주사)로 "王命"이라고 써서 공사 장소 또는 이사 장소에 거꾸로 붙이면 厄을 免한다고 함.

○ 災殺은 수옥살이니 투옥, 입원 등의 일 발생.

○ 天殺年은 상사로 인해 스트레스 발생.
화개년은 재도전적인 일 발생.
반안살년은 명예나 투자에 吉.
월살년은 움직이면 흉, 움직이지 않으면 吉
장성살년은 凶厄 발생.
년살년은 색정 발동.

○ 현침살에 羊刃이 있으면 간호사, 침술사, 의료업, 도살업자 되기 쉽다.

○ 乙庚이 合하면 풍월을 좋아한다.

　　庚日이 乙과 合하면 치아가 강하나, 乙日이 庚과 合하면 회두극되어 오히려 약하다.

○ 巳日生이 亥卯未年이나 申子辰年生이면, 巫女되기 쉽다.

○ 時上印綬用神이면 身弱 必登校壇(필등교단)이요, 신왕에 財星 用神이면 상업, 경제에 인연이 있다.

○ 戊申 戊子 戊辰은 물을 막기 어렵다.

○ 해후상봉(邂逅相逢) : 일주가 喜火하는데 火는 없고 癸水가 克火之神으로 忌神인데 戊癸合火되면 忌神이 吉神으로 변하는 형상이니 凶化爲吉(흉화위길)된다 하여 이를 해후상봉이라 한다.

○ 壬水를 用神으로 쓸 때에 丁火가 있어 用神 合去하면 사기. 도적 의심 간다. 반대로 丁火用神이 壬水와 合去해도 마찬가지다.

○ 女命 陰日生 官星과 明合 暗合되면 부부인연이 자주 바뀐다. 壬日生은 財星과 合하여도 본남편과 못산다. 戊土가 있으면 면한다.

○ 地支가 合하면 마음이 착하고 刑沖되면 不善 不良 不吉하다.

○ 사주에 水가 없으면 조갈하여 술과 음료를 좋아한다.

○ 妬合은 이럴까 저럴까 여기 보고 저기 보고 하는 二重性格이요, 삼각관계가 있다.

○ 女命에서 日時 丑戌이면 難(난)生子女하고, 未辰이면 有子難養(난양)이다.

○ 日月이 子午沖이면 父母 兄第 離居(이거)요, 부부가 이별하기 쉽다.

○ 日時가 沖이면 배우자와 자손에 害롭고 作事不成(작사불성)이다.

○ 乙일주 午年 午月이면 십중팔구 과부팔자라(夫星인 庚金이나 辛金이 녹는다).

○ 丁일주 酉年生은 홀아비 확률이 높다(酉金은 丁火에 녹아 버린다).

○ 女命 傷官格은 再家(재가)함을 많이 본다. 年月傷官은 父母不全이요, 時上 傷官 官不均은 식모, 마담 기생팔자다(다 그런 것은 아니고 반드시 官不均해야).

○ 女命傷官이 克官克夫인데 財星을 보아 통관되거나 印星이 있으면 구제된다.

○ 男命에 兩戊가 一癸를 爭合하면 반드시 再家命女를 만나고 女命이 이러하면 음란하다.

○ 女命에 官殺이 혼잡되거나 印星이 重重하면 따르는 남자는 많아도 살아줄 남자는 없다.

○ 干如支同 男命은 손재, 상처 우려된다.

○ 天干에 傷官이 투출된 者는 자존심이 강하고 잘난 척한다.

○ 女命이 日時에 印星이 重多하면 말년이 외롭다.

○ 財食同臨(재식동림) 일주합된 남명은 장모를 모신다.

○ 남자는 比劫이 며느리. 여자는 官殺이 며느리다. 고로 남자는 비겁운에, 여자는 관살운에 며느리 얻는다.

○ 女命 乙日生이 金神이 있으면 성질이 고약한 남자를 만난다. 官星이 忌神이면 남편덕이 없다.

○ 丁일 双壬命은 변덕쟁이 이중성격자.

○ 男女間 壬水가 旺하면 정력이 강하다.

○ 女命 爭合. 妬合命은 한 女子가 두 남자를 섬기거나 남편을 뺏기는 형상이니 매우 凶하다.

○ 2己1甲. 1己2甲은 凶하다. 2甲2己는 吉하다. 辰時면 大貴.

○ 女命에서 주의할 것은 比劫과 官殺의 향방이니 官星이 比劫과 同柱하거나 妬合되면 첩이 되거나 첩에게 남편을 빼앗기는 형상이다.

○ 男命에서 일주가 약할 때 傷官運으로 가면 관재, 구설, 시비, 풍파 등이

발생한다.

○ 女命 眞傷官에 行傷官이면 부부 이별 혹은 남편 실직한다.

○ 官星이나 印星이 忌神이면 공부를 못한다.

○ 四柱 年月日時중 沖이 되어 印綬가 투출되면 계약, 이사, 변동수 발생한다.

○ 女命에서 沖이 되어 食傷이 투출되면 출산한다.

※ 結婚運 : 배필이 나타나거나 결혼하는 해는 배필의 通變星年(통변성년)이나 天乙貴人年이다. 女命에서 年月日時에 沖을 만나 官星이 튀어나오면 결혼하게 되고, 男命에서는 財星이 튀어나오면 결혼하게 되는데 튀어나온 별과 일주가 合이 되면 틀림없다. 천희성이나 홍란성에 해당하는 해에 결혼하게 된다.

※ 천희성 찾는 법 : 酉宮에서 子를 일으켜 역행으로 돌려가다가 당사자의 年支 닿는 宮이 천희성이요. 천희성의 對方이 홍란성이다. 申年生은 丑年이 천희요, 未년이 홍란이니 이 兩年중에 성립된다.

○ 辰戌丑未가 있고 신왕하면 고집이 세다. 그중에서도 丑土가 가장 세다.

○ 집 이사나 가게자리 나가는 것은 印綬가 沖되어야 성사된다(沖印하면 文書 發動).

○ 戊土일주가 乙木이 나오면 바람꾼이다. 乙木이 있으면 꽃동산이라 여자 문제가 발생하여 노후에 처량하다. 甲木 丙火 나오면 富貴命이다.

○ 用神이 火이면 주작이라 말이 많고 舌端(설단)生金이라 입으로 벌어먹는 사람이다.

○ 年을 기준으로 日支가 空亡이면 형제가 흩어져 살고 처궁 또한 좋지 않다.

○ 乾命에서 時에 傷官이 있으면 자식 두기가 힘들다. 혹, 두어도 덕이 없다.

○ 男命 모두 身旺에 財官이 없으면 身旺無依命(신왕무의명)이라 하여 승도 명이 된다.

○ 男命에서는 財星, 女命에서는 官星이 絶地가 되면 배우자 덕이 없고 외로운 팔자가 된다.

○ 財星이 土이면 土財라 부동산업에 성공한다.

○ 辛金이 투출되거나 地支에 酉金이 있어도 깔끔하다.

○ 癸水는 丙火를 좋아하나, 丙火는 壬水를 좋아한다.

○ 丙火日生이 傷官格이나 傷官투출한 者는 잘난 척한다.

○ 재다신약명은 富屋貧人命(부옥빈인명)으로 평생 돈 때문에 걱정이다.

○ 사주에 壬水가 투출되면 용신이든 아니든 끝까지 밀고 나가는 성질이 있다(特히 壬辰, 癸巳日生(長流水)).

○ 乙日柱가 壬水를 보면 모친과 갈등이 있고 몸이 아프다.

○ 戊午日生, 丙子日生 陰陽殺 男女間에 바람꾼.

○ 천라, 지망살의 작용
  – 男命에 戌이 있어 亥運을 만나거나
  – 亥가 있고 戌運을 만나면 空房든다.
  – 女命에 辰이 있어 巳運을 만나거나
  – 巳가 있고 辰運을 만나면 空房든다.

○ 丙일주가 乙이 있고 水가 많으면 바람꾼이다.

○ 무슨 일주든 丙화 있는 남자는 여자가 잘 따른다.

○ 사주에 寅巳가 있을 때 午가 오거나 亥 또는 申이 오면 刑殺이 발동한다. 즉, 刑은 어느 하나가 合이 될 때 작용한다.

○ 四柱가 刑殺을 만날 때 喜神이면 刑權(형권)을 쥐고, 忌神이면 刑厄(형액)을 당한다.

○ 財星이 水인 경우는 財가 흐르니 절대로 돈놀이를 하지 마라.

○ 冬月生은 어떤 일주든지 戊土가 나와 방수 방풍하여야 좋다. 또, 丙火

天干에 있거나 불연이면 甲丁이 나와야 좋다.

○ 四庫의 特性

　－ 辰은 먹을 것을 좋아하는 쟁투의 神이다(天罡, 水庫). 喜神일때는 오히려 싸움을 막아 주는 和平之神.

　－ 戌은 火庫 즉 화로. 정신의 저장고(靈)이다(하괴, 火庫).

　－ 丑은 고집이 세고 찰흙처럼 끈질기다. 무엇이든지 긁어모으기를 좋아한다. 땅이 많다(大吉, 金庫).

　－ 未는 벽돌과 같이 단단하고 뜨거운 溫土이다. 고기를 좋아하며 음식맛과 냄새를 잘 맡는다(小吉. 木庫). 女命은 음식 솜씨가 좋다. 남자는 조작 솜씨가 좋다.

○ 土일주에 金이 있으면(特히 庚金) 되는 일이 없다(자갈밭). 이때 丁火가 있으면 鎔金(용금)되어 오히려 좋다.

○ 身弱일주가 日時에 偏財를 깔고 있으면 남의 돈을 깔고 있는 형상이니 빚쟁이가 되기 쉽다.

○ 女命에 比劫이 많으면 첩꼴 보기 쉽다.

○ 己土日生이 水氣가 없거나 부족하면 水를 탐하여 여자를 탐한다.

○ 食傷이 年月에 있으면 종업원이 상전이요, 日時에 있으면 부리기 쉽다.

○ 日時에 도화가 있으면 牆外桃花(장외도화)라 밖에 나가 바람을 피우지만 年月에 도화가 있으면 오히려 부부금슬이 좋다.

※ 질병

　－ 金이 木을 克하면 중풍, 신경병, 간질환.

　－ 土가 水를 克하면 신장, 방광암, 종기.

　－ 水가 火를 克하면 심장, 피부, 안질.

　－ 火가 金을 克하면 폐, 대장, 기관지, 해수.

- 木이 土를 克하면 위장, 비장.

○ 財官이 忌神인 女命은 결혼 후 남편과 시모에게 달달 볶인다.

○ 男命에 官이 없으면 딸은 있어도 아들은 없다.

○ 상문이 年月에 있고 조객이 日時에 있으면 그 해는 돈이 들어오고, 반대로 조객이 年月에 있고 상문이 日時에 있으면 돈이 나간다.

○ 丑寅은 艮方(간방)으로서 근심, 걱정, 어둠이 水인데 이것을 풀어 주는 역할을 한다.

○ 財가 약하거나 太旺할 때 日時에 丑午이면 처가 음독한다.

○ 財旺에 官弱이면 여자가 콧대가 높아서 어지간한 남자는 눈에 안 들어온다. 명주를 고르려다 삼베를 고른다.

○ 正官과 合이 되면 묘하게 남자가 많이 따른다.

○ 財, 印이 沖이면 시댁과 친정이 불화한다.

○ 木(甲, 乙)일주가 寅巳申을 만나면 남편이 알코올이나 마약중독이다.

○ 女命 陰일간이 爭合되고, 地支로는 六合이 되는 命은 쌍원살(雙鴛殺)이라 하여 남편 두고 반드시 바람난다.

○ 사주에 病이 많으면 빚이 많은 경우가 많다.
  예) 水가 많아 病인데 金運이 오면 빚을 진다.

○ 남자가 食傷이 없으면 장모 없는 곳으로 장가간다.
  남자가 印綬가 없으면 장인이 없는 곳으로 장가간다.

○ 여자가 財가 없으면 시모 없는 곳으로 시집간다.

○ 刃頭財 : 羊刃의 天干에 財星이 있는 것. 사업하면 백발백중 실패한다. 단, 정육점, 도살업, 칼이나 톱을 파는 철물점은 괜찮다.

○ 刃頭官 : 羊刃의 天干에 官星이 있는 것. 관직 생활은 안 된다. 비록 좋은 관직에 있었더라도 끝내 불행하게 끝난다. 특히 甲乙木일주는 禍(화)

가 더욱 심한데, 뇌종양이나 등창으로 사망한다(三明通會).

○ 癸日 寅時는 刑合格이다. 주색으로 몸을 상하고, 羊刃이나 七殺이 있으면 길거리에 객사한다. 刑合格은 寅이 巳를 刑하여 巳를 끌어온다. 巳중 戊庚丙이 財官印에 해당되는데 원국에 巳가 없고 印이 刑沖되지 않아야 刑合格이 성립된다.

○ 日干위주 時支 양인이면 큰 상처가 생기거나 자식에게 재난이 발생하거나 자식이 적거나 없다.

○ 時干위주 일지에 양인이면 악처를 만난다. 큰 상처가 있다. 처가 군인이면 아니다.

○ 격각살 : 丑寅(艮方), 辰巳(巽方), 未申(坤方), 戌亥(乾方) 격각살이 日時에 있으면 형무소 간다. 天乙貴人이 있으면 구제된다.

○ 互換(호환)空亡 : 日柱와 年柱가 상호 공망됨을 말한다. 사업하면 망한다.

○ 胎月(태월)空亡 : 入胎月이 공망됨을 말한다. 부모의 덕이 없다. 사업하면 망한다.

○ 女命에서 일지에서 偏印이 투출되어 凶神이면 속 썩이는 자식이 있다.

○ 일지에서 劫財가 투출되면 속이 뒤틀린 사람이다. 좋은 것을 좋게 받아들이지 않는다.

○ 婚破殺(혼파살) : 대운이나 세운이 月支를 파하거나 刑하면 이상할 정도로 혼인이 이루어지지 않는다.

○ 원국에 陰, 陽貴人이 모두 있으면 무능하다, 세상에 모르는 일은 없고 실천은 없다.

○ 庚金이 金多하면 굳어 버리니 대장암이다. 뼈대도 굵다. 卯木은 지방간이요, 辰土는 당뇨이다.

○ 財印이 沖이면 시댁과 친정이 不和한다.

○ 日支가 丑寅(艮方(진방)) : 산을 좋아하고 고독을 즐기며 종교 철학에 관심이 많다(스님이 많다). 여자는 이 方에 있으면 남의 여자. 신앙심을 가지면 좋고 늦은 결혼이 좋다. 귀신굴이라 수도자, 승려, 자연인, 무당이 많다.

○ 日支가 卯(震方(손방)) : 이사를 많이 다니고 주거지가 안정치 못하고 풍파가 많다. 부지런하고 고집도 세고 독자적인 행동을 잘한다.

○ 日支가 辰巳(巽方) : 바람을 많이 피운다. 대인관계가 원만하다. 변화무쌍, 동분서주, 성격이 조급한 편, 재주는 많으나 사기성은 있다고 본다. 남자 巳일주는 정력이 강하다.

○ 日支가 午(離方(리방)) : 총명하고 화려하다. 인기가 많고 언변에 능하다. 야망도 크다. 구설수가 많다. 외형을 중시하는 계통에 종사하면 좋다. 연예인, 예술인. 사주가 안 좋으면 화류계로 빠질 수 있다.

○ 日支가 未申(坤方(곤방)) : 여성스럽고 포용력이 강하다. 어머니를 상징하기 때문에 인자하고 온화하고 순진하면서도 무던하다. 봉사정신, 희생정신이 강하다. 조숙하고 유연하다. 남자는 너무 여성스러워 답답할 수도 있다.

○ 日支가 酉(兌方) 막내딸 방이라 사랑과 예쁨을 많이 받고 자랐기 때문에 버릇이 없다. 대체적으로 춤을 잘 춘다(끼가 많다). 꼼꼼하고 스트레스를 잘 받는다. 겉은 냉정해 보이나 속은 다정하다. 솔직, 직선, 과감, 대인관계 손상이 많다. 여자는 사주가 별로 안 좋으면 술집 여자가 많다.

○ 日支가 戌亥(乾方) : 아버지방이라 소녀가장, 쾌활하고 활동적이다. 조숙하고 독선적이고 편협적인 면이 있고 의리 있고 인정도 많다. 자수성가, 부모덕 없고 운동을 좋아한다. 어디에 가든지 대장 노릇을 하려 한다.

○ 日支가 子(坎方) : 머리가 비상하다. 끼가 많고 음성적인 일을 많이 한다. 가정풍파가 있을 수 있다(주색, 음침).

▎ 인연법(因緣法)

- 일간의 육합이 배우자가 된다.

- 통관하는 글자를 인연으로 한다.

- 신약사주는 正祿星이 인연이 된다.

- 일주가 뿌리가 없으면 그 인연은 同類 또는 그 뿌리(根)를 가져온다.

- 女命에서 夫星이 地支에 있고 天干에 없을 때는 天干으로 투출시켜서 인연으로 삼는다.

- 甲木일주 남자는 항상 己土生 여자를 불러 인연이 되고, 己土일주 여자는 항상 甲木生 남자를 부른다.

- 일주에 같은 글자가 2개 이상 있으면 합이나 沖으로 인연이 될 확률이 많다.

- 三合중에 二合이 있으면 그 비어 있는 것으로 인연을 삼는다.

- 用神이 약할 때 그 용신의 祿을 인연으로 삼는다.

- 無官女命은 官을 가진 男命을 인연으로 삼는다.

- 女命에서 食傷이 없으면 그 食神, 傷官이 인연이다.

- 통관하는 글자를 인연으로 삼는다.

▎ 格物致知論(격물치지론)에 의하면

- 동식물들은 사람과 언어로 통할 수 없으니 때로는 움직임 흔들림 등의 일종의 氣로서 있다고 보아야 되므로 사람들은 동식물들의 움직임을 정밀하게 관찰하여 무엇이 발생할 것인가 사전에 알아내는 것이 격물치지의 한 방법이다.

- 예로, 집에서 기르던 개가 죽거나 없어지면 代主의 凶한 기운을 대신할 수 있고, 반대로 개가 집에 들어오면 代主에게 厄運이 따를 수 있다. 또한 소나 염소가 죽으면 家長의 액운을 대신한 것이며 마을을 대표하는 큰 나무

가 衰하고 있으면 그 마을의 運氣는 쇠퇴할 것이다.

- 복숭아는 도화살의 뜻과 상통하므로 집안에 복숭아나무가 있으면 代主가 바람날 수 있으며 수명이 짧은 나무가 집 안에 있거나 키우고 있다면 代主의 수명이 단축된다.

- 길가에서 안방이 들여다보이거나 앞집이 높아 가로막고 있으면 그 집은 재수가 없다.

- 出行시 신발끈이 풀어지면 조심하라는 신호요, 막다른 골목의 주거환경은 凶한 기운이 맴돌게 된다.

- 집 안에 살림이 잘 정돈되어 있으면 運氣가 상승하나, 반대로 엉망이면 運氣的인 쇠퇴라 不吉한 일들이 많게 된다.

- 집 안에 물건의 다리가 부러져 있거나 상하여 있으면 食口중에 手足을 다칠 수 있으니 조심해야 된다.

- 새가 갑자기 방 안에 들어오면 재수가 없어 損財(손재) 염려되고, 넥타이나 허리띠를 주워 가면 자손에게 지병이 생길 수 있으니 매사 주변에서 일어나는 모양이나 형태를 잘 관찰해야 한다.

물, 형상 명리학

초 판 1쇄 발행일 2018년 9월 3일
개정판 1쇄 발행일 2020년 1월 13일
개정판 2쇄 발행일 2020년 5월 25일
개정판 3쇄 발행일 2020년 11월 13일
개정판 4쇄 발행일 2021년 6월 28일
개정판 5쇄 발행일 2022년 2월 25일
개정판 6쇄 발행일 2023년 2월 15일

지은이 소무승
펴낸이 양옥매
디자인 송다희 임흥순
교정자 조준경

펴낸곳 도서출판 책과나무
출판등록 제2012-000376
주소 서울특별시 마포구 방울내로 79 이노빌딩 302호
대표전화 02.372.1537 팩스 02.372.1538
이메일 booknamu2007@naver.com
홈페이지 www.booknamu.com
ISBN 979-11-5776-819-6 (03180)